Magisches
Oberbayern

Dorothea Steinbacher

Magisches Oberbayern

Wanderungen zu Orten der Kraft

AT Verlag

INHALT

7 EINLEITUNG

17 BERCHTESGADENER LAND

18 Von Maria Gern zur Untersberg-Heilquelle
28 Zu den wirbelnden Wassern vom heiligen Untersberg in die
   Almbachklamm
36 In den Bauch des Untersberges zur Schellenberger Eishöhle
48 Auf die Schlafende Hexe und zur Steinernen Agnes
58 Von St. Bartholomä zum alten Fieberbrünnl und zur Eiskapelle
   unter der Watzmann-Ostwand
66 Zu Felsenbildern und Wasserfällen am Obersee
71 Durch den Zauberwald zum Hintersee

77 RUPERTIWINKEL

78 Über den Brandopferplatz Langacker zur Burgruine Karlstein
   und zum Wassermann im Listsee
88 Nach Höglwörth – zu einem uralten Mithraskultort?
95 Von Maria Burg zum Quellkultort Biberschwell und St. Koloman
   hoch über dem Tachinger See

107 NÖRDLICHER CHIEMGAU

108 Zu Quellnymphen und Heilwasser in Maria Ponlach
115 Ins uralte Burgenland des Isentals
127 Pilgern ins heilige Herz Bayerns – von Heiligenstatt nach
    Altötting
135 Zum Schlupfstein von St. Wolfgang

143 **RUND UM DEN CHIEMSEE**

144 Auf dem Archäologischen Rundweg um Seebruck, das alte
Bedaium
153 Auf die Herreninsel im Chiemsee: Ringwälle der Frühzeit und
ein märchenkönigliches Prunkschloss
163 Auf die Fraueninsel zu tausendjährigen Linden und einem noch
älteren Kloster
169 Auf den Spuren der Kelten im Moor: Rottauer und
Kendlmühlfilzn
177 Zu St. Peter und Paul auf dem Westerbuchberg: Kirchlein der
Frühzeit mit antikem Zauberspruch
183 Zum Platz der Frauen im wasserreichen Priental: Von Maria in
der Ketten zum Schoßrinn-Wasserfall
188 Zur Abendmahlskapelle Bucha mit dem heiligen Brünnl und rund
um den dunklen Bärnsee

195 **SÜDLICHER CHIEMGAU**

196 Zu den drei Wilden Fräulein vom Engelstein
201 Auf dem Schmugglerweg zum Klobenstein
208 Zur Michaelsgrotte am Fuß des Hochfelln

213 **ZWISCHEN INN UND MANGFALL**

214 Zum Einsiedler auf der Bergwiese: Maria Kirchwald
221 Zu sagenhaften irischen Wandermönchen nach Wilparting

229 **PFAFFENWINKEL**

230 Zu den mystischen Eiben und dem Ulrichsbrünnl von Paterzell
238 Nach Wessobrunn zur berühmtesten Linde Bayerns und den
Quellen des Wezzo
246 Zum Ähndl im Murnauer Moos

251 ZWISCHEN LECH UND AMPER

253   Zur hohlen Linde der seligen Edigna in Puch
258   Zur heiligen Ottilie, der Augenheilerin, und nach Eresing
     ans Ulrichsbrünnl

265 STARNBERGER SEE UND AMMERSEE

266   Zu den drei Bethen nach Leutstetten
273   Nach Dießen zur seligen Mechthildis, zu den drei Marien und
     auf den Schatzberg
288   Auf den Heiligen Berg Andechs

297 MÜNCHEN

298   Ins magische München – ein Spaziergang durch die Innenstadt
309   Auf den Spuren der Frühzeit in die Aubinger Lohe

ANHANG

314   Literaturverzeichnis
318   Bildnachweis
318   Adressen
318   Verzeichnis der Orte
318   Danksagung

EINFÜHRUNG

Wegkreuz am Fuß der Felsen in Karlstein/Bad Reichenhall –
Schutz vor den bösen Geistern in der dunklen Felsspalte.

Herzstein –
Zufallsfund auf
dem Weg.

Magische Orte gibt es in Oberbayern unzählbar viele. Doch was ist das eigentlich, ein »magischer Ort«, ein »Ort der Kraft«? Für mich sind Orte magisch, wenn ich mich dort auf eine besondere Weise wohlfühle. Es sind Orte, die mich anziehen und mich festhalten, wenn ich dort bin. Es sind Plätze, die ich am liebsten gar nicht mehr verlassen möchte und die mich – wenn ich dann doch irgendwann gehen muss – noch lange beschäftigen. Sie hinterlassen in mir ein gutes Gefühl. Von diesen Orten komme ich gestärkt nach Hause, ich fühle mich kräftig, vital, energiereich, fröhlich. Mein Kopf ist klar geworden, meine Gedanken fließen wieder – diese Orte lösen positive Gefühle und Wohlbehagen in mir aus.

Warum geht von manchen Plätzen ein solcher Energieschub aus und von anderen nicht? Darauf suchen viele Menschen eine Antwort, und es gibt die unterschiedlichsten Erklärungsversuche: Die Forscher der relativ neuen Fachrichtung Geobiologie versuchen, die Energie eines Ortes zu messen und mit wissenschaftlichen Methoden nachzuweisen. Das nicht Sichtbare zu messen und damit sicht- und begreifbar zu machen, ist ein schwieriges Unterfangen, das in der Naturwissenschaft viele Skeptiker auf den Plan ruft. Doch Geomanten, »die die Zeichen der Erde deuten«, sind davon überzeugt, dass sich ein Gitter aus Energielinien – Leylines – über unseren gesamten Planeten zieht. Die Orte, die genau auf diesen Linien oder gar auf ihren Schnittpunkten liegen, gelten als besonders kraft- und energiereich. Radiästheten – »Strahlenwahrnehmer« – arbeiten mit Bovismeter, Pendel und Wünschelrute, um diese Erdenergie zu messen. Aber auch radiästhetische Laien können Kraftorte finden. Wer suchend geht und sich der Ausstrahlung eines Platzes öffnet, wer alle Antennen ausfährt und alle Sinne auf Empfang stellt, wer sich für die Natur aufschließt, wer auf Geruch und Geräusch, Farbe und Wind,

Boden, Steine, Blätter und Wasser achtet, der kann die Kraft eines besonderen Ortes selber erspüren und auf sich wirken lassen.

Um solche Orte zu finden, ist die Geschichte, insbesondere die Kulturgeschichte manchmal sehr hilfreich. Denn nicht umsonst haben auf manchen Plätzen schon seit der Frühzeit Menschen gesiedelt, nicht umsonst haben sie Wohn- und Kultplätze an ganz bestimmten Orten errichtet und eben nicht ein paar Kilometer daneben. An solchen alten Kultorten finden wir heute noch – Tausende von Jahren später – unsere Kraftplätze. Zweierlei macht einen solchen Kraftort aus: Der Ort selbst, der Platz in der Natur, ist per se energiereich oder, anders ausgedrückt, er tut dem Menschen einfach gut – warum auch immer. Er liegt vielleicht auf einem energetisch starken Punkt der Erdoberfläche und wurde womöglich deshalb von frühen Kulturen als Kultort gewählt. Wir wissen nur sehr wenig darüber, welche Methoden die Menschen der Frühzeit hatten, um die Orte für ihre Kulthandlungen zu bestimmen. Zum zweiten haben die früheren Kulthandlungen oft Spuren hinterlassen, die wir heute noch auffinden. Besondere Steine, Altäre, auch Bauwerke, Reliquien und ihre Behälter und so weiter verleihen einem solchen Ort eine Magie, die uns in eine frühere Ding- und Geisteswelt zurückversetzt.

DIE MAGIE DER KULTORTE

Wir wissen oft nicht, warum ein Ort als Kultort gewählt wurde, haben aber allerhand Information über die dort erfolgten Kulte und die frühen Naturreligionen. Sicher ist, dass Rauch und Feuer seit Anbeginn den Göttern geweiht waren. Wasser, Erde und Felsen, Luft und Wind – alle Elemente galten als göttlich, und ihre besonderen Erscheinungsformen wurden im Kult verehrt: Wasserfälle und Quellen, besonders geformte Steine und Felszacken, exponiert liegende Orte auf Bergen, Anhöhen und Hochplateaus wurden als göttliche Orte verehrt oder als Kultorte genutzt. Wenn wir auf der Suche nach Kraftorten sind, können wir also nach solchen alten Kultorten Ausschau halten. Viele davon sind inzwischen von Siedlungen und Straßen überbaut. Andere aber liegen immer noch in wunderbarer Natur, und wir können dort etwas von der Magie der Geschichte oder der Magie der Erde spüren – ganz so, wie es vielleicht unseren Ahnen gegangen sein mag.

An manchen dieser Orte, an denen vorzeitliche Götter verehrt wurden, war der Kult so stark oder der Platz so energiereich, dass er von nachfolgenden Siedlern mit ihrem eigenen Kult besetzt wurde. Dafür gibt es unzählige Beispiele. Gerade die folgende Reihenfolge ist in Oberbayern sehr häufig anzutreffen: Ein ursprünglich keltischer Kultort wurde von den römischen

Okkupatoren mit ihren religiösen Zeichen besetzt und schließlich vom aufkeimenden Christentum »getauft«, christlich umgewidmet. Die grandiose,
reiche Natur dieses Landstrichs am nördlichen Alpenrand zog schon sehr früh
die ersten Menschen in ihren Bann, die auf der Suche nach Nahrung, nach
Wasser, nach Bodenschätzen und nach geeigneten Orten für Siedlungen
waren. In der Bronzezeit verarbeiteten unsere Urahnen zum Beispiel am
Karlstein bei Bad Reichenhall Kupfer aus den Bergen, das sie in Ringbarren
gossen, um es besser transportieren zu können. Bei Gefahr oder als Opfergabe
wurden solche Ringbarren vergraben oder am Kultort niedergelegt – wertvolle Funde, die uns heute noch auf die Wege und die Kultplätze der Menschen vor viertausend Jahren hinweisen.

Ab etwa 500 vor Christus war ein großer Teil des heutigen Oberbayern
Siedlungsgebiet verschiedener Stämme, die wir heute Kelten nennen. Sie verehrten Naturgottheiten, darunter Wassergötter, Quellgöttinnen, Erdgötter
und Tiergottheiten, und sie pflegten ihre Kulte an entsprechenden naturma-
gischen Orten. Viele Einzelfunde in ganz Oberbayern bringen Licht ins Dunkel der geheimnisvollen keltischen Magier, sie lassen uns vermuten, wo die
Druiden ihren Göttern opferten und wo die Stämme größere Siedlungen
anlegten. Ein Überbleibsel aus dieser Zeit sind die als Keltenschanzen
bezeichneten Wallanlagen, über deren ursprünglichen Zweck sich die Wissenschaft heute noch uneins ist. Vermutlich handelte es sich bei diesen meist
quadratischen, von einem Wall umfriedeten Flächen um eine Art heiligen
Bezirk. In einigen Keltenschanzen hat man jeweils eine Stelle mit Vertiefungen und darin Scherben oder auch Knochenresten ausgemacht – vielleicht
rituelle Opferstellen. Es könnte sich auch um Orte von Gerichtssitzungen
und Zusammenkünften der Stammesoberhäupter gehandelt haben. Zwei dieser Wallanlagen, die noch unzerstört in friedlicher Natur liegen, suchen wir
auf unseren Wanderungen auf: eine bei Truchtlaching nahe Seebruck am
Chiemsee und eine in der Nähe von Aubing bei München. Andere Reste der
keltischen Kultur benutzen wir heute im Alltag: Es sind die Namen von Orten
und Flüssen, die sich gerade in Oberbayern häufig eindeutig auf keltische
Wörter zurückführen lassen. Auch sie zeigen uns die Wege der Kelten in
unserer Heimat auf.

15 v. Chr. rückten die Römer über die Alpen vor und gliederten die keltischen Königreiche Noricum – große Teile des heutigen Österreich und Süd-
ostoberbayerns – und das Gebiet der Rätier und Vindeliker, das sich westlich
anschloss, in das römische Reich ein: als die Provinzen Noricum und Raetia.
Bis heute sind uns die Römer als militärische Strategen und zivile Bauherrn
ein Begriff: Sie legten solide, schnurgerade Straßen durch ihre Provinzen an.
Von Salzburg nach Augsburg verlief die römische Hauptverkehrsstraße in

Oberbayern, und entlang dieses Weges finden wir heute noch zahlreiche spannende Hinweise auf die Zeit vor rund zweitausend Jahren. Die Römer scheinen die fremden Kulte, die sie in den eroberten Gebieten vorfanden, weitgehend geduldet oder sanft in ihre Religion eingegliedert zu haben. So entdecken wir in den Römersteinen Oberbayerns viele versteckte Hinweise und Rätsel, die dem Kundigen neben römischen auch keltische Spuren offenbaren.

Mit dem Zusammenbruch des römischen Reichs und dem aufkeimenden Christentum wird die Spurensuche nach alten und neuen Kraftorten in Oberbayern richtig spannend: Papst Gregor der Große, der von 590 bis 604 als Oberhaupt der Kirche die christliche Lehre im wilden Europa verbreitete, gab die

Christus im Efeu am Westerbuchberg.

Devise aus, dem Volk seine heidnischen Tempel nicht zu zerstören, sondern diese in christliche Kirchen zu verwandeln, damit die althergebrachte Verehrung der Kultstätten auf das christliche Gotteshaus übertragen werde. Die heidnischen Fest- und Opfermahle wurden in christliche Festessen und Feiern christlicher Heiliger umgewandelt. So einfach ging das! Natürlich mussten dann auch verehrte Eigenschaften dieser alten Kulte bzw. der alten Götter verchristlicht werden. Alten Quellheiligtümern wurden in der Folge christliche Entstehungslegenden übergestülpt – vom Entspringen einer Heilquelle nach einem Fingerzeig des heiligen Ulrich bis zu den beliebten Wolfgangsquellen. Auch in vorchristlicher Zeit verehrte Steinheiligtümer wurden kurzerhand zu Felsen erklärt, die sich durch Marienwunder gespalten hätten oder als Ruhebank des heiligen Wolfgang erweicht hätten. Viele dieser christlichen Orte, die heute noch beliebte Wallfahrtsorte sind, waren vielleicht vor Tausenden von Jahren schon verehrte Plätze von Naturkulten.

DREI HEILIGE FRAUEN – EINE ALTE DREIGESTALTIGE FRUCHTBARKEITS-GÖTTIN?

Auf unseren magischen Wanderungen spüren wir auch einer weiblichen Dreiergottheit nach, die vielleicht ebenfalls uralte Wurzeln hat. Mond-, Sonnen- und Erdmutter mögen der weiblichen Dreiergottheit zugrundeliegen. In vielen späteren Kulturen treten drei weibliche Göttinnen bzw. verehrte Frauen der Mythologie auf: von den römischen Parzen, den drei Schicksalsgöttinnen, bis zu den germanischen Nornen und noch vorher einer keltischen dreigestaltigen Mutter-, Erd- und Fruchtbarkeitsgöttin geht die Linie zurück, die sich über die erhaltenen Volkssagen bis zur christlichen Heiligenwelt durchgehend verfolgen lässt. Die »heidnische« weibliche Dreiergottheit wurde wohl noch weit in christliche Zeit hinein vom Volk verehrt – kein Wunder: War sie doch vor allem für die Frauen eine Zuflucht, eine Hoffnung, besonders in »weiblichen« Angelegenheiten. Und diese weiblichen Anliegen betrafen immer auch ganz grundlegende Belange der gesamten Gemeinschaft: Fruchtbarkeit, Geburt, Krankheit, Sterben, Tod. Die christliche Kirche hat diese weibliche heidnische Dreiergottheit einerseits bekämpft, andererseits scheint ihr das aber nicht gelungen zu sein, weshalb christliche Identifikationsfiguren hinzugezogen wurden.

So gibt es eine seltsame, an vielen Orten und bis weit ins Mittelalter verehrte Dreiergruppe von »heiligen Jungfrauen« namens Ainbet, Warbet und Wilbet. Zahlreiche Namensvarianten finden sich: Einbet, Ambet, Aubet für Ainbet; Gwerbet oder auch St. Gwer, Worbet, Borbet für Warbet und Fürbet oder Firbet für Wilbet. In St. Alto in Leutstetten ist uns eine Tafel mit einer Darstellung dieser heiligen Frauen erhalten, andere Spuren weisen nur noch dem Namen nach auf diese Frauen hin, wie etwa der Jungfrauenberg bei Dießen. Zahlreich hingegen sind die Spuren der drei Frauen in der Sagenwelt Oberbayerns: drei Wildfräulein, drei Stifterinnen, drei Heilrätinnen, drei Salige heißen sie auch.

Tief verehrte Frauengestalt des Mittelalters: die selige Mechthildis von Dießen.

Die heiligen Jungfrauen hat die Forschung im 20. Jahrhundert dann als die drei Bethen bezeichnet – nach der übereinstimmenden Endung ihrer Namen. Das oberbayerische Christentum hat sie vermutlich mit der Erfindung der Dreiergruppe der »drei heiligen Madln« in die katholische Lehre integriert: »Barbara mit dem Turm, Margaretha mit dem Wurm und Katharina mit dem Radl, des san die drei heiligen Madl.« Diese Dreiergruppe von Heiligen begegnet uns erstaunlicherweise auch oft an alten Kultorten – es ist nicht von der Hand zu weisen, dass da ein Zusammenhang besteht.

Eine weitere christliche weibliche Dreiergruppe ist die Anna-Selbdritt-Darstellung: Mutter Anna als mütterliche Heilige mit ihrem Enkel Jesus und ihrer Tochter Maria zu ihren Füßen. Die vielen alten Anna-Kulte lassen vermuten, dass auch Anna ein typischer christlicher »Ersatz« für eine heidnische mütterliche Fruchtbarkeitsgöttin gewesen sein könnte. Sogar der Name weist darauf hin: Die alte Göttin Anna, die Dea Anna, war Diana – gerade an Quell- und Wasserkultorten hoch verehrt. Ganz selten tauchen sogar drei Marien auf, eine weitere christliche Version der weiblichen Dreiergottheit – etwa in Dießen.

DIE MAGIE ERWANDERN

Nicht nur alte Kultorte, auch ganz profane Plätze, auf denen früher Burgen gestanden haben, Straßen, die schon von den Römern angelegt wurden, Ringwallanlagen, die – zum Schutz frühzeitlicher Siedlungen aufgeschüttet – bis heute sichtbar sind: Alle diese alten Orte haben eine magische Ausstrahlung, vor allem auf den, der weiß, auf welch geschichtsträchtigem Boden er steht, und der versucht, sich ein Bild von den vergangenen Zeiten zu machen. Wie mag es auf der Burg damals zugegangen sein? Wie sah es aus, wenn römische Truppen auf den befestigten Straßen durch den Süden Oberbayerns zogen? Wie schafften es die frühen Siedler, auf der Herreninsel im Chiemsee meterhohe Ringwälle aufzutürmen? Ein magisches Eintauchen in frühere Zeiten, wandernd in der traumhaften oberbayerischen Natur, das ist eine Gedanken- und zugleich eine Seelenreise.

Dieses Buch führt Sie aber auch an Orte, an denen es »nur« Natur zu sehen gibt: spektakuläre Natur manchmal, die uns Menschen ehrfürchtig staunen lässt, die uns gleichzeitig aber erquickt und Kraft schenkt. Wasserfälle, Höhlen, Klammen – ich lade Sie beispielsweise ein, zum Schoßrinn-Wasserfall im Chiemgau und durch die wilde Almbachklamm zu wandern und eine riesige Eishöhle tief im Bauch des sagenumwobenen Untersbergs zu erkunden.

Wer aufmerksam geht, entdeckt in der Spiegelung am Obersee eine magische Figur.

GEHEN MIT ALLEN SINNEN

Wenn Sie in dieser wunderbaren Natur unterwegs sind, um Kraft zu schöpfen, sollten Sie alle Sinne schärfen. Erst wenn man sich auf einen Weg und die Umgebung richtig einlässt, nimmt man die Natur in ihren vielen Facetten wahr, man nimmt sie in sich auf. Gehen Sie nicht nur zu einem Ziel und wieder zurück, sondern achten Sie auf Ihrem Weg ganz bewusst auf das Licht, auf die Sonne und die Wolken, auf Schatten am Boden und Sonnenflecken, die die Strahlen im Wald hinterlassen, auf die Farbtöne des Himmels am frühen Morgen und in der Abenddämmerung. Achten Sie auf die Farben der Blumen, des Grases, der Bäume, der Steine, der Felsen, des Wassers – wie es sich von dunkelgrün zu hellgrün, von hellblau über grau zu tief ozeanblau oder nach Sturm und Regen von schlammfarben über lehmgelb zu braun wandeln kann.

Schließen Sie ab und an die Augen und hören Sie nur auf die Geräusche des tosenden, glucksenden, strömenden Baches oder des rauschenden Wasserfalls. Lauschen Sie dem leichten Rascheln der Blätter im Wind. Nehmen Sie bewusst den Geruch wahr, den Wasser, Steine, Bergwiesen, Baumrinde, Harz und Moos verströmen. Suchen Sie Formen in den Wolken, Fratzen in der Baumrinde und Geister in den Bäumen. Achten Sie auf die vielfältigen

Buchstaben-
zauber – magisches
Symbol für die
Gottesmutter
(in Maria Gern).

Formen der Steine, über die Sie laufen, die weichen Rundungen der Felsen, die das Wasser ausgewaschen hat, die vom Sturm gebeugten Bäume auf den Bergen und die endlosen Blauschattierungen der Bergsilhouetten am Alpenrand. Sie werden feststellen, dass eine solche Wanderung Ihr Leben ungemein bereichert – nicht um Dinge, um Gegenstände, sondern um Eindrücke und wunderbare Momente, die Sie im Alltag vor Ihrem geistigen Auge immer wieder abrufen können und die Ihnen dann noch einmal Kraft schenken.

Lassen Sie sich Zeit! Die Gehzeiten in diesem Buch sind eher großzügig berechnet. Wir gehen auf diesen Touren nicht, um möglichst schnell zu einem bestimmten Ziel zu gelangen. Vielmehr dient auch der Weg selbst schon der Erholung, dem Genuss, dem Krafttanken, dem Luftholen und Aufatmen. Bleiben Sie immer wieder stehen und schauen Sie, wie sich die Ausblicke verändern, was Sie am Wegrand sehen, was zu der Jahreszeit gerade blüht und welche Bäume den Weg säumen. Erst dann entspannt man sich auf der Wanderung – Hektik und Zeitdruck gibt es genug im Alltag eines jedes Einzelnen von uns, davon sollte man sich, wann immer möglich, frei machen.

Ich habe, wo immer es möglich war, natürliche Wege und Pfade ausgewählt. Teerstraßen sind weniger angenehm zu gehen als Erd-, Wald-, Feld-, Wurzel- und Felsenwege. Wo es sich gar nicht vermeiden ließ, sind auch einmal Teerstraßen angegeben, dann aber immer selten befahrene, kleinere Sträßchen. Die ausgewählten Touren sind solche, auf denen ich mich wohlfühle, die ich gern mag, die mich begeistern, die mir wunderbare Naturerlebnisse verschafft haben und die mich wie auf einer Zeitreise in die Vergangenheit versetzt haben – es sind meine persönlichen Kraftorte. Jeder Mensch wird seine eigenen Plätze haben, an die er immer wieder gern zurückkehrt und die ganz individuelle Kraftorte für ihn darstellen. Darum gibt es in diesem Buch

Vitalisierende Wasserwirbel am Almbach.

auch eine breite Auswahl an Touren und Plätzen. Ich freue mich, wenn Sie die Routen im Buch nachwandern und sie Ihnen genauso viel Energie schenken wie mir.

Und noch etwas: Bitte verhalten Sie sich an solchen Orten entsprechend ehrfürchtig der Natur, aber auch der Kultur der Dinge gegenüber. Das bedeutet – für die meisten von Ihnen sicher eine Selbstverständlichkeit –, dass man zauberhafte Fels- oder Eisgebilde nicht zerstört, dass man Bäume und Blumen nicht malträtiert, auf Tiere am Weg achtet und alte Gemäuer nicht verschmiert oder uralte Felsenzeichnungen durch Einritzungen unwiederbringlich zerstört. Dazu gehört auch, dass man sich in der Natur ruhig verhält, im Wald nicht herumschreit und die Stille grandioser Felsentäler nicht zerstört. Wenn wir die Natur und die alten magischen Orte achten und ihnen demütig und offen begegnen, geben sie uns so unendlich viel zurück: Kraft, Energie und Gelassenheit für den Alltag. In diesem Sinne wünsche ich Ihnen viel Freude dabei, das magische Oberbayern zu entdecken.

BERCHTESGADENER LAND

Die Berchtesgadener Berge als magisches Spiegelbild
im Obersee. In der Mitte die Watzmann-Ostwand.

Von Maria Gern zur Untersberg-Heilquelle

Ausgangspunkt: Maria Gern
Routenverlauf: Maria Gern–Hintergern–Almbach–Theresienklause–Quelle mit
Irlmaier-Madonna–Theresienklause–Maria Ettenberg–Talgrabenweg–Almbach-
klamm–Maria Gern
Anforderungen: 4 bis 5 Stunden Gehzeit. Meist gute Wanderwege, stellenweise
etwas schmal, der Auf- und Abstieg um Ettenberg ist steil.
Alternativen: Sie können auch erst in Hintergern ab dem Wanderparkplatz beginnen,
Wegweiser führen von dort zum Almbach.
Ohne den Abstecher nach Maria Ettenberg entfallen der anstrengende Aufstieg und
der etwas steile Abstieg.
Statt hinauf nach Ettenberg können Sie den Almbach weiter bachabwärts
bis zur wilden Almbachklamm (siehe auch Seite 28) wandern und auf dem gleichen
Weg wieder zurückgehen.
Tipp:
Eine Einkehr empfiehlt sich beim Mesnerwirt in Ettenberg.

Der Weg zum Almbach führt Sie entweder die Straße von Maria Gern hoch nach
Hintergern oder – ohne Autoverkehr – unten am Gerer Bach entlang bis nach Hinter-
gern. Dort wenden Sie sich den Wegweisern folgend Richtung Almbachklamm.
Der Weg führt durch Fichtenwald leicht bergab. Im zeitigen Frühjahr blühen hier
zahlreiche Christrosen, und immer stärker hören Sie das Rauschen des Almbachs tief
unter Ihnen. Nach etwa der Hälfte des Wegs in die Schlucht hinunter fällt das
Gelände auf der rechten Seite steil ab, Kinder sollten Sie jetzt an die Hand nehmen.
Direkt an der Theresienklause trifft der Weg von Hintergern auf das Bachbett des
Almbachs. Am Almbach entlang führt dann ein schmaler Steig am Hang oder teil-
weise steinig im Bachbett entlang. Bachaufwärts gehen Sie so Richtung Untersberg.
Bald finden Sie Steinmandl und Steinhäufchen, und genau hier im Bergwald verbirgt
sich die heilsame Quelle mit der Irlmaier-Madonna.
Nach einer entspannenden Rast wandern Sie zurück zur Theresienklause. Von
dort zweigt ein beschilderter Weg in die Höhe nach Ettenberg ab. Zunächst passieren
Sie Hinterettenberg, einige verstreut liegende Lehen, bis der Weg zur Kirche nach
Ettenberg führt, vorbei an einer Wegkapelle mit dem auferstandenen Christus
und einem mächtigen alten Ahornbaum. Gleich neben der Kirche Maria Ettenberg
liegt der Mesnerwirt, eine willkommene Einkehr, und unterhalb des Gasthauses
beginnt deutlich sichtbar der Abstieg auf dem Talgrabenweg. Er führt in die
Almbachklamm, die Sie dann wieder bergwärts gehen, bis zur Abzweigung des
Hinwegs von Hintergern. Auf diesem zurück gehts zum Wanderparkplatz oder
weiter bis Maria Gern.

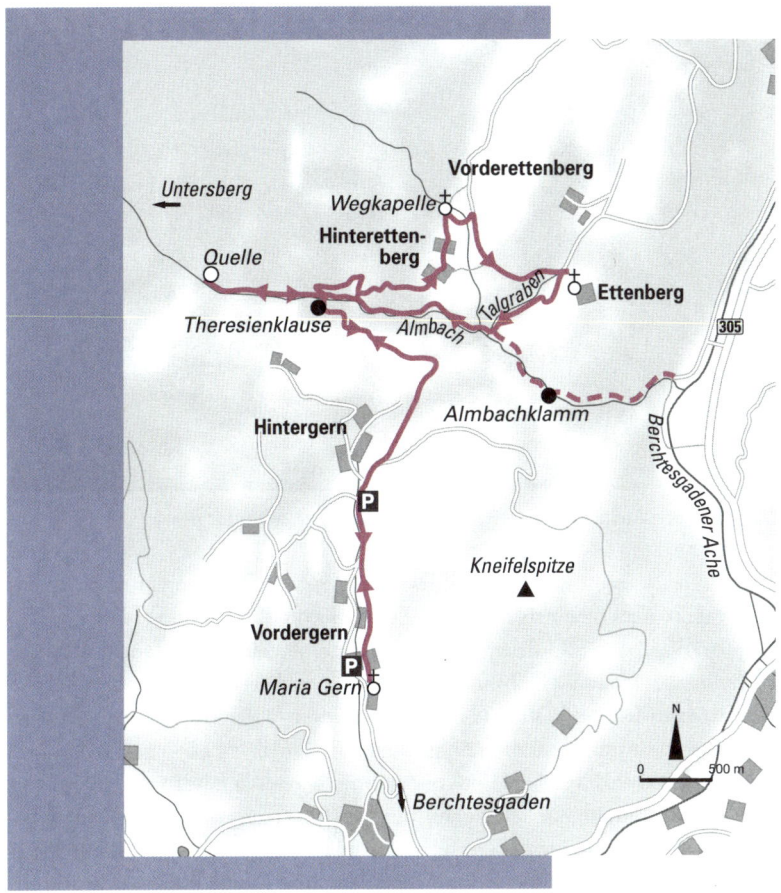

DIE WALLFAHRTSKIRCHE MARIA GERN

Steil führt die Fahrstraße hinauf in die Gern bei Berchtesgaden, und der Blick
bleibt am geistigen Mittelpunkt der verstreut liegenden Gnotschaft hängen:
der Kirche auf dem Felsvorsprung – Maria Gern. Seit 1708 thront das barocke
Kirchlein in dem engen Tal, doch schon lange vorher wallfahrteten die Gerner
zu ihrer Madonna. Um 1600 gab es bereits ein erstes geschnitztes Marienbild
in der Gern, das zur Verehrung in einem Bildstock aufgestellt war. Auf einem
Votivbild von 1626 ist dieser Bildstock zu sehen und gleich dahinter die Heilquelle in der Nähe, das Frauenbrünnl, das man immer noch an der Straße von
Maria Gern nach Hintergern findet.

Die Wallfahrtskirche Maria Gern mit dem Untersberg im Hintergrund.

Das heute verehrte Gnadenbild wurde 1666 von Wolfgang Hueber, einem heimwehkranken gebürtigen Gerer, der in Tirol arbeitete, geschnitzt und in einer 1669 gebauten Holzkapelle am Reitbichl angebracht. Das ist schon der Platz, an dem dann 1680 eine Steinkapelle und 1708 die heutige Kirche errichtet wurde. Die Wallfahrt zur Gottesmutter in der Gern hatte damals so großen Aufschwung genommen, dass die alte Kapelle zu klein geworden war. Auf einem der zahlreichen Votivbilder im Chor, es stammt von 1690, kann man das Eremitenhäuschen neben der Kirche sehen, dessen Bewohner bis 1773 für die Betreuung von Kirche und Wallfahrern zuständig waren. Danach gab es einen eigenen Mesner, und das ehemalige Eremitenhäusl wurde zum Wirts- und Schulhaus (in einem!) erweitert. Nach einer Sage, die ähnlich von anderen Wallfahrtskirchen erzählt wird, ist das Marienbild auf die Gern geflogen und hat so gezeigt, wo das Kirchlein erbaut werden sollte.

Nicht nur durch die exponierte Lage zieht einen diese, wie sie schon genannt wurde, »originellste Wallfahrtskirche Süddeutschlands« in ihren Bann. Wer in Ruhe die Votivbilder und die Silbervotive betrachtet, der spürt die Hoffnung der bitterarmen Gerer früherer Jahrhunderte. Sie wandten sich in ihrer Sehnsucht nach einem besseren Leben an die Gottesmutter in ihrer Kirche, in allen Nöten des Alltags. So findet man zahlreiche Krötenvotive, die die Gebärmutter symbolisieren: Es kann dabei um einen dringenden Kinderwunsch gehen oder auch um eine Unterleibserkrankung einer Frau. Silbervotive, die kleine Kinder darstellen, deuten auf ein krankes Kind hin, Abbilder von Gliedmaßen auf bestimmte Erkrankungen von Arm, Bein, Hand oder

Votivgaben in der Gerner Kirche.

Fuß, Bilder von Haustieren auf das Wichtigste im Stall: die Nutztiere. Mindestens vierhundert Jahre lang haben die Menschen ihr Hoffen und Sehnen in diese Kirche und vor dieses Gnadenbild getragen. Wer in dem Kirchlein sitzt und diese Erkenntnis auf sich wirken lässt, der glaubt die Energie dieses Bittens regelrecht zu spüren. Mir geht es in vielen Wallfahrtskirchen so. Zur Muttergottes haben besonders viele Frauen gebetet. Voller Mariensymbole ist das Kirchlein – Symbole, die in früheren Zeiten noch von jedem verstanden und entschlüsselt werden konnten.

Ein kurioses Detail ist die Figur des heiligen Michael im Auszug des Hochaltars, also ganz oben zwischen den beiden Engeln. Der Drache, den Michael so heldenhaft als Symbol für das Böse, Teuflische, Dämonische bekämpft – dieser Drache hat ein menschliches, ein verführerisches weibliches linkes Bein. So werden die armen Gerer seit der Barockzeit – 1716 ist der Altar entstanden – daran erinnert, was für die katholische Kirche böse und teuflisch ist.

GERN – EIN ENGES TAL INMITTEN IMPOSANTER BERGE

»Gern« leitet sich vom mittelhochdeutschen *gere* für ein dreieckiges Stück Land ab. Und wirklich ist »die Gern« ein enges Tal am Fuß des Untersberges, das sich nur an wenigen Stellen etwas erweitert. Wer vom Kirchenplateau aus nach Norden blickt, sieht den sagenumwobenen Untersberg vor sich. Gegen Süden erhebt sich der mächtige Watzmann: ein bedrohlich wirkender felszackiger Berg, der früher noch viel respektvoller betrachtet wurde als heute. In dem kleinen Wallfahrtskirchlein Maria Gern fühlte man sich auch angesichts der mächtigen, oft bedrohlichen Natur rundum wohl und geborgen – ein Gefühl, das auch der heutige Besucher noch nachvollziehen kann.

Wir gehen entweder die Straße Richtung Norden und an der Quelle mit der Muttergottesstatue vorbei oder ruhiger unten am Gerer Bach bis nach Hintergern. Bei schönem Wetter bietet sich uns auf dem Weg ein Bild wie aus dem Fremdenverkehrsprospekt: Der plätschernde Gebirgsbach, gesäumt von netten Wohnhäusern mit Geranien vor den Fenstern, uralte Bauernhäuser schmiegen sich an die Talseiten. Die ursprünglich bewaldeten Talhänge der Gern wurden wohl spätestens im 13. Jahrhundert von den ersten Siedlern gerodet. Auf die wenigen ebenen Stellen der abschüssigen Wiesenhänge haben die Menschen vor Hunderten von Jahren ihre gedrungenen Häuser gebaut. Ein karges Leben haben sie geführt. Winzige Getreidefelder, steile Bergwiesen, die Früchte des Waldes, Wilderei in den fürstpröbstlichen Bergwäldern des Berchtesgadener Gebirges – damit haben sie sich und ihre Kinder durchgebracht. Aus dem Holz, das sie dem Wald entnahmen, haben sie in den langen dunklen Wintern Spanschachteln hergestellt, Holzspielzeug, Krippenfiguren und Pfeiferl.

HOLZ FÜR DIE SALZPFANNEN

Ein Glück für die Einheimischen waren die Salzstollen tief im Bauch der Berge, im Schoß der Erde. Durch das Salz wurden die Fürstpröbste reich, und zumindest ein kleines bisschen von diesem Reichtum fiel auch für die einfachen Menschen ab. Sie verdingten sich als Holzknechte im Bergwald, schlugen die Bäume und zogen die Stämme bis in die Almbachschlucht. Dort sammelten diese sich über Monate, bis die Schleuse der Theresienklause geöffnet wurde und das herausschießende Wasser die bis zu sieben Meter langen Stämme mit ungeheurer Wasserkraft in Bewegung setzte und den Almbach hinunter beförderte, wo sie in Marktschellenberg an der Straße wieder in Empfang genommen und auf Pferdefuhrwerke verladen wurden. Man transportierte sie zu den Salinen in Hallein und Bad Reichenhall, wo sie die Sudpfannen für die Salzgewinnung erhitzten. Ganze Bergwälder wurden so abgeholzt – wiederaufgeforstet hat man oft mit schnell wachsender Fichte.

Bis heute finden wir diese Fichten hier, wenn wir auf unserer Wanderung den Wegweisern leicht bergab Richtung Almbachklamm folgen. Die Fichten hier sind höchstens hundert Jahre alt – ein Hinweis auf den nahen Almbach, in dem man die gerodeten Stämme des Bergwaldes abtransportiert hatte. Den Weg säumen hier unzählig viele Christrosen. Wenn irgend möglich, sollte man ihn einmal zur Zeit ihrer Blüte gehen, das ist im späten Winter, im Februar oder März, in schneereichen Jahren vielleicht noch im April. Diese Jahreszeit hat auch den Vorteil, dass kaum andere Wanderer unterwegs sind. Die Stille und die Einsamkeit gehören einem dann allein, und in der gerade aus dem tiefen Winterschlaf erwachenden Natur kann auch der Mensch nach dem dunklen Winter neue Kraft schöpfen.

DIE CHRISTROSE

In Deutschland ist die Christ- oder Schneerose *(Helleborus niger)* nur in Bayern heimisch, in den Berchtesgadener Alpen kommt sie bis zu einer Höhe von knapp 1600 Metern vor. Schon früh wurde die Pflanze zu Heilzwecken verwendet, wegen ihrer Giftigkeit aber mit Vorsicht und nur von Heilkundigen angewendet. Allen aber galt die Christrose als heilig. Die frühe Blütezeit, die im geschützten Garten schon um das Christfest beginnt, erschien den Menschen wie ein Wunder. Seit dem hohen Mittelalter hat man die Christrose in den Gärten kultiviert, schon Hildegard von Bingen empfahl sie gegen Fieber und andere Krankheiten. Die Schwarze Nieswurz, wie sie auch heißt, wirkt narkotisierend und stark berauschend und war deshalb in vielen Rezepten für Hexensalben enthalten. Nach der Anwendung des pulverisierten Wurzelstocks entsteht tatsächlich ein starker Niesreiz, der sehr erwünscht war – man hoffte, schwere Krankheiten wie die Pest einfach ausniesen zu können. Die stark giftige Pflanze war aber auch bekannt dafür, die weibliche Blutung zu befördern, es war ein verbreitetes Abtreibungsmittel, von dem sicherlich auch die Kräuterfrauen des Berchtesgadener Landes wussten. So liegen hexischer Kräuterzauber und marianischer Segen hier in der Gern ganz eng beieinander – man denke an die zahlreichen silbernen Gebärmuttervotive in der Wallfahrtskirche Maria Gern.

DIE THERESIENKLAUSE

Die Klause stammt aus dem Jahr 1836 und wurde errichtet, um den Almbach so lange aufzustauen, bis sich genügend Wasser auf der Bergseite und genügend geschlagene Baumstämme auf der talwärts gelegenen Seite angesammelt hatten. Dann hat man die Klause geöffnet, das Wasser schoss mit ungeheurer Kraft heraus und schwemmte die Stämme hinunter bis nach Marktschellenberg. Viele Holzknechte und Triftleute sind dabei verletzt und getötet worden, wenn sie versuchten, verkeilte Stämme loszubrechen und

Almbachschlucht auf dem Weg zur Quelle.

wieder dem Bach zu übergeben. Noch bis weit ins vorige Jahrhundert, bis 1963, war die Klause in Betrieb. So lange wurde der Almbach zur Holztrift benutzt.

Zahlreiche Steinmandl weisen auf den Ort mit der verehrten Quelle hin.

Zwischenzeitlich hatte das Geröll des Almbachs auf der Bergseite die Oberkante der Klause erreicht. Doch das ist nicht etwa allmählich passiert, sondern erst bei einem unvorstellbar wütenden Unwetter vor gut einem Jahrzehnt. Am 26. Juni 1998 brauten sich innerhalb von kurzer Zeit schwarze Wolken über dem Untersberg zusammen, auf dem der Almbach entspringt. Regen- und Hagelmassen stürzten mit einer ungeheuren Wucht vom Himmel, sodass der Almbach gewaltig anschwoll und Geröllmassen in bisher ungekannter Menge zu Tal riss. Gestoppt wurde das Geröll erst von der Theresienklause. Bis zu dem Unwetter fiel die Almbachschlucht nämlich links und rechts der Klause gleich tief ab – so tief, wie wir es heute noch auf der Talseite sehen. Nach dem Bergsturz aber konnte man eineinhalb Jahrzehnte lang gemütlich und gefahrlos auf dem geröllgefüllten Bachbett gehen. Inzwischen hat die Kraft des Wassers viel Sand und Kies wieder ausgeschwemmt, und bald wird das Bachbett seine alte Tiefe erreicht haben. Noch kann man teilweise im Bachbett wandern, doch bald wird man wieder den alten steilen Steig benützen müssen, der nicht ungefährlich ist und noch immer am Hang oberhalb des Bachs entlang führt.

Diesen Weg gehen wir nun weiter bachaufwärts, Richtung Untersberg. Es dauert nicht lange, dann öffnet sich das Bachbett ein bisschen, und der Blick fällt auf Steinmandl, Steinhäufchen, Steinkunst, und hier neben diesen steinernen Wegweisern im Bergwald versteckt sich die heilsame Quelle, die wie durch ein Wunder von dem Bergsturz im Jahr 1998 verschont geblieben ist.

DIE QUELLE MIT DER IRLMAIER-MADONNA

Diese Quelle ist vielen ein Wunder und war das auch schon vor dem Bergsturz. Einheimische kommen hierher zum Wasserholen, Fremde berichten von wundersamen Heilungen nach dem Besuch der Quelle, andere fühlen sich einfach wohl an diesem Ort. Schon die Geschichte ihrer Entdeckung klingt geheimnisvoll: Der Berchtesgadener Eugen Köberle erhielt im Jahr 1975 beim Meditieren die Botschaft von einer Quelle auf dem Berg, die er finden werde. Und tatsächlich ver-

sank er nach langem Wandern plötzlich knöcheltief in einem morastigen Erdloch, aus dem dann schließlich klares Wasser sprudelte. Die Quelle war gefunden, nach dem Genuss des Wassers genas der Entdecker von seinen langjährigen Schmerzen. Zusammen mit seinem Freund Hagen Böhnisch fasste er die Quelle und stellte 1978 eine Madonnenstatue auf.

Die Irlmaier-Madonna.

Auch mit dieser Madonna hat es eine besondere Bewandtnis: Der berühmte Seher Alois Irlmaier aus Freilassing hat sie aus dem Würzburger Raum als Gegenleistung für einen Auftrag bekommen, und eine Tochter Irlmaiers gab sie nach dem Tod des Vaters an Köberle weiter. Die Madonna segnet mit der linken Hand und trägt auf der rechten Seite das Jesuskind – eine ungewöhnliche Haltung.

Wer zur Quelle kommt, findet viele Zeugnisse der Verehrung, die diesem Platz zuteil wird. Die Ma-

Die Quelle unterhalb der Madonna.

donna ist immer blumengeschmückt, die Menschen legen Rosenkränze in die Quelle, um sie mit positiver Energie aufzuladen, andere kommen mit Flaschen und Kanistern, um das durchgehend acht Grad kalte Wasser mit nach Hause zu nehmen. Der Ort ist gut geeignet, um in der Stille zu rasten und sich zu entspannen. Der Kontrast zwischen der Steinwüste des hier meist unterirdisch verlaufenden Almbachs mit seinen vielen Steinmandln und der ruhig sprudelnden Quelle wirkt ungemein belebend.

MARIA ETTENBERG

Zurück an der Theresienklause geht es nun in die Höhe nach Ettenberg, über Hinterettenberg, einige Lehen, vorbei an einer Wegkapelle mit dem auferstandenen Christus mit der Siegesfahne. Daneben steht ein mächtiger alter Ahornbaum. Es ist ein ganz besonderer Ort, in einer Linie unterhalb des Scheibenkasers am Untersberg gelegen. Man sagt, dass man auf diesem Platz vor der Kapelle und dem Baum stehend die Schwachstellen im eigenen Körper besonders deutlich spüren würde.

Bald erreichen wir die Ettenberger Kirche Mariä Heimsuchung, die der Legende nach durch ein wanderndes Marienbild entstanden ist: Ein Bauer in Unterjettenberg, weit im Westen, noch hinter dem Lattengebirge gelegen, hatte an seinem Haus ein, wie es heißt, uraltes Muttergottesbild aufgehängt. Die Holzarbeiter zogen jeden Morgen auf dem Weg in den Bergwald daran vorbei und erflehten den Segen der Madonna. Als das Bild eines Tages verschwunden war, fand man es nach langer Suche an einem Lindenbaum hängend, am Rand einer »schönen Lichtung« wieder. Das Bild wurde zurück nach Unterjettenberg gebracht. Doch als es am nächsten Tag erneut verschwunden und wieder auf unerklärliche Weise zum Lindenbaum gewandert war, ließ man es dort hängen. Die Leute meinten der Überlieferung nach, dass dieser Platz der Muttergottes vielleicht besser gefalle. Um das Bild vor der Witterung zu schützen, errichtete man ihm ein Dach aus Holz. In einem alten Votivbild in Ettenberg von 1696 ist diese Szenerie noch zu

Maria Ettenberg vor dem Untersberg.

sehen: Das Bild hängt an einer mächtigen uralten Linde. Ein Vierteljahrhundert später – die Wallfahrt war offenbar sehr beliebt – wurde die heutige Kirche erbaut und das stark ramponierte Marienbild ersetzt.

Wann die alte Linde gestorben ist, weiß man nicht. Jedenfalls hat man ihr eine Nachfolgerin gepflanzt, die schätzungsweise auch schon fast hundert Jahre alt ist. Die guten Baumgeister scheinen den neuen Baum angenommen zu haben. Denn die stärkste Energie wird vor der Kirche bei der Linde und der Bank gemessen, nicht in der Kirche selbst. Offenbar ist die Linde am Platz der alten Kultlinde gepflanzt worden, hier war der heilige Ort.

Womöglich wurde der Platz auch schon in vormarianischen Zeiten verehrt. Interessanterweise ist das Hauptfest von Maria Ettenberg der Anna-Tag, der 26. Juli, der mit einer Lichterprozession am Vorabend und einem feierlichen Gottesdienst und einem Umzug am Sonntag um den Anna-Tag gefeiert wird. Die Legende berichtet von einer Salzburger Bürgerin, Euphrosia Knoblachin, die 1742 eintausend Gulden stiftete, damit in dem Kirchlein Mariä Heimsuchung in Ettenberg »auf ewig« um den Anna-Tag vierzig Stunden gebetet werde. Ausgerechnet die heilige Anna wird hier gefeiert, die Patronin der Frauen, der Mütter und Großmütter, der Witwen – und, allerdings erst seit etwa dreihundert Jahren, auch Patronin der Bergleute. War dieser Ort mit der alten Linde vielleicht schon lange vorher ein Platz, an dem eine weibliche Gottheit, eine Muttergottheit, verehrt wurde? Der linke Seitenaltar, auf der Frauenseite, zeigt die heilige Anna, der rechte ihren Gatten, den heiligen Joachim – die Eltern von Maria. Diese ist auf dem Heimsuchungsbild im Chorauszug mit ihrer Base Elisabeth dargestellt, sie ist schwanger – insgesamt ein sehr weibliches, auf Mutter- und Elternschaft konzentriertes Bildprogramm.

Feierliche Lichterprozession am Vorabend des Annafestes in Ettenberg.

Eine weitere Besonderheit stellt die monumentale, über vier Meter hohe Christophorus-Figur auf der Orgelempore dar: Niemand weiß heute, heißt es sogar in der Legende, wie diese riesige Statue hierhergekommen ist und wer der Bildhauer war. Der heilige Christophorus gilt als Patron der Reisenden und damit auch der Pilger und Wallfahrer. Sein Anblick schützt für die nächsten vierundzwanzig Stunden vor einem plötzlichen Tod. Christophorusbilder und -statuen waren deshalb immer recht groß und an prominenten Stellen platziert, damit möglichst jeder Mensch jeden Tag einmal ein solches Bild erblicken konnte.

Zu den wirbelnden Wassern vom heiligen Untersberg in die Almbachklamm

Ausgangspunkt: Parkplatz Gasthof Kugelmühle/Almbachklamm unweit von Marktschellenberg. Von Berchtesgaden kommend fährt man auf der B 305 Richtung Marktschellenberg, kurz vor dem Ort weist ein Schild nach links zum Gasthof.
Routenverlauf: Gasthof Kugelmühle–Theresienklause und zurück
Anforderungen: Reine Gehzeit etwa 4 Stunden hin und zurück. Gute Wanderwege mit mäßigen Steigungen, im engsten Bereich der Klamm sind die Wege, Steige und Treppen oft nass und rutschig vom Spritzwasser. Danach schmale Wege, manchmal etwas ausgesetzt, sodass man kleine Kinder an die Hand nehmen sollte.
Alternativen: Als Rückweg können Sie auch die Strecke über Maria Ettenberg (Seite 33) wählen: Dafür gehen Sie von der Theresienklause den beschilderten Weg steil nach oben durch Bergwald nach Ettenberg, wo Sie die Wallfahrtskirche Maria Ettenberg besichtigen können. Vom Mesnerwirt geradeaus nach unten über den Talgrabenweg kommen Sie wieder auf den Weg, der zur Almbachklamm zurück führt. Oder Sie gehen von Ettenberg aus über den Hammerstiel-Wanderweg (beschildert) direkt zurück zum Parkplatz Kugelmühle. Dieser Weg ist aber streckenweise nicht ungefährlich und nur für trittsichere Wanderer geeignet, da die Wand neben dem Weg sehr steil abbricht. Beide Varianten 4 bis 4½ Stunden reine Gehzeit.
Tipps:
– Einkehren kann man im Gasthaus Kugelmühle. Dort werden auch die in der Kugelmühle hergestellten Marmorkugeln verkauft. Neben den Kugeln aus echtem Untersberger Marmor gibt es auch importierte Steinkugeln aus aller Welt.
– Wer für den Rückweg die Variante über Maria Ettenberg wählt, kann zur Stärkung auch den Mesnerwirt in Ettenberg aufsuchen.

Vom Gasthof Kugelmühle aus – die Besichtigung der Mühle können Sie sich für den Abschluss der Tour aufsparen – wandern Sie zunächst bequem am Almbach entlang Richtung Klamm. Bald schon verengt sich der Weg, die Klamm lässt sich nur

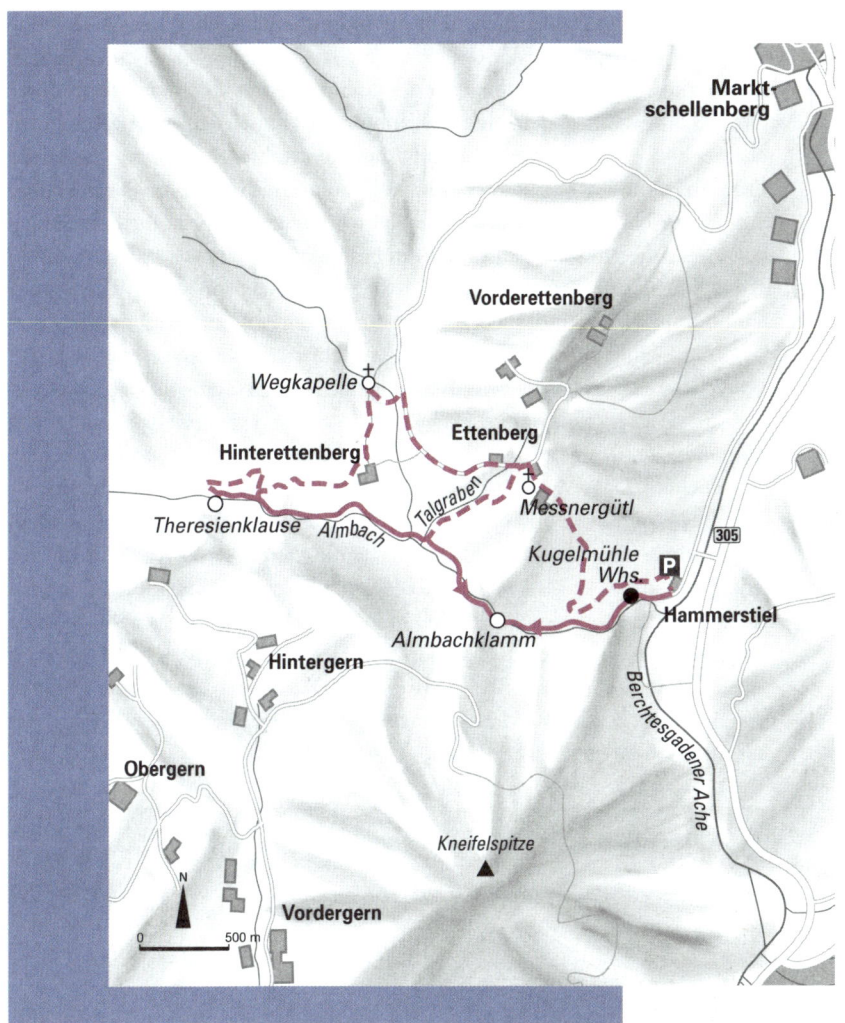

noch auf Treppen und Steigen durchwandern, Sie gehen eng an überhängende Felsen gedrückt, nass vom Spritzwasser und staunend über die Kraft des Wassers. An der Theresienklause mit ihrer Staumauer im Bach kehren Sie um, gehen den gleichen Weg zurück oder wählen eine der Alternativen.

DIE ALMBACHKLAMM

Sie ist eine der letzten ursprünglichen, wilden Klammen der bayerischen Alpen, nicht so überlaufen wie manche bekanntere Klammen, und von einer magischen Schönheit und Anziehungskraft, die ihresgleichen sucht. Die Wasser des Almbachs kommen von den steilen Südwänden hoch oben am sagenreichen Untersberg herunter, den manche sogar als heiligen Berg bezeichnen. Auch das Wasser dieses Bachs ist deshalb ein besonderes – erst recht dann, wenn es ab der Theresienklause durch ein Flussbett läuft, das von steilen Felsenwänden und aus großer Höhe herabstürzenden Wasserfällen gesäumt wird, und das sich allmählich bis zu einer dramatisch schmalen Klamm verengt.

Wer durch die Klamm geht, ist schon nach kurzer Zeit von der gewaltigen Kraft des Wassers überwältigt. Es hat im Verlauf von vielen Jahrtausenden die steilen Felsen, die sich ihm in den Weg stellten, ausgehöhlt, ausgewaschen, durchlöchert. Das Wasser schießt über Abgründe in weich und rund ausgeschliffene Höhlungen und Gumpen, wo es tief grün, blau und türkis leuchtend einen Moment innehält, um in das nächste dunkle Höllenloch zu stürzen, aus dem es dann als klares Gebirgsbächlein wieder hervorkommt und bis zur nächsten Felsenstufe weiterrauscht. Immer wieder bildet das zu Tal tosende Wasser kleine und größere Wasserfälle. Der größte und schönste ist der Sulzer Wasserfall, der sich über mehrere Stufen hundertvierzehn Meter herab in den Almbach ergießt. Man passiert ihn nach etwa der halben Wegstrecke den Almbach hinauf.

Durch viele Engstellen schießt das Wasser des Almbachs zu Tal.

DIE ENERGIE DER LUFTIONEN

Obwohl man über mühsam von Menschenhand angelegte Steiganlagen geht, fühlt man sich hier der urzeitlichen Natur und der Energie von Erde, Fels und Wasser ganz nahe. Die Zivilisation scheint weit weg. Man fühlt sich erfrischt, der Kopf wird leer von Sorgen und schweren Gedanken, neue Energie durchströmt den Körper von oben bis unten. Woran das liegt, haben Geobiologen wie die berühmte Blanche Merz, die Mutter der Geobiologie, herausgefunden. Pier Hänni fasst in seinem Buch *Wege zu Orten der Kraft* auf Seite 24 ihre Erkenntnisse zu den Luftionen zusammen: »Ein wesentlicher Faktor der Zusammensetzung respektive Elektrizität der Luft sind die Luftionen, gasförmige Teilchen im atomaren Bereich. Wenn die Luft stark mit positiv geladenen Ionen gesättigt ist, wie zum Beispiel in

Der Sulzer Wasserfall, der 114 Meter tief in den Almbach stürzt.

schlecht durchlüfteten Räumen oder bestimmten meteorologischen Verhältnissen, fühlen sich Mensch und Tier müde und ermatten rasch. Negativ geladene Ionen wirken dagegen anregend und vitalisierend. Ionen werden durch Zuführung von Energie negativ ›geladen‹, wie dies etwa während Gewittern geschieht, aber auch durch Bewegung. In schnell fließenden Gewässern, insbesondere bei Bergbächen und Wasserfällen, aber auch an Stränden, wo die Brandung gegen Steilufer und Klippen schlägt, werden aufgrund der Bewegungsenergie physikalische Vorgänge ausgelöst, durch die Elektronen frei werden, die sich mit anderen Molekülen verbinden und negativ geladene Ionen bilden. Unsere Vorfahren wussten weder von diesen Vorgängen, noch kannten sie die winzig kleinen Ionen, aber sie schätzten die gute Luft an den Ufern von Fließgewässern, bei Wasserfällen oder an den Küstenabschnitten mit starker Brandung. Während positive Ionen absinken, steigen negativ geladene auf, weshalb die Luft oberhalb von Felswänden oder Steilhängen sowie auf Hügeln und Bergen dichter mit ihnen gesättigt ist.

Naturverbundene Menschen suchten von jeher solche Lagen wegen der guten Luft auf und wählten sie als Standorte von Kultplätzen und Siedlungen. (...) Mit negativen Ionen gesättigte Luft, im Volksmund ›gute Luft‹ genannt, regt die körpereigenen Heilkräfte an, erhöht die physische und psychische Leistungsfähigkeit und begünstigt spirituelle Erfahrungen (...). Nach den Sagen sollen auch die Naturgeister sehr sensibel auf Ionen reagieren, finden sich doch an Orten, wo die Luft stark mit negativ geladenen Teilchen gesättigt ist, außergewöhnlich viele Geschichten über diese geheimnisvollen Wesen. Rational betrachtet könnte man auch sagen, dass offenbar ein Zusammenhang besteht zwischen dem Einfluss der guten Luft auf die Vorgänge im Gehirn und der Wahrnehmung von Naturgeistern. (...)

In der von Blanche Merz erstellten Tabelle wird die Dichte an negativen Ionen (pro Kubikzentimeter) unter verschiedenen Bedingungen ersichtlich:

– in einem geschlossenen Raum	10 bis 20
– nach einem Gewitter	1500 bis 2500
– am Meer oder in den Bergen	4000 bis 8000
– am Fuße eines Wasserfalls	50 000 «

Erfrischende Gumpe im Almbach.

Deshalb also fühlen wir uns auf diesem Wasserweg in der Almbachklamm so wohl!

Einen weiteren Beitrag zu diesem außergewöhnlichen Wohlgefühl liefern die Sinneseindrücke, die unsere Ohren aufnehmen. Die Geräusche des fließenden, spritzenden, gurgelnden, tosenden Wassers übertönen in der Klamm alle anderen. Man ist ganz und gar vom Wasser eingenommen: mit den Augen, mit den Ohren, mit der nassen Haut. Das Nass scheint uns aufzunehmen, es umfließt uns, wenn wir über eine Brücke gehen, und selbst wenn wir nur daran entlanggehen, ist es stets zu hören. Das Glucksen des Wassers erinnert unser Unterbewusstsein an vorgeburtliche Zeiten. Im Wasser fühlen sich die meisten geborgen, intuitiv wohl, es wirkt nicht bedrohlich, sondern rührt im Gegenteil an unser Innerstes, es bringt unsere Gefühle zum Vorschein. Man kann deshalb nicht genug schauen und horchen auf diesem Weg. Ob es die Naturgeister sind, die zu uns sprechen, die rund um uns flüstern, oder ob es die Geister in uns selbst sind, die wir hier endlich wieder hören – dieser Weg fördert unsere Aufmerksamkeit nicht nur nach außen, sondern auch nach innen.

Je höher wir steigen, desto weniger dramatisch wirkt der Almbach. Viele kleine Abzweige führen hinunter ins Bachbett, wo man auf großen Steinen sitzend, liegend und balancierend den direkten Kontakt mit Felsen und Wasser genießen kann. Wer will, badet im eiskalten Bergwasser der Gumpen und kommt sprühend vor Vitalität wieder heraus.

AN DER THERESIENKLAUSE

Die Theresienklause ist unser heutiges Ziel. Von 1834 bis 1836 wurde die Staumauer hier errichtet und zu Ehren der bayerischen Königin Therese, der Gemahlin Ludwigs I., Theresienklause genannt. Hinter dieser Mauer konnten 15 000 Kubikmeter Wasser aufgestaut werden, die dann beim Öffnen des Schleusentores mit einer gewaltigen Kraft die in die Klamm geworfenen Baumstämme aus dem Bergwald mit sich rissen und bis nach Marktschellenberg triften ließen.

Silberdistel.

Wer möchte, kann nun den ausgeschilderten Weg über Maria Ettenberg als Alternative zum Rückweg auf dem gleichen Pfad wählen. Ich persönlich gehe gern den gleichen Weg zurück, weil er aus der neuen Perspektive, beim Gehen in die andere Richtung, ganz neue Bilder bietet – und weil ich von Wasser, Wasserfall, Fels und Klamm einfach nie genug bekomme. Probieren Sie es aus: Gehen Sie den Weg zurück noch einmal ganz bewusst, setzen Sie sich an Stellen, die Ihnen gefallen, hin und nehmen Sie die Umgebung, die Farben des Wassers, die Geräusche, in sich auf. Achten Sie beim Zurückgehen auch auf die Blumen und die vielfältigen Bergpflanzen am Weg. Im Frühling blühen hier die gelben Aurikel, Gamsbleamerl werden sie von den Einheimischen genannt.

Im Sommer sind die Wiesen blau von verschiedenen Enzianarten, später kommen die kleinen Alpenveilchen als rosarote Tupfer an schattigen Stellen heraus.

WUNDERWIRKSAME SILBERDISTEL

Sonnige, steinige Flecken an den Hängen besetzt die Silberdistel, eine alte Heil- und Zauberpflanze, die bis in jüngste Zeit als Abwehrmittel gegen Seuchen und Dämonen aller Art beliebt war. Man hat sie über Haus- und Stalltüren genagelt, weil sie »die Pestilenz« bei Mensch und Tier vertreiben soll.

Große Eberwurz heißt sie korrekt. Dieser Name taucht erst im Mittelalter auf, die Distel soll dem nordischen Gott Freyr oder Fro geweiht gewesen sein, dessen Begleittier ein Eber mit goldenen Borsten namens Gullinborsti war. Vielleicht ist die Erklärung für den Namen aber auch viel einfacher: Die Eberwurz soll nämlich ungeahnte Kräfte verleihen, sie soll jeden stark wie einen Eber machen. Wer eine Eberwurz bei sich trägt, der kann angeblich die Kraft anderer Menschen, sogar die Kraft starker Tiere, aus diesen heraus auf sich selbst ziehen. Paracelsus, der berühmte Heilkundige des Mittelalters, berichtete von einem Mann, den er selbst beobachtet haben will: Dieser trug eine Eberwurz bei sich und wollte ein drei Zentner schweres Weinfass tragen. Mit Hilfe der Pflanze habe er seinen zwölf Begleitern die Kraft entzogen und auf sich selbst übertragen. Die Begleiter wurden schwach und schwächer, sie konnten ihren Weg nicht fortsetzen, während er allein das Fass trug.

»Die Kraft dieser Wurzel«, schrieb der Kräuterpapst Marzell noch 1922, »wird von Rossknechten überaus gepriesen. Will man starke Rosse haben, so füttert man Eberwurzen, die Rosse des Nachbarn nehmen aber ab, wenn sie nicht auch von der Wurzel bekommen. Bei Menschen mehrt sie die Körperkraft und bewahrt sie vor Leibschaden. Eberwurz in der Walpurgisnacht geholt und den Pferden drei Stück davon gegeben, erhält sie das Jahr gesund« (Marzell 1922: 294).

Der botanische Name *Carlina acaulis* hängt der Sage nach mit Karl dem Großen zusammen: Diesem soll im Traum ein Engel erschienen sein, als seine Soldaten der Reihe nach einer seltsamen Seuche erlagen. Der Engel befahl dem Kaiser, einen Pfeil abzuschießen. Wo dieser Pfeil auftreffe, werde eine Heilpflanze stehen, die die Soldaten retten könne. Karls Pfeil traf eine Eberwurz, und die Seuche konnte mit ihrer Hilfe erfolgreich bekämpft werden. Aber nicht nur Menschenseuchen, auch Viehkrankheiten kurierte man mit der Pflanze, die zudem gegen Verhexung helfen sollte.

So beliebt sie als viel verwendete Zauberpflanze war, so lang kannte man sie auch als wild wachsendes Nahrungsmittel: In Oberbayern heißt sie mit volkstümlichem Namen Wiesenkas. Man hat ihren Blütenboden, wie den der Artischocke, als Gemüse gekocht oder auch frisch verzehrt. Heute ist die Silberdistel streng geschützt – bitte nicht abreißen!

DIE MARMORKUGELMÜHLE

Wieder bei der Kugelmühle angekommen, müssen wir uns natürlich die namengebende Anlage anschauen – die einzige Marmorkugelmühle Deutschlands, gegenüber vom Kiosk, direkt im Almbach. 1683 gegründet, war sie einst eine von vielen Kugelmühlen: 1860 gab es allein vierzig am Almbach und weitere neunzig in der Umgebung. Die Kugeln, besser bekannt als Schusser, Klicker oder Murmeln, waren bis vor wenigen Jahrzehnten ein begehrtes Kinderspielzeug. Mit Wasserkraft schleift man sie hier aus dem am nördlichen Fuß des Untersberges abgebauten Untersberger Marmor. Die grob behauenen Marmorbrocken werden dazu auf einen gerillten runden Teller aus hartem Sandstein gelegt. Als Deckel kommt ein Buchenholzblock mit Schaufelrad darauf, das vom Wasser angetrieben wird. In wenigen Tagen entstehen so die Kugeln, die nur noch poliert werden müssen.

Die bitterarmen Berchtesgadener verdienten sich mit diesen Kugeln über dreihundert Jahre lang ein erkleckliches Zubrot, wurden die begehrten Kugeln doch via Rotterdam und London in alle Welt exportiert. Von den Frachtschiffen waren sie als Zuladung gefragt, weil sie durch ihr enormes Gewicht auf kleinstem Raum für den nötigen Tiefgang sorgten. In den 1920er Jahren erst gaben fast alle Kugelmüller auf: Die Konkurrenz von industriell hergestellten Schussern war übermächtig, und die alten Kinderspiele gerieten immer mehr in Vergessenheit. Nur ein Kugelmüller trotzte der Entwicklung – und so ist es uns vergönnt, heute noch in der Kugelmühle hautnah dabei zu sein, wie allein durch die geschickt eingesetzte Kraft des Wassers kleine Wunderwerke aus dem Marmor entstehen.

In der Kugelmühle am Almbach entstehen seit über 300 Jahren große und kleine Marmorkugeln allein mit Wasserkraft.

In den Bauch des Untersberges zur Schellenberger Eishöhle

Ausgangspunkt: Untersbergbahn in St. Leonhard bei Grödig (Österreich). Anfahrt auf der Autobahn München–Salzburg, kurz hinter der Ausfahrt Bad Reichenhall beim Knoten Salzburg Richtung Villach fahren, dann die erste Ausfahrt nach Grödig/Berchtesgaden/Anif abfahren, in fünf Minuten weiter bis St. Leonhard **Routenverlauf:** Untersbergbahn in St. Leonhard–Bergstation Geiereck–Salzburger Hochthron–Mittagsscharte–Thomas-Eder-Steig–Schellenberger Eishöhle–Toni-Lenz-Hütte–Abstieg zum Wanderparkplatz an der Bundesstraße 305 Marktschellenberg und mit dem Bus oder zu Fuß zurück zum Parkplatz der Untersbergbahn **Anforderungen:** Gesamtgehzeit etwa 6½ Stunden. In der hier beschriebenen Variante ist die Tour nur für Geübte geeignet, denn auf dem Thomas-Eder-Steig sind Trittsicherheit und Schwindelfreiheit erforderlich. Größeren Kindern ist diese Tour zuzutrauen, wenn Sie sie auf dem Thomas-Eder-Steig ans Seil nehmen.

Alternativen:

– Wer lieber bergauf geht und bergab fährt, parkt am Wanderparkplatz an der Bundesstraße 305 Marktschellenberg–St.Leonhard, geht über die Toni-Lenz-Hütte zur Eishöhle und über den Thomas-Eder-Steig zur Bergstation Geiereck. Abfahrt mit der Seilbahn, dann Fußweg zurück zum Parkplatz.

– Um die Schellenberger Eishöhle zu besuchen, ohne den ausgesetzten Thomas-Eder-Steig zu gehen, können Sie von dem beschriebenen Wanderparkplatz in etwa 3 Stunden zur Toni-Lenz-Hütte aufsteigen. Von dort sind Sie in 10 Minuten an der Eishöhle. Auf dem gleichen Weg wieder zurück.

– Wer den Thomas-Eder-Steig und die langen Aufstiege vermeiden will und auf den Besuch der Schellenberger Eishöhle verzichtet, kann auch einfach mit der Bahn auf den Untersberg fahren, den Salzburger Hochthron besteigen und dort die Aussicht und die besondere Atmosphäre auf dem Untersberg genießen. Zurück wieder mit der Untersbergbahn.

Tipps:

– Einkehren können Sie bei der Tal- oder der Bergstation der Seilbahn, außerdem 5 Minuten von der Bergstation entfernt im Berggasthof Hochalm auf dem Untersberg oder in der Toni-Lenz-Hütte (auf dem Abstiegsweg etwa 10 Minuten unterhalb der Schellenberger Eishöhle).

– Die Untersbergbahn fährt halbstündlich jeweils zur vollen und zur halben Stunde von 8.30 Uhr bis 16.00 Uhr. Die Bahn ist das ganze Jahr über in Betrieb, mit Ausnahme einer kurzen Zeit der Revision, die meist im Monat November durchgeführt wird.

– Die Schellenberger Eishöhle kann nur mit Führung, jeweils zur vollen Stunde, betreten werden, Dauer etwa 30 bis 45 Minuten.

Von der Bergstation der Seilbahn führt ein leichter Bergsteig in 1 bis 1½ Stunden hinauf auf den Salzburger Hochthron und über diesen hinunter bis zur Mittags-scharte. Den folgenden Thomas-Eder-Steig sollten Sie nur mit Bergerfahrung, Trittsi-cherheit und Schwindelfreiheit gehen. Eine Stunde lang wandern Sie über stellenweise hölzerne Treppen, die bei Nässe gefährlich rutschig werden. Teilweise gibt es ausgesetzte Passagen im senkrechten Fels mit steilen Abstürzen, die nur mit einem Drahtseil gesichert sind. Für kleinere Kinder ist dieser Weg nicht geeignet, größere Kinder sollten Sie ans Seil nehmen. Das Hauptziel, die Schellenberger Eishöhle, können Sie nun als Führungsgast bewundern, bevor es über die Toni-Lenz-Hütte auf einem leichten Bergsteig und dann Forstweg in 2½ bis 3 Stunden wieder abwärts geht. Wenige Meter vor der Hauptstraße neben der Königsseer Ache kommen Sie am Ende des Abstiegswegs an einem alten Passturm vorbei (Ortsname: Paßthurm). Vom Wanderparkplatz sind es dann noch 20 Minuten Gehweg neben der Straße bis zum Parkplatz der Untersbergbahn.

DER GEHEIMNISVOLLE UNTERSBERG

Der Untersberg empfängt den von Norden kommenden Wanderer als Wächter der Eingangspforte ins Reichenhaller und Berchtesgadener Tal. Ein mächtiger Bergkoloss, ein riesiger Bergstock, breit und behäbig, ohne spektakuläre, dem Himmel zustrebende Gipfel. Direkt aus der Ebene erhebt er sich, wie ein schlafender Löwe, sagen die einen. Wie ein monumentaler Grabhügel, sagen die anderen.

Das große Hochplateau dieses an einen Tafelberg erinnernden Massivs ist von unten uneinsehbar. Der Untersberg wirkt auf den ersten Blick nicht einladend mit seinen steil abfallenden Felsflanken, und doch hat der Berg seit Hunderten von Jahren die Menschen in der Region angezogen, wie nur wenige andere Berge dies vermochten. Hirten waren wohl die ersten, die sich ihm näherten und die ersten Wege in die Höhe suchten. Jäger werden sich in den Bergwäldern immer weiter nach oben gewagt haben, sie folgten dem Wild, das im Sommer auf den Bergwiesen reiche Nahrung fand. Sie alle stießen zwangsläufig bei ihren Wanderungen auf Höhlen: große und kleine, manche gerade ein Unterstand für zwei Männer, andere mit Hallen groß wie Dome, viele weitere nur schmale Spalten im Boden oder im Fels, die einen

Der sagenumwobene Untersberg von Nordwesten gesehen.

ahnen lassen, dass sie tief in den Berg hineinführen und scheinbar niemals enden.

Der tatsächlich von zahlreichen Höhlen durchzogene Untersberg galt denn in der Fantasie seiner Besteiger schon früh als Wohnsitz jenseitiger Lebewesen. Auch seine äußere Form wirkt »bergend«, behütend, so als ob der Berg in seinem Inneren viel Raum hätte und in diesem Raum viele Geheimnisse verstecken würde. Hunderte von Sagen entstanden, die heute lebendiger sind denn je und die jedes Schulkind rund um den Untersberg kennt. Er gilt nicht umsonst als der sagenreichste Berg der Alpen.

Eine der zahllosen Spalten.

KAISER KARL IM UNTERSBERG

Die bekannteste unter diesen Sagen ist die von Kaiser Karl, der im Untersberg schläft und wartet, bis der Zeitpunkt seiner Wiederkehr gekommen ist. Sein gesamter Hofstaat ist mit ihm entrückt in den Bauch des Berges: Ritter

Bergdohlen kreisen um die Gipfel.

und Knappen, Landsknechte und Diener umgeben ihn, der auf einem goldenen Stuhl sitzt und sein Haupt im Schlaf auf die schwere Marmorplatte eines Tisches gebettet hat. Sein langer silberner Bart ist schon zweimal um den Tisch gewachsen. Gesehen hat dies ein Knabe, der, als er am Fuß des Untersberges seine Herde hütete, von einem Untersberger Männlein in den Bergstock hineingeführt worden ist. Mit reichen Geschenken überhäuft, kehrte der Hirtenknabe schließlich aus der Anderswelt zurück und erzählte, was ihm widerfahren ist. Einem Bauern war dasselbe passiert, und beiden stellte Kaiser Karl schließlich die berühmte Frage: »Kreisen denn die Raben noch um den Berg?« Als die Frage bejaht wurde, senkte der Kaiser voller Schmerz sein Haupt und antwortete: »So muss ich noch weitere hundert Jahre schlafen.«

Die ständig um den Berg kreisenden Rabenvögel, es handelt sich um Bergdohlen, sind nicht zu übersehen. Über den Köpfen der Wanderer ziehen sie ihre Bahnen, und kaum lässt man sich in Gipfelnähe nieder und packt die Wegzehrung aus, warten sie ungeduldig auf ihren Anteil an der Mahlzeit. Solange sie weiter kreisen, werden die in den Berg Entrückten weiter schlafen, doch wehe, sie kreisen eines Tages nicht mehr ...

In anderen Versionen der Sage ist Friedrich I. Barbarossa der in den Berg verbannte Kaiser, in wieder anderen ist es Friedrich III. Historiker haben für alle drei Varianten eine Erklärung, jeder dieser Kaiser steht in irgendeiner engeren Beziehung zu Salzburg und zum Untersberg. Doch durch die Jahrhunderte haben sich die Figuren in der Sage vermischt.

DIE UNTERSBERGER MANDLN

Eindeutig sind jedoch die Berichte von den Untersberger Mandln – den Zwergen, die im Untersberg wohnen. Sie hüten unermessliche Schätze im Inneren der Felsen und arbeiten im Bergwerk, wo sie Gold und Silber abbauen. In der Welt der Menschen tauchen sie ungern auf, sie halten sich von Ansammlungen fern, nur Musik und Hochzeitsfeste lieben sie – da schleichen sie sich gern unerkannt hinzu und feiern mit. Hie und da erscheinen sie unvermutet am helllichten Tag, helfen den Armen bei der Arbeit, beschenken sie, bestrafen aber Fehltritte und ärgern und necken die Menschen bisweilen auch.

Die Untersberger Mandln benutzen ein weitverzweigtes Netz von unterirdischen Gängen aus den Tiefen des Untersberges hinaus, die oft in großer Entfernung vom Berg enden. Um Mitternacht feiern diese Untersberger heimlich Gottesdienste in nahen und fernen Kirchen, etwa im Dom zu Salzburg, aber auch in St. Salvator in Prien am Chiemsee, in St. Valentin in Marzoll, in Reichenhall, auf der Gmain und vielen mehr. Spät heimkehrende

Holzknechte oder Mägde sahen zuweilen hell erleuchtete Kirchenfenster und eilten zu Tode erschrocken davon. Wie andere Sagengestalten am Untersberg – etwa der Riese Abfalter oder die drei Wildfrauen – tauchen die Mandln wie aus dem Nichts auf, und ebenso verschwinden sie wieder. Wenn sie menschliche Wesen in den Berg führen, tun sich vor den Erstaunten die Felsen auf und bilden einen Durchlass, wo vorher keiner war.

LAZARUS GITSCHNER IM UNTERSBERG

Dem Lazarus Gitschner ist es einst so ergangen. Er war Stadtschreiber in Reichenhall und begegnete im Jahr 1523 auf dem Untersberg einem barfüßigen Mönch, der ihn in den Berg führte. Dort besuchten sie ein Kloster, und rundherum sah Gitschner eine paradiesische, ideale Landschaft. Er wurde fürstlich bewirtet, hörte himmlische Musik und begab sich mit der Mönchsgemeinschaft in einen Turm. Von Türen beidseits des Turmes gelangte man in zwölf Kirchen der Umgebung. Sechs Nächte verbrachte Lazarus mit dem Mönch jeweils in einer anderen dieser Kirchen: Sie kamen durch einen unterirdischen Gang zunächst nach St. Bartholomä am Königssee, wo nächtens eine Messe gefeiert wurde. Danach kehrte die Gesellschaft in den Untersberg zurück. So ging es die nächsten Nächte weiter. Einmal sah er durch ein Fenster der Bibliothek Kaiser Friedrich inmitten einer großen Volksmenge, dabei auch verschiedene Herzöge und geistliche Würdenträger seiner Zeit, die erst vor kurzem verstorben waren.

Lazarus wurde nach sieben Tagen von seinem unterweltlichen Begleiter zurück zur Pforte geführt und ermahnt, nach fünfunddreißig Jahren das Gesehene und Gehörte aufzuschreiben. Er sollte den Menschen auch die Prophezeiung übermitteln, welche Katastrophen in den nächsten Jahrzehnten als

Die Reichenhaller gehen zum Untersberg, an ihrer Spitze Lazarus Gitschner (aus einer Salzburger Handschrift).

göttliche Strafe über die Menschheit hereinbrechen würden: Tod, Krieg und Teuerung, der Sieg der Türken über die deutsche Nation und eine alles entscheidende blutige Schlacht auf dem Walserfeld bei Salzburg.

Etwa 1558 ist die älteste Niederschrift dieser Geschichte entstanden, die vermutlich von einem gebildeten geistlichen Herrn aus der Reichenhaller Gegend nach vielerlei literarischen Vorbildern verfasst worden ist. Er hat die offenbar schon damals kursierenden alten Sagen und Mythen zu einer fantastischen Geschichte verwoben und sich das Pseudonym Lazarus Gitschner gegeben. Bis heute beeindruckt diese Geschichte die Menschen rund um den Untersberg. Wunderberg nennt man ihn übrigens auch, allerdings wohl erst seit dem ausgehenden 18. Jahrhundert, sicher jedoch aufgrund der zahlreichen wundersamen Geschichten, die man sich von diesem Berg erzählt.

ZEITLOCH AM UNTERSBERG?

Lazarus Gitschner schaute damals auf die Turmuhr, als der Mönch ihn wieder aus dem Berg herausführte, und es war sieben Uhr, die gleiche Zeit wie beim Eintritt in den Fels. Für die Menschen außerhalb war keine Zeit verstrichen. Lazarus aber hatte sieben Tage im Berg zugebracht. Bis heute gibt es viele Erzählungen, die von einer »anderen Zeit« am Untersberg berichten. In einer berühmten Sage kehrt eine Hochzeitsgesellschaft auf Einladung eines Berggeistes in den Untersberg ein. Nachdem sie dort reichlich gegessen und getrunken haben, schlafen sie ein und kehren nach dem Aufwachen aus dem Berg in die Welt zurück: Sie müssen aber feststellen, dass hundert Jahre vergangen sind und sich draußen niemand mehr an sie erinnert. Selbst in den letzten Jahren gab es immer wieder neue Fälle von Menschen, die angeblich am Untersberg spurlos verschwunden sind. Direkt in der Mittagsscharte, heißt es, befinde sich ein Zeitloch, das sich nur in manchen Jahren am Hohen Frauentag, dem höchsten Marienfeiertag Mariä Himmelfahrt am 15. August, auftue.

Ohne Zweifel liegt der Untersberg in einem Gebiet, in dem die Erde noch nicht zur Ruhe gekommen ist. Die Hebung der Alpen, die mit ihrer Entstehung begonnen hat, ist noch nicht beendet und kann besonders am Untersberg und in seinem Bauch, in den Höhlen, von Höhlenforschern millimetergenau verfolgt werden. Auch der Erdmagnetismus soll im Untersberggebiet besonders stark sein. Der direkte Nachbar des Untersberges, der etwas westlicher gelegene Hochstaufen, ist außerdem eines der Erdbebenzentren in den Alpen. Hier bebt die Erde seit über siebenhundert Jahren so stark, dass es nicht nur für die Messinstrumente der Forscher, sondern immer wieder sogar für die Menschen spürbar ist.

DIE SCHELLENBERGER EISHÖHLE

Erst im 19., im aufgeklärten Jahrhundert, in dem auch in Bayern staatlicherseits die Natur kartographiert, vermessen und dokumentiert wurde, machten sich Forscher zu den Höhlen des Untersberges auf. 1826 wurde dabei die Schellenberger Eishöhle, die größte Eishöhle Deutschlands, in der bayerischen Generalstabskarte als »Schellenberger Eisloch« verzeichnet. Schafe der darunterliegenden Kaser sollen sie schon jahrhundertelang bei Unwettern oder im heißen Sommer zum Unterstellen benutzt haben.

Die Eishöhle ist als einzige der Untersberghöhlen für Besucher erschlossen und mit stündlichen Führungen zugänglich. Hier kann man in den Bauch des mythischen Untersberges eintauchen und dabei fantastische Eisgebilde besichtigen. Man steht auf dreißig Meter dickem Eis, das gefrorene Wasser bildet meterhohe Säulen, Stalaktiten und Stalagmiten aus Eis säumen den Weg. Einer der faszinierendsten Räume im zugänglichen Teil der Höhle ist der sogenannte Mördkom – Wege, Wände, Decke dieses Raumes bestehen aus Eis, das teilweise bis zu dreitausend Jahre alt ist. Das oberflächliche Eis, die Säulen und Zapfen, bildet sich ab dem späten Winter durch Schmelzwasser, das in die Höhle dringt. Der Höhleneingang liegt höher als die Höhlenräume, so sinkt die kalte Luft ab und in die Höhle hinein. An einem heißen

In der Eingangshalle der Eishöhle.

Der Eingang zur Eishöhle liegt höher als die Höhle selbst.

Sommertag kommt man erhitzt aus dem gleißenden Sonnenlicht in eine düstere Höhle mit einer Temperatur von um die minus ein bis plus anderthalb Grad.

Von der Eingangshöhle erstreckt sich ein Schacht in die Höhe, der zum sogenannten Dohlenfriedhof führt – einem Raum mit Tausenden von Dohlenskeletten, der für Besucher aber nicht zugänglich ist. Die Bergdohlen des Unterberges fliegen dorthin, wenn sie spüren, dass es mit ihnen zu Ende geht. In dieser Höhle lassen sie sich nieder und sterben inmitten der Überreste ihrer Ahnen.

Wir hingegen kommen erfrischt aus der Höhle heraus. Der Aufenthalt in der urtümlichen Welt des Eises im Bauch von Mutter Erde – auch wenn er nur die dreiviertel Stunde Führungsdauer lang war – reinigt und klärt, wie viele Besucher bestätigen.

UNTERSBERGER MARMOR

Schon die Römer rückten dem Wunderberg ganz profan zu Leibe: Der begehrte Untersberger Marmor wird seit der Antike auf der österreichischen Nordseite des Berges abgebaut, seit jüngster Zeit auch unterirdisch. Man gewinnt einen Kalkstein, der stark verdichtet und mit Calcit durchsetzt ist, oft geädert oder getüpfelt, was seinem Aussehen etwas Marmorartiges gibt.

Der Thomas-Eder-Steig – direkt in den steilen Fels gehauen.

Bruchstücke von römischen Steinen, die man gefunden hat, beweisen die Nutzung seit Jahrtausenden. Sicherlich hat jeder schon einmal verarbeiteten Untersberger Marmor gesehen: Die Fassade des Salzburger Doms, die berühmte Pestsäule in Wien und unzählige Skulpturen, Altäre und Grabplatten in der näheren und weiteren Umgebung wurden aus diesem Stein gefertigt. Besonders im 16. und 17. Jahrhundert war dieser Marmor bei Kirchenbauern und Bildhauern begehrt.

Wer auf dem Untersberg oder an seinem Fuße unterwegs ist, findet viele Brocken des Gesteins mit den schönsten Mustern und Äderungen. Ein weißlicher, ein rötlicher Ton und Gelb, das sind die vorherrschenden Farben. Der Stein lässt sich sehr gut polieren – auch von Hand mit einem normalen Schleifpapier – und entfaltet dann seine ganze Leuchtkraft. Auch einfach so aufgehoben und in der Hosentasche mitgenommen, fühlt er sich weich an und ist ein angenehmer Handschmeichler während der Wanderung. Auf einem kurzen Abschnitt des Thomas-Eder-Steiges erkennt man übrigens deutlich ein rötliches Mineral, das als Pulver aus den Ritzen im Fels austritt und den Stein färbt: Das ist Bauxit, ein wichtiges Erz, aus dem Aluminium hergestellt wird.

UNTERSBERG UND MITTAGSSCHARTE – WAS BEDEUTEN DIESE NAMEN?

Woher der Name unseres großen mythischen Berges kommt, ist bis heute umstritten. 1306 tauchte die Bezeichnung »Undarnsperch« zum ersten Mal in den Urkunden auf. Sprachwissenschaftler verweisen auf die lokale Benennung »Untern« für die Mittagszeit. Vom alten Siedlungsgebiet Salzburg aus liegt der Untersberg südlich, und von dort aus wurde er auch benannt: Er ist der »Mittagsberg«, und sein Name entspricht deshalb einer Art Sonnenuhr – wenn diese Namensdeutung zutrifft. So nüchtern wollen das viele allerdings nicht sehen und favorisieren eine Namensdeutung als »Berg der Unteren« – also eine Wohnstätte der Unterweltler, der in den Berg Entrückten.

Die tiefe Einkerbung zwischen Salzburger und Berchtesgadener Hochthron markiert die Grenze zwischen dem österreichischen Teil des Untersberges im Norden und dem bayerischen im Süden. Ihren Namen hat die Mittagsscharte, sagen schwitzende Bergsteiger scherzhaft, weil die Sonne zur Mittagszeit erbarmungslos dort hineinbrennt. Tatsächlich ist die Bezeichnung aber wie viele ähnliche ebenfalls als ein vom Sonnenstand abgeleiteter Richtungsname zu verstehen: Von Norden, von Salzburg oder vom Salzburger Hochthron aus gesehen, liegt die Scharte im Süden, also dort, wo die Sonne um zwölf Uhr steht, im »Mittag«.

BETÖRENDER BLUMENDUFT

Die Hochfläche des Untersberges ist von etwa Juni oder Mitte Juli an weitgehend schneefrei. Dann tauchen in rascher Folge die Frühlings- und Sommerblumen am Berg auf. Sie haben nicht lange Zeit zum Blühen, deshalb explodiert ihr Duft- und Farbenreichtum scheinbar mit dem Verschwinden der letzten Schneereste. Mitte Juli etwa ist die Zeit der Almrauschblüte. Das kleine Alpenröschen bedeckt in niedrigen Stauden die Almwiesen unterhalb der Felsabstürze. Enziane, gelbe Veilchen, Steinbrecharten säumen den Weg. In der Mittagsscharte gibt es sogar Kohlröschen, von den Einheimischen »Schokladbleamerl« genannt. Warum? Riechen Sie einmal daran! Das Bestimmungsbuch spricht von starkem Vanilleduft, für die Berchtesgadener Kinder war es die begehrte Schokolade, nach der die dunkel braunrote kugelige Blüte der paradiesischen Pflanze duftet.

Der Südhang des Salzburger Hochthrons zur Mittagsscharte hin ist übrigens besonders blumen-, aber auch höhlenreich. Diesen Hang halten viele für besonders energievoll, er sei von den kleinen Bewohnern des Untersberges, den Mandln oder Zwergerln belebt und intensiv begangen. Vielleicht sorgen sie für den Blumenreichtum und den Duft?

Beim Abstieg von der Toni-Lenz-Hütte fallen im Hochsommer die großen Flächen von Gelbem Eisenhut auf – ab und zu ist auch ein Blauer darunter –, die dann in voller Blüte stehen. Eisenhut gehört zu den giftigsten Pflanzen,

Der Berchtesgadener Hochthron, im Hintergrund der Watzmann.

Blumenwiese in der Mittagsscharte.

Ästige Graslilie beim Abstieg
im Bergwald.

die bei uns heimisch sind. Sie wurden als Pfeilgift benutzt, sind Bestandteil vieler Rezepte für Hexensalben und reizen die Haut stark. So mancher Giftanschlag der Antike ist ebenfalls eindeutig auf Eisenhut zurückzuführen. Was aber sicher nicht richtig ist: Riechen darf man an der Blume, das führt nicht, wie früher behauptet wurde, zum Tod. Die Pflanze ist aber streng geschützt. Im unteren Teil des Abstiegsweges, schon Richtung Bergwald, finden wir Türkenbundlilien und Alpenveilchen, die ästige Graslilie, Akeleien und viele weitere ganz besondere Alpenpflanzen, die es zum Teil nur in den Berchtesgadener Alpen gibt.

Wenige Meter, bevor wir die Hauptstraße neben der Königsseer Ache erreichen, passieren wir den Passturm, der im 14. Jahrhundert zum Schutz vor Übergriffen der Salzburger Nachbarn errichtet wurde. Unweit des Turms erinnert ein verwittertes Sühnekreuz seit über sechshundert Jahren an die Todesopfer der Auseinandersetzungen von 1382 zwischen den Söldnern des Salzburger Erzbischofs und den vom Berchtesgadener Propst zu Hilfe gerufenen Truppen des Bayernherzogs Friedrich.

Auf die Schlafende Hexe und zur Steinernen Agnes

Ausgangspunkt: Parkplatz Predigtstuhlseilbahn in Bad Reichenhall
Routenverlauf: Predigtstuhl–Schlegelmulde–Hochschlegel–Dreisesselberg–Karkopf–
Karmulde–Steinerne Agnes, dann Abstieg nach Hallthurm/Wanderparkplatz und
mit dem Bus zurück nach Bad Reichenhall (Haltestelle Predigtstuhlbahn)
Anforderungen: Etwa 4 bis 5 Stunden reine Gehzeit. Leichte Wanderung mit nur
mäßigen Steigungen auf guten Wegen und Pfaden, allerdings langer Abstieg,
deshalb empfehlen sich Stöcke.
Alternativen:
– Wer sich die Rückfahrt mit dem Bus ersparen will und über zwei Autos verfügt,
kann vor der Wanderung ein Fahrzeug am Wanderparkplatz Hallthurm/Steinerne
Agnes abstellen.
– Wer lieber aufwärts als abwärts geht, kann die Tour genauso in der umgekehrten
Richtung gehen: Start in Hallthurm am Wanderparkplatz, über die Steinerne
Agnes zum Karkopf, Dreisesselberg, Predigtstuhl und schließlich Abfahrt mit der
Predigtstuhlbahn und mit dem Bus nach Hallthurm.
Tipps:
– Einkehren kann man im Gasthof bei der Bergstation der Predigtstuhlbahn oder
in der Almhütte Schlegelmulde (mit Liegestuhlverleih).
– Im Sommerfahrplan fährt die Predigtstuhlbahn täglich von 9 bis 17 Uhr zu jeder
halben und vollen Stunde. Zur Sicherheit können Sie sich unter der Telefonnummer
08651-2127 nach den Fahrzeiten erkundigen. Denken Sie auch daran, sich nach
den Abfahrtszeiten der RVO-Busse von Hallthurm zurück zum Ausgangspunkt zu
erkundigen.

Mit der Seilbahn auf dem Predigtstuhl angekommen, folgen Sie zunächst dem kurzen
Weg auf den Gipfel. Die Wanderung führt dann vom Predigtstuhl hinunter in die
Schlegelmulde und zur gleichnamigen Almhütte. Weiter geht es durch Latschen und
Blumen hinauf auf den Hochschlegel und zum Dreisesselberg – ein Gipfel, den
man im Vorbeigehen mitnehmen kann. Kurz darauf sind Sie schon auf dem Karkopf,
einem weiteren Gipfel mit einer lohnenden Aussicht. Bergab geht es durch die
Karmulde zum eigentlichen Ziel der heutigen Tour, der Steinernen Agnes. Gerade
dieses Stück des Weges vermag sehr viel Energie zu spenden, die Landschaft ist
wahrhaft magisch – bis sich Ihnen noch der Blick auf die erstaunliche Felsformation
der Steinernen Agnes freigibt. Für den Rückweg steigen Sie durch einen Wald in
Richtung Osten ab und gelangen auf den Waldparkplatz in Hallthurm, von wo aus
ein Bus zurück nach Bad Reichenhall und zur Talstation der Predigtstuhlbahn fährt.

DIE SCHLAFENDE HEXE

»Die schlafende Hexe war früher eine tüchtige Magd. Allerdings war sie nicht mehr jung und hatte schon manchen Zahn verloren. Aber rüstig ging sie ihrer Arbeit nach. Da starb der alte Bauer, und der Erbe war ein Hitzkopf. Durch Fluchen und Schimpfen wollte er zeigen, dass er nun der Herr sei. Eines Tages war es so heiß gewesen und der Jungbauer hatte so angetrieben, dass die alte Magd erschöpft sich langlegen musste, um sich auszuruhen. Der Bauer fluchte. Die alte Magd aber sagte: ›Leck mich am Arsch, ich schlafe jetzt.‹ Und nun schläft sie immer noch.« So erzählte der alte Thomabauer von Karlstein 1927 die Sage von der Schlafenden Hexe dem Sagensammler Alfred Dieck.

Die Schlafende Hexe, das ist der östliche Ausläufer des Lattengebirges. Seine Silhouette sieht tatsächlich aus wie eine liegende, schlafende Frau mit langen Haaren. Erstaunlicherweise ist ihr Profil von Norden – also zum Beispiel von Karlstein aus – genauso gut zu erkennen wie von Süden, also etwa von Bischofswiesen oder Berchtesgaden aus. Ich kenne sonst keinen Berg, dessen Profil von zwei Seiten gleich ausschaut. Besonders schön sieht man die Hexe vom Königssee aus, wenn man sich auf dem Wasser befindet und Richtung Norden, also Richtung Bootsanleger schaut: Die Schlafende Hexe taucht dann eindrucksvoll am Horizont auf.

Die Schlafende Hexe von Süden gesehen.

Eine ganz andere Version der Hexensage ist die etwa gleichzeitig, 1928, ebenfalls von Alfred Dieck aufgezeichnete und in *Sagen, Märchen und Geschichten um Karlstein im Landkreis Berchtesgadener Land* veröffentlichte Variante, nach der »vor mehr als tausend Jahren« bei Predigtstuhl und Schlegel eine Hexe gehaust habe, die die Menschen hasste. Vor allem auf die Christen und ihre Missionare hatte sie es abgesehen. Pilgern nach Reichenhall zum heiligen Zeno soll sie am Pass Hallthurm als freundliche Wirtin gegenübergetreten sein und ihnen ein vergiftetes Hexengetränk gereicht haben, das viele fromme Menschen das Leben gekostet hat. Anderen lauerte sie auf dem Berg auf und rollte dann schwere Felsblöcke zu Tal, die die Wanderer erschlugen. So wollte die böse Hexe den Einzug des Christentums in das Berchtesgadener Land verhindern, heißt es.

Als aber einst der Gottesmann Martinus den Weg über den Hallthurmpass nahm und die Hexe einen Felsblock vom Berg schob, konnte der heilige Mann rechtzeitig zur Seite springen. Einem zweiten von der Hexe losgetretenen Felsblock hielt er ein großes Kreuz entgegen, worauf »ein Zittern durch das Gebirge ging und ein fürchterliches Grollen ertönte wie von tausend Donnern zusammen. Die Hexe wurde zu Boden geschleudert und in Stein verwandelt. Martinus aber konnte ungefährdet weiterziehen. Noch heute sieht derjenige, der die Straße von Reichenhall über Hallthurm nach Berchtesgaden fährt, die versteinerte Hexe mit grausig nach oben gestrecktem Kinn oben auf den Berggipfeln des Predigtstuhls und Schlegels liegen«, wie Alfred Dieck in seiner Sagensammlung notierte.

Diese Sage wirft schon die Frage auf, ob sich irgendwo im Bereich der Schlafenden Hexe ein alter »heidnischer« Kultort befunden hat, der bis in die christliche Zeit hinein in Ehren gehalten wurde und so »den Einzug des Christentums ins Berchtesgadner Land« verzögerte. Wenn ja, wo könnte dieser Kultort gelegen haben? Auffällige und exponierte Felsen waren häufig Naturheiligtümer – auch die Steinerne Agnes, die im Bereich der Schlafenden Hexe liegt, ist so ein auffälliger Felsen. Dahinter gibt es noch ein so gennantes Teufelsloch und verschiedene namenlose bizarre Steinfiguren. Sollte unser heutiges Ziel wirklich ein fast vergessener vorchristlicher Kultort sein?

Machen wir uns auf den Weg. Mit der Seilbahn auf dem Predigtstuhl angekommen, folgen wir zunächst dem kurzen Weg auf den Gipfel. Ein großes Kreuz mit einem Kruzifix schaut vom Rand des Gipfelplateaus nach Norden – direkt auf den gegenüberliegenden Hochstaufen, den bayerischen »Erdbebenberg«. Hier werden jedes Jahr viele kleine, harmlose Erdbeben aufgezeichnet und von den Forschern ausgewertet. Der Berg steht unter starker Spannung, die sich insbesondere nach starken Regenfällen entlädt. Ein eigenartiger Berg, man fragt sich: Wie mögen sich diese starke Spannung und diese Energien aus dem Erdinneren auf die benachbarten Gebirge auswirken?

Unser Weg führt vom Predigtstuhl hinunter in die Schlegelmulde und zur gleichnamigen Almhütte. Der Platz dieser Hütte ist mir allein schon ein Kraftort – so angenehm sitzt es sich hier, dass man gar nicht wieder aufbrechen möchte. In der Mulde ist man geschützt, von der Sonne gewärmt und weit weg von der Hektik im Tal. Doch irgendwann ziehen wir wieder los. Der Weg führt uns nun durch Latschen und blühende Pflanzen hinauf auf den Hochschlegel. Bei meinem letzten Besuch hier hat im Latschendickicht ein Auerhahn gebalzt. Mir wurde wieder einmal klar, wie wichtig es ist, dass wir Wanderer auf dem Weg bleiben, um die Natur und ihre Bewohner möglichst wenig zu stören.

DER DREISESSELBERG

Dieser Gipfel liegt einladend auf unserem Weg. Seinen lustigen Namen hat er der Sage nach von einer historischen Zusammenkunft: Abgesandte der drei Staaten, die hier zusammentrafen – das Fürsterzbistum Salzburg, das Herzogtum Bayern und die Fürstpropstei Berchtesgaden –, sollten einen Grenzstreit schlichten. Dabei hatte jeder der Abgesandten auf dem Territorium seines Landes auf einem Sessel Platz genommen. Und so soll der Name dieses Gipfels entstanden sein. Wir denken natürlich gleich an den Sitz einer Dreiergottheit, der im Laufe der Zeit dann verweltlicht und mit der einfachen Sage erklärt wurde. Das wäre noch genauer zu erforschen.

Im Bayerischen Wald gibt es ebenfalls einen Dreisesselberg mit einer ganz ähnlichen Sage. Dort sollen es die Könige von Bayern, Böhmen und Österreich gewesen sein, die über Grenzstreitigkeiten berieten. Allerdings verfügt dieser Dreisesselberg über eine Dreiergruppe von markanten Felsen – im Gegensatz zu unserem Dreisesselberg im Lattengebirge.

DER KARKOPF

Nach kurzer Wegstrecke sind wir auf dem nächsten Gipfel angelangt: dem Karkopf. Dieser Aussichtsberg lädt zu einer ausgedehnten Pause ein. Man befindet sich direkt gegenüber vom Untersberg – sozusagen Aug in Aug mit dem großen Sagenberg der Berchtesgadener Alpen. Aus dieser Perspektive von oben sieht man, wie mächtig und massig er aus der Ebene wächst, und man kann verstehen, warum er gestresste und hektische Menschen erdet, beruhigt, entspannt. Die Raben, die immer noch um den Untersberg kreisen, wie auch der im Berg schlafende Kaiser Karl alle hundert Jahre feststellen muss (siehe Seite 39), diese Raben sind eigentlich Bergdohlen und kommen auch gern zum Karkopf-Gipfel herübergeflogen, wenn der Wanderer seine Brotzeit auspackt. Kaiser Karl muss also notgedrungen weiterschlafen, die Raben kreisen noch immer.

Die Aussicht auf diesem Weg zum und vom Karkopf ist eine der umfassendsten, die man hier von einem vergleichsweise niedrigen Gipfel von 1739 Metern Höhe haben kann. Hochkalter, Watzmann und Hoher Göll bilden die Kulisse in der ersten Reihe, dahinter spitzen die höchsten Erhebungen des Steinernen Meeres heraus und der weiß glänzende Gletscher des Hochkönigs, die Übergossene Alm.

Weit geht der Blick vom Gipfel des Karkopfs nach Süden. Links der Watzmann, dahinter das Steinerne Meer.

Vom Karkopf dauert es vielleicht noch eine halbe Stunde bis zu unserem eigentlichen Ziel, der Steinernen Agnes, aber zunächst steigen wir ab in die Karmulde. Diese Mulde ist das namengebende Kar, nämlich eine durch einen Gletscher ausgeschliffene Vertiefung, ähnlich einem Amphitheater, mit einem ebenen Plateau vorn und steilen Felswänden im Rücken. Dieses Kar ist mein zweiter Kraftort auf dieser Wanderung. In den Felswänden lassen sich Gesichter erkennen, so dass man sich wirklich wie in einem Felstheater fühlt. Die steilen, nur mit Latschen

Die Steinerne Agnes aus der Ferne.

bewachsenen Abhänge sind das Rückzugsgebiet der Gämsen, die sich gern zeigen, wenn nur wenige ruhige Wanderer unterwegs sind. Den Weg begleitet immer wieder ein sanfter Bach, und kein Laut der Zivilisation dringt an unser Ohr. Das natürliche Halbrund des Felstheaters im Rücken steigt man ab bis zum ebenen Kargrund. Zur Rechten findet man die Grundmauern einer verlassenen Alm. Wenn man etwas sucht und schaut, kann man sich lebhaft vorstellen, wo die Hütte stand, wo der Wasserbehälter war und wo das Vieh geweidet hat. War es zu anstrengend hier, zu weit weg vom Tal, weswegen die Alm aufgegeben wurde? Oder war das hier gar die Alm der schönen Sennerin Agnes, die uns als seltsames Felsengebilde jetzt gleich begegnen wird?

DIE SAGEN VON DER STEINERNEN AGNES

Der Weg führt nun unter den Wänden des östlichen Lattengebirges, unter dem »Rock« der Schlafenden Hexe direkt nach Osten, und schon bald sieht man von ferne die Steinerne Agnes aus dem Bergwald ragen. Mit ein bisschen Phantasie sieht der etwa zehn Meter hohe Felsenturm aus wie eine kräftige Sennerin mit dünnem Hals und Trachtenhut auf dem Kopf. Entstanden ist diese auffällige Felsformation aus Ramsaudolomit durch die Erosion, sagen uns die Geologen. Der Hals der Agnes besteht aus schneller verwitterndem Gestein, das also bei Regen und Schnee leichter abbröselt, Kopf und Hut sind verwitterungsresistenter, deshalb sitzen sie kompakt auf dem immer dünner werdenden Hals auf.

Die steinerne Agnes von ganz nah.

Der Überlieferung nach ist die Steinerne Agnes jedoch ganz anders entstanden: »Am Südabhang des Karkopfes stand einst die Steinbergalm« – das kann nur die aufgegebene Alm in der Karmulde gewesen sein, die wir auf unserem Weg schon gesehen haben. Weiter berichtet die Sage: »Dort lebte eine fleißige fromme Sennerin. Sie hieß Agnes. Besonders wegen ihrer Gottesfurcht wollte der Teufel um jeden Preis ihre reine Seele haben. Doch immer waren seine Bemühungen vergeblich. Da griff der Teufel zu einer List. Er trieb die beste Milchkuh weit weg in die Latschenfelder. Agnes suchte voller Verzweiflung nach ihr. Endlich fand die Sennerin sie, aber neben ihr stand ein Jäger. In dem Wildschützen erkannte Agnes gleich den Satan. Sie drehte sich um und rannte so schnell sie konnte zurück. Als der Teufel sie fast schon erreicht hatte, stieß Agnes in ihrer Not ein kurzes Stoßgebet aus. Da wurde es dunkel. Es blitzte und donnerte. Die Felswand öffnete sich und Agnes lief hindurch. Doch der Teufel war immer noch hinter ihr her. Da erstarrte Agnes zu Stein. Der Teufel prallte, noch immer in vollem Laufe, an die steinerne Agnes. Er geriet derart in Wut, dass er in die Hölle hinabfuhr und seitdem nie mehr in der Gegend gesehen wurde« – so berichtete der schon erwähnte Sagensammler Alfred Dieck, der zu Anfang des vorigen Jahrhunderts die Menschen des Berchtesgadener Landes nach alten Sagen ihrer Region befragt hat.

Noch einmal völlig anders ist die zweite überlieferte Agnes-Sage. Darin war die Sennerin Agnes schön, stolz und hochmütig, doch als sie von einem jungen Jägersmann ein Kind erwartete, verschwand dieser auf Nimmerwiedersehen. »Da gewann«, heißt es im Dieck'schen Sagenbuch, »der Teufel Macht über sie, und sie tötete ihr Neugeborenes aus Angst vor der Schande. Da erscholl ein furchtbarer Donnerschlag, und riesenhaft vergrößert wurde sie zu Stein und schaut als Schreckbild und Mahnzeichen von der schroffen Wand ins Tal.«

DAS TEUFELSLOCH

Das Felsenloch, durch das der Teufel die arme Agnes trieb, ist heute noch zu sehen, wenn man von Norden auf die Schlafende Hexe schaut. Es heißt Teufelsloch oder auch Sonnenloch, zur Sonnenwende scheint die Sonne hindurch. Angeblich – so steht es beim genannten Dieck im Sagenbuch – »jauchzt dann die Agnes, dass man es bis nach Reichenhall hört«, weil jeder Sonnendurchgang das Loch ein bisschen erweitert. Und wenn das Loch so groß ist, dass die Steinerne Agnes hindurchgehen kann, ohne anzuecken, dann ist sie erlöst.

Über diesen angeblichen Sonnendurchgang durch das Teufelsloch wird seit einiger Zeit diskutiert. Die einen behaupten, den Sonnendurchgang gebe es nicht, andere haben ihn nicht zur Sommer-, sondern zur Wintersonnwende beobachtet, und ein Bewohner von Bayerisch Gmain, auf der Nordseite der Schlafenden Hexe gelegen, hat kürzlich Ende Dezember einen Sonnendurchgang gesehen, der genau auf sein Grundstück fiel. Die Sonnenstrahlen, die zur Wintersonnwende durch das Teufelsloch fielen, sollen in einer Weise auf einem alten Grabhügel südlich von Gmain auftreffen, die einen kultischen Zusammenhang vermuten lassen. In Bayerisch Gmain und in Reichenhall ist man nun aufmerksam geworden und wartet an den Sonnwendtagen gespannt, was sich um das Teufelsloch tut.

Das Teufelsloch – gut zu sehen im Winter.

Sie können das Teufelsloch am besten von der Straße im Norden des Lattengebirges aus sehen, von Norden kommend kurz vor dem Gasthaus Dreisesselberg. Diesen Punkt im Tal erreichen Sie mit dem Auto von Bayerisch Gmain oder Bischofswiesen aus. Hier auf unserer Tour am Berg ist das Teufelsloch für normale Wanderer nicht erreichbar. Man müsste weglos mit einiger Kletterei aufsteigen, um an das Felsentor zu kommen.

Rund um die Steinerne Agnes findet man bizarre Felsgestalten.

Allerdings sind wir jetzt auf unserer Strecke unterhalb der Steinernen Agnes angekommen. Eine hölzerne Bank und ein Schild »Agnes Rundwanderweg« zeigen uns indirekt an, dass wir nun nur noch den Pfadspuren vom Rundweg weg steil nach oben folgen müssen, um nah an das Felsengebilde zu gelangen. Schon so mancher hat den direkten Kontakt zur Steinernen Agnes nicht gefunden. Der Zugang ist nämlich nicht beschildert, wohl aus gutem Grund: Der Felsen ist sehr empfindlich und sollte nicht erklettert werden. Wer dem Pfad rechts von der Agnes weiter sehr steil nach oben folgt – teilweise muss man die Hände zu Hilfe nehmen –, kann der versteinerten Sennerin von oben ins Gesicht blicken.

AGNES – UNSCHULDIGE SENNERIN ODER HEILIGER ORT?

Der in allen Sprachen beliebte Frauenname Agnes kommt vom griechischen *hagnos* für »rein, geheiligt, geweiht«. Die heilige Agnes ist eine ganz eigenartige Figur: Mit zwölf Jahren sollte sie einen römischen Präfekten heiraten, weigerte sich aber, weil sie Ehelosigkeit für Jesus Christus gelobt hatte. Sie sollte hingerichtet werden, doch es gelang nicht, selbst das Feuer des Scheiterhaufens wich vor ihr zurück. Schließlich wurde sie doch getötet, angeblich durch einen Dolchstoß in den Hals, so wie man Lämmer schlachtet. Deshalb wird sie auch mit einem Lamm als Attribut dargestellt, und das heißt auf lateinisch *agnus*. In der katholischen Kirche ist Agnes Schutzpatronin der Jungfrauen und der Keuschheit.

Eine seltsame Mischung ist das: ein junges Mädchen, eine Jungfrau, die man schlachtet wie ein Lamm und die dann in den Himmel kommt und als Heilige an der Seite des lieben Gottes sitzt. Es kann kein Zufall sein, dass unsere keusche Sennerin, die vom Teufel gejagt wird, genauso heißt. Welcher Kult mag früher an diesem auffälligen Felsen stattgefunden haben? War es ein Kultort, den junge Frauen aufsuchten, die um reichen Kindersegen beteten, oder gab es hier einen Opferplatz, an dem einer Gottheit Tier- oder gar Menschenopfer dargebracht wurden?

Auffällig ist jedenfalls in dieser Gegend die Häufung von seltsamen Namen, die typisch für alte Kultorte sind: Dreisesselberg, Schlafende Hexe, Teufelsloch und Steinerne Agnes. Zusammen mit den überlieferten Geschichten legen sie die Vermutung nahe, dass wir hier an einem vorchristlichen Kultort stehen, dessen Spuren uns nur noch in verchristlichten Sagen zugänglich sind.

Wir verabschieden uns von der Steinernen Agnes und genießen ein letztes Mal die wunderbare Aussicht und den erholsamen Ort. Der Abstieg führt uns Richtung Osten durch einen lichten, fröhlich wirkenden Laubwald. Viele der

Bäume sehen ganz eigenartig aus: Es gibt nicht nur auffällig viele Verwachsungen vor allem an den Buchen, sondern ganze Gruppen von Bäumen, die ganz unten am Stamm eine Kurve machen. Hier nennt man das einen »bsoffenen Wald« – einen betrunkenen Wald. Und so sieht er auch aus. Ursache sind instabile Hänge – die obere Schicht, in der die Bäume wurzeln, gleitet offenbar beständig nach unten, sodass die Stämme immer wieder eine kleine Kurve machen müssen, um sich gerade nach oben recken zu können.

Unter dem markanten Oberkörper der Schlafenden Hexe laufen wir

»Bsoffener« Wald.

nun auf einem Waldwurzelpfad hinab zum Wanderparkplatz Hallthurm. Wenn der Abstieg geschafft ist und wir ein Stückchen gefahren sind – mit dem Bus oder dem hier geparkten Zweitwagen –, sollten wir von der Ferne noch einmal die Schlafende Hexe betrachten. Im Sonnenuntergang, kurz vor der einsetzenden Dämmerung, sieht sie am eindrucksvollsten aus. Ihre markanten Erhebungen – Gesicht und Brüste – werden durch die Rotofentürme und den Signalkopf gebildet. Der Große Rotofenturm, der ihre Nase bildet, heißt auch Montgelas-Nase, nach dem bayerischen Minister aus der napoleonischen Zeit, der einen ähnlich markanten Zinken im Gesicht hatte.

Doch Vorsicht: Spotten Sie nicht über die Hexe! Viele, die sich an den vermeintlich leichten Kletbereien der Rotofentürme versucht haben, mussten ihren Übermut mit dem Leben bezahlen. Und die Schreiberin dieser Zeilen ist beim Abstieg von der Hexe ausgerutscht und wird seither von einem böse verknacksten Handgelenk täglich an die Hex erinnert, die nur scheinbar immer schläft …

Von St. Bartholomä zum alten Fieberbrünnl und zur Eiskapelle unter der Watzmann-Ostwand

Ausgangspunkt: Parkplatz der Königsseeschifffahrt am Nordufer des Königssees
Routenverlauf: Mit dem Schiff nach St. Bartholomä–Eisbachtal–Eiskapelle und zurück.
Anforderungen: 2 bis 3 Stunden Gehzeit hin und zurück. Teilweise auf Wanderwegen, teils auf Fußpfaden, zum Schluss, kurz vor der Eiskapelle, geht es ein Stückchen weglos auf Pfadspuren entlang über Geröll oder im Schnee – je nach Jahreszeit.
Alternative: Von der Bootsanlegestelle in Königssee aus ist ein kleiner Spaziergang zum Malerwinkel lohnend.

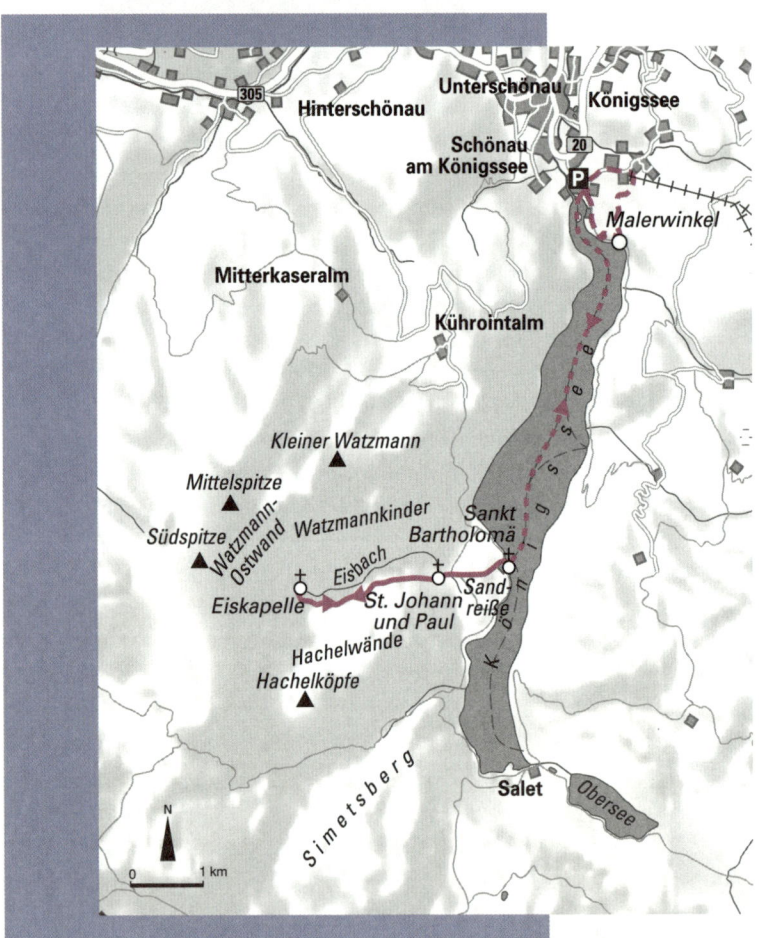

Tipps:

– An Sommerwochenenden und in den Ferien ist der Königssee ein beliebtes Ausflugsziel, und es kommt zu Wartezeiten, bis man einen freien Platz auf einem Schiff bekommt. Diese vermeidet man, indem man ganz früh mit dem ersten Schiff fährt oder indem man auf Werktage und die Nebensaison ausweicht. Doch auch in der Hauptsaison ist man – so man St. Bartholomä erreicht hat – auf dem Weg zur Eiskapelle oft allein.

– Einkehren kann man im wunderschön gelegenen alten Gasthof St. Bartholomä mit großem Biergarten.

Mit dem Schiff geht es bis zur Halbinsel St. Bartholomä. Sie nehmen von der Aussteigestelle den Wanderweg durch den Wald Richtung Westen – direkt auf die Watzmann-Ostwand zu, die sich hoch über St. Bartholomä erhebt. Der Weg steigt bald an und schlängelt sich im Eisbachtal dahin. Am Ende des Waldes endet auch der Wanderweg – Sie stehen vor dem riesigen Geröllfeld am Fuß der Watzmann-Ostwand und folgen nun den Pfadspuren durch Geröll oder Schnee bis direkt zum Ostwandfuß und zur Eiskapelle am Ende des Eisbachs. Die Eiskapelle nicht betreten! Anschliessend gehen Sie auf demselben Weg zurück.

DER KÖNIGSSEE

Der Königssee bildet das Herz, das Zentrum des Nationalparks Berchtesgaden. Auch wenn im Sommer manchmal Gedränge an der Seelände herrscht – der See ist beeindruckend und eine Reise wert. Es lohnt sich unbedingt, ihn für Bootsausflüge zu besuchen. Wer diese zauberhafte Urlandschaft richtig kennenlernen will, sollte es jedoch nicht bei einer Bootstour auf dem See

Der Königssee von Norden, vom Malerwinkel aus gesehen.

belassen. Zwei der schönsten und einfach zu bewältigenden Wanderungen stelle ich Ihnen mit diesem und dem folgenden Kapitel vor.

Als fjordartiger See wird er beschrieben, denn der Königssee hat sich in der Eiszeit östlich der tausend Meter steil in die Höhe ragenden Watzmann-Ostwand tief eingegraben. Er gilt mit fast zweihundert Metern Tiefe als der tiefste See Deutschlands. Von Nord nach Süd zieht sich sein tief dunkelgrünes, blitzsauberes Wasser, das man trinken könnte, durch die Landschaft. Im Süden hängt noch ein kleines Anhängsel dran, der Obersee mit der Fischunkelalm an dessen Ende. Der einzige Weg für das Almvieh hier verläuft übrigens direkt über den See, weshalb die Tiere im Herbst malerisch auf Booten von ihrer Sommerweide abtransportiert werden.

Unzählige Sagen ranken sich um diesen geheimnisvollen See. Eine davon erzählt von einer Nixe, deren Vater als Wassergott in einem großen Schloss am Grund des Sees hauste. Ein armer Knecht, der seine Liebste nicht heiraten durfte, erhielt von der Nixe unermesslich wertvolle Schätze, die er zusammen mit seiner jungen, nun doch Angetrauten jedoch bald verprasst hatte. Darauf bat er die Nixe noch einmal um Hilfe, und sie zeigte ihm diesmal die Salzstöcke in den Bergen rings um den See. Er erkannte den Reichtum, der im Salz steckt, wusste ihn zu nutzen und lebte fortan mit seiner Frau in Glück und Wohlstand.

DIE FELSBILDER AUF DEM »PARKPLATZSTEIN«

Wer nicht mit öffentlichen Verkehrsmitteln anreist, muss auf dem großen Parkplatz im Norden des Sees sein Auto abstellen. Die wenigsten allerdings wissen, dass sich mitten auf diesem Parkplatz auf einem uralten Felsblock, der schon seit langer Zeit hier liegt, geheimnisvolle Felszeichnungen befinden. Jäger oder Viehtreiber haben sie vermutlich in grauer Vorzeit in den Stein

Kreuz mit Näpfchen...   ...und Drudenfuß am Parkplatzstein.

geritzt und damit die Götter um Schutz für sich und das Vieh gebeten. Vielleicht wollten sie auch eine unsichere Stelle, einen Ort, an dem es umging, sichern, indem sie sogenannte apotropäische Zeichen anbrachten – Zeichen, die böse Dämonen fernhalten sollten.

Suchen Sie auf dem Parkplatzstein ganz unten in Bodennähe, und Sie werden deutlich einen oder mehrere Drudenfüße entdecken. Ein Drudenfuß, das ist ein Pentagramm, ein fünfzackiger Stern, eines der beliebtesten Zeichen bis in die jüngste Zeit. Es wird unter anderem angewandt, um die Drud und andere bedrohliche Wesen der Anderswelt fernzuhalten. Kreuze mit sogenannten Näpfchen an den Enden der Kreuzbalken sind ebenfalls eingeritzt. Warum man in dem senkrechten Stein kleine Vertiefungen angebracht hat, ist bis heute ein Rätsel. Unzweifelhaft dienten diese Zeichen jedoch kultischen Zwecken.

KLEINER ABSTECHER ZUM MALERWINKEL

Ganz ohne Bootsfahrt kann man sich einen ersten Eindruck vom berühmten Königssee verschaffen, indem man den ausgeschilderten Spaziergang zum Malerwinkel am Nordufer des Sees unternimmt. Man geht dafür auf der Ostseite des Sees hinter den Bootshäusern entlang und folgt dem Weg am Ufer. Etwas ansteigend erreicht man den sogenannten Malerwinkel, eine etwas erhöhte Aussichtsstelle direkt über dem Nordufer. Dieser Anblick von Norden, genau zwischen den begrenzenden Felswänden, hat das Bild – nicht nur die Fotografie, sondern auch die

Wasserfall am Malerwinkel.

Malerei – vom Königssee geprägt. Schon im 19. Jahrhundert, als naturbegeisterte Maler ihre Ateliers in den Städten verließen und aufs Land zogen, um dort *en plein air*, in der freien Natur, zu malen, war der Königssee ein bevorzugtes Ziel und dieser Punkt ein Lieblingsstandort der Maler. Man kann noch etwas weiter gehen, sogar weiter, als die Schilder es versprechen. Beim Wasserfall (hier kann man auch baden) sollte man jedoch umkehren, da der Weg ab hier verfallen und stellenweise gefährlich ist.

VON ST. BARTHOLOMÄ ZUR EISKAPELLE

Für unsere Wandertour nehmen wir das Schiff bis St. Bartholomä, eine Halbinsel auf der Westseite des Sees, ungefähr in dessen Mitte. Sie wurde vom Eisbach aufgeschwemmt, dem Bach, der die Wasser der Watzmann-Ostwand sammelt, viel Geröll mit sich führt und sich schließlich in den Königssee ergießt. Auf dieser berühmten Halbinsel steht die 1134 gegründete Wallfahrtskirche St. Bartholomä, zu deren Patrozinium am 24. August die höchste Wallfahrt Deutschlands stattfindet. Mitten in der Nacht gehen Tausende von Menschen auf der österreichischen Seite der Berchtesgadener Alpen los, um über die felsige Hochfläche des Steinernen Meeres in einer fünfzehnstündigen Fußwallfahrt bis nach St. Bartholomä abzusteigen.

Wir nehmen den Wanderweg direkt auf die Watzmann-Ostwand zu. Zunächst eben durch den Wald verlaufend, führt er erst direkt am Eisbach entlang bis zur kleinen alten Kapelle St. Johannes und Paul – ein alter vorchristlicher Kultplatz, der wohl mit einem Wasserkult verbunden war. Bis vor wenigen Jahrzehnten gab es neben der Kirche das Fieberbrünnl, dessen heilsames Wasser gegen Augenleiden und sonstige Krankheiten des Alltags helfen sollte. Die Kapelle, die wir vorfinden, zeugt noch von der intensiven Verehrung dieser Stelle. Sogar die oft überstrichene Eingangstür ist von unzähligen Graffiti überzogen, viele davon sind schon über hundert Jahre alt.

Die Wallfahrtskirche St. Bartholomä am Königssee vor der Watzmann-Ostwand.

Das Fieberbrünnl selbst jedoch sucht man heute vergebens. Wenn wir aber dem Gegluckse neben der Kapelle nachgehen – erschwert durch das Rauschen des Eisbachs – finden wir nicht weit westlich von der Kapelle eine aus der Erde austretende Quelle, die jedoch in einer neuzeitlichen Wasserleitung gefasst ist und schnell in unbekannte Richtung verschwindet: Die Quelle wird als Trinkwasser für die Anwesen in St. Bartholomä genutzt – möge das heilige Wasser allen Anwohnern und Gästen Segen bringen!

Kapelle St. Johannes und Paul.

Wir folgen dem bald ansteigenden Wanderweg, der sich im Eisbachtal dahinschlängelt, in Richtung Eiskapelle. Dabei gehen wir zwischen den beeindruckenden Felsbrocken, die im Lauf der Jahrtausende von den Hachelwänden heruntergestürzt sind, hindurch. Dass das Eisbachtal von Hirten, Wildschützen und Abenteurern schon seit Menschengedenken begangen wurde, bezeugen die vielen an diesen Felsblöcken gefundenen Felsritzzeichnungen.

Mit dem Wald endet auch der Wanderweg – wir stehen vor dem riesigen Geröllfeld, das sich am Fuß der Watzmann-Ostwand gesammelt hat. Nun folgen wir den Pfadspuren, je nach Jahreszeit durch Geröll oder Schnee, bis wir am Ostwandfuß stehen und der Weg endet. Mit uns sind jetzt allenfalls noch ein paar wenige Mitwanderer und meist einige Gemsen – sonst sind wir ganz allein mit der tausend Meter hoch aufragenden Watzmann-Ostwand. Bis heute hat sie neunundneunzig Todesopfer gefordert, doch immer noch übt sie auf Kletterer eine einmalige Faszination aus. Die Route ist an sich nicht schwierig, doch ist sie sehr lang, sehr steil, stark ausgesetzt und völlig unübersichtlich, man kann sich leicht versteigen. Und wer einmal eingestiegen ist, muss bis zum bitteren Ende am Watzmanngrat weiterklettern.

Unser Ziel ist die Eiskapelle hier am Ende des Eisbachs – ein in Teilen zu Eis zusammengedrücktes Firnschneefeld, das die Lawinenabgänge von der Watzmann-Ostwand sammelt. Jedes Jahr geht hier so viel Schnee ab, dass der Altschnee niemals ganz wegtaut, bevor der neue vom Berg stürzt. Sogar am Ende eines heißen Sommers finden wir hier noch die berühmte Eiskapelle: eine eisige »Gletscherkapelle« mit einem Eingangstor, vom unterirdisch aus dem Altschnee herausfließenden Schmelzwasser ausgehöhlt.

Eiskalte Gletscherluft strömt aus der Eiskapelle am Fuß der Watzmann-Ostwand.

Schon von Weitem sieht man den übermannshohen Eingang ins Eis, und dabei steht man schwitzend im glutheißen Geröllfeld. Doch sobald man sich vor der Wölbung der Eiskapelle befindet, spürt man den kalten Gletschereishauch aus der düsteren, dunklen Eiskapelle, der einen frösteln lässt. Doch der Drang, die unheimliche Öffnung zu erkunden, ist größer als der erste Impuls, dem grausig kalten Eishauch zu entfliehen. Man muss ganz nah herangehen, um die Schönheit der Eisflanken dieser Eiskapelle zu entdecken – die vielfältigen Formen, die Wasser, Wind und Sonne aus Schnee, Eis und Geröll ausgearbeitet haben.

Aber Achtung: Betreten Sie die Eiskapelle nicht! Steigen Sie nicht auf dem ausgehöhlten Altschnee herum. Das Eis kann jederzeit einbrechen und stellt dann eine tödliche Gefahr dar. Außerdem würden Sie damit die Schönheit der natürlichen Formen zerstören. Setzen Sie sich lieber auf einen Felsblock und lassen Sie die riesige Felswand des Watzmanns auf sich wirken, zusammen mit dem eiskalten Hauch des Gletscherwassers – eine Energie spendende Umgebung, die man in dieser Form sonst nirgends findet!

Dabei wurde der Watzmann seit jeher weniger als ein beschützender, sondern eher als ein gefährlicher Berg wahrgenommen. Seine Form, die zackigaggressiv in den Himmel ragt, wirkt schon sehr bedrohlich – im Gegensatz beispielsweise zum runden, geerdeten Buckel des Untersberges. Auch die Watzmann-Sagen siedeln den Berg in eher unfreundlichen Geschichten an: Hier wohnen keine netten Helferchen, hier waren böse Sagengestalten am Werk, und Ströme von Blut haben die Umgebung getränkt.

DIE SAGE VOM KÖNIG WATZMANN

Es herrschte einmal vor alter Zeit im Berchtesgadener Land ein König namens Watzmann. Dieser liebte weder Menschen noch Tiere, und süße Lust war es seinem grausamen Herzen, die Menschen zu quälen und die Tiere zu martern. Doch nicht allein er, auch sein Weib und seine Kinder fanden Freude an der wilden Hetzjagd, heißt es weiter. Eines Nachts sah der grausame König ein Mütterlein mit seiner Enkelin auf dem Schoß. Er lenkte sein Pferd vor ihre Hütte hin, damit Reiter und Ross sie zerstampften. Und wie der Bauersmann und sein Weib trostlos hinzutraten, um die sterbende Mutter zu betten, da hetzte der König die schnaubenden Rüden auf sie, dass auch sie unter den Zähnen der Bestien verschieden. Lachenden Blicks sah der König zu, und mit ihm seine Gattin und die Kinder, wie die Menschen sich sterbend im Blut wanden. »Da hebt das Mütterlein mit gebrochenem Blick die zerfleischte Rechte empor und flucht fürchterlich im Sterben dem König und der Königin mit ihren sieben Kindern, dass sie die Strafe der Gottheit erreiche und in Felsen verwandle. Und die Erde erbebt, der Sturmwind braust, als ob das Weltende gekommen wäre; Feuer sprüht aus dem Schoß der Erde und wandelt Vater, Gattin und Kinder zu riesigen Felsen um.« So lesen wir es im Sagenbuch von Gisela Schinzel-Penth. Und so steht der Watzmann mit seiner Frau und den sieben Kindern in riesige Felsen verwandelt und blickt als ewiges Wahrzeichen herab ins Berchtesgadener Land. Watzmann, Watzmannfrau und sieben Watzmannkinder – so heißen die beeindruckenden Felszacken des Watzmanns bei den Einheimischen bis heute.

Der Watzmann mit Berchtesgaden im Vordergrund.

65

Zu Felsenbildern und Wasserfällen am Obersee

Ausgangspunkt: Parkplatz Königssee
Routenverlauf: Mit dem Schiff bis zur Anlegestelle Salet–Saletalm–Obersee–Fischunkelalm–Röthbachwasserfall im Talschluss, gleicher Weg zurück
Anforderungen: 2 bis 3 Stunden Weg. Meist bequeme Wanderwege, am Obersee finden Sie einen gut gesicherten Felssteig vor, der aber teilweise eng, feucht und rutschig sein kann.
Alternative: Wer nicht so gut zu Fuß ist, fährt mit dem Schiff bis Salet und geht nur ein kleines Stückchen des Wegs Richtung Obersee. Auch das ist bereits ein einmaliges Erlebnis.
Tipps:
– Salet- und Fischunkelalm liegen bereits am frühen Nachmittag im Schatten, da sie dicht unterhalb der Nordseite hoher Felswände liegen – auf der Saletalm wird es noch früher kühl als auf der Fischunkelalm. Deshalb empfiehlt sich frühes Aufbrechen in Königssee.
– Erkundigen Sie sich bei der Hinfahrt, wann das letzte Schiff von Salet zurück zur Seelände in Königssee fährt! Der Schiffsverkehr bis ans Ende des Königssees nach Salet wird im Laufe des Monats Oktober eingestellt. Nur in der Saison von etwa Ende April bis Mitte Oktober fahren die Schiffe bis ans äußerste Südende. Die Königsseeschiffe fahren aber das ganze Jahr über bis St. Bartholomä, im November/Dezember jedoch nur an Wochenenden.

Von der Anlegestelle Salet wandern Sie in wenigen Minuten auf breiten Wegen bis zum Gasthof Saletalm und dann auf bequemen Pfaden zum Obersee. Dort geht es auf einem schmalen Felssteig am See entlang zur Fischunkelalm, bei der Sie einkehren können. Auf einem Wanderweg laufen Sie weiter bis zum Röthbachwasserfall, dem höchsten Wasserfall Deutschlands. Hier lässt sich eine Zeitlang verweilen und Energie tanken, bevor es auf dem gleichen Weg zurück zur Schiffsanlegestelle geht.

AUF DEN SPUREN DER ALTEN VIEHTREIBER

Wer mit dem Königsseeschiff bis ans Ende des langgestreckten Fjordsees im Süden, bis zur Anlegestelle Salet fährt und dort aussteigt, betritt eines der wohl ältesten Almgebiete der Berchtesgadener Alpen. Ein langgezogenes Hochtal beginnt hier, das in einer halben Wegstunde auf einem Pfad zwischen Felsblöcken und lichtem Wald bis zum noch höher gelegenen Obersee führt. So dicht die Besucher sich am Königssee drängen – hier ist man oft allein. In dieser Gegend sind nur noch ruhige Wanderer unterwegs, Naturfreunde,

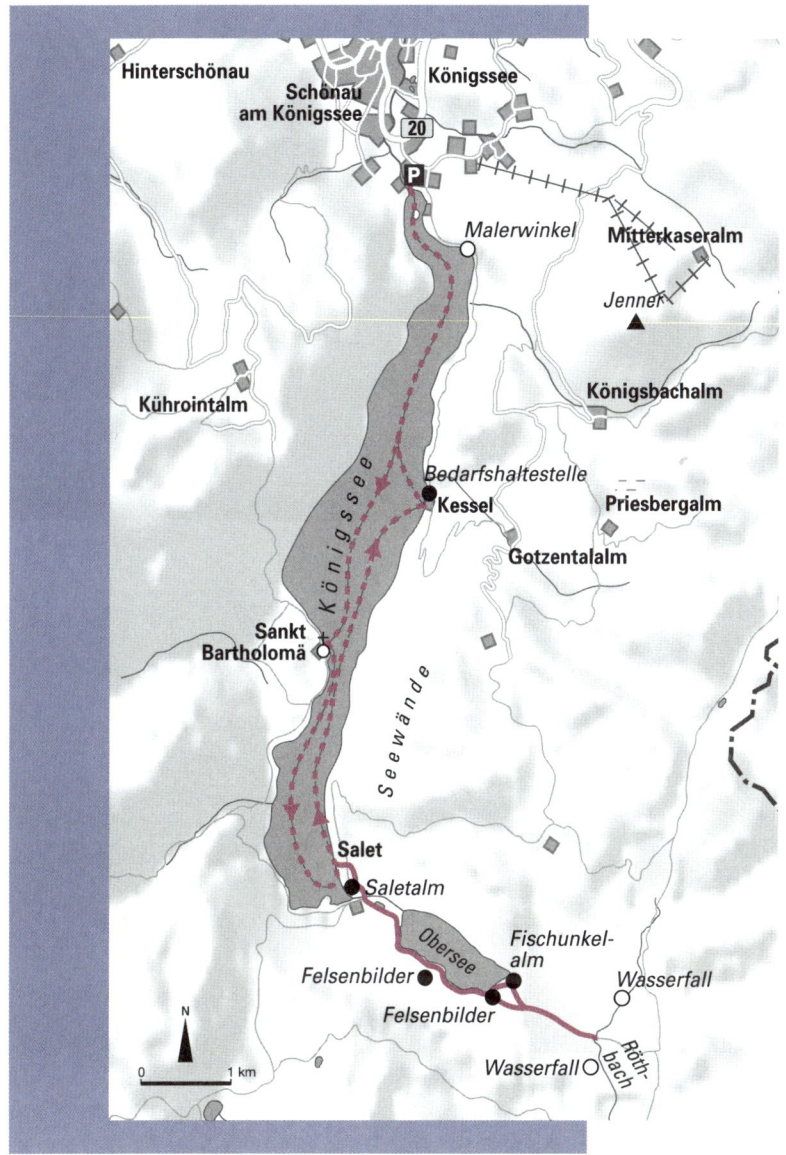

staunende Menschen, die sich angesichts der großartigen Natur rundherum klein fühlen und schweigen. Am südlichen Rand des Obersees entlang führt ein schmaler Felssteig immer hoch über dem Wasser entlang bis zur Fischunkelalm. Das gegenüberliegende Ufer bietet keinen Halt und keinen Tritt. Steil

Blick über den Obersee nach Osten.

erheben sich die Wände gen Norden zu den Gotzenalmen. Wenn der See wie so oft spiegelglatt da liegt, kommt man aus dem Staunen nicht heraus. Vor allem im Herbstlicht ergeben sich die unglaublichsten Spiegelbilder mit Felswand, Wasserfällen und Bäumen. Gesichter, Fratzen, Tierfiguren glaubt man zu erkennen, die Grenze zwischen Wirklichkeit und Spiegelbild verschwimmt.

Dicht an den Felsen gepresst, geht man teilweise den – heute gut gesicherten – Felsensteig zwischen Wänden und See entlang. Auf ihm müssen auch die Tiere gehen, die im Sommer auf der Fischunkelalm am

Magische Spiegelung im Obersee.

Ostende des Sees weiden. Schon vor Hunderten von Jahren trieben die Hirten ihr Vieh über diesen Weg zu den schönen, fruchtbaren Weiden inmitten der unwirtlichen und rauen Berglandschaft nördlich der Funtenseetauern. Damals gab es keine Treppen, Stufen oder Geländer, wie sie uns heute beim Gehen sichern. Die Hirten früher waren auf ihr Können angewiesen, den

Rätselhafte Felsbilder, gefunden nahe der Fischunkelalm.

Instinkt der Tiere und den Segen der Götter. Deshalb lassen sich hier auf dem Felsensteig auch Ritzzeichnungen finden, die Schutzornamente darstellen – Schutz davor, dass das Vieh abstürzt, Schutz vor Behexung und vor den Dämonen, die es auf die wertvollen Tiere abgesehen hatten.

Das Berchtesgadener Land ist bergig und felsig, ebene fruchtbare Weiden sind rar. Deshalb wurden solche gottgesandten Weidegründe, auch wenn sie schwierig zu erreichen waren, dankbar genutzt – und sie werden es bis heute. Am Ende des Sees, kurz vor der Fischunkelalm, finden wir denn auch ein großes Wegkreuz, das bis heute liebevoll gepflegt wird. Hier war das Schlimmste überstanden, hier hatte man die gefährlichsten Passagen hinter sich gebracht. In den Felsblöcken, die von urzeitlichen Bergstürzen herstammen und zwischen Obersee und Fischunkelalm im Wald verstreut liegen – bemoost, feucht und dunkel –, in diesen Felsblöcken findet der geduldige, kundige Suchende eine große Zahl von Felsbildern, deren Entstehung weit zurückreicht. Wie in den urzeitlichen Felshöhlen von Lascaux sind hier Wildtiere eingeritzt, Schutzzeichen wie das Pentagramm und das christliche Kreuz finden sich nebeneinander. Wie groß muss die Angst und die Not, aber auch das Urvertrauen dieser frühen Hirten gewesen sein, die hier mit ihrem Vieh anlangten und an senkrechten Felsen antidämonische Bilder anbrachten, um sich vor dem Bösen zu schützen.

Wegkreuz bei der Fischunkelalm.

Kreuzmotiv als Felsritzung.

FISCHUNKELALM UND RÖTHBACH

Wir sind derweil an der Fischunkelalm angekommen, wo man eine einfache Brotzeit bekommen kann. Nach der Stärkung gehen wir noch weiter bis in den Talschluss hinein. Der von rechts, von den Funtenseetauern über rund 470 Meter eine senkrechte Wand herunterstürzende Röthbachwasserfall weist uns den Weg. Er ist der höchste Wasserfall Deutschlands. Am Ende des Tals, »in der Röth«, stehen wir am Beginn des Röthbachs, der über bemooste, farnbestandene Felsstufen herabplätschert, als harmloses Bächlein zunächst durch die Weidegründe fließt, schließlich versickert und unterirdisch den Obersee speist. Durch das klare Wasser des Bächleins sieht man bis auf den Grund und kann die zahlreichen Marmorsteinchen in seinem Bett ausmachen – bunt sind sie: von rot über rosa bis weiß-rot geädert. Rund um uns schließen sich die Felswände. Die Steige, auf denen man sie durchqueren könnte, um in die Höhe zu gelangen, sind steil und gefährlich ausgesetzt. Dennoch hat man im Bereich des Röthbachfalls und in den umliegenden Wänden ebenfalls Felszeichnungen aus alter Zeit gefunden. Jäger und Hirten sind hier seit Urzeiten unterwegs.

An dieser Stelle könnte man sich noch lange aufhalten und die unwirklich scheinende Atmosphäre auf sich wirken lassen. Außer dem Rauschen des zu Tal stürzenden Wassers ist es still. Dennoch sollte man die Zeit nicht vergessen und rechtzeitig zur Anlegestelle Salet zurückkehren, damit man das letzte Schiff Richtung Ort Königssee nicht verpasst.

Der Röthbachwasserfall.

Durch den Zauberwald zum Hintersee

Ausgangspunkt: Wanderparkplatz Ramsau an der Pfeiffenmacherbrücke
Routenverlauf: Ramsau–Marxenklamm–Zauberwald–Hintersee, zurück über
die Alte Hinterseer Straße oder mit dem Bus bis Haltestelle Hintermühle oder
Marxenbrücke
Anforderungen: Etwa 2 bis 3 Stunden reine Gehzeit auf guten Wanderwegen, auch
mit geländegängigem Kinderwagen möglich. Auf einer kurzen Wegstrecke an der
Marxenklamm entlang ist zwar ein breiter Weg, aber eine tief abstürzende Schlucht:
Sie ist auch für kleinere Kinder nicht gefährlich, sofern man sie auf diesem kurzen
Wegstück an die Hand nimmt.
Alternativen:
– Es lohnt ein Abstecher zur berühmten Ramsauer Kirche: An der Hauptstraße
von der B 305 aus Berchtesgaden kommend, halten Sie kurz vor dem Wanderparkplatz Pfeiffenmacherbrücke.
– Sie können die Hindenburglinde an der B 305 nördlich von Ramsau beim gleich-
namigen Gasthof besuchen.
– Zusätzlich lässt sich der Hintersee auf einem Wanderweg umrunden. Dazu biegen
sie an der Stelle, an der Sie nach der hier beschriebenen Tour am See ankommen,
nicht nach rechts, sondern nach links ab und gehen auf dem bezeichneten Wanderweg um den See herum (etwa 1 Stunde zusätzlich).

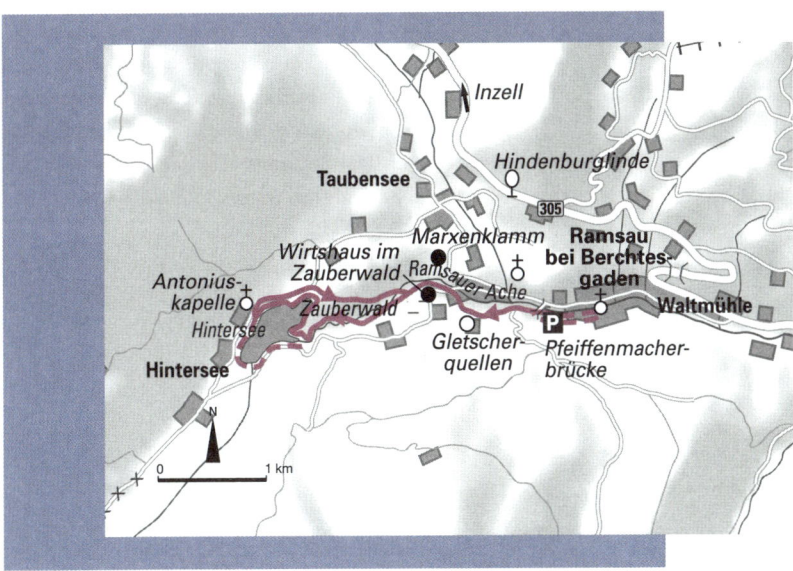

Tipps:
– Einkehren können Sie in Ramsau oder unterwegs im Wirtshaus im Zauberwald sowie in diversen Gasthäusern am Hintersee.
– Suchen Sie sich für diese Wanderung möglichst einen ruhigen Tag während der Woche oder in der Nebensaison aus. Dann wirkt die Tour erfrischend und stärkend auf Körper, Geist und Seele.
– Die Wanderung ist auch im Winter gut machbar. In kalten Wintern friert der Hintersee zu, und man kann darauf Schlittschuhlaufen.

Von Ramsau aus geht es vorbei an den sogenannten Gletscherquellen, wo sich das Schmelzwasser des Blaueisgletschers auf dem Hochkalter über bemoosten Felsen sammelt und in die Ramsauer Ache ergießt. Sie erreichen die Marxenklamm, wo sich die Ache tief in das Gestein eingefräst hat – eine sehr schmale Klamm mit schwindelnder Aussicht von der Plattform. Die Kraft des Wassers ist hier so deutlich sicht- und spürbar wie selten. Nehmen Sie kleine Kinder an die Hand, die Klamm ist nicht sehr lang, aber sie stürzt abrupt in die Tiefe.
Vom Wirtshaus im Zauberwald geht es dann auf verwunschenen Wegen in den Wald. Begleitet von der mal sanft und mal wild rauschenden Ache geht es bis zum Hintersee. Von der Haltestelle am Nordwestufer des Sees können Sie mit dem Bus zurück bis Hintermühle oder Marxenklamm fahren. Wer zu Fuß gehen möchte,

ohne den gleichen Weg zu nehmen, läuft auf der Seestraße zurück, biegt aber am Ende des Sees nicht wieder rechts in den Wanderweg ein, sondern bleibt ein kurzes Stückchen auf der Alten Hinterseer Straße, bis dann rechts ein anderer Wanderweg zurück durch den Zauberwald abzweigt, der am Ende des Waldes schließlich wieder auf den Hinweg trifft.

Schwindelnde Tiefe: die Marxenklamm.

IM ZAUBERWALD

Der Zauberwald heißt wirklich so. Er ist ein paradiesischer, eben wie verzaubert wirkender Wald, durch den sich die Ramsauer Ache schlängelt, ein hell
kristallblauer Bergbach. Sobald man das Wirtshaus im Zauberwald passiert
hat, wirkt die Umgebung richtiggehend verwunschen. Der Weg wird schmal
und führt zwischen den licht stehenden Bäumen hindurch. Die Voraussetzun-
gen für diesen magischen Wald am Fuß des gewaltigen Hochkaltermassivs hat
vor rund viertausend Jahren ein dramatischer Bergsturz geschaffen. Unglaub-
liche Mengen Fels sind damals hoch oben über dem Gletscher abgebrochen
und zu Tal gedonnert, wo sie wie auf einer Spielwiese urzeitlicher Riesen verstreut liegengeblieben sind.

Im glasklaren Wasser der Ache kann man lebhafte Forellen beobachten.
Der Bach hat sich seinen Weg zwischen den Blöcken gebahnt – mal fließt er
wie ein lieblicher Bergbach im Felsbett entlang, mal umtost er einen gewaltigen Felsen, der sich ihm in den Weg stellt. Ständig begleitet uns auf diesem
Zauberweg das Rauschen und Glucksen der Ache und erinnert uns daran,
warum wir hier die Luft so gut finden, warum wir das Gefühl haben, richtig
durchatmen zu können, warum wir uns erfrischt und gereinigt fühlen und
einen klaren Kopf haben.

Die Natur hat in den Tausenden
von Jahren seit dem Bergsturz mit
den Felsblöcken ihr Spiel getrieben:
Bäume haben mit ihren Wurzeln
die Steine umfasst, sie bilden Ran-
kenmuster und Ornamente. Wilde
Walderdbeeren senden ihre langen
Ausläufer von der Spitze der Blöcke
herunter. Die erstaunlichsten Ge-
wächse – darunter sehr seltene – haben sich in dieser Landschaft angesiedelt. So bilden im Herbst die
dunkelpinkfarbenen Früchte der
Berberitzen einen wunderschönen
Kontrast zum türkis leuchtenden
Gebirgswasser. So selten sie im
Flachland vorkommen, so häufig findet man die Sträucher mit den länglichen säuerlichen Beeren im lichten
Bergwald. Sie leben hier in einer

Verzauberter Waldweg.

Andachtsstein am Gebirgsbach.

Hexenbesen.

Zauberer aus Moos und Farn.

Umgebung, die ihrer Wirkung entspricht: Berberitzen regen an, sie enthalten viel Vitamin C und Fruchtsäuren, man sammelt sie als Stärkungsmittel für Schwache und als Vorrat für den Winter.

Manche Fichten im Zauberwald bilden auf dem steinigen Untergrund Hexenbesen aus, das sind quirlig wachsende Zweigbüschel dicht am Stamm, es wachsen Holunder und ein Stockwerk tiefer Heidelbeersträucher, an denen im Sommer Unmengen köstlicher Beeren hängen. In jeder Felsritze gibt es etwas zu entdecken. Man steigt hinauf über Wurzeltreppen und schlüpft durch natürliche Felsentore, findet Farne auf Bäumen und dicke Moospolster hoch auf Felsentürmchen.

DER HINTERSEE

Das Idealbild eines idyllischen Bergsees ist der Hintersee: still und verträumt, umstanden von hohen Felsriesen, einem Gletscher gar. Wenn man den Blick nämlich links, in Richtung Süden in die Höhe richtet, sieht man die Nord-

Japanische Anmutung: der Hintersee.   Hinterseeidylle vom Wanderweg aus.

westabstürze des Hochkaltermassivs mit der Blaueishütte als kleinem Punkt mitten in der Scharte. Dahinter schließt sich der einzige Gletscher Deutschlands an, das sogenannte Blaueis. Genau aus dieser Scharte stammen die Felsblöcke im Zauberwald und am Hintersee. Grollende Riesen, heißt es, haben sie einst vom Berg gerollt. Wer dem Weg am Seeufer entlang folgt, kann einzelne dieser Felsblöcke auch im See liegen sehen. Auf dem einen oder andern hat sogar ein Bäumchen Halt gefunden. Der Anblick dieser Felsen mit Baum und Strauch inmitten des ruhigen Wassers macht den Betrachter still vor Andacht. Wie zu Meditationszwecken angelegte japanische Gärten wirken diese Orte.

Wer links um den See in Richtung der Gasthäuser geht, kommt an der Antoniuskapelle vorbei, vor der, wie die Sage erzählt, ein kostbarer Schatz im See vergraben ist. Niemand kennt den genauen Ort, doch zu bestimmten Zeiten ist an der Stelle, wo er zu finden ist, ein seltsames, helles Licht zu sehen – das behaupteten früher einige alte Leute. Wie es weiter heißt, muss derjenige, der das Glück hat, das Licht zu sehen, sofort seinen Rosenkranz darum herumlegen. Nur so kann er verhindern, dass es wieder verlöscht, bevor er seine Grabwerkzeuge geholt hat. Bisher ist es aber noch niemandem gelungen, den Schatz zu heben.

ABSTECHER ZUM RAMSAUER KIRCHERL UND ZUR HINDENBURGLINDE

Die Kirche von Ramsau.

Mahnung an die Lebenden am Ramsauer Friedhof.

Auf dem Rückweg sollte man nicht versäumen, die Kirche von Ramsau zu besuchen. Sie liegt direkt an der Dorfstraße und hat einen schönen alten Friedhof. Ein weiterer lohnender Abstecher führt zur prächtigen alten Hindenburglinde an der B 305 Richtung Inzell/Traunstein. Neben dem gleichnamigen Gasthof steht diese tausendjährige Sommerlinde mit einem Stammumfang von über zwölf Metern. Früher hieß sie einfach »Große Linde«, erst seit 1933 hat sie ihren neuen Namen. Die Aussicht vom Lindenplatz reicht zwischen den schroffen Felswänden von Watzmann und Hochkalter hindurch bis zum Steinernen Meer.

RUPERTIWINKEL

Steinerner Wächter in der Biberschwell-Schlucht.

Über den Brandopferplatz Langacker zur Burgruine Karlstein und zum Wassermann im Listsee

Ausgangspunkt: Parkplatz Gasthaus Listsee oberhalb von Bad Reichenhall
Routenverlauf: Gasthaus Listsee–Langacker–St. Pankraz–Burgruine Karlstein–
Listsee–Gasthaus Listsee
Anforderungen: 3 bis 4 Stunden reine Gehzeit. Hauptsächlich gute, beschilderte
Wanderwege mit leichten Steigungen; auf die Felsen der Burg Karlstein und
der Kirche St. Pankraz führen steile Wege und Treppen mit Holz- und Steinstufen.
Vorsicht bei Nässe: Rutschgefahr!
Alternativen:
– Abstecher (Gehzeit 1 Stunde zusätzlich) zum Thumsee mit Bademöglichkeit.
Dafür folgen Sie nach dem Abstieg von der Burg Karlstein Richtung Thumsee dem
Wanderweg oberhalb der Autostraße. Am Thumsee befinden sich Gasthäuser
mit Badeplätzen. Wer den Thumsee auf einem guten Spazierweg umrunden möchte,
sollte zusätzlich 1 bis 1½ Stunden Gehzeit einplanen. Auf der Seeseite, an der
die Autostraße vorbeiführt, liegt das Seemösl, das für seine vielen Seerosenarten
bekannt ist. Vom Thumsee geht es dann zum Listsee zurück.
– Nach der Tour bietet sich ein Abstecher (etwa 2 Stunden zusätzlich) vom Listwirt
in Richtung Osten über die Padinger Alm nach Nonn an. Dort steht ein uraltes
Kircherl malerisch am Berghang. Es wurde im 8. Jahrhundert als Martinskirche
geweiht – eines der Patrozinien des ganz frühen Christentums – und ist jetzt eine
St.-Georgs-Kirche. Das Gebäude mit dem Friedhof rundherum liegt auf einem sehr
angenehmen Platz. Das Besondere: Links von der Kirchentür ist ein alter Schalenstein
eingemauert, dessen kultische Verwendung zwar sicher ist, dessen genauer Zweck aber bis heute ein Rätsel aufgibt. Wurden die Näpfchen als Lichtträger, als Öllämpchen benutzt? Wurden rituell Flüssigkeiten hineingegossen? Auch die Herkunft und das Alter des Schalensteins sind bis heute nicht geklärt.
Tipp:
Einkehren beim Listwirt lohnt sich, der Biergarten ist ebenfalls ein magischer Ort: Sie genießen die Sonne oder den Schatten alter Kastanien und haben eine wunderbare Aussicht in die Berge.

Schalenstein von Nonn.

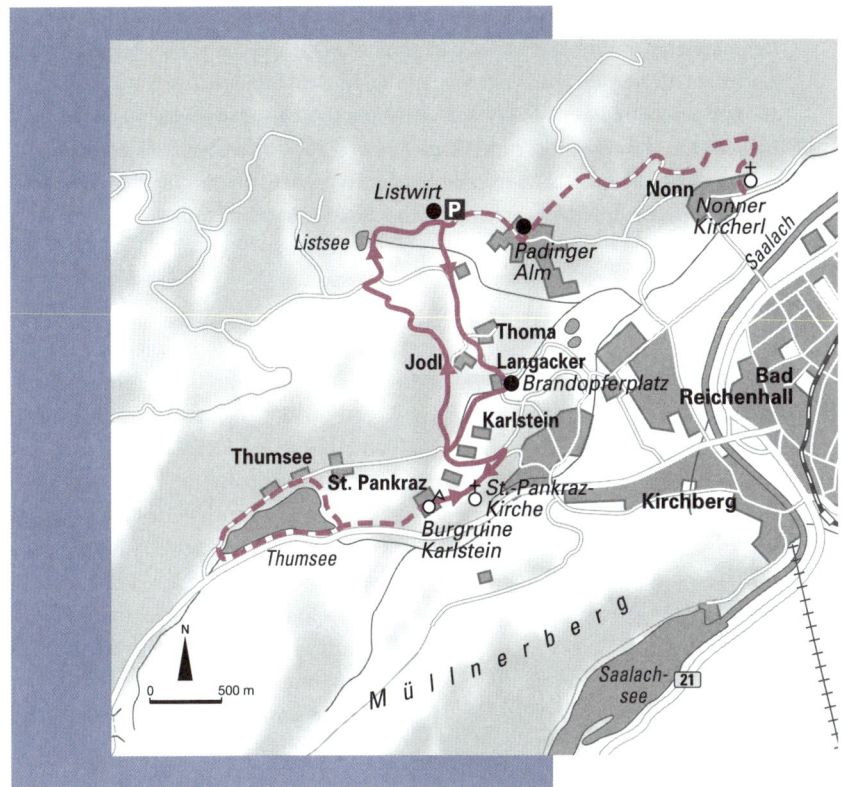

Sie starten die Wanderung oberhalb von Karlstein, am Parkplatz des Gasthofs Listsee, auch Listwirt genannt. So ersparen Sie sich den mühsamen Anstieg auf wenig wanderfreundlichen Teerstraßen in die Höhe. Dieser Gasthof liegt auf einem wunderbaren Platz, hier vergisst man die Zeit. Nehmen Sie von hier den Weg in Falllinie nach unten, Richtung »Fischzucht«, bis Sie an der Straße »Bruckthal« vor einer langgestreckten Wiese stehen – dem Langacker mit dem Brandopferplatz. Gehen Sie weiter Richtung Süden, folgen Sie den Schildern »Burgruine Karlstein«. Bald stehen Sie vor zwei nebeneinanderliegenden auffallenden Felsen: Auf dem westlichen thront heute noch die Burgruine Karlstein, auf dem östlichen das Kirchlein St. Pankraz, das Sie sich zuerst anschauen können. Von oben scheint auf der Westseite des Felsens ein Steig in Richtung Burgruine hinunterzuführen. Doch Vorsicht: Dieser Steig endet ziemlich bald vor einem Abgrund, man gelangt auf diesem Weg nicht zur Ruine! Sie müssen den Aufstiegsweg wieder absteigen und ein paar Meter westlich am Fuß des nächsten Felsens den steilen Weg hoch bis zur Ruine Karlstein nehmen. Je höher man kommt, desto steiler werden die Treppenstufen – wer schlecht zu Fuß ist oder kleine Kinder dabei hat, muss gut aufpassen. Der magische Ort dort oben und die Burgruine aber lohnen den Weg allemal. Nach dem Abstieg vom Karlstein wandern Sie zunächst ein Stückchen auf dem Hinweg zurück und wenden sich dann Richtung Listsee/Listanger. Nach etwa einer halben Stunde kommen Sie zum Listsee, einem zauberhaften, tief dunkelgrünen bis hell türkisfarbenen, hoch im Wald gelegenen Wasser. Von dort führt ein Weg am Abfluss, dem Hammerbach, entlang bis zum Gasthof Listwirt zurück.

EINE GEGEND ZUM BLEIBEN

Steiler Abstieg vom Karlstein.

Die heute zum Bayerischen Staatsbad Bad Reichenhall gehörenden Stadtteile Karlstein und Nonn, vom alten Reichenhall durch die Saalach getrennt, waren viel früher besiedelt als der heutige Stadtkern. Die Randlagen des großen flachen Beckens am südlichen Fuß des mächtigen Hochstaufen sind nachweislich schon in der Steinzeit bewohnt gewesen. Für den Wanderer, der sich die Gegend zu Fuß erschließt, liegen die Gründe dafür auf der Hand. Das milde Klima ist heute noch ein Kennzeichen von Karlstein. »Neu-Meran« nennt man es auch. Zwei zauberhafte, idyllisch gelegene Seen lassen sich erwandern, beide sind fischreich und bieten gutes, trinkbares Wasser. Und es gibt zwei weitere Gründe, die für die ersten Siedler nicht zu unterschätzen waren. Zum einen lag Karlstein am Kreuzungspunkt zweier Handelswege: Ein großer Durchgangsweg führte entlang der Saalach und zu den Passstraßen in den Süden. Der andere scheint ein schon früh begangener Saumpfad über den Jochberg nach Inzell und in den Chiemgau gewesen zu sein. Zum anderen ließ es sich direkt am Fuß der beiden hohen Felsen, auf denen heute noch das Pankrazkirchlein und die Burgruine Karlstein stehen, sicher und geschützt leben. Das Gebiet der heutigen Stadt Reichenhall war durch die unberechenbare Saalach lange hochwassergefährdet, es scheint dauerhaft versumpftes Land gewesen zu sein. In den höher gelegenen Siedlungsgebieten Karlstein, Langacker und Nonn gab es kein Hochwasser, dafür aber gutes Weideland.

DER BRANDOPFERPLATZ AM LANGACKER

Wenn wir auf unserer Wanderung vom Listwirt aus den Wegweisern Richtung Fischzucht folgen, gelangen wir an eine Straße, die als »Bruckthal« ausgewiesen ist, und stehen vor einer langgestreckten Wiese. Obwohl sie so aussieht, ist dies keine Wiese wie jede andere. Wir stehen hier vor dem größten bekannten vorzeitlichen Brandopferplatz überhaupt. Der Flurname lautet bis heute »Langacker« – ein langer Acker war das, heute eine lange Wiese, ein leicht ansteigendes Tal in den Vorbergen. Noch im 19. Jahrhundert wurde der Langacker von einem vier Meter hohen Hügel dominiert, zweiunddreißig Meter maß er im Durchmesser und bestand zu einem großen Teil aus verbrannten Tierknochen. »Knochenhügel« nannten die Einheimischen die Erhebung, weil immer wieder Knochensplitter zum Vorschein kamen. Wahrscheinlich gruselte es den einen oder anderen, vielleicht wurde der Hügel deshalb über fast vier Jahrtausende hinweg nicht angerührt.

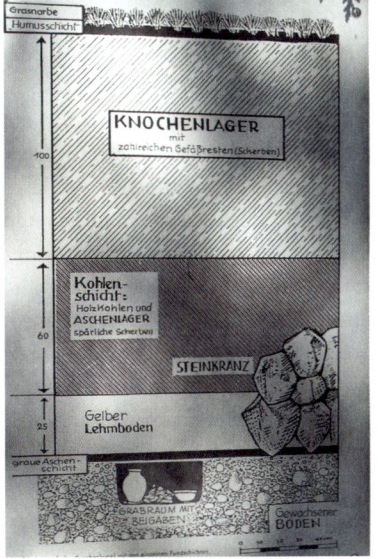

Aufbau des Knochenlagers.

Der Langacker – größter bekannter Brandopferplatz.

Durch die intensive landwirtschaftliche Bearbeitung ist der Hügel inzwischen abgetragen. Als vor rund hundert Jahren die Archäologen auf den Kultplatz aufmerksam wurden, fanden sie hier eine Opferstelle, auf der ab etwa 1500 v. Chr. innerhalb von Steinkreisen Tieropfer verbrannt wurden. Reste von Rindern, Pferden, Schafen, Ziegen, Schweinen, Hirschen, Hasen und sogar Hunden konnte man hier identifizieren, wie Johannes Lang in seiner Reichenhaller Chronik schreibt. Ein paar hundert Meter weiter, am Eisenbichl im Osten, fand man einen kleineren Brandopferplatz, hier entdeckten die Ausgrabenden unter einem Stein des Steinkreises einen verzierten Bronzedolch. Mit solchen kultischen Werkzeugen wurden vermutlich die getöteten Tiere zerlegt. Das Fleisch hat man auf Spießen gebraten und als Teil der Kulthandlung verzehrt, die nicht essbaren Teile wurden dann rituell verbrannt und den Göttern als Opfergabe gebracht. Sowohl das Essgeschirr, das man nach dem Mahl zerschlug, als auch die Knochenreste verblieben an der Opferstätte, weshalb der Hügel im Lauf der Zeit enorm anwuchs. Scherben von Keramik und Knochen fand man hauptsächlich, daneben aber auch andere Fundstücke: ein bronzener Angelhaken, der zum Fischfang in Thum- und Listsee diente, Pfeilspitzen und Schmuck. Wahrscheinlich waren dies Opfergaben, die während des Kultmahles für die Götter niedergelegt wurden.

Warum sich ausgerechnet hier dieser größte aller bekannten Brandopferplätze befindet, erklären die Forscher mit der besonderen Lage des Langackers. An dieser Stelle kamen zahlreiche wichtige Wege zusammen, die nachweislich seit ältester Zeit begangen waren: vom Norden über den Jochberg, von Westen am Thumsee vorbei und von Osten über das Tal der Saalach. Alle diese Wege mündeten in den einen, der nach Süden ins Hochgebirge führte. Wahrscheinlich haben die vielen Durchreisenden hier vor dem Eintritt in die gefährliche Bergwelt ihre Opfer gebracht, um die Götter gütig zu stimmen, oder auf der Rückreise, um den Göttern zu danken. Es waren wohl nicht nur die in der Nähe Siedelnden, die diesen riesigen Hügel an Brandopferresten zurückließen. Dazu muss man wissen, dass die Gegend um Karlstein in der Zeit ein frühes Zentrum der Kupferverarbeitung war, in dem von spezialisierten Handwerkern Kupfer aus dem Ostalpenraum verarbeitet wurde. Außerdem nutzten die Menschen der Bronzezeit (1600 bis 1200 v. Chr.) im Reichenhaller Raum auch schon die Solequellen, die heißen Quellen, in denen das Steinsalz in heißem Wasser gelöst aus der Erde sprudelt. Das heißt, dass hier transportiert, gehandelt und getauscht wurde – es herrschte, würde man heute sagen, starker Durchreiseverkehr. Und alle, die hier durchzogen, brachten den Göttern vor der Reise Brandopfer dar. Der Platz wurde, wie es Lang in seiner Reichenhaller Geschichte formulierte, auch wegen seines »naturheiligen Charakters« gewählt. »Der spirituelle Bezug zu Berg, Tal, Fels, Wiese,

Feuer, Wasser, Luft und Erde« macht den Langacker heute noch zu einem Ort, der etwas ganz Besonderes ist.

In der Nähe des Brandopferplatzes beim Langacker lag auch eine Siedlung. Hier wohnte vielleicht zunächst nur der Hüter des Heiligtums, die Ansiedlung wurde jedoch nie ganz aufgegeben. Der heutige Langackerbauernhof steht also wahrscheinlich auf uralten Siedlungsresten. Unmittelbar beim bronzezeitlichen Brandopferplatz richteten die Römer dann einen Brandgräberfriedhof ein, daneben eine Leichenverbrennungsstätte. Dutzende von Brandgräbern fand man hier, mit typischen Grabbeigaben, die den Verstorbenen den Weg ins Jenseits erleichtern sollten.

URALTE KULTSTÄTTEN AM KARLSTEIN

Auf dem beschilderten Weg zur Burgruine Karlstein bleiben wir auf den Spuren des Alten. Die beiden auffallenden Felsen, die wir nun aufsuchen, gehören zu den allerältesten Siedlungsplätzen, auf denen seit der Jungsteinzeit fast ununterbrochen Menschen wohnten: Auf dem westlichen erhebt sich die Burgruine Karlstein, auf dem östlichen das Kirchlein St. Pankraz. Am nördlichen Fuß dieser beiden Felsen, an der Stelle also, an der wir unseren Aufstieg beginnen, wurden die viertausend Jahre alten Reste der ersten Siedlungen im Reichenhaller Raum entdeckt. Eng an die Felsen gebaute Hütten waren es, die Felswand bildete die schützende Rückseite. Es steht aber zu vermuten, dass die so schroff aus der Ebene emporragenden Felsblöcke nicht nur deshalb als Siedlungsplätze gewählt wurden, weil sie Schutz boten. Diese auffälligen Naturmonumente waren auch schon in vorchristlicher Zeit Kultorte.

Vom ersten Bauwerk auf dem Pankrazfelsen wissen wir nichts mehr. Vermutlich gab es hier schon in der Jungsteinzeit einen Kultplatz, verbunden mit einer Art Fliehburg, in der die am Fuß der Felsen siedeln-

Der Pankrazfelsen.

83

den Menschen bei Bedrohung Schutz suchten. Erst ein paar tausend Jahre später fasste das Christentum auch auf dem vorzeitlichen Kultplatz Fuß. In romanischer Zeit stand wohl ein erster Kirchenbau hier, vielleicht auch eine Art Kirchenburg, die als Vorburg von Karlstein diente. Seit dem Mittelalter war St. Pankraz eine Wallfahrtsstätte. Die heutige Kirche stammt aus der Barockzeit und wurde 1711 eingeweiht. Zahlreiche Votivbilder erzählen noch von der alten Wallfahrt.

Bis in die jüngste Zeit gab es hier auf dem Pankrazfelsen eigenartige Kulthandlungen: Noch um 1850, so erzählte eine alte Bäuerin dem Sagensammler Alfred Dieck, wurde von St. Pankraz herunter das Alphorn geblasen. Bis 1800 waren es zwölf, dreizehn Bläser, für jeden Monat einer, später wurden es weniger. Dieses rituelle Alphornblasen geschah in besonders gefährlichen Nächten, in denen Dämonen und Geister aus der Anderswelt unterwegs waren: an Heiligabend, am 30. April, der Walpurgis- und Hexennacht, einer gefürchteten Freinacht (wie auch der Heiligabend früher eine Freinacht war), und am Vorabend von Johannis, also zur Sommersonnenwende – alles Nächte, die schon lange vor ihrer Verchristlichung Zeiten besonderer Kulthandlungen waren. »Geblasen wurde von St. Pankraz«, erzählte die Bäuerin, »um den Armen Seelen zu helfen, die in der Weitwiese, aber auch woanders als Irrlichter, Huckauf und anderswie herumirren«. Die Weitwiese liegt direkt neben dem alten Knochenhügel, da vermutete man also umherirrende Arme Seelen – die ständigen Knochenfunde gaben wohl zu solchen Legenden Anlass. »Jeder Ton aus dem Alphorn war für jede der Armen Seelen wie ein Rosenkranzgebet.«

Das Pankrazkirchlein ist heute meist verschlossen, doch gewährt ein kleines Gitterfenster in der Tür einen guten Einblick in den Kirchenraum. Gottesdienste finden dort oben nur an wenigen Tagen im Jahr statt. Wenn man die Pankrazkirche umrundet, bleibt man im Osten, hinter dem Chorscheitel, gebannt stehen: Die Aussicht auf das Reichenhaller Tal und den Untersberg als mächtige östliche Begrenzung ist überwältigend.

CHRISTLICHE ZEICHEN SCHÜTZEN FELSSPALTEN

Beim Abstieg vom Pankrazfelsen sollte man – so man das beim Aufstieg versäumt hat – die vielen christlichen Zeichen beachten, die an der Felswand oder davor angebracht sind. So verschieden sie auch sind, sie haben eine Gemeinsamkeit: Sie alle stehen vor kleinen und größeren Felsspalten. In diesen dunklen Spalten könnten sich Hexen und Dämonen verbergen, ein Mensch kann in diese Spalten nicht eindringen, dafür sind sie zu klein. Man hat sie mit christlichen Zeichen gesichert, sodass die Pilger beim Aufstieg vor den bösen Mächten geschützt sind.

Neben den allseits bekannten Darstellungen fällt eine Figur mit Strahlenkranz und Wallehaar auf – der Kopf sieht aus wie der einer Christusdarstellung. Der Heilige hat jedoch seinen Rock hochgezogen und weist auf eine Pestbeule an sei-

Christliche Zeichen am Fels.

nem Oberschenkel. Er hat einen Hund mit einem Brotlaib im Maul neben sich. Es handelt sich um den heiligen Rochus, der der Legende nach im 13. Jahrhundert allein durch das Schlagen eines Kreuzzeichens die Pest heilen konnte. Als er selbst am »Schwarzen Tod« erkrankte, zog er sich in die Wälder zurück, wo er von einem Engel gepflegt und von einem Hund mit Brot versorgt wurde, bis er genesen war. Rochus war neben Sebastian der Pestheilige schlechthin und wurde wie die Nothelfer bei Seuchen und anderen Krankheiten, vor allem Tollwut, aber auch bei Unfällen, Bein- und Fußleiden als Schutzpatron angerufen. Kein Wunder also, dass man ihn seit dem späten Mittelalter auch hier im Vorgebirge innig verehrt hat. Zudem heißt Rochus »der Fels«, *Rocco* im Italienischen. Vielleicht hat auch sein Name dazu beigetragen, dass man ihn ausgerechnet hier am steilen Felsen dargestellt hat.

BURGRUINE KARLSTEIN

Auf dem steilen Weg hinauf zur Burgruine zeigen sich Zauberfarne in großen Mengen – besonders der seltene Hirschzungenfarn fühlt sich am schattigen, feuchten Felsengrund wohl und verleiht dem Aufstieg eine märchenhafte Atmosphäre. Oben auf der kleinen Plattform des Felsens angekommen, fühlen wir uns wirklich ins dunkle Burgenzeitalter zurückversetzt. Eine Burgruine wie aus einem mittelalterlichen Traum steht vor uns. Reste eines Wohnbaus, durch dessen Fenster man weit in die Berge, weit ins Tal und tief vom hohen Felsen hinunterschauen kann. Eine wehrhafte Mauer umgibt den Felsen. Eine Zisterne, ein Wasserbehälter im Boden, ist noch erkennbar, und rechts von uns: ein riesiger runder Wehrturm, fast vollständig erhalten, nur ohne Dach. Radiästheten messen innerhalb dieses Turms die stärkste Energie auf diesem Felsenplateau. In der Nähe der Sitzbank unweit davon soll sich übrigens der »dunkelste« Platz befinden, der eine ungünstige Ausstrahlung

Burgruine Karl-
stein – der Wehr-
turm.

hat. Auffällig sind auch die alten Eiben, die hier stehen – die heiligsten Pflanzen der Kelten, bis in die Neuzeit hoch geschätzt als Kultbäume und als Liefe-
ranten eines zähen, harten Holzes für Pfeile und Bogen.

DIE SAGE VON DEN WILDFRAUEN AUF DEM KARLSTEIN

Zahlreiche Sagen und Legenden ranken sich um den Karlstein, und jede von
ihnen bestätigt einmal mehr die Tatsache, dass es sich bei dieser Felsenter-
rasse um einen der ältesten kultisch genutzten Orte dieser Region handelt.
Eine der interessantesten Karlstein-Sagen ist die von den drei Wildfrauen, die
»vor undenklichen Zeiten« hier gehaust haben sollen. Sie konnten in die
Zukunft sehen, wussten jedes kommende Ereignis im Voraus und kündigten
es an. »Wenn ein Trauerfall, Krieg, Seuchen, Hungersnöte bevorstanden,
hörte man aus der Richtung ein solches Jammern und Klagen, dass es einem
ums Herz traurig wurde. Stand aber ein freudiges Ereignis bevor, dann sangen
sie so lustig und froh in die Welt hinein, dass man über ihrem Singen alle Sorgen des Alltags vergaß.« Die wilden Frauen halfen den Bauern beim Flachs-
ausziehen und gaben ihnen der Überlieferung nach auch »allerhand gute Rat-
schläge für das Sammeln von Heilkräutern, Gewürzwurzeln und für gute
Feldbestellungszeiten und die Viehhaltung, und dadurch bewahrte man den
Wildfrauen auch dann, als sie aus der Gegend verschwunden waren, ein gutes
Andenken«, notierte der Sagensammler Friedrich Panzer 1848.
    Wieder einmal treffen wir hier auf eine Dreiergruppe von weisen Frauen,
die weissagen konnten und in der Kräuterkunde bewandert waren. Und wieder schließen wir auf einen alten Kult von weiblichen Gottheiten, unseren

drei Bethen, die wie Orakel befragt wurden und denen hier geopfert wurde. Andere Versionen der Sage berichten auch, dass die wilden Frauen von Fels zu Fels ein Seil gespannt hatten, auf dem sie hin- und herliefen. Dieses häufig vorkommende Sagenmotiv wird mit den Nornen der nordischen Mythologie in Verbindung gebracht, den Personifikationen der drei Lebensalter, die den Schicksalsfaden spinnen – das Seil als Sinnbild des Lebensfadens, der nach Gutdünken von den Göttinnen weitergesponnen oder abgerissen wird.

DER LISTSEE UND SEIN WASSERMANN

Nach dem Abstieg vom Karlstein wandern wir weiter zum Listsee, der sich hoch im Wald in magischen Farben von dunklem Smaragdgrün bis zu leuchtendem Türkis zeigt. Er ist ein sogenannter Quelltopf, er wird unterirdisch von einer Quelle mit großer Schüttung gespeist. Dieser von hohen Bäumen umstandene Märchensee war wohl schon zur Bronzezeit ein Wasserkultort. Hier hat man die höchst gelegene Feuerstelle gefunden, die auf eine frühe Siedlungsstätte hinweist, zudem ein versenktes bronzenes Beil. Durch das rituelle Ablegen von Weihegaben an solchen Naturheiligtümern wollten sich unsere Vorfahren die Götter dieser rauen Bergwelt gewogen machen. Da wundert es nicht, dass bis heute eine Sage von einem »Wassermann«, also einem Wassergott im Listsee, überliefert ist:

»Jedesmal, wenn früher die Schneeschmelze eintrat und der Listsee Starkwasser führte, kam der Wassermann aus dem Listsee zu den Leuten auf der List und warnte sie. So tat er es von alters her. Die Listleute waren freundlich zu dem Wassermann und er half ihnen gelegentlich bei schwerer Arbeit. So

Bronzezeitlicher Wasserkultort: der Listsee.

lebten sie lange, lange Zeit in Frieden. Die Kinder gewöhnten sich schon von klein an an den zotteligen Mann und hatten ihn lieb. Ein Junge aber, ein halber Teufel, reizte den Wassermann, wie er nur konnte. So ging es Jahre. Als der Bub erwachsen war, wurde es gröber statt besser. Alle quälte er: den Wassermann, seine Eltern, seine jüngeren Schwestern und Brüder. Das wurde dem Wassermann zu viel. Eines morgens fanden ihn seine Leute ertrunken im Listsee. Vom Wassermann aber haben sie nie wieder etwas gesehen oder gehört.« Das berichtete der Thomabauer unterhalb des Listsees 1927 dem Sagensammler Alfred Dieck.

DIE ENTSTEHUNG DES LISTSEES

Auch bei der Entstehung des Listsees ist es natürlich nicht mit rechten Dingen zugegangen, wie die Bartlbäuerin Alfred Dieck berichtete: »Vor langer Zeit hat ein Senn nachts bei Vollmond etwas Eigenartiges gesehen. Als er in die Nähe des Listsees kam, sah er dort eine große Menge von Riesen und Riesinnen. Sie hatten sich – abwechselnd ein Riese und eine Riesin – bei den Händen gefasst und tanzten einen Rundtanz in Stampfschritten. Vorher war dort eine Waldwiese gewesen, und jetzt wurde der Waldboden, auf dem sie tanzten, aufgestampft. Die Erdbrocken flogen nur so. Der Senne versteckte sich und getraute sich nicht weitergehen. Die ganze Nacht tanzten die Riesen. Erst als die Morgenhelle kam, gingen die Riesen und Riesinnen heim. Als der Senne dann bei hellem Sonnenlicht sein Versteck verließ, sah er, dass der Tanzplatz der Riesen zu einem großen Erdloch geworden war. Es füllte sich mit Wasser. So entstand der Listsee.«

Nach Höglwörth – zu einem uralten Mithraskultort?

Ausgangspunkt: Parkplatz beim Klostergasthof Höglwörth
Routenverlauf: Rundweg um den Höglwörther See
Anforderungen: Etwa 45 Minuten Gehzeit. Keine Steigung, durchweg guter, breiter Wanderweg, den man auch mit Kinderwagen gut benutzen kann.
Alternative: Wenn Sie ein Stück auf dem bayerischen Jakobsweg gehen wollen, bietet sich die Strecke von Höglwörth nach Anger an: Auf einem kleinen Teersträßchen, dem Klosterweg, gehen Sie von Höglwörth Richtung Osten und von Anger auf dem gleichen Weg zurück, insgesamt etwa 1 Stunde Gehzeit.
Tipp: Der Klostergasthof mit Biergarten lädt in Höglwörth zur Rast nach der Tour ein. Das Kloster befindet sich in Privatbesitz und ist nicht zu besichtigen. Lediglich der Innenhof ist offen, ein Rundgang um das Kloster ist ebenfalls möglich. Die Klosterkirche ist zugänglich.

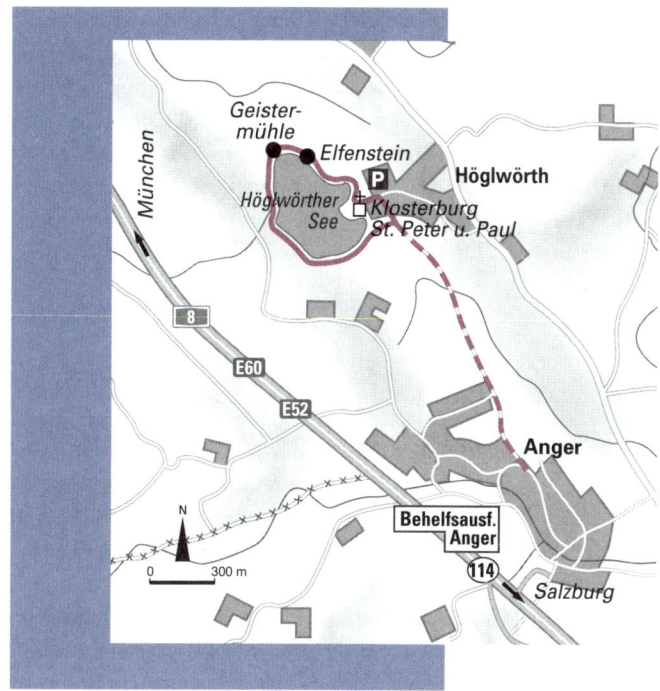

Sie umwandern den See vom Klostergasthof im Uhrzeigersinn und kommen dabei an der nordwestlichen Seite des Sees am Elfenstein vorbei. Sie finden ihn unweit der Stelle im See, an der Sie ein Täfelchen der Schutzmantelmadonna an einem großen Baum sehen.

EIN ÜBERRASCHENDER FUND

Die große Sensation in Höglwörth geschah 1834: Man fand bei Reparatur- arbeiten einen eingemauerten Marmorblock aus römischer Zeit, der sich als Weihealtar des Gottes Mithras entpuppte. Darf man hier also ein antikes Zen- trum des Mithraskultes vermuten? Hier, in dem verschlafenen ehemaligen Augustiner-Chorherrenstift Höglwörth, unweit von Bad Reichenhall, versteckt im voralpinen Hügelland gelegen, auf einem Inselchen in einem kleinen See? Man darf – aber beweisen lässt sich diese These nicht. Möglich wäre nämlich auch, dass der Stein aus einer römischen Villa stammt, die nachweislich auf dem Högl gestanden hat, dem Hügel, der sich nördlich von Höglwörth

Kloster Höglwörth.

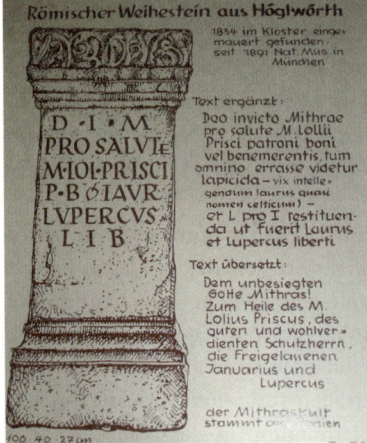

Der Höglwörther Mithrasstein.

erhebt. Wie so viele Bauwerke wurde auch diese Villa Stein für Stein abgetragen, um Material für neue Bauten in der Umgebung zu gewinnen.

Wenn wir heute Höglwörth besuchen, so finden wir ein romantisches altes Kloster auf einer Halbinsel im Höglwörther See vor, den man in fünfundvierzig Minuten zu Fuß umrunden kann. Bei der Klostergründung kurz nach 1122 war das noch anders: Da lag die Insel (»Wörth« kommt vom mittelhochdeutschen *werth* für »Insel«, wie auch in Frauenwörth und Herrenwörth) mitten im See, erreichbar nur mit einem Kahn und vielleicht allenfalls durch einen wackligen Steg mit dem Festland verbunden. So bot die Insel Schutz vor plötzlichen Überfällen, und ihre Bewohner nutzten vor allem den Fischreichtum des Sees. Doch nicht erst die Klosterbrüder, die strengen Fastengeboten folgen mussten, freuten sich über Karpfen und Hechte auf dem Tisch – schon lange zuvor war die Gegend um Höglwörth dicht besiedelt, lückenlos nachweisbar seit dem 3. Jahrtausend vor Christus, der späten Jungsteinzeit. Und Höglwörth war vielleicht schon genau so lange ein kultisches Zentrum in der Region.

MITHRASKULT IN HÖGLWÖRTH?

Der in Höglwörth aufgefundene Weihestein für den Sonnengott Mithras wurde von dem privaten Besitzer des Klosters damals dem Bayerischen Nationalmuseum in München geschenkt, wo er während des Zweiten Weltkrieges leider stark beschädigt wurde. »Dem unbesiegbaren Gott Mithras zum Heil des Marcus Lollius Priscus, des wohlverdienten Patronus, haben Iaurus und Lupercus die Freigelassenen diesen Stein setzen lassen«, lautet die Interpretation der wie üblich in Abkürzungen verfassten Inschrift auf dem Weihealtar. Der reichen römischen Familie der Lollier werden wir auch im Zusammenhang mit dem Nymphenaltar von Tittmoning im nördlichen Chiemgau begegnen (Seite 114f.) Sie war zur Römerzeit in Juvavum, Salzburg, ansässig.

Der Kult des Mithras, des indoiranischen Gottes des Lichtes und der Sonne, war im antiken Rom weit verbreitet und wurde von den römischen Besatzern seit Beginn des 3. Jahrhunderts auch auf die Nordseite der Alpen getragen. Wenige Kilometer nördlich von Höglwörth verlief damals die Via Julia, die römische Hauptstraße von Salzburg, Juvavum, nach Seebruck am Chiemsee, dem alten Bedaium. Besonders entlang solcher alten Fernhandelsstraßen verbreitete sich der Kult um diesen Gott sehr rasch. Das römische Carnuntum, in der Nähe der heutigen österreichischen Hauptstadt Wien gelegen, war damals nachweislich eine heilige Stadt des Mithras.

»Die Erscheinung und das Leben des Mithras auf Erden kommt uns merkwürdig vertraut vor«, schreibt August Obermayr, der Römerforscher zwischen Inn und Salzach. »Er wird aus einem Felsen geboren, und die Hirten der Berge sind die ersten, die vor dem göttlichen Kinde niederfallen, es anbeten und ihm ihre Gaben bringen; erwachsen ruft er allen Segen hervor, macht die Erde bewohnbar und fruchtbar und fährt schließlich wieder zum Himmel auf.« Gefeiert wird Mithras unter anderem mit einem Abendmahl aus Brot und Wein. »Über dem Altar stand das Bild des strahlenbekränzten Gottes und seiner beiden göttlichen Begleiter, die eine heilige Dreifaltigkeit bildeten. (…) Den höchsten Rang nahm der *pater* ein, der ›Vater‹ der Gläubigen, die sich untereinander *fratres*, Brüder, nannten. (…) Es ist daher gut möglich, dass die Abkürzung (…) der Höglwörther Mithrasinschrift nicht den ›wohlverdienten Patronus‹ der beiden Freigelassenen meinte, sondern den Pater ihrer Mithrasgemeinde.« Interessant ist außerdem, dass »es auch Frauen unter ihnen (der Gemeinde) gab, die sich als *virgines* (Jungfrauen) zu Ehren des Gottes der Liebe enthielten« (Obermayr 1974: 142 f.).

Mit dem Erlass der römischen Kaiser 392, die jeden Gottesdienst, der nicht zu Ehren der neuen christlichen Religion stattfand, unter Strafe stellte, erlosch der Mithraskult. Er war aber noch so stark und offenbar so weit verbreitet, dass die christliche Kirche viele seiner Elemente in den eigenen Ritus übernahm – wohl, um das Christentum leichter durchsetzen zu können: So begann die Woche im Mithraskult am Sonntag, mit dem Tag der Sonne, der dann der »christlichen Sonne«, Jesus Christus, reserviert wurde. Und das wichtigste Festdatum des Christentums, der 25. Dezember mit der Geburt Christi, war schon lange vorher der Tag der Wiederkehr des Lichtes mit der

Geburt des Mithras. Hatte das Augustiner-Chorherrenstift Höglwörth womöglich einen frühen Vorgänger in einer Mithrasgemeinde mit einem *pater* und mehreren *fratres?* Tatsächlich wurden Augustiner-Chorherrenstifte oft an Orten gegründet, an denen vorher andere untergegangene Klöster lagen – ein Beispiel ist das Stift Herrenwörth auf der Herreninsel im Chiemsee.

DER ELFENSTEIN UND DIE SEEROSEN IM HÖGLWÖRTHER SEE

Sagenumwobener Elfenstein.

Jungfrauen hat die Sagenlandschaft in Höglwörth auf den ersten Blick nicht zu bieten, dafür aber junge Mädchen, zwei an der Zahl, die in der Sage um den Elfenstein am Ufer des Sees weiterleben. Jedes Schulkind kannte früher diese Geschichte vom Elfenstein und dem Müller in der Geistermühle, wie sie dem Sagensammler Alfred Dieck vor rund hundert Jahren von Einheimischen erzählt wurde: »In der Geistermühle am Höglwörther See lebte vor langer Zeit ein neunzigjähriger Müller. Er hatte in frühen Jahren sein Töchterchen Hildeburg verloren – es war beim Pflücken von Seerosen beim Elfenstein, einem im See liegenden kleinen Felsen, ertrunken. Sein ganzes Leben lang trauerte er um das Mädchen. Oftmals fuhr der Müller mit seinem Kahn zum Elfenstein, um in Erinnerung an die Ertrunkene Seerosen zu holen. Als dann der Müller starb, wollte ihm die Enkelin Roswitha, der Sonnenschein des Hauses und der Ertrunkenen sehr ähnlich, nachts eine Seerose bringen, damit er sie seiner geliebten Hildeburg mitbringen könne, wenn er sie im Paradies fände. Roswitha fuhr nachts heimlich zum Elfenstein, aber am anderen Morgen fand man den Kahn leer auf dem Wasser treibend, und zog das ertrunkene Kind aus dem Wasser. Es hielt eine Seerose wie ein Heiligtum in ihrer Rechten eng umschlossen. Ein altes Stück Papier, mit verblasster Tinte beschrieben, hat davon erzählt, und am Rand des Blattes war mit grüner, weißer und gelber Farbe eine schwimmende Seerose gezeichnet, und in ihrem Blütenkelch stand das Wort ›Roswitha‹. Geht man aber in einer Sommernacht am See spazieren, so soll man beim Elfenstein über dem Wasser zwei Lichter tanzen sehen.«

Der Elfenstein ist heute noch am See zu finden. Die Stelle, an der man auf der nordwestlichen Seite des Sees vom Rundweg abzweigen muss, um den Felsblock am Seeufer aufzuspüren, befindet sich etwa 100 Meter nach einem alten Baum mit einem Täfelchen der Schutzmantelmadonna.

Schutzmantelmadonna am Rundweg.

Elfen heißen in den Sagen weibliche Wesen, die auftauchen und verschwinden, wie es ihnen passt. Guten und fleißigen, »braven« Menschen helfen sie bei der Arbeit und in der Not. Will man die Elfen, sphärenhafte junge Frauen oder auch tatkräftige Wildfrauen, jedoch zu fassen bekommen oder verändert man ihre Umgebung, ihre Behausung, ihre Routine, dann verlassen sie die Gegend, stellen ihre guten Taten ein und tauchen nie wieder auf. Da kommt doch der Gedanke auf, ob in der Sage vom Elfenstein und den kleinen unschuldigen Mädchen Reste alter Kulte enthalten sind – gar die der *virgines*, der Jungfrauen, der Mithrasgemeinde? Sind etwa diese sagenhaften weiblichen Wesen gemeint, die irgendwann in der Höglwörther Vergangenheit ihre vertraute Umgebung verloren haben und nun nur noch als Lichtlein auf der Seeoberfläche tanzen?

DIE GESPENSTISCHE MÜHLE

Als Geistermühle, von der in der Sage die Rede ist, bezeichnete man früher die eigentlich Bäckermühle genannte Mühle, deren ehemaligen Standort man ebenfalls bei der Umrundung des Sees passiert. Nur der Mühlbach plätschert immer noch und entlässt sein Wasser nun ungenutzt in den See. Das Mehl für die Klosterküche und wohl auch für die umliegenden Höfe wurde in der damals hier stehenden Getreidemühle gemahlen. Den Beinamen Geistermühle erhielt sie angeblich, weil ihr Klappern und Rumpeln die gesamte Umgebung erschreckte. Gut vorstellbar, dass die nahe Seefläche die Geräusche und die unheimliche Atmosphäre verstärkte, besonders nachts. Vielleicht gab es aber auch tanzende Lichtpunkte durch reflektierendes Wasser in der Mühle, durch metallene Teile der Mühlenkonstruktion, die von einem entfernten Punkt wie gespenstische Lichtlein über dem See aussahen und so der ganz profane Ursprung für die geheimnisvolle Sage waren?

Damit der Transport der schweren Mehl- und Getreidesäcke auf direktem Weg stattfinden konnte, verband eine hölzerne Brücke die Mühle mit dem Kloster. Sie wurde erst im 20. Jahrhundert abgerissen. Ein Foto der Brücke ist noch in der Klosterwirtschaft zu besichtigen.

DAS HEILIGE GRAB VON HÖGLWÖRTH

Eine Besonderheit ist das sogenannte Heilige Grab, das alle drei Jahre in Höglwörth aufgebaut wird (Turnus 2010, 2013 ...). Es ist eines der letzten großen »Herrengräber« Bayerns – ein gigantischer Bühnenaufbau vor dem Hochaltar im Chor der Kirche, der Jesus im Grab liegend darstellt. Die Kulissen stellen ein antik wirkendes Haus dar, vor dem Palmen wachsen. Es hat einen großen Torbogen in der Mitte, in dessen unterem Bereich sich das eigentliche Grab befindet, darüber in einem Bogenfenster ein leuchtendes goldenes Sonnenrad. Das Heilige Grab füllt den gesamten Altarraum der Barockkirche samt zugehörigem Vorplatz. Es verdeckt damit den Hochaltar mit der Darstellung der Verklärung Christi auf dem Berg Tabor, bei der drei Apostel zugegen waren: Christus verbot ihnen, von dem Ereignis zu sprechen, »bis der Menschensohn von den Toten auferstanden ist«. Die Verklärung ist auch tatsächlich erst nach dem Abbau des Heiligen Grabes ab Ostern wieder zu sehen. So hatte die barocke Tradition dieser Herrengräber eine innere Logik.

Eine typisch bayerisch-katholische Angelegenheit ist das Heilige Grab, mit großer Lust an der opernhaften Inszenierung biblischer Ereignisse. Und doch zieht dieses barocke Theater auch den modernen Menschen in seinen Bann. Die Aufklärung hat das »Theater« vor zweihundert Jahren sogar verboten – die Höglwörther missachteten diese Weisung und stellten ihr Heiliggrab trotzdem weiter auf. Sogar die Säkularisation überstand das Grab unbeschadet, und kurz darauf bauten einige findige Bauernsöhne sogar noch ein Uhrwerk als Antrieb für das Sonnenrad ein. Vor dem sich drehenden Sonnenrad – Mithras lässt grüßen – wird das Allerheiligste ausgesetzt, zur stillen Anbetung in den letzten Kartagen, an denen Christi Tod gedacht wird. Das Allerheiligste symbolisiert den Triumph Christi über den Tod, der im unteren Teil des »Theaters« zu sehen ist, wo Christus im Grab liegt.

Umrahmt werden diese zentralen Darstellungen von rund achtzig mit farbigem Wasser gefüllten Glaskugeln, die durch dahinter befestigte Öllämpchen für ein ständiges buntes Flackern sorgen und in der verdunkelten Kirche eine mystische Stimmung hervorrufen. Die größte dieser Glaskugeln fasst sechzig Liter Wasser! Kaum jemand kann sich der Faszination dieses barocken

Kirchentheaters entziehen – aber man hat nur drei Tage Zeit dafür: Am Gründonnerstag wird aufgebaut, zum in Bayern beliebten »Heilig-Grab-Schaun«; für Andacht und Meditation zugänglich ist das Heilige Grab nur von Karfreitag bis Ostersonntag.

AUF DEM JAKOBSWEG NACH ANGER

Wer einen längeren Spaziergang in dieser ganz besonderen Landschaft unternehmen möchte, dem sei eine Wanderung ins nahe Anger empfohlen, vom kunstsinnigen und heimatliebenden bayerischen König Ludwig I. einst als »mein schönstes Dorf« bezeichnet. Anger war seit der Steinzeit Siedlungsort. Nordöstlich der Kirche hat man ein großes Grabhügelfeld aus der Hallstattzeit ergraben.

Ein Stück auf dem bayerischen Jakobsweg legt man von Höglwörth nach Anger zurück. Höglwörth war eine wichtige Station für die Jakobspilger. Es gab hier Verpflegung und wohl auch eine geschützte Unterkunft für sie. In der Klosterkirche ist der heilige Jakob im Hauptaltarbild der Verklärung Christi zu sehen. Der Blick vom Dorfplatz mit der Kirche, die hoch auf einem Moränenhügel thront, reicht bis zum sagenhaften Untersberg im Berchtesgadener Land.

Von Maria Burg zum Quellkultort Biberschwell und St. Koloman hoch über dem Tachinger See

Ausgangspunkt: Parkplatz vor der Kirche Mariä Himmelfahrt über dem Weiler Burg bei Tengling am Nordufer des Tachinger und Waginger Sees
Routenverlauf: Kirche Burg–Dorf Burg–Biberschwell–Weiler Bromberg–Weiler Haseneck–Dorf Burg–Kirche Burg
Anforderungen: Insgesamt etwa 2 Stunden Gehzeit. Der Weg zur Biberschwell ist nicht beschildert, an einigen Stellen braucht man etwas Orientierungssinn und die Bereitschaft, sich auch einmal wenige Meter durchs Gebüsch zu schlagen oder weglos einen kleinen Hang hochzusteigen.
Alternative: Im Anschluss an die Tour empfiehlt es sich, noch das Kirchlein St. Koloman hoch über dem Nordufer des Tachinger Sees zu besuchen, entweder zu Fuß in etwa 1½ Stunden hin und zurück über die Landstraße oder per Auto oder Fahrrad. Für diesen zusätzlichen Abstecher gehen Sie von Burg aus nur 1 Kilometer weiter Richtung Osten. In Tengling biegen Sie zuerst links und kurz darauf rechts ab. Nur wenige Meter nach den letzten Häusern des Ortes stoßen Sie auf ein Sträßchen,

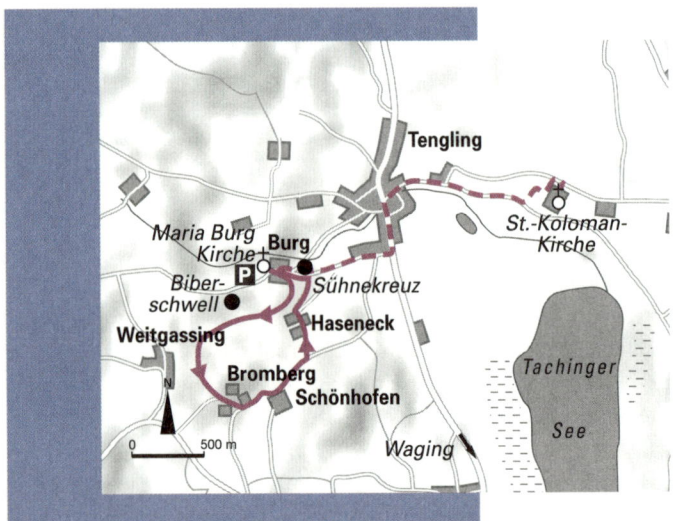

das vor einem kleinen Wald links nach oben führt. Ihm folgen Sie und stehen nach wenigen hundert Metern vor einer kleinen Kirche: St. Koloman.

Tipps:

– An feucht-warmen Tagen Mückenmittel nicht vergessen!

– Ein Geheimtipp unter Einheimischen ist die Gaststätte im nahen Strandbad in Tengling: Hier kann man nach dem Bad im warmen, weichen Wasser des Tachinger Sees gut und vollwertig essen.

Nach der Besichtigung von Maria Burg gehen Sie eine alte Treppe im Osten den Steilhang herab ins Dorf Burg, ein paar Meter auf der Straße entlang, rechts zwischen den Höfen hindurch und entlang einer Pferdekoppel auf einen Weg, der direkt zum Wald führt. Der Weg endet scheinbar im Gestrüpp bzw. vor einem Wiesenstück – schlagen Sie sich jedoch die wenigen Meter hindurch, sehen Sie in Verlängerung des Wegs einen befestigten Steig im Wald. Diesem folgen Sie nun durch den Wald, immer in einer kleinen Entfernung am Tenglinger Bach entlang. Sie kommen an einer verfallenen Wegkapelle vorbei und sehen bald, wenn der Weg einen Knick nach links in den Wald macht, das Wasser aus dem Boden hervorquellen – Sie haben eine Quelle erreicht, die schon immer ein Kultplatz gewesen sein dürfte: Biberschwell. Wenn Sie dem Weg weiter folgen, kommen Sie nach einigen hundert Metern an den Zusammenfluss zweier weiterer Bäche in diesem Quellgebiet. Dort überqueren Sie das Wasser und sehen nun zur Linken eine ebene Fläche mit einem lichten Bestand aus gut hundert Jahre alten Eschen, einem alten Markt- und Festplatz. Sie folgen dem Weglein weiter, das je nach Jahreszeit unter den Brennnesseln verschwindet, noch wenige Meter geradeaus und über den querenden Weg hinweg – dann stehen Sie vor einer Nagelfluhwand, von der meterlange Efeuranken herunterhängen. Dahinter verbirgt sich eine geheimnisvolle, heute allerdings nur als Unterstand wahrnehmbare Höhle.

Wieder zurück auf dem Weg, den Sie vorhin überquert haben, wandern Sie jetzt nach rechts – nun zur Rechten des Bächleins – und dann über eine kleine Brücke auf die linke Seite. Schon bald öffnet sich auf der rechten Seite eine tiefe, wilde Schlucht, während der Weg als Fahrstraße nach oben führt. In der Schlucht verläuft das Bächlein meist unterirdisch, und man kann zwischen den bemoosten Felsenhängen weitergehen. Am Ende von Wald und Schlucht steigen Sie weglos ein paar Meter links hoch zum Sträßchen und sehen am anderen Ende des Feldes den Weg nach Bromberg. Immer links am Waldrand entlang gehen Sie dort hinüber und biegen noch einmal links ab, um nach Bromberg zu gelangen, wo auf einer kleinen Anhöhe ein stattlicher alter Bauernhof-Gasthof mit Kaffee und selbst gebackenem Kuchen wartet (leider nicht immer geöffnet). Von dort geht es über die Einöde Haseneck auf der kleinen Fahrstraße wieder nach Burg. Zurück zur Kirche gehen Sie abschließend erneut über die Treppe im Hang unterhalb des Gotteshauses.

SEIT URALTER ZEIT BESIEDELTES GEBIET

Das Gebiet rund um Tachinger und Waginger See ist uraltes Siedlungsgebiet. Grabungsfunde belegen den Eindruck, den man oberirdisch schon beim Durchfahren dieser Landschaft gewinnt. Im Westen des Sees liegt Tettelham mit den deutlich sichtbaren Resten einer wehrhaften Burg auf einem inselartigen Hügel, daneben Biburg mit der Keltenschanze. Tatsächlich hat man rund um den Waginger See zahlreiche Reihengräber gefunden, Brandbestattungsreste aus der Urnenfelderzeit, daneben römische Siedlungsreste, jungsteinzeitliche Pfeilspitzen und Äxte. Das Bajuwarenmuseum in Waging zeigt viele dieser Funde und veranschaulicht in seiner Ausstellung und mit dem begehbaren Bajuwarenhaus das Alltagsleben der früheren Bewohner dieser Gegend, vom Hausbau bis hin zu Tracht und Gewand.

Überall bewegt man sich hier auf Boden, der mit Sicherheit noch an vielen Orten Geheimnisse aus alter Zeit bewahrt. Einer dieser schon sehr lange besiedelten Orte ist der steile Felsen, auf dem die Kirche Mariä Himmelfahrt des kleinen Dorfes Burg steht. Der Name verrät es schon: Hier stand einst eine wehrhafte Burganlage, die Stammburg der Grafen von Tengling. Ende des 11. Jahrhunderts erbaut, wurde sie schon gut einhundert Jahre später aufgegeben oder zerstört. Es gab wohl auch eine Burgkapelle, die ebenfalls zerstört oder zumindest beschädigt wurde. Jedenfalls hat man aus den Resten der

Burg ein Kirchlein an der heiligen Stelle gebaut, die vermutlich schon in vormittelalterlicher Zeit ein Kultort war. Der nahe Quellplatz im Wald, den wir aufsuchen wollen, lässt diesen Schluss zu.

Der Ort der heutigen Kirche hoch über einem Bauerndorf war der Kernbereich der früheren Burg. Der große freie Platz im Westen vor der Kirche – der ehemalige Turnierplatz, auf dem wir parken – lässt aus den Geländeformen noch auf zwei Vorburgen schließen. Ganz im Westen befindet sich bis heute der tiefe Schanzengraben zur Verteidigung der Anlage. Auf der Nordseite des Platzes beginnt ein Weg, auf dem man den Burgstall umwandern kann. Die kompakte, wehrhaft wirkende Mauer rund um die Kirche erinnert bis heute an die Burg. Das Baumaterial sowohl der Kirche als auch der Mauer ist der hier entstandene Tuffstein, aus dem auch viele andere Bauwerke der näheren Umgebung errichtet wurden – nicht nur Bauernhäuser und Kirchen, sondern sogar die Burg in Tittmoning (Seite 109).

DIE GROSSE GÖTTIN

Maria Burg bei Tengling.

Die Kirche Maria Burg, so abgelegen sie heute wirken mag, umfasste einst einen großen Kirchenbezirk. Bis vor hundertfünfzig Jahren feierten hier viele umliegende Ortschaften ihr Kirchweihfest – die Messe in der Kirche und den zugehörigen Jahrmarkt in der Nähe unserer kultischen Quelle mitten im Wald! Doch die Kirche, die wir heute betreten, stammt aus dem 16. Jahrhundert: In der Vorhalle erzählt uns eine rotmarmorne Tafel vom großen Brand 1532, bei dem das romanische Gotteshaus vollständig zugrundegegangen ist. Abermals errichtete man einen neuen Kirchenbau.

Auf Fresken, Bildern, Votivdarstellungen – das Thema in dieser Kirche ist immer Maria. Es war eine weibliche Wallfahrt zur Mutter Jesu, die hier Tradition hatte. Interessant ist, dass auf Bestimmung der kirchlichen Obrigkeit 1781 eine Anna-Selbdritt-Figur entfernt werden musste. Warum, das sagen uns die Dokumente nicht. Wie auch an anderen Orten deutlich wird, ist Anna die wirkliche Schutzpatronin der Mütter, der gebärfähigen Frauen und der Familien. Anna ist eine vom Christentum geschickt übernommene Gottesmutter, die es mit gleichem oder anderem Namen schon in diversen vorchristlichen Religionen gegeben hat. Sie ist die Urmutter, die Große Göttin. In den beliebten Anna-Selbdritt-Bildern – Großmutter Anna, Mutter Maria und Enkel Jesus – tritt die Große Göttin dreifach auf, in ihrer dreifachen Wesenheit als alte Frau, junge Frau im gebärfähigen Alter und als Jugendliche, christlich umgeformt, versteht sich. Sie ist ein Gegenentwurf zur männlichen Trinität aus Gottvater, Jesus und dem heiligen Geist.

Bis 1781 stand eine solche Anna-Selbdritt-Figur in der Kirche von Maria Burg. Hier ist also gewissermaßen in Gestalt der Mutter Anna das Bild einer dreifachen Göttin wie in heidnischer Zeit verehrt worden. Das war der Kirche offenbar ein Dorn im Auge. Oder weshalb sonst hätte man ein Anna-Selbdritt-Bild entfernen sollen? Anna Perenna war schon im alten Rom eine Göttin, die für ein fruchtbares Jahr zuständig war. Sie war eine Jahresgöttin, der im Frühjahr geopfert wurde, damit der Rest des Jahres fruchtbar werde. Eine Fruchtbarkeitsgöttin war sie und zudem eine Quellgöttin. Ihr Name hängt mit *annus*, das Jahr, zusammen. Sie wurde auch als Diana verehrt, Dea Ana, Göttin Ana, und als Mutter aller Geschöpfe.

WÄLDER, BÄCHE UND BETHEN

Von der Kirche führt eine alte Treppe, vorbei an einer Kalvarienkapelle mit bestürzend realistischen Figuren, im Osten den Steilhang herab ins Dorf. Wir folgen dem Weg durch den Wald am Tenglinger Bach entlang bis zur kleinen Wegkapelle aus Tuffstein am früheren Kirchenweg des nahegelegenen Weilers Weitgassing nach Maria Burg. Hier muss entweder ein Unglück passiert sein, oder es war eine besondere Stelle, die ein Gebet im Vorübergehen erforderte – deshalb die Kapelle.

Bald kommen wir an einen außergewöhnlichen Platz: Hier entspringt der Bach im wahrsten Sinne

Tenglinger Bach.

des Wortes, denn man sieht das Wasser aus dem Boden sprudeln, es »schwillt« direkt aus der Erde empor, was wohl mit zu dem Namen Biberschwell geführt hat. Ein etwa faustgroßes dunkles Loch erschließt sich, wenn man ins eiskalte Wasser hineingreift. Sein Grund ist nicht zu ertasten, das Wasser kommt von ganz weit unten. In einer enormen Schüttung liefert die Quelle sehr viel sehr gutes Wasser, und zwar seit Urzeiten – dieser Platz wurde schon früh als Kultplatz verehrt. Womöglich war auch diese Quelle ein Ort der drei Bethen? Die Natur- und Landschaftsführerin Ute Künkele bietet für den eigenartigen Namen Biberschwell eine passende Erklärung, sie vermutet, dass nicht angeblich früher hier hausende Biber der Quelle den Namen gegeben haben, sondern womöglich ebenfalls die drei Bethen, die Biberfräulein, die an diesem magischen Quellort verehrt wurden. Die Urmutter Ambeth würde dann durch die Leben spendende Quelle selbst symbolisiert. Babeth würden die geheimnisvollen unterirdischen Gänge und Stollen in der nahen Schlucht zugehören, und Wilbeth würde für die Weisheit, die Weissagung und das Licht stehen. Gerade diese letzte hat sich wohl in der Sagenwelt der Gegend mit einer anderen Figur zu einer weißen Frau an der Biberschwell vermischt, von der man sich bis heute erzählt, wie Ute Künkele berichtet: Einer Magd, der Frimerdirn aus dem nahen Weitgassing, erschien eine weiße Frau, als sie bei finsterer Nacht zum Wasserholen an die Quelle ging. Die Dirn hatte eine Laterne und ihren Hund dabei, als die weiße

Die verehrte Quelle.

Frau zu ihr kam und sprach: »Hättest du das Gleißende und das Beißende nicht, würde ich dir schon kommen!« Die weiße Frau war also keine gute Erscheinung – sie wollte der Magd Böses und wurde nur von dem hellen Licht und dem gefährlichen Hund davon abgehalten. Andere Sagen erzählt man sich um die Löcher und Höhlen, auf die wir bei unserer Wanderung gleich noch treffen.

Derweil gehen wir bis zum Zusammenfluss zweier weiterer Bäche in diesem Quellgebiet und bis zu einem lichten Bestand aus gut hundert Jahre alten Eschen. Hier fanden die Jahrmärkte und Kirchweihfeste vieler Gemeinden aus dem weiten Umkreis statt. Kaum vorstellbar, doch hierher kamen früher Hunderte von Menschen, hier boten Dutzende von Krämern und fahrenden Händlern ihre Waren feil. Hier wurde auf vier Kegelbahnen gekegelt, hier schenkten Wirte ihr Bier aus, und es gab Raufhändel und alkoholgeschwängerte Auseinandersetzungen. Ein Bericht von Ludwig Hörmann über diese alten Zeiten erzählte noch 1926: »Die mit Kaufmannwaren beladenen Wägen der Fuhrleute, selbst von Salzburg, rollten dem Fest- und Marktplatz in der Biberschwell zu, wandernde Kirchweihgäste belebten die Wege. Mehrere Wirte der Umgebung übten dort ihr altherkömmliches Schankrecht aus. Viele Handwerker, als Sattler, Seiler, Huter, Schmiede usw., fanden sich mit ihren Waren ein. Für Musik, Gesang und Tanz ward auf der Bühnen gesorgt (…) Um neun Uhr abends wurde Ruhe geboten und das Tal gemieden. Doch um Mitternacht herrschte dort wieder reges Leben, die bösen Geister hielten jetzt ihre nächtlichen Feste ab. Besonders laut ging es auf dem Tanzboden und den Kegelstätten zu; der Teufel kreidete die bösen Reden, Flüche und Sünden des Tages an, wie die nächtlichen Wächter mit Schauder zu erzählen wußten. Erst die unruhigen Zeiten der französischen Einfälle machten diesem Volksfest ein Ende.«

GEHEIMNISVOLLE FELSENHÖHLE

Gleich nebenan findet sich eine Nagelfluhwand. Die Einkerbung in der Mitte bietet einem kleinen Wasserfall die Möglichkeit, dekorativ und zauberhaft einige Meter herunterzusprühen, allerdings nur nach starkem Regen oder zur Zeit der Schneeschmelze. Unter dem Efeuvorhang vermutet man den Eingang zu einer Höhle. Doch leider ist es in Wirklichkeit nur ein Unterstand – weit führt die Höhle nicht ins Erdinnere.

Allerdings ist überliefert, dass diese Höhle bis vor nicht allzu langer Zeit der Beginn eines unterirdischen Ganges war. In Tengling erzählt man sich

Düstere Felswand mit Efeuvorhang bei der Biber-schwell.

heute noch, dass dieser Gang sogar über zwanzig Kilometer weit bis zur Tör-ring'schen Burg des sagenhaften Heinz von Stein in Stein an der Traun geführt hat. Der grausame Ritter soll über ein Netz solcher Gänge um seine Felsenhöhlenburg herum verfügt haben und sie unter anderem dazu benutzt haben, schöne Frauen im weiten Umkreis zu rauben und in seine Festung zu verschleppen.

Eine weitere Sage erzählt von unendlich wertvollen Schätzen in diesen Höhlen, die von Zwergen bewacht werden, die den Menschen ebenfalls übel mitspielen. Einem Bauer von Weitgassing sollen sie oder die Biberfräulein einmal einen prächtigen Gürtel für seine junge Frau geschenkt haben. Der Beschenkte jedoch wurde misstrauisch und band den Gürtel um einen Baum. Sogleich zerschlug ein Blitz den Gürtel in tausend Splitter – ein Sagenmotiv, das wir genau so vom unweit gelegenen Engelstein bei Bergen kennen (siehe Seite 196).

An ein tiefes Loch, das bis vor wenigen Jahrzehnten in der Biberschwell sichtbar war, erinnern sich noch manche Einheimische. Womöglich haben hier Schatzsucher wirklich nach dem Zwergenschatz gegraben oder die Geheimgänge des Heinz von Stein gesucht. In Wirklichkeit war die Höhle wohl einfach nur ein bisschen größer als heute. »Lichtscheues Gesindel« soll sich dort aufgehalten haben, nicht nur zu Kirchweihzeiten. Die Felswand wurde als Steinbruch benutzt, und abgesprengtes Gestein hat eventuell vorhandene Gänge und die Höhle aufgefüllt. Durch die Kraft des Wassers treten die Höhleneingänge inzwischen wieder zutage.

Steinkreuz in Burg.

Wir wandern weiter und durchqueren schließlich eine Schlucht, in der sich rechts und links hohe bemooste Felsenhänge auftun – kein Wunder, dass diese Umgebung zu wilden Sagen und gruseligen Geschichten Anlass gab. Zumal in der Dunkelheit, wenn auf der Lichtung Kirchweih gefeiert wurde! In Bromberg schließlich können wir uns mit ein bisschen Glück in einem stattlichen alten Bauernhof-Gasthof mit Kaffee und Kuchen stärken, bis es über Haseneck zurück nach Burg geht. In Haseneck sollten Sie rechts am Weg beim Bauernhof ein altes Wegmarterl betrachten. Es befand sich früher links in der Wiese, wo jetzt der Obstgarten ist, und wurde von zwei mächtigen alten Bäumen flankiert: eine alte Wegkreuzung, an der vorbei man hinunter zur Kirchweih in die Biberschwell ging. Der Weg allerdings existiert nicht mehr.

Die Straße von Haseneck mündet in die nach Burg genau an der Stelle, an der eines der seltenen Steinkreuze steht, direkt neben der Straße. Es trägt sechs Bohrlöcher, an denen wohl eine Bildtafel befestigt war. An besonders dramatische Todesfälle sollten solche Steinkreuze gemahnen – Unfälle und Verbrechen wie Mord und Totschlag. Dieses Kreuz wurde, wie Einheimische noch wissen, zum Andenken an einen Knecht errichtet, der beim Abladen von Baumstämmen von diesen erdrückt wurde.

MARIA BURG

Zurück zur Kirche von Burg gehen wir wieder über die Treppe im Hang darunter. Von weitem fällt nun schon die Figurengruppe außen am Chorscheitel der Kirche auf: Eine Mariä Himmelfahrt soll hier dargestellt sein. Maria auf der Weltkugel wird von zwei Engeln getragen und befindet sich schon mehr im Himmel als auf der Erde. Mit ihrem rechten Fuß steht sie auf einer Schlange, die sich an einem Apfel verschluckt hat und offenbar tot ist. Nach christlicher Deutung hat also Maria – die »neue Eva« – die sündige Eva des Alten Testaments überwunden. Maria hat durch die Geburt des Erlösers die Möglichkeit in die Welt gebracht, von der durch Eva verursachten Erbsünde frei zu werden. Ein Engel schaut uns, die armen menschlichen Würmer auf der Erde, an und stellt die Verbindung zu Maria her. Der andere blickt nach oben zu ihr und in den Himmel. Die Szene soll uns also unsere Chance verdeutlichen, durch Marias Hilfe aus unserem irdischen Jammerdasein in den Himmel zu kommen. Soweit die christliche Lesart.

Maria Himmelfahrt am Chorscheitel.

Auffällig sind die beiden Engel: Sie haben weder Flügel noch irgendein anderes Attribut, das sie als Engel kennzeichnen würde. Im Gegenteil:

Sie sehen sehr weiblich aus mit ihren weich schwingenden Kleidern an eigenartigen goldenen Trägern, die wie schwerer Goldschmuck wirken. Der linke »Engel« ist sehr jugendlich dargestellt, der rechte älter, die Figurengruppe stammt aus der zweiten Hälfte des 18. Jahrhunderts. Haben wir es hier mit einer weiteren weiblichen Dreiergruppe zu tun, in Fortführung des Anna-Selbdritt-Motivs? Die einige Meter vom Chor der Kirche entfernt befindliche Kalvarienkapelle mit Christus am Kreuz und den beiden Schächern bildet den direkten Widerpart zur Himmelfahrtsszene: oben am Chorscheitel die drei Frauen, unten die drei Männer.

ST. KOLOMAN

St. Koloman.

Das kleine Kirchlein, das wir auf einem zusätzlichen Abstecher besuchen können, thront am Nordufer des Tachinger Sees auf einer Anhöhe mit weitem Blick bis in die Alpen. »Kolomanskirchen«, schrieb Hans Roth im Heimatbuch des Landkreises Traunstein, »zeichnen sich durch ihre abseitige Lage, fern von Siedlungen und meist mit einem Quellkult verbunden, aus.« Warum das so ist, sagt er nicht. Der Keltenforscher Georg Rohrecker aber hat eine Erklärung parat. Koloman ist für ihn ein erfundener Heiliger, der Name bedeutet: »einer, der eine Zelle bewacht«. Kolomanskirchen stehen nach seiner Erkenntnis immer an ehemals keltischen Kultorten mit einem Quell- und Baumheiligtum. Koloman wäre also einfach ein imaginärer Wächter an einem alten Kultort. Eine Quelle gibt es zumindest heute nicht mehr an unserem heiligen Ort am Tachinger See, doch lag die Kirche bis in die 1860er Jahre dichter am Seeufer, bis der Seespiegel um rund zwei Meter gesenkt wurde. Womöglich war der Wasserkult mit dem See verbunden? Dieses Kolomanskirchlein liegt immer noch ganz einsam, nur das alte Mesnerhaus nebenan leistet ihm Gesellschaft. Kunsthistoriker pilgern hierher, um den einzigartigen gotischen Flügelaltar von Gordian Gukh zu bewundern, der in der unscheinbaren Kirche bewahrt blieb.

Koloman ist ein Heiliger mit einer widersprüchlichen Legende. Insofern kann Rohrecker schon richtig liegen mit seiner Vermutung, dass hier vieles

Blick von St. Koloman über den Tachinger See bis zu den Alpen.

erfunden wurde und alles ein wenig durcheinandergemengt ist. Koloman soll ein irischer Pilger auf dem Weg ins Heilige Land gewesen sein. Im Jahr 1012 hat ihn seine Wanderschaft ins heutige Österreich geführt, wo er wegen seiner fremdländischen Kleidung und seiner fremden Sprache auffiel, für einen böhmischen Spion gehalten und schließlich an einem dürren Holunderbaum gehenkt wurde. Da haben wir unseren heiligen Baum! Es ist der Holunder, von dem es noch zur Zeit unserer Großmütter hieß: »Vor dem Holunder muss man den Hut ziehen!« Er ist schon dem Namen nach eine heilige Pflanze. Der Baum der Frau Holle, einer der bekanntesten Feengestalten, ist in ganz Europa seit Menschengedenken ein Baum, der als Sitz guter Haus- und Naturgeister galt. Überall pflanzte man ihn deshalb in die Nähe von Haus, Stall und Kultort, und das Verletzen oder gar Schlagen eines Holunders war streng verboten – die Geister würden sich böse rächen, wenn man ihre Wohnstatt zerstörte.

An diesem heiligen Baum der Frau Holle soll Koloman also zu Tode gekommen sein. Der Leichnam hing da angeblich fast zwei Jahre, bis ein Bauer heimlich nachts ein Stück Fleisch des Gehenkten für seinen kranken Sohn herausschneiden wollte. Dazu muss man wissen, dass ein Körperteil eines Gehenkten als zauberkräftig galt, besonders die Daumen hielt man für wirkkräftig. Als der Bauer nun zu schneiden anfing, floss frisches Blut aus dem Leichnam. Erschrocken hielt er inne und bemerkte, dass auch die Haare und die Nägel des Ermordeten gewachsen waren und dass außerdem der ehemals dürre Baum wieder ausgetrieben hatte und frische grüne Blätter trug. Sogleich meldete er diesen Vorfall dem Bischof, woraufhin der Leichnam des

Koloman am 13. Oktober 1014 feierlich ins Kloster Melk überführt und dort bestattet wurde. Markgraf Heinrich I., der dort regierte, brauchte für seine – nach Rohrecker – auf keltischem Kultort erbaute Klosterresidenz dringend einen zugkräftigen Heiligen, der dem Ort entsprechendes Gewicht gab. Er nutzte daher diese Geschichte und ernannte Koloman flugs zum Reichs- und Landespatron des neuen Ost-Reiches, des heutigen Österreich.

DIE WAHRHEIT?

Die Geschichte des Koloman krankt an vielen Stellen: Wieso soll ausgerechnet der unscheinbare Koloman festgenommen und gehenkt worden sein, wo doch viele andere Pilger auch in fremde Länder unterwegs waren? Woher kannte man seinen Namen, wenn man seine Sprache nicht verstand und ihn deshalb henkte? Am Holler-»Baum« kann er im Übrigen nicht hingerichtet worden sein, weil selbst ein sehr großer Holunderbusch, wie Rohrecker trocken formuliert, »zum Hängen erwachsener Menschen eher ungeeignet ist«. Und einen, den man erst als dubiosen Zeitgenossen aufhängt, dann zwei Jahre später zum verehrten Landespatron zu machen – das ist schon eine wenig glaubwürdige Geschichte.

So viel aber darf man wohl vermuten: Es gab hier einen Wasserkult um den nahen Tachinger See, vielleicht verbunden mit einem heiligen Baum, einem Holunder möglicherweise. Dieser wurde, wie es die Ost-Reicher in Kloster Melk vorgemacht hatten, von den christlichen Missionaren mit einer Kolomanslegende überzogen. Die Wallfahrt zu unserem Kolomanskirchlein nach Tengling begann wohl im 15. Jahrhundert und war als Nahwallfahrt, das heißt für die umliegenden Dörfer und Gemeinden, bis ins 18. Jahrhundert lebendig. Das Wissen um diesen Kultort hat sich also lange gehalten, die Ursprünge aber gerieten in Vergessenheit.

Heute können wir einfach auf der Südseite dieser Kirche in einem überdachten, nach Süden offenen Vorraum sitzen und den Ausblick, die Ruhe und die meditative Stimmung genießen. Ob man nun der keltischen oder der christlichen Auslegung Glauben schenkt – es lässt sich nicht leugnen, dass das hier ein ganz besonderer Platz ist.

Erfrischend und heilsam: das Wasser von Maria Ponlach.

Zu Quellnymphen und Heilwasser in Maria Ponlach

Ausgangspunkt: Parkplatz vor der Burg oberhalb von Tittmoning
Routenverlauf: Burg Tittmoning – Maria Ponlach und zurück
Anforderungen: Insgesamt 20 Minuten Gehzeit, zusätzlich sollten Sie Zeit für den Aufenthalt bei den vielen Quellen von Ponlach und in der Burg einplanen.
Alternativen:
– Anschließend lässt sich ein Spaziergang von der Burg den Kayberg hinunter Richtung Hauptstraße (Traunsteiner Straße) unternehmen. Dort finden Sie am Fuß des Kayberges links oberhalb der Straße ein altes verwittertes Sühnekreuz am Originalstandort.
– Sie können statt oben an der Burg auch am Stadtplatz in Tittmoning parken und über einen schönen Fußweg zur Burg hinaufsteigen.
Tipp: Das Heimatmuseum des Rupertiwinkels finden Sie in der Burg Tittmoning, momentan ist es leider nur mit einer täglichen Führung um 14 Uhr (außer Do) zugänglich.

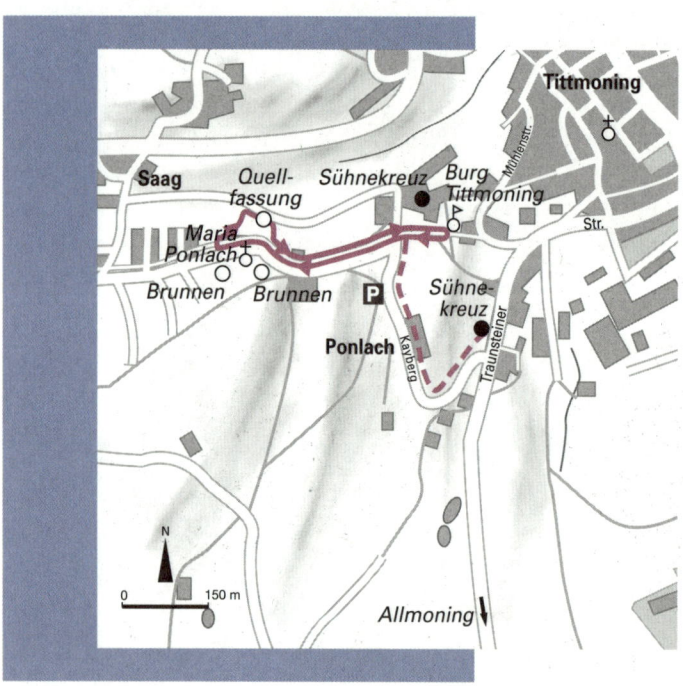

Nach der Besichtigung der Burg treten Sie über die Zugbrücke wieder nach draußen und folgen geradeaus dem Weg, der Sie in zehn Minuten nach Maria Ponlach führt. Später spazieren Sie auf dem gleichen Weg zurück.

BURG TITTMONING

Von der Burg in Tittmoning bietet sich ein weiter Blick über das Salzachtal, das tief von den Gletschern eingegraben in Nord-Süd-Richtung verläuft. Die Salzach bildet dabei die Grenze zu Österreich, der gegenüber der Burg liegende Moränenhöhenzug gehört bereits zum Bundesland Oberösterreich. Die barocke Pfarrkirche von Ostermiething grüßt auf die bayerische Seite herüber, aber erst seit gut dreihundert Jahren. Die Tittmoninger Burg steht schon bedeutend länger. Doch zur Zeit ihrer Erbauung war auch Tittmoning Besitz des Salzburger Erzbischofs. Er befestigte in der ersten Hälfte des 13. Jahrhunderts Tittmoning mit der wehrhaften Burg als Bastion gegen das benachbarte wittelsbachische Burghausen. Die Burg liegt strategisch äußerst günstig auf dem Ausläufer einer Hochterrasse nach Osten frei am Steilabbruch, auf den anderen Seiten durch einen tiefen Graben, den Ponlachgraben, von der Umgebung abgetrennt. Schon die Kelten siedelten hier, ihnen folgten um 510 die Bajuwaren, der Agilolfingerherzog Theodo überließ die Gegend 701 den Salzburgern.

Heute liegt die Burg im Dornröschenschlaf. Eine massive hölzerne Brücke führt über den beeindruckend tiefen Burggraben. Man kann vom einst vollständig um die Burg herumführenden Wehrgang die grandiose Aussicht genießen und kommt durch das stets geöffnete Tor in den Innenhof mit der Burgkapelle St. Michael und südlich davon dem riesigen Getreidespeicher.

Burg Tittmoning.

SÜHNEKREUZE

Sühnekreuz im Burghof.

Im Burghof ist gleich rechts vom Eingang an der Mauer ein altes Sühnekreuz aufgestellt. Es stammt aus der Gegend von Asten im Norden Tittmonings und wurde zur Sicherung nach Tittmoning verbracht. Ein weiteres Sühnekreuz befindet sich am Fuß des Kayberges, an der Fahrstraße, die von der Burg zur Hauptstraße hinunterführt. Links oberhalb der Einmündung steht das verwitterte Steinkreuz am Wiesenhang, an seinem originalen Standort.

Im östlichen Chiemgau und im Rupertiwinkel finden wir noch relativ viele solche alte Sühnekreuze. Ihr Name führt uns schon auf die Spur ihrer einstigen Bedeutung: Sie wurden meist als Sühne für ein Verbrechen aufgestellt – bei Totschlag und Mord. Manchmal gibt die mündliche Überlieferung Aufschluss über den Anlass, warum ein bestimmtes Steinkreuz errichtet wurde, meist jedoch stehen die Kreuze nur noch als stumme Zeugen eines vor Jahrhunderten begangenen unbekannten Verbrechens irgendwo am Weg.

Doch das diffuse Wissen, dass am Ort dieser Kreuze etwa Grausames passiert ist, das hat sich offenbar lange erhalten, zumindest bis ins vorige Jahrhundert. Nicht umsonst gibt es Hunderte von Sagen mit Spukgeschichten und unheimlichen Begegnungen an alten Steinkreuzen. Sühnekreuze sind steinerne Zeugen einer mittelalterlichen Rechtspraxis, der Totschlagsühne mittels Sühnevertrag. Sie ist ein großer Schritt weg von der bis ins Mittelalter üblichen Blutrache durch die Sippe des Getöteten, der ein Totschläger bis dahin ausgeliefert war. Vom 14. bis zum Ende des 16. Jahrhunderts schloss der Täter – um der Todesstrafe zu entgehen – mit der Gegenpartei einen Sühnevertrag ab, in dem genau festgelegt wurde, was er zu leisten hatte. Danach gab es diese privaten Pakte nicht mehr. Durch viele erhaltene Sühneverträge wissen wir über diese Praxis genau Bescheid: So musste der Täter den Hinterbliebenen Geld bezahlen, das Begräbnis ausrichten, der Kirche Spenden abliefern, Wall- und Bußfahrten unternehmen und nicht zuletzt am Ort der Tat ein Sühnezeichen errichten – oft aus Holz, dann ist es uns nicht mehr überliefert, nicht selten aber aus beständigerem Stein. Sofern der Aufstellungsort nicht der Tatort ist, wird meist die dem Tatort am nächsten gelegene

Verwittertes Sühnekreuz am Kayberg.

Wegkreuzung genutzt, um das Seelenheil des Getöteten sicherzustellen. Er war schließlich ohne Vorbereitung auf den Tod, ohne Begleitung eines Geistlichen und entsprechende Gebete aus dem Leben geschieden. Umso wichtiger war es, dass möglichst viele Vorübergehende am Mahnmal für seinen Tod ein Vaterunser für ihn sprachen, um seine Seele dem Fegefeuer zu entreißen.

Grob gesagt sind die einfachsten Kreuze auch die ältesten. Erst später finden sich Verzierungen, Monogramme und eingeritzte Symbole. Unser Kreuz am Fuß des Kayberges ist schon zu stark verwittert, als dass man noch Details erkennen könnte. Auf der Vorderseite ist im Kreuzungspunkt ein eingemeißeltes vertieftes Kreuz zu erkennen. Das im Burginnenhof befindliche Kreuz enthält vertiefte Flächen, die früher wohl Bildtafeln enthalten haben. Seine Form mit den breiteren Balkenenden, ein sogenanntes Eisernes Kreuz, lässt darauf schließen, dass es zu den jüngeren Kreuzen gehört. Kreuze, die nach etwa 1600 entstanden sind, wurden als Gedenkkreuze aufgestellt, jedoch nicht mehr als Bestandteile von Sühneverträgen. Ein weiteres Sühnekreuz befindet sich ganz in der Nähe der Ponlacher Quellen, steht jedoch heute auf Privatgrund.

DIE PONLACHER QUELLEN – VEREHRT SCHON IN RÖMISCHER ZEIT

Der gesamte Moränenhöhenzug, auf dem wir uns befinden, ist außerordentlich wasserreich. »Man braucht nur mit dem Finger irgendwo hineinbohren, schon kommt Wasser raus«, sagte mir ein alteingesessener Tittmoninger. Wegen dieses reichen und beständigen Wasservorkommens haben sich hier schon früh Menschen angesiedelt. Prähistorische und römische Ortschaften sind durch Funde nachgewiesen.

Geht man über die Zugbrücke aus der Burg heraus und geradeaus weiter, gelangt man auf einem schattigen Fußweg in wenigen Minuten nach Maria Ponlach. Auf dem kurzen Weg fallen die Reste von mächtigen, sehr alten Linden auf, an denen immer noch Zweige grünen. Diese Lindenstümpfe sind mit Sicherheit viele hundert Jahre alt – kein Wunder, dass man an einen so alten Kultort schon vor langer Zeit den Kultbaum schlechthin, die Linde, pflanzte.

Wallfahrtskirche Maria Ponlach.

Und dann stehen wir in einer kleinen Oase: Von Bäumen, Feuchtgewächsen, steinigen Hängen umgeben, empfängt uns die Wallfahrtskirche Maria Ponlach. Überall plätschert und gluckst es hier, mehrere gefasste Quellen, Bächlein zu beiden Seiten des Weges und unten in der Schlucht die Ponlach, die mit einem rauschenden Wasserfall von der oberhalb im Wald verborgenen alten Sägemühle herunterstürzt. Saag heißt der Ort da oben bis heute, und zusammen mit der Ponlach sicherte er die Nahversorgung der Burg mit Wasser und Holz.

Gegenüber der Wallfahrtskirche bricht das Gelände steil ab in die Schlucht. Treppen führen nach unten zu zwei Grotten mit Heiligenbildern und zur unteren Quellfassung mit einem langen Rohr, aus dem das Wasser auf bemooste Steine plätschert. Dieses Wasser soll das beste sein, heißt es, seine Verweildauer im mineralischen Gestein sei am längsten, es trage die dichteste Information. Dies soll auch die alte Wunderquelle sein, die lange vor den oberen Quellen genutzt wurde. Hier unten in der Schlucht verläuft ein weiterer kleiner Fußweg, und es vergeht keine halbe Stunde, in der nicht eine alte Frau auf dem Fahrrad oder ein Fußgänger vorbeikommt, eine mitgebrachte Flasche aus dem Rucksack zieht und sich den täglichen Liter Quellwasser abfüllt. Es ist ein erfrischender Ort, es grünt rundum wie in einem Urwald, die Luft ist voller feinster Wassertröpfchen. Es entspannt und belebt gleichermaßen, sich hier eine Weile aufzuhalten.

In früheren Jahrhunderten standen unten in der Schlucht Holzwannen zu Heilbadezwecken, die aber, wie wir aus alten Dokumenten wissen, bei Unwettern stark beschädigt worden sind. Auch eine alte Weihekapelle aus Holz gab es bis 1624 am unteren Weg, darin stand eine spätgotische Madonnenstatue, unterhalb von ihr trat die Quelle aus. Nicht weit entfernt Richtung Sägemühle befand sich außerdem eine halbrunde Kapelle mit einem Fünfwunden-Christus, aus dem Wasser strömte, das ebenfalls von vielen Menschen erfolgreich als Heilwasser angewendet wurde.

1624 ließ der Salzburger Fürsterzbischof, wohl in der Hoffnung auf einen ordentlich Ablass durch diese Großtat, »aus eigenen Unkosten« die baufällige Marienkapelle durch einen Steinbau ersetzen. Der Zustrom der Wallfahrer

Eine der Ponlacher Quellen.

Maria wacht über das Heilwasser.

war so groß, dass nicht einmal hundert Jahre später, 1716, bereits eine größere Kirche erbaut werden musste. Bei den Vorarbeiten, bei denen das Plateau für den Kirchenbau oberhalb der Quellen abgegraben und die Stützmauer am Hang hinter der Kirche errichtet wurde, traf ein großer Stein einen der Arbeiter und verletzte ihn schwer. Eben hinter diesem Stein trat sofort klares Quellwasser aus, das der Verletzte als Medizin einnahm: Er genas in kürzester Zeit. Dieser gelbliche Stein ist übrigens bis heute im Boden der Kirche zu sehen. Er war auch ein Grund dafür, dass die ohnehin schon florierende Wallfahrt noch einmal einen ungeahnten Aufschwung nahm.

Das heitere Kirchlein wurde nach den Plänen des Salzburger Hofbaumeisters erbaut, denn Tittmoning kam erst 1816 zu Bayern. Es birgt bis heute eine Unmenge von Votivgaben, die vor allem im 18. Jahrhundert von den Gläubigen ihrer Madonna von Ponlach geweiht wurden – in der Hoffnung auf Heilung von Gebrechen, Gesundung der Kinder oder der Haustiere. Viele Wachsvotive in Form von kleinen Menschlein, nur von den betroffenen Körperteilen oder in Form der Haustiere sind in der Kirche zu sehen. Kerzen wurden geopfert und durch alle Jahrhunderte Votivbilder, die alltägliche Krankheiten und Unfälle abbilden und mit denen Maria für die Errettung aus der Not gedankt wird. Bis heute werden immer neue Bilder angebracht – Maria Ponlach ist eine lebendige Wallfahrt bis ins 21. Jahrhundert geblieben.

Das Wasser ist allgegenwärtig, auch wenn man in der Kirche sitzt. Das Rauschen und Glucksen ist immer zu hören. Und quasi ununterbrochen kommen auch Menschen, die nicht den Weg zur Muttergottes suchen, sondern

Quellgrotte neben der Kirche.

nur zu den beiden Quellgrotten links und rechts der Kirche wollen. Manche füllen sich mehrere Träger mit Wasser ab – es helfe beim Abnehmen und verderbe ein ganzes Jahr lang nicht, heißt es. Das Wasser der rechten Quelle sei am besten bei Augenerkrankungen, und natürlich das zu Vollmond abgefüllte Wasser. Selbst im Winter finden sich in Vollmondnächten die Menschen hier zum Wasserholen ein. Diese beiden »neuen« Quellgrotten aus dem 18. Jahrhundert links und rechts hinter der Kirche werden heute am häufigsten zum Wasserholen aufgesucht, weil sie mühelos zu erreichen sind. Um zur »alten« Quellfassung in der Schlucht zu gelangen, muss man ein paar Treppen steigen.

Was vor dem hölzernen Kapellchen von 1624 hier stand, darüber gibt es keinen Beleg. Dass an dieser Stelle vermutlich seit prähistorischer Zeit ohne Unterbrechung eine genutzte und verehrte Quelle war, ist so gut wie sicher. Zwar wird der Name Ponlach allgemein gedeutet als »Bannwald«: hergeleitet aus den Bestandteilen *pön* für »Strafe« und *loh* für »Wald«, also ein Wald, der nicht betreten werden durfte. Doch lässt die Endung auch an eine Beziehung zum Wasserreichtum denken: Das althochdeutsche Wort *ach* oder *aha* für ein fließendes Gewässer ist in viele Ortsnamen eingegangen.

DER RÖMISCHE WEIHESTEIN

Die Römer, die hier siedelten, verehrten die Quellnymphen an diesem wasserreichen Hang. Ein paar hundert Meter südlich von Ponlach, an der Allmoninger Leite, also dem Hang bei Allmoning, wurde ein römischer Weihestein ausgegraben. In einem Tuffsteinbruch inmitten einer alten Quellgrotte samt Scherbenresten und Ziegeldach entdeckten Arbeiter 1815 den Stein. Er ist heute im Heimatmuseum auf der Burg zu besichtigen, die gefundene Quellgrotte wurde leider wieder zugeschüttet.

Ein nur mit seinen Initialen benannter Römer hat den Nymphenaltar gestiftet und beschriften lassen: *Nymphis CHL votum solvit libens merito*, also

»Den Nymphen hat CHL sein Gelübde erfüllt, gern und nach Gebühr.« Die Quellnymphen haben dem Unbekannten um 200 n. Chr. sicher aus Not oder Krankheit geholfen. Sie sind weiblich und spenden Wasser – ein Sinnbild für Leben, Freude und Fruchtbarkeit. Sie lebten dem Glauben nach in feuchten Höhlen, in Grotten, Quellen und Brunnen. Man hielt sie bei Laune, indem man Münzen, sogar Lebensmittel oder eben beschriftete Weihesteine ins Wasser warf oder an ihren Aufenthaltsorten aufstellte. Dafür belohnten sie die Menschen mit Heilung, mit Kindersegen und gesunden Augen. Dieser Römerstein ist der einzige im weiten Umkreis, der am ursprünglichen Ort gefunden wurde, also nicht als Baumaterial in einem späteren Gebäude wiederverwendet wurde. Stifter ist womöglich ein Caius Lollius Honoratus, ein römischer Jagdpächter, der in der fraglichen Zeit zwischen Salzburg und Freilassing nachzuweisen ist.

Die römischen Nymphchen sind vermutlich von weiteren nichtchristlichen Göttinnen und schließlich von der heiligen Jungfrau Maria abgelöst worden, die bis in unsere Zeit zuständig für Fruchtbarkeit, Kindersegen und heilendes Wasser ist. Und die römischen Weihesteine wurden von hölzernen und wächsernen Votivgaben abgelöst.

Ins uralte Burgenland des Isentals

Ausgangspunkt: Kapelle Hampersberg bei Erharting. Sie zweigen von der B 299 Richtung Erharting ab und fahren durch Erharting Richtung Pleiskirchen. Nach wenigen hundert Metern zweigt rechts ein Sträßchen nach Hampersberg ab, dem Sie folgen, bis Sie nach wenigen Minuten an einer Kapelle im Wald ankommen. Hier parken Sie .
Routenverlauf: Hampersberg–Hexenföhre–Hampersberg–Burgstall Dornberg–Klause Engfurt–Erharting–Sommerkeller–Hampersberg
Anforderungen: Gehzeit etwa 4 bis 5 Stunden. Dieser Weg ist nicht beschildert (eine Beschilderung ist aber geplant), und für die Wanderung braucht man an einigen Stellen Pfadfinderqualitäten. Der Weg verläuft großenteils im Wald.
Alternativen:
– Unweit von Erharting befindet sich bei Neuhäusl der Ort, an dem 1322 die sogenannte Ritterschlacht bei Ampfing, die letzte Ritterschlacht auf deutschem Boden, stattgefunden hat: nicht bei Ampfing, wie lange angenommen wurde, sondern nach neuester Erkenntnis hier bei Erharting. Wer diesen historischen Ort aufsuchen möchte, nimmt von der Straße Erharting–Pleiskirchen die erste Abzweigung nach links Richtung Neuhäusl. Nach etwa 1 Kilometer in dem kleinen Ort Neuhäusl angekommen, überqueren Sie die B 299 und sehen dann hinter den Bahngleisen, also im Westen der Gleise, die Wiese dieser letzten Ritterschlacht.

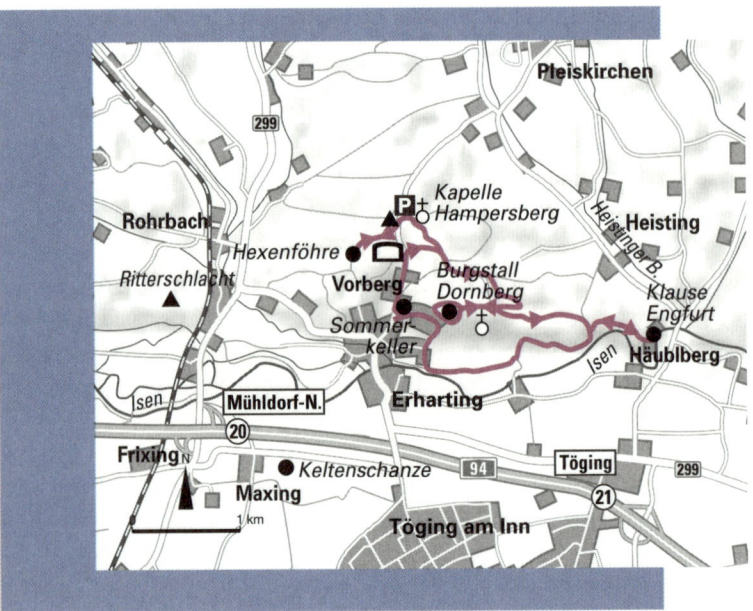

– Wer nur den Burgstall der Burg Dornberg auskundschaften möchte, kann auch in der Siedlung unterhalb des Dornberges bei Erharting der Siedlungsstraße »Dornbergweg« folgen und neben dem Haus Nummer 17 (Matejka) parken. Von dort führt ein Pfad geradeaus in den Wald und direkt auf den Dornberg.

Tipps:

– Der Heimatforscher Herbert Matejka zeigt auf Anfrage gern seine Funde unter anderem vom Dornberg (Telefon 08631-91826).

– Zur Einkehr empfiehlt sich der Sommerkeller Erharting, der allerdings nur bei schönem Wetter geöffnet hat, rufen Sie also besser vorher an (Telefon 08631-91266).

Nach der Besichtigung der kleinen Hampersberger Kapelle beginnt die Tour mit einem Abstecher zur Hexenföhre: Zurück zur Hauptstraße Erharting–Pleiskirchen, dann einige Meter bergab und gleich wieder rechts in den Wirtschaftsweg hinein erreichen Sie bald eine Gabelung mit drei abzweigenden Wegen. Sie nehmen den linken Weg und gehen geradeaus. Zur Linken befinden sich übrigens neun bronzezeitliche Hügelgräber, immer noch deutlich sichtbar im Wald verstreut. Schnell erreichen Sie eine kleine Lichtung: einen kreisrunden Platz, auf dem nur noch Gras wächst, seit hier die alte Hexenföhre gefällt wurde.

Wieder zurück an der Hampersberger Kirche, laufen Sie an der Kirche vorbei und gehen immer auf einer Höhe einen knappen Kilometer den breiten Weg entlang.

Bald führt er etwa 40 Meter weit abwärts, Sie finden dort einen Pfad, der rechts nach oben abzweigt. Ihm folgen Sie und stoßen auf einen weiteren Pfad, der rechts etwas abseits mit einem N der Naturfreunde bezeichnet ist. Wenn Sie nach rechts – nach Westen – gehen, erreichen Sie bald den Burgstall der ehemaligen Burg Dornberg. Von der Burg selbst ist leider nichts mehr zu sehen, aber den weitläufigen Burgstall kann man, allerdings weglos, erkunden.

Für den Weiterweg gehen Sie zunächst zurück bis zu der Stelle, an der Sie das N des Naturfreundewegs erreicht hatten. Nun folgen Sie dem Weg in östlicher Richtung auf dem Höhenrücken entlang. Links zieht sich ein tief eingegrabener Hohlweg parallel zum Weg hin, auf den Sie nun wechseln. Die Auskunft, dieser Hohlweg sei von den Bauern gegraben worden, um den Forst besser bewirtschaften zu können, befriedigt nicht so ganz. Handelt es sich nicht viel eher um Graben- und Wallanlagen der ehemaligen Burg Dornberg?

Sobald der Weg eine Rechtskurve macht, in der Sie die Rückseite eines Wegkreuzes erblicken, führt Sie direkt in der Kurve links neben einem großen Baum ein Steiglein nach unten (daneben ein N für den ehemaligen Naturfreundeweg). Nach ein paar Schritten stehen Sie auf einem Kiesweg, den Sie einige Meter nach links gehen. Gegenüber am Waldrand sehen Sie von Frühsommer bis Herbst einige Quadratmeter mit riesigen Schachtelhalmen – Zeichen für kalkarme, nasse Böden oder Quellfluren. Sie befinden sich hier nur wenige Meter höher als die nahe vorbeifließende Isen, doch das Wasser, das die Schachtelhalme nährt, kommt von oben – aus dem quellenreichen Gebiet am Häublberg.

Hinter dem wogenden Riesen-Schachtelhalm geht es in den Laubwald hinauf, ein verfallener Weg führt mit Treppenstufen bergan. Oben angekommen, folgen Sie den Pfadspuren, bis Sie auf ein Sträßchen treffen: den alten Pilgerweg von Pleiskirchen und Heisting nach Altötting, der an der Klause Engfurt vorbeiführt – dem nächsten Ziel. Sie folgen nach rechts unten dem Hohlweg und gehen den Kreuzweg entlang bis zu einer Wegkapelle mit einem »Christus in der Rast« und unweit davon der Klause Engfurt, unserem nächsten Ziel.

Irgendwann müssen Sie diesen einladenden Platz wieder verlassen. Sie steigen den Häublberg wieder hinauf und auf der anderen Seite hinunter – zurück bis zu den Schachtelhalmen und dem Wegkreuz in der Kurve. Diesmal gehen Sie am Wegkreuz vorbei und folgen dem Feldweg bis an die Isen hinunter. Das vorletzte Wegstück führt Sie am Auwald der Isen entlang zunächst nach Erharting und dann zum Sommerkeller – einem echten Bierkeller. Nach einer Stärkung gehen Sie einige hundert Meter auf der Straße nach Pleiskirchen bergaufwärts, dann rechts in einen deutlich sichtbaren Weg hinein, am Schinderberg aufwärts und an der Abzweigung links zum Ausgangspunkt Hampersberger Kirche.

DIE KAPELLE AUF DEM HAMPERSBERG

Wer von dem kleinen Ort Erharting bei Mühldorf am Inn nach Norden schaut, sieht einen bewaldeten Höhenzug, der sich über viele Kilometer von Osten nach Westen zieht. Er begrenzt das romantische Tal der Isen und gibt seine Geheimnisse erst bei genauerem Hinsehen preis. Hier führte in römischer Zeit die große Handelsstraße von Passau nach Augsburg in Ost-West- und die von Regensburg nach Italien in Nord-Süd-Richtung vorbei. In den vergangenen Jahrhunderten standen die Burgen hier aufgereiht wie Perlen an einer Kette. Zudem wurde hier 1322 eine entscheidende Schlacht geschlagen, die letzte Ritterschlacht auf deutschem Boden. Und hier pilgerten im 18. Jahrhundert Scharen von Wallfahrern nach Maria Dorfen zur Gottesmutter.

Vor der kleinen Kirche von Hampersberg mitten im Wald angekommen, ahnt man nicht, wie es hier noch vor hundert Jahren ausgesehen hat: Die Kapelle war im blühenden Obstgarten eines einundzwanzig Hektar großen, reichen Bauernhofs gelegen, der sich in nördlicher Richtung an das Gotteshaus anschloss. Der Hügel war damals nicht bewaldet, weit reichte der Blick im Süden über das Isental bis in die Alpen. Fleißige Bauersleute, die es zu etwas gebracht hatten, waren die Besitzer des Hampersberger Hofs. Ein bisschen arrogant waren sie durch ihren Reichtum geworden, so erzählt man sich noch heute. Zeitzeugen berichteten auch von einer großen Brunnenanlage beim Hof, an der die zahlreichen Wallfahrer, die nach Hampersberg pilgerten, ihren Durst stillten – womöglich eine alte Quelle, die schon in vorchristlicher Zeit benutzt und verehrt wurde? Auf dem Bauernhof lag ein Schankrecht, sodass die Gläubigen hier auch bewirtet werden konnten. 1803 kaufte der Bauer das Kirchlein, um es vor dem Abbruch zu bewahren – vielleicht hoffte er auch auf weitere Einkünfte aus der lukrativen Wallfahrt. Ende des 19. Jahrhunderts schließlich gab es zwei Söhne auf dem Hof. Keiner von beiden fand eine Frau, und den Kummer darüber, heißt es, ertränkten sie im Alkohol. 1903 war der Hof heruntergekommen, der Reichtum

Kapelle Hampersberg.

dahin, und der Hof wurde verkauft. Der neue Besitzer ließ ihn abbrechen, das Baumaterial verkaufen und den gesamten Grund aufforsten.

Seit wann der Hampersberger Hof existierte, ist nicht sicher. Belegt ist er erst ab 1566, doch haben mit Sicherheit schon vorher hier Menschen gesiedelt. Nicht weit entfernt wurden bronzezeitliche Hügelgräber gefunden, und auch unsere Hampersberger Kapelle ist in ihrem Ursprung sicher wesentlich älter. Sie findet sich schon 1494 als »St. Kilians Gotteshaus« erwähnt. Mit großer Wahrscheinlichkeit gab es hier eine keltische Kultstätte wie an vielen Orten, an denen dann in christlichen Zeiten der heilige Kilian verehrt wurde. Die Hauptfeste in der Kilianskirche waren der Georgitag am 23. April und der Magdalenentag am 22. Juli, zu denen die Bevölkerung aus dem ganzen Umkreis nach Hampersberg wallfahrtete. Diese Bevölkerung war es auch, die vierhundert Jahre später verhinderte, dass ihr geliebtes Hampersberger Kirchlein mitsamt dem verkauften Bauernhof dem Erdboden gleichgemacht wurde.

1696 wird von einem Marienbild berichtet, das ein unbekannter Pilger in die Kirche brachte – es ist das heute noch verehrte Gnadenbild: eine Madonna mit Kind, die geschnitzten Köpfe einfach auf ein Holzbrett genagelt, der Marienmantel kaschiert das Brett. Bis heute kommen die Erhartinger hierher: in der Kreuzwoche bei ihren Bittgängen, zu den Maiandachten und wann immer in einer Notsituation die Hilfe der Muttergottes erfleht wird. Das Patronat hatte man mit der Säkularisation verändert, doch eigentlich verehrt wurde und wird seit der Barockzeit die Muttergottes. Der heilige Kilian hatte 1810 ausgedient, als man die nur einen Kilometer entfernte St.-Ulrichs-Kirche bei der alten Burg Dornberg zum Abbruch freigab. Man übertrug das Ulrichspatronat auf die Hampersberger Kirche. Nach dem Verkauf des Hofes 1903 verschwanden der alte Altar und zahlreiche Votivbilder und Weihegaben, die die Kirche beherbergte. Der neue Altar wurde nach einer umfassenden Renovierung 1981 geweiht und mit einer herbeigeschafften Reliquie des heiligen Wolfgang ausgestattet.

Eine breite Palette wichtiger Heiliger der vergangenen tausend oder zweitausend Jahre (Kilian, Ulrich, Wolfgang, Georg, Magdalena, die Muttergottes), Scharen von Wallfahrern mit ihren Sorgen und Nöten, alter Bauerngrund und womöglich eine uralte Quelle – in Hampersberg steht man auf wahrhaft geschichtsträchtigem Boden.

ABSTECHER ZUR HEXENFÖHRE

Unsere Wanderung führt uns zu einem besonderen Abstecher auf eine kleine Lichtung: ein kreisrunder Platz, auf dem Gras wächst – sonst nichts. Eine uralte Hexenföhre stand einst hier, und seit sie gefällt wurde, wächst auf der Stelle nichts mehr außer Gras. Obwohl wir uns mitten im Wald befinden, wo zu erwarten wäre, dass erst die Brennnesseln wachsen, dann die Brombeeren und schließlich angeflogene Sämlinge von Fichten und anderen Bäumen Wurzeln schlagen – nichts! Eingeweihte, die den Platz seit zwei Generationen kennen, versichern, dass hier niemand zupft und säubert, hier wächst einfach nichts. Im Mai des Jahres 1910 notierte der damalige Erhartinger Hilfspfarrer: »Am Fußweg nicht weit von den Hügelgräbern entfernt befindet sich die Hexenföhre – der verbliebene Baumstumpf von einer Föhre. Nach weiteren Nachforschungen wurde bekannt, dass dieser Platz ein Kreuzungspunkt von vielen Wegen war. Von diesem Punkt aus führten die Wege von Oberrohrbach über Hermannstal nach Erharting, nach Hampersberg, nach Rohrbach, zur Bräuschlicht, in Richtung Englbrecht, in Richtung Wimmer und Sommerkeller und auch zur jetzigen Erhartinger Siedlung. Der Platz bei dieser Föhre wurde von den Holzknechten stets gemieden und jeder, der von ihnen dort vorbeikam, schlug mit seiner Axt in den Baum (aus Aberglauben).« (Diese Notizen hat mir freundlicherweise der Heimatforscher Herbert Matejka zur Verfügung gestellt).

Aus diesem Grund wurde die Föhre im Laufe der Zeit dürr. Ein Blitzschlag in der Zeit vor 1914 schädigte den Baum zusätzlich, und 1920 wurde der Baum vom Förster umgesägt. Als Wahrzeichen und Erinnerung – man traute sich diesen »unheimlichen« Baum wohl nicht zur Gänze zu beseitigen – wurde aber noch ein ein Meter hoher Stumpf stehengelassen. Angeblich waren es Soldaten am Ende des Zweiten Weltkrieges, die den letzten Überrest der Hexenföhre entfernten. Zu Lebzeiten maß sie etwa fünfundzwanzig Meter Höhe und hatte einen Stammdurchmesser von siebzig Zentimetern – ein uralter Baum. Schon als sie noch stand, wuchsen um sie herum angeblich keine anderen Bäume und keine Sträucher.

Der Platz der
Hexenföhre.

Die Sagen um die Föhre sind in der Gegend immer noch lebendig: So soll es hier spuken, und in der Walpurgisnacht tanzen hier die Hexen. Aber nicht nur in der Nacht zum 1. Mai: »In der Margarethennacht«, weiß die Sage, aufgezeichnet von Lorenz Strobl, »trafen sich dort alljährlich die Hexen der Umgebung, blondhaarige Lustdirnen und triefäugige Hexenweiber. Kamen auf Besenstielen, Ofengabeln und stinkenden Geißböcken mit dem Sturm einhergeritten, zerschlampt, zerfetzt, halbnackend, mit fliegendem Haar, eine richtige Höllenbrut, die selbst dem Teufel zu schlecht gewesen, weil er sie sonst längst von der Erden in sein Feuer geholt hätte.

An der Hexenföhre wurde Hexenjahrtag gehalten… Am Margarethenmorgen war dann allemal der Föhrenbaum zerhackt, zersplissen, zerfetzt, zerrissen, die Äste gebrochen, die Rinden gesprengt, und einen gräulichen Gestank konnte man von Weitem wahrnehmen. Wer am Abend vor dem Hexentag unterm Gebetläuten von der Föhre unbeschrien Pech geschabt, konnte sich damit ein wundersames Heilmittel gegen allerlei Krankheiten sichern. Wer es aber gewagt, die Hexen bei ihrem Jahrtag zu beluren, der wurde von ihrem wilden Tanz mitgerissen und keiner ist mehr wieder gekommen. Vor dem großen Weltenbrand im Jahre 1914 hatte ein Blitzstrahl den Föhrenbaum zerschellt und damit auch dem Schandtreiben der Hexen und Unholden ein Ende bereitet.« Einer, der die Föhre noch gesehen hat, beschrieb sie als »krummbuckelig verwachsen, mit verknorrtem Geäst, verfilzten Flechtbärten und pechtriefenden Wülsten am Stamm und den Astgabeln«. Womöglich waren starke Erdenergien die Ursache für diese Verwachsungen? Auch dass die Föhre am Kreuzungspunkt mehrerer Wege lag, spricht dafür, dass es ein ganz besonderer Ort ist, den man für beseelt hielt. Dort bekreuzigte man sich oder führte jedenfalls eine rituelle Geste durch, mit der man die Geister gütig stimmen wollte. Wie die Holzknechte, die ihre Äxte in den Stamm schlugen – und so ursprünglich Kontakt mit den guten Baumgeistern, den Schutzgeistern, aufnahmen.

DIE BURG DORNBERG

Auf dem einst wohl nicht oder nur spärlich bewaldeten Bergkegel des Dornberges stand eine Burg, die einen wunderbaren Fernblick über das Isen- und Inntal bis zu den Chiemgauer und Salzburger Bergen bot. Zu ihren Füßen verlief der vielbenutzte Fernhandelsweg nach Landshut, der im Süden zu den Reichenhaller Salinen und zu den Salzstraßen führte und weiter ans Meer bis nach Venedig. Der letzte Dornberger verkaufte die Burg Dornberg mit allen Besitzungen und Dienstleuten 1223 an den Erzbischof von Salzburg. Als 1322

Das Naturfreunde-Schild dient der Orientierung.

Gräben und Wälle auf dem Dornberg.

die letzte Ritterschlacht auf deutschem Boden hier ganz in der Nähe geschlagen war, wurde der Verlierer, Friedrich der Schöne von Österreich, eine Nacht lang in der Burg Dornberg interniert.

Die Burg war hart umkämpft in diesen Jahren, Bayern und Salzburg stritten hier nahe der damaligen Grenze. Noch mehrmals wurde sie neu errichtet, doch 1810 endgültig abgebrochen. Es dürfte sich bei der Dornburg um eine der am häufigsten neu aufgebauten und wieder zerstörten Burgen Bayerns gehandelt haben. 1973 wurde auf dem Burgstall eine Tontafel aus der Zeit um 1500 gefunden, die die damalige Burg abbildet – so genau, dass eine Rekonstruktionszeichnung angefertigt werden konnte. Der einst durchgehende Höhenzug war an zwei Stellen durch einen tiefen Aushub durchbrochen worden, wodurch drei Hügel entstanden. Sie trugen eine Vorburg, die Hauptburg und den Fluchtturm. Heute noch sind diese drei Hügel und die tiefen Schluchten dazwischen gut erkennbar – wenn man mehr oder weniger weglos auf dem Dornberg herumstreift. Auf dem mittleren Hügel sind – allerdings von Gras und Gestrüpp überwachsen – noch immer Baumaterial und Ziegelschutt der ehemaligen Burg zu finden.

Auch eine Burgkapelle, dem heiligen Ulrich geweiht, befand sich am Fuß des östlichen Burghügels, etwa hundert Meter entfernt vom zentralen Hügel. Auch sie ist abgebrochen worden. Ausstattung und Altar blieben verschwunden, das Patronat wurde auf die Hampersberger Kapelle übertragen. Aber nicht nur eine Tontafel, zahlreiche weitere Zeugnisse alter und ältester Besiedlung hat der Heimatforscher Herbert Matejka in den letzten fünfzig Jahren auf dem Dornberg gefunden. Speerspitzen, keltischen Schmuck, römi-

So könnte die Burg Dornberg ausgesehen haben. Rekonstruktionszeichnung nach der gefundenen Tontafel.

sche Scherben – die Funde belegen die Besiedlung des Dornberges bis in die Bronzezeit zurück. Auf Anfrage zeigt er gern seine Funde, die unter anderem aus der berühmten letzten Ritterschlacht auf deutschem Boden stammen.

CHRISTUS IN DER RAST UND DIE KLAUSE ENGFURT

Ein Stückchen vor der Klause, die unser nächstes Ziel ist, finden wir einen Kreuzweg, dessen Stationen zu einer Wegkapelle mit einem Christus in der Rast führen. Diese Szene aus dem Leben Jesu, die nicht in der Bibel erwähnt wird, ist im Mittelalter als eines der »heimlichen Leiden« Christi dargestellt worden und im Barock sehr populär gewesen. Christus, der nach dem Kreuzweg, kurz bevor er gekreuzigt wird, rastet und dabei seinen Ellbogen auf dem Oberschenkel aufstützt, hat sein Kinn in die Hand gelegt. Dieser alte Klagegestus wurde im barocken Bayern gern als »Zahnweh-Herrgott« umgedeutet.

Die Kapelle war in der Vergangenheit ein beliebtes Pilgerziel für Hilfesuchende der Umgebung. Einige der vielen gestifteten Votivbilder konnten aus der Kapelle gerettet werden und befinden sich heute gesichert in der Klause Engfurt. Links ein Wirtschaftshäuschen mit Bienenstock und Holzlege, rechts

Wegkapelle Christus in der Rast.

Klause Engfurt.

ein eigenartiger barocker Zwitterbau: halb Kirche mit Glockentürmchen, halb Einsiedlerwohnung. Wenige Meter unterhalb des Ensembles fließt die Isen vorbei, ein Weg führt zwischen Fluss und Klause weiter am Privathaus der Besitzerfamilie vorbei zur Mühle und zur Gastwirtschaft von Engfurt. Wir aber bleiben hier bei der Klause.

Sie liegt am Fuß des Häublberges, den wir gerade heruntergekommen sind, links befindet sich eine Steilwand zur Isen hinunter, in der der geschützte Eisvogel brütet. Wer ganz ruhig ist und viel Glück hat, sieht ihn vielleicht. Die Bienen summen, und im Mai blühen die Apfelbäume im Obstgarten – es ist ein wahrhaft paradiesischer Platz. Bis 1922 bewohnte ein Klausner die bescheidene Wohnung rechts vom Mittelgang, die man heute als Ferienwohnung mieten kann. Hier möchte man Klausner auf Zeit sein, man fühlt sich von der restlichen Welt abgeschieden, hier kann man zur Ruhe kommen.

Die jetzige Kapelle wurde 1718 errichtet, eine Vorgängerkapelle, tiefer am Isenufer gelegen, war immer wieder von den reißenden Fluten beschädigt worden. Sie war wohl um 1615 erbaut worden und wie die heutige der heiligen Dreifaltigkeit geweiht. Der berühmteste Einsiedler war Johannes Aloysius Ströhl, der 1830 mit achtundachtzig Jahren starb. Sein Ruf als Naturheilkundiger drang bis an den fernen bayerischen Hof in München, sodass immer wieder hoher Besuch kam, der seine Leiden vom Engfurter Klausner kurieren ließ. Ströhl hatte drei Knechte, die ihm in der Umgebung die Heilkräuter sammeln mussten. Doch sein Erfolg brachte die örtlichen

Bader und Ärzte gegen ihn auf; zweimal steckte man ihn ins Gefängnis, weil man in seiner Klause »Trachenblut, Goldpulver, Margarenpulver, Gallpulver und unterschiedlich Kräuter und Blumen« gefunden hatte, wie Alois Stockner in seinem Beitrag in der Zeitschrift »Mühlrad« berichtet. Zu Ströhl kamen die Menschen, wenn sie einen Heilkundigen brauchten – zum Christus in der Rast pilgerten sie, wenn sie himmlischen Beistand suchten. Die Votivbilder der Rastkapelle sind im Mittelgang der Klause zu sehen. Wie viele verzweifelte Menschen mögen auf der Suche nach körperlicher und seelischer Heilung den steilen Häublberg hinunter- und wieder hinaufgestiegen sein? 1990 starb mit Therese Fußeder die letzte Klausen-Bewohnerin im neunzigsten Lebensjahr. Doch das Kirchlein verströmt bis heute eine freudige Stimmung, es lebt, es heitert seine Besucher auf. Das fruchtbare Obstland rundherum, die Bienen, die Vögel und das Wasser der träge dahinfließenden Isen tun das Ihrige dazu. Man möchte hier nicht mehr weg.

Doch wir steigen den Häublberg wieder hinauf und auf der anderen Seite hinunter, wir gehen zurück bis zu den Schachtelhalmen und dem Wegkreuz in der Kurve. Diesmal aber wandern wir am Wegkreuz vorbei und folgen dem Feldweg bis an die Isen hinunter – übrigens ein weiterer keltischer Flussname in Oberbayern, der wie der Name Isar vom keltischen Wort für »reißendes, schnell fließendes Gewässer« stammt.

Votivbilder der Rastkapelle in der Klause.

Das letzte Wegstück führt uns am Auwald der Isen entlang zunächst zum Sommerkeller – einem von der Brauerei Erharting nach alter Manier bewirtschafteten echten Bierkeller. Tief im Berg werden die Bierfässer gelagert, gekühlt nur durch im Winter aus dem Bräuweiher geschnittene Eisblöcke, wie in alter Zeit. Der Biergarten des Sommerkellers ist immer bei schönem Wetter geöffnet und bietet uns eine willkommene Stärkung. Hinter ihm, auf einem fast unbegehbaren und durch einige Erdrutsche beschädigten Weg zeugen mitten im Wald an den Bäumen emporwachsende Hopfenranken vom einstigen, Jahrhunderte zurückliegenden Hopfengarten der Brauerei.

DER ERHARTINGER STEPHANIRITT

Motivwagen mit der heiligen Katharina.

Alle zwei Jahre (immer in den ungeraden Jahren) gibt es am 26. Dezember, dem Gedenktag des heiligen Stephan, in Erharting ein einmaliges religiöses Ereignis zu sehen: den Stephaniritt zu Ehren des ersten Märtyrers der Christen. Es ist einer der letzten früher so populären Stephaniritte in Oberbayern. Stephan war einst der Pferdepatron, bis er vom heiligen Leonhard abgelöst wurde. Manche Forscher vermuten, dass in die Figur des Stephanus in der spätrömischen Zeit vorchristliche Götter hoch zu Pferd eingeflossen sind. Alte Quellen berichten, man solle am Stephanstag die Pferde gut bewegen, möglichst schnell und möglichst lang mit ihnen ausreiten, um sie vor Hexen und vor Krankheiten zu schützen. Im Lechrain war es üblich, zum Schutz der Tiere ein Bild des heiligen Stephanus an den Stalltüren anzubringen.

Mitten im Winter zieht bis heute ein langer Zug von Pferden durch Erharting, mit Motivwagen, die über zwei Dutzend Heilige thematisieren. Alle wichtigen vom Volk angerufenen Heiligen sind dabei: vom Patron der Bauernknechte, dem heiligen Isidor, über die heilige Katharina mit dem Radl bis hin zum Salzburger Salzpatron Rupert, dem Pestheiligen Sebastian und den Heiligen Drei Königen hoch zu Ross.

Pferdeumritt nach uralter Tradition: Erhartinger Stephaniritt.

Pilgern ins heilige Herz Bayerns – von Heiligenstatt nach Altötting

Ausgangspunkt: Parkplatz an der Kirche in Heiligenstatt
Routenverlauf: Heiligenstatt–Kreuzweg–Altötting und zurück
Anforderungen: Reine Gehzeit hin und zurück 2 bis 3 Stunden. Durchwegs Wander-
bzw. Feldwege ohne Steigung, in Altötting geht es ein Stück auf der Teerstraße
und auf Gehwegen entlang.
Alternative: Wer sich zu lange vom magischen Altötting hat aufhalten lassen,
kann auch mit der Bahn nach Heiligenstatt zurückfahren.

Sie sollten sich unbedingt zuerst die Kirche in Heiligenstatt anschauen. Vom Durchgang in der Friedhofsmauer, dort, wo die letzte rotmarmorne Kreuzwegstation
Richtung Altötting schaut, wandern Sie dann los. Schon nach fünf Minuten lassen Sie
das letzte Haus hinter sich und gehen am Mörnbach entlang durch die Osterwiesen,
immer Richtung Osten. Beim Bahnübergang verlassen Sie die Mörn nach links, durchqueren ein altes Sägewerk und erreichen Altötting in der Eschbachstraße, schnurgerade geht es dann die Mühldorfer Straße nach rechts, bis Sie direkt auf dem Kapellplatz stehen.
Nach dem Besuch der Heiligen Kapelle und der schwarzen Madonna sollten Sie sich
noch dem St.-Anna-Kloster und dessen Bruder-Konrad-Brunnen zuwenden, dessen

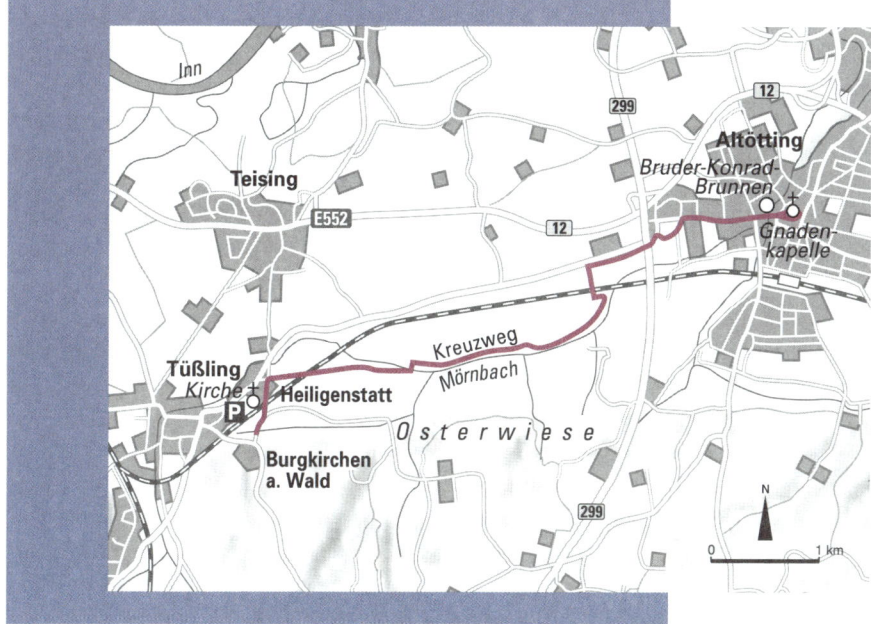

Wasser als heilsam gilt. Gestärkt an Leib und Seele wenden Sie sich dann dem Rückweg zu: die Mühldorfer Straße stadtauswärts und bei der Eschbachkapelle – daneben die erste Station des Kreuzwegs – links in die gleichnamige Straße. Eine Stunde später erreichen Sie den Ausgangspunkt, die Kirche von Heiligenstatt.

DIE HEILIGENSTATTER KIRCHE

Kirche Heiligenstatt.

Heiligenstatt, nur eine Stunde Fußweg westlich von Altötting gelegen, kennen heute nicht mehr viele Menschen. In Altötting dagegen wimmelt es von Pilgern – dabei ist die Wallfahrt nach Heiligenstatt älter. Unser Pilgerweg, der die beiden Wallfahrtsorte verbindet, ist ebenso alt. Es ist auch ein Stück Jakobsweg, der von Passau kommend nach Süden Richtung Kufstein führt. Seit gut hundertfünfzig Jahren begleiten hier vierzehn Kreuzwegstationen den Pilger – allerdings beginnt der Kreuzweg in Altötting und endet in Heiligenstatt. Wir gehen den Kreuzweg zunächst andersherum und beginnen in Heiligenstatt an der Station XIV.

1373 wurde hier die Kirche geweiht. Erbaut hat man sie der Überlieferung nach aufgrund eines Hostienwunders: Eine Frau aus dem nahen Teising soll einst eine Hostie gestohlen haben. Auf der Osterwiese, die nichts mit dem Osterfest zu tun hat, sondern die eine östlich von Heiligenstatt gelegene Wiese ist, hat die Frau die Hostie aber verloren. Im Schmutz liegend fand sie sich dann wieder, die Schafe und die Tiere des Feldes knieten davor. Am Ort der Auffindung wurde schließlich die Kirche erbaut – exakt hinter dem Hochaltar soll die Hostie damals gelegen haben, weshalb lange Jahre hindurch an dieser Stelle Erde aus dem Kirchenboden entnommen worden ist – dieser Erde wurden Heilkräfte zugesprochen.

Die Deckenfresken der Kirche zeugen von der Ursprungslegende. Nun ist sie historisch jedoch nicht nachweisbar. Die Anfänge der Heiligenstatter Kirche liegen vielmehr im Dunkeln. Eine geheimnisvolle Vertiefung hinter dem Altar lässt die Forschung vermuten, dass ein Heilig-Grab-Kult am Anfang stand. Womöglich gab es vorher schon eine Gruftkapelle an dem Ort. Eine Sage berichtet von einem Grafen, der hier ums Leben gekommen sein soll.

Hostienwunder von Heiligenstatt im Deckenfresko.

Wundertätiges Kruzifix.

Doch warum hätte man ihn mitten in den Wiesen begraben sollen?

Auch eine Christusbildverehrung als Ausgangspunkt für die »heilige Statt« wird vermutet. Und wirklich wird das heute noch an zentraler Stelle über dem Altar befindliche monumentale Kruzifix seit fast vierhundert Jahren tief verehrt. Bis weit ins 20. Jahrhundert hinein pilgerten die Wallfahrer zu diesem Christusbild, das als Besonderheit echte lange Haare trägt. Diese Haare wuchsen angeblich beständig nach, sodass früher den Wallfahrern sogar abgeschnittene Haare als Christushaar verkauft wurden. Auch das Kreuz selbst hielt man für wundertätig, sodass, wie der Chronist Franz Paul Blümelhuber noch 1930 schrieb, »die sonderbare Meinung auftauchte, dass ein Splitter Holz von diesem Kreuze, wenn man damit in die Zähne stochert, für das Zahnweh helfe. Deshalb ist der Unfug entstanden, Partikeln von diesem (...) herunterzuschneiden.«

In der Blütezeit der Wallfahrt floss in der südlich der Kirche befindlichen Brunnenkapelle noch das heilsame Wasser aus der Seitenwunde einer sitzenden Christusfigur. Heute ist die Figur in einer Nische vor dem nördlichen Seitenaltar aufgestellt, die Wasserzuleitung zur Kapelle ist unterbrochen, und eine Lourdesmadonna ersetzt den Christus.

CHRISTUS- ODER MARIENWALLFAHRT – DAS WAR DIE FRAGE

Wir stehen an einem heiligen Ort, der auch noch Heiligenstatt heißt. Der heilige Ort war namengebend, er war offenbar zuerst da, bevor hier eine Siedlung bestand. Einen Wasserkult und einen Erdkult gab es hier – vielleicht schon in vorchristlichen Zeiten? Sollten die Naturkulte womöglich verchristlicht – »getauft« – worden sein? Die Verehrung des Leibes Christi, Fronleichnam, war seit Mitte des 13. Jahrhunderts rasch aufgeblüht, nachdem die berühmte Vision der Juliana von Lüttich den Kult um den heiligen Leib gebot. Und mit der Hostienlegende hatte man eine ausgezeichnete Erklärung für den Kult um die angeblich heilkräftige entnommene Erde parat.

Im Lauf der Jahrhunderte kamen zahlreiche weitere Reliquien nach Heiligenstatt, was die Wallfahrt immer bedeutender machte. Doch gegen die Protektion, die Altötting auch vom bayerischen Herrscherhaus erfuhr, kam man nicht an – die Marienwallfahrt ins nahe Altötting stellte die Christuswallfahrt von Heiligenstatt in den Schatten, auch wenn diese bis heute gepflegt wird und nicht zum Erliegen gekommen ist.

Obwohl die »heilige Statt« inzwischen von Wohnhäusern umgeben ist, liegt die Kirche immer noch ruhig und eher am Rand der Ansiedlung. Der Ort eignet sich zum Innehalten und zum Sammeln am Anfang unserer Pilgerwanderung ins niemals ruhige und einsame »heilige Herz« des katholischen Bayern, nach Altötting. Wenn wir dann losgehen, folgen wir vom Durchgang in der Friedhofsmauer aus dem »Kreuzweg«, am Mörnbach wandern wir durch die Osterwiesen, immer Richtung Osten. Die Mörn versorgt seit alter Zeit unter anderem Heiligenstatt und Altötting mit Wasser, früher wurden Mühlen und Sägewerke mit ihrem Wasser betrieben. Auch das erste Altöttinger Marienwunder hat, wie wir noch sehen werden, mit einem Unglück in der Mörn zu tun.

Marienbrunnen in Altötting.

DIE HEILIGE KAPELLE

Kommt man zu Fuß in Altötting an, kann einen der Wallfahrtsbetrieb geradezu überfallen. Deshalb ist es gut, sich erst einmal auf eine Bank zu setzen und den Platz auf sich wirken zu lassen. Alles konzentriert sich hier auf die kleine Heilige Kapelle: die Menschen, die Häuserfronten, die Wege, die Blicke der Statuen und Denkmäler und die der Besucher. Der monumentale Marienbrunnen gegenüber der Heiligen Kapelle wird von einer barocken Muttergottes gekrönt, einer Maria Königin und

Die Heilige Kapelle von Altötting.

Patrona Bavariae, einer wahrhaft mütterlich wirkenden Gottesmutter, die gleichzeitig wie eine Siegerin aufrecht stehend zum Eingang der Heiligen Kapelle blickt. Wenn man sich mit dem Rücken zum Brunnen stellt und konzentriert direkt auf die Heilige Kapelle zugeht, folgt man der Absicht der Erbauer und lässt sich vom Kapelleneingang richtiggehend magisch anziehen.

Vor dem Betreten der Gnadenkapelle bleibt unser Blick an den Tausenden von Votivbildern im Umgang hängen, der einmal rundherum führt. 50 000 Votivbilder sollen es einst gewesen sein, die der Gottesmutter in Altötting zum Dank gestiftet wurden, 2000 sind noch erhalten und bedecken dicht an dicht Wände und Decken. So viel Verzweiflung, so viel Leid und doch so viel Hoffnung und überwältigter Dank für erfahrene Hilfe an die Gottesmutter – beim Ansehen der Votivbilder kommt man ins Nachdenken, man kommt zu sich. Liegt es am Ort oder an den Geschichten? Rosenkränze, Wachsvotive, Krücken und Prothesen sind hier aufgehängt, von Pilgern, die gesund wurden und wie in der Bibel aufstanden und wieder gehen konnten. Das berühmte, zentnerschwere Stockerkreuz lehnt an der Außenwand der Kapelle. Es wurde einst von Franz Stocker, der es seinem Flehen zur Gottesmutter in Todesangst zuschrieb, dass er nicht im Wundstarrkrampf für tot gehalten und lebendig begraben wurde, von Prien am Chiemsee bis nach

Kapellumgang mit Tragekreuzen.

Altötting getragen. Holzkreuze liegen bereit, um von Wallfahrern auf den Schultern um die Kapelle getragen zu werden, dreimal, zehnmal … Wie in Trance wandeln manche betend um den heiligen Ort.

Dann tritt man ein, es werden Marienlieder gesungen, flehentlich erklingt: »Maria breit den Mantel aus.« Nach dem Ende jeder Messe drängen die Menschen nach vorn, ganz nach vorn, bis sie in dem winzi-

Tausende Votivbilder an der Kapelle.

Maria hat geholfen.

gen achteckigen Raum stehen, der das Herzstück des Heiligtums bildet: vor dem Marienaltar mit der schwarzen Madonna, die inmitten eines golden und silbern überirdisch-himmlisch schimmernden Altaraufbaus thront. Silberne Votivgaben dicht an dicht bedecken die schwarzen Wände, alte Öllampen und Kerzenschein tauchen das Heiligste in ein dämmriges Licht. Gegenüber der Madonna, mit Blick auf den Altar, stehen hinter Glas die Herzurnen der bayerischen Könige. Eine gruselige Vorstellung: Die kostbaren Behälter enthalten wirklich die den Leichnamen entnommenen Herzen der Wittelsbacher Herrscher. Durch die räumliche Nähe ihrer Herzen zum heiligsten Pilgerziel der Bayern erhofften sie sich die Fürsprache der Gottesmutter und ewiges Leben.

DIE SCHWARZEN MADONNEN

Die Altöttinger Madonna ist nicht die einzige verehrte schwarze Madonna. In ganz Europa gibt es viele berühmte Beispiele: von der Loreto-Madonna über das Gnadenbild in Tschenstochau, die schwarze Madonna in Frauenchiemsee bis zu den über hundert in Frankreich verbreiteten schwarzen Madonnen. Die heute immer noch gängige Erklärung für die schwarze Hautfarbe geht von einer Schwärzung durch Kerzenruß und Oxidation des Firnisses, also einer unabsichtlichen Farbveränderung durch verschiedene Alterungsprozesse von Holz und Fassung aus.

Allerdings findet sich auch eine Bibelstelle als Begründung für eine Schwarzfärbung der Maria. Im Hohelied des Alten Testaments heißt es nämlich: »Ich bin schwarz, aber gar lieblich«, oder »Ich bin schwarz, aber schön.«

Schwarze Madonna von Altötting.

Es könnte also durchaus sein, dass die schwarzen Madonnen mit Absicht und von Anfang an eine schwarze Hautfarbe bekamen. Aus katholischer Sicht ist diese Interpretation durchaus zwiespältig, werden im Hohelied doch weibliche Schönheit und die Wonne körperlicher Liebe besungen.

Die Forschung führt die schwarzen Madonnen inzwischen auf eine lange vorchristliche Tradition von schwarzen Göttinnen zurück. Die Große Mutter, die Urmutter, wurde von verschiedenen antiken Göttinnen verkörpert, die ebenfalls schwarz waren: darunter die ägyptische Isis mit dem Horusknaben – die der Muttergottes mit dem Kind gleicht – und die griechische Urmutter Gaia. Auch die indische Göttin Kali – lebensspendende Mutter einerseits und verschlingende, blutrünstige Rächerin andererseits – ist eine schwarze Göttin, die mit dieser Tradition zusammenhängt.

Für Maria, frei von jeder Sünde, setzte sich aber schließlich in der Kunst die reine, weiße Farbe durch. Sie hat unsere Vorstellung von der Gottesmutter geprägt. Doch das Dunkle, Geheimnisvolle zieht die Menschen offenbar stärker in den Bann – hier geschickt unterstützt durch die schwarze Innenraumfarbe der Heiligen Kapelle. In der Altöttinger Muttergottes sind das überirdisch schöne Goldene und das dunkel-dämonische Schwarze, sind Leben und Tod, sind das Gute und das Böse vereint. Archaische Gefühle, körperliche Instinkte, werden offenbar durch dieses Gnadenbild angesprochen. Vielleicht eine Erklärung für die ungebrochene Faszination.

DIE ERDENERGIE IN DER HEILIGEN KAPELLE

Auch radiästhetischen Untersuchungen wurde die Heilige Kapelle unterzogen. Jörg Purner hat dabei festgestellt, dass das Altöttinger Oktogon im Zentrum von ringförmigen Erdenergielinien liegt, wie es auch bei vielen prähistorischen Kultplätzen der Fall ist. Im Zentrum der Rundkapelle kreuzen sich verschiedene positive Reaktionszonen, wobei eine dieser Hauptlinien längs durch die Achse des Langhauses verläuft, das später an das Oktogon angebaut wurde.

Stand hier einst ein heidnisches Heiligtum? Ein Tempel, den sieben Planeten gewidmet, ist es der Überlieferung nach gewesen, ihre Bilder sollen in den Nischen gestanden haben. Der heilige Rupert, Bischof von Salzburg, habe den Götzentempel in eine christliche Kirche umgeweiht und das dort befindliche berühmte Gnadenbild mitgebracht. Diese Geschichte verweisen Forscher ins Reich der Sagen, dennoch liegen die Anfänge der Heiligen Kapelle von Altötting nach wie vor im Dunkeln. War es Karl der Große, der 788 hier bauen ließ und dessen Vorliebe für achteckige Bauten bekannt ist? Die Agilolfingerherzöge residierten jedenfalls hier und ab 865 auch König Karlmann, der ein Marienkloster bauen ließ. Ein bajuwarischer Otto oder Auto gab dem Ort Ötting auch seinen Namen.

Wir wissen auch von einer großen Linde, die früher auf dem Kapellplatz stand. 1542 schon wurde sie als uralt bezeichnet, eine zeitgenössische Abbildung zeigt einen riesigen Baum in einem umfriedeten Bezirk direkt neben der Gnadenkapelle – ein alter Gerichtsplatz an einem alten Kultort? Die Linde wurde 1674 »unter großem Murren des Volkes« durch den kurfürstlichen Hofbaumeister gefällt, wie Stefan König in seinem Altöttinger Stadtführer erzählt.

DIE ERSTEN WUNDER

1263 wird erstmals eine Marienkapelle in Altötting erwähnt, das Gnadenbild kann der Forschung zufolge nicht vor 1330 entstanden sein. Von Wallfahrerströmen gab es damals noch keine Spur. Das änderte sich im Jahr 1489: Ein dreijähriger Knabe ertrank in einem Bach, in der Mörn. Eine halbe Stunde lang lag er im Wasser, ehe die Mutter ihn herauszog, zum Altar der Heiligen Kapelle brachte und zur Muttergottes betete. »Alsbald wird das Kind lebendig«, heißt es auf einer der großen Bildtafeln im Kapellenumgang. Im gleichen Jahr folgte das zweite Wunder. Wieder verunglückte ein Kind, es fiel unter einen Erntewagen mit einem Fuder Hafer und wurde »dermassen zertruckt, dass seines Lebens kein Hoffnung mehr vorhanden«. Nach einem Gelübde und der Anrufung der Gottesmutter wurde das Kind jedoch wieder gesund. Viele weitere Wunder geschahen, sie sprachen sich rasend schnell herum und zogen Ströme von Pilgern an. Auch die bayerischen Herrscher wallfahrteten nach Altötting und gaben dem Heiligtum dadurch noch mehr Bedeutung. Bis zum letzten bayerischen König, Ludwig III., ließen alle nach ihrem Tod ihre Herzen in der Gnadenkapelle aufbewahren.

BRUDER-KONRAD-BRUNNEN

Nach Kapellplatz und Gnadenkapelle suchen viele Pilger noch das
wenige Schritte entfernte St.-Anna-
Kloster auf, das durch seinen ehemaligen Bruder an der Pforte, Konrad
von Parzham, berühmt geworden ist.
Bis 1894 saß der als einfacher Bau-
ernsohn geborene Bruder Konrad
zweiundvierzig Jahre lang am Eingang des Klosters, kümmerte sich
aufopfernd um Arme und hatte für
alle Anliegen ein offenes Ohr.
Bereits 1934 wurde er heiliggesprochen, zahlreiche Wunder hatten sich
ereignet. Im Kloster sind heute noch
die alte Pforte und verschiedene
Erinnerungsstücke an den verehrten

Bruder-Konrad-Brunnen.

Konrad von Parzham zu sehen. Auch am Bruder-Konrad-Brunnen vor dem
Eingang machen viele Halt, um einen Schluck zu trinken oder das Wasser
abgefüllt mitzunehmen. Es fließt über eine Reliquie des Heiligen und soll
schon verschiedentlich bei Krankheiten geholfen haben.

Zum Schlupfstein von St. Wolfgang

Ausgangspunkt: Parkplatz vor der Kirche in St. Wolfgang, rechts oberhalb der
Bundesstraße zwischen Altenmarkt an der Alz und Obing
Routenverlauf: St. Wolfgang–Zieglstadl–Rabenden–Entfelden–Rupetsdorf–
St. Wolfgang
Anforderungen: etwa 2 Stunden reine Gehzeit. Die Wanderung ist leicht und über-
windet keine großen Steigungen, sie führt Sie überwiegend auf kleinen Teerstraßen
und ein kurzes Stück auf einem Feldweg entlang.
Alternative: Wenn Sie einen ganzen Tag Zeit haben, können Sie den Rückweg aus-
dehnen und noch dem ehemaligen Kloster Baumburg einen Besuch abstatten,
das majestätisch hoch über dem Ort Altenmarkt thront und die sehenswerte Klosterkirche St. Margareta besitzt. Auf dem Weg benutzen Sie die letzte Alzfähre, die
noch in Betrieb ist. Sie gehen dafür von Rupetsdorf aus nicht nach Norden Richtung
St. Wolfgang zurück, sondern nach Süden Richtung Simmereit und Massing, ab

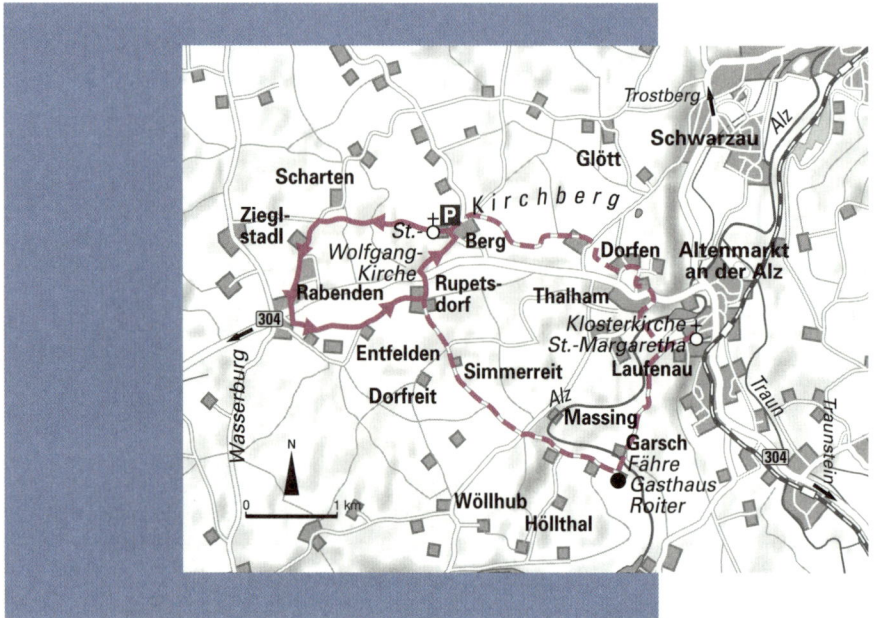

hier an der Alz entlang, vorbei an der Massingmühle, bis die Straße an einem idyllisch gelegenen Wirtshaus endet, beim »Roiter«. Dort können Sie einkehren und sich dann von der Wirtin, die gleichzeitig die Fährfrau ist, mit der einfachen Fähre über die Alz bringen lassen. Je nach Kondition erreichen Sie dann in etwa 20 Minuten die auf dem höchsten Punkt über dem Alztal gelegene Kirche. Von Baumburg führt ein Weg in nördlicher Richtung in die Laufenau hinunter, dort gehen Sie über die Brücke und queren die Bundesstraße. Gegenüber führt ein Sträßlein hoch nach Dorfen, es ist der Jakobsweg, der auch entsprechend bezeichnet ist. Von Dorfen geht's über Kirchberg zurück nach St. Wolfgang – immer mit einer traumhaften Aussicht in die Chiemgauer Berge.

Tipps:
– Für eine Einkehr bietet sich der Gasthof in Rabenden an, in St. Wolfgang gibt es kein Restaurant. Wer die längere Alternativroute geht, kann sehr schön beim »Roiter« einkehren, der den Fährdienst über die Alz versieht, oder auch im Kloster Baumburg im Bräustüberl.
– Wenn die Kirche St. Wolfgang abgesperrt ist, können Sie im historischen Mesnerhaus (direkt neben der Kirche) bei Familie Schleifer klingeln.
– Der berühmte Schnitzaltar von Rabenden befindet sich seit einiger Zeit in der Restaurierungswerkstatt. Er soll im Laufe des Jahres 2010 in die Kirche zurückkehren.

Zuerst sollten Sie sich in St. Wolfgang in Ruhe die Kirche und den Schlupfstein anschauen. Dann wandern Sie das Sträßchen nach Westen zum Wald und an diesem zunächst entlang, dann kurz hindurch, bis Sie in Zieglstadl auf die Straße treffen, die hinunter zur Bundesstraße führt. Diese überqueren Sie – und stehen schon vor der Jakobskirche in Rabenden, die ebenfalls interessante Schätze beherbergt. Von Rabenden aus wandern Sie südlich der Bundesstraße über die Weiler Entfelden und Rupetsdorf wieder zurück nach St. Wolfgang.

DER HEILIGE WOLFGANG AUF BEIDEN SEITEN DER GRENZE

Der heilige Wolfgang war ein Regensburger Bischof, der sich 976 wegen politischer Schwierigkeiten für einige Zeit in das Regensburger Eigenkloster Mondsee in Österreich zurückzog. Jahrelang soll er dort – was historisch nicht zutreffen kann – auf dem einsamen Falkenstein am Abersee ein Einsiedlerleben geführt haben. Dort gründete er den Ort St. Wolfgang, und das geschah der Legende nach folgendermaßen: Vom Falkenstein soll er ein Beil hinuntergeworfen haben, und an dem Ort, an dem es zu liegen gekommen war, erbaute er eigenhändig eine Kirche: Das war der Anfang von St. Wolfgang an dem nun nach ihm benannten Wolfgangsee.

St. Wolfgang.

Auf dem Falkenstein befindet sich eine Kapelle mit einem Schliefstein, durch den man schlüpfen muss – das gilt als heilsam und soll gegen Kinderlosigkeit helfen. Wolfgang hat aber nicht nur am Falkenstein mit seinem Stab Quellen erweckt. Und auch in der Nähe der österreichischen Falkensteinkapelle befindet sich ein Stein mit Vertiefungen, die als Spuren des heiligen Wolfgang gelten.

Viele der kultischen Elemente an dem Ort, an dem der heilige Wolfgang hauptsächlich verehrt wird, finden wir auch in »unserem« St. Wolfgang im Chiemgau. Auf seinen Wegen als Glaubensbote durch das alte Noricum – das Gebiet, in dem sich auch unser Kirchlein befindet – und auf seinem Weg von Regensburg nach Mondsee hat Wolfgang auch im heutigen Oberbayern viele Spuren hinterlassen. So soll er, wie in Österreich, auch hier Quellen an einsamen Stellen erweckt, tiefe Eindrücke auf harten Steinen hinterlassen und zahlreiche Kirchen gegründet haben, bei deren Bau er selbst Hand anlegte. Diese Kirchen und die Legenden um ihre Gründung führten dazu, dass Wolfgang auch in

Aus der Wolfgangslegende.

Oberbayern einer der am meisten verehrten Heiligen des Mittelalters wurde.

Das Chiemgauer St.-Wolfgangs-Kirchlein ist die letzte Station des mittelalterlichen Pilgerwegs, der über Regensburg nach St. Wolfgang am Wolfgangsee führt. Die Wolfgangskirchen entlang dieser Route sind schon bald selbst zu beliebten Wallfahrtszielen geworden. So auch unser Kirchlein: Es liegt auf einem langgestreckten Moränenzug, den die Gletscher der letzten Eiszeit hinterlassen haben – oberhalb einer alten Römerstraße, die ab dem 12. Jahrhundert als Salzstraße von Salzburg und Reichenhall Richtung Norden und Westen genutzt wurde. Hier herrschte reger Durchgangsverkehr: Neben den Händlern zogen nicht nur die Wolfgangs-, sondern auch die Jakobspilger hier entlang.

»Ausgang« des Schlupfsteins.

DER SCHLUPFSTEIN

Einladend und wehrhaft zugleich mutet die oben in den Hang eingebettete Kirche an. Mit ihren grauen Tuffsteinwänden und dem ebenfalls grauen Schindeldach wirkt sie wie eine mittelalterliche Kirchenburg – die rundherum laufende Umfriedung tut ein Übriges. Schon wenn man den Bereich innerhalb der Kirchhofmauer betritt, hat man das Gefühl, man befinde sich in einem heiligen Bezirk. Und das ist er wohl auch seit mehr als zweitausend Jahren. Die Kirche ist nämlich über

Barocker Schlupfstein auf vorchristlichem Rutschstein?

einem vom Gletscher ausgehöhlten Findling gebaut – heute ein Schlupfstein, der sich im Chor vor dem Hochaltar befindet. In vorchristlicher Zeit war dieser auffällige Stein an dieser exponierten Stelle am Hang wohl ein Kultort in freier Natur. Daneben könnte eine Quelle gesprudelt haben, gab es doch bis vor kurzem einen Brunnen an der Kirchhofmauer, links neben dem Treppenabgang im Süden.

Wie in vielen anderen Kirchen wurde auch hier der heidnische Kultort mit einer christlichen Legende versehen und weiter als Kultort benutzt. Hier ist es der heilige Wolfgang, der auf dem harten Stein stehend einst den Bauern gepredigt haben soll. Der Stein verformte sich dabei, um dem Heiligen einen bequemeren Untergrund zu bieten. Ein zweiter Spurstein steht in der Eingangshalle unter einem großen Kruzifix. Ebenfalls durch Erosion ausgewaschene Höhlungen im Marmor entstanden bei diesem Stein angeblich auch durch den heiligen Wolfgang – es soll seine Sitzbank gewesen sein.

Der Schlupfstein wurde erst um 1720 zu einem solchen, als ihm die marmorne Umrandung mit einem Auslass zum Durchschlüpfen aufgesetzt wurde. Seit dieser Zeit kann man hindurchschlüpfen – direkt über dem tiefen Loch im Stein, dem Fußabdruck des heiligen Wolfgang. Dieser rituelle Akt soll gegen Rückenschmerzen und Kinderlosigkeit helfen, ebenso wie beim Durchschlüpfstein im Wolfgangsheiligtum Falkenstein. In Bayern hat man im Barock damit die heimische Wallfahrt fördern wollen, besaß man doch jetzt auch so einen Schlupfstein wie die Österreicher.

Sogenannte Sitzbank des heiligen Wolfgang in der Vorhalle.

Doch welche rituellen Handlungen wurden vor der Zeit Wolfgangs auf oder um den Stein vorgenommen, als er noch keinen Durchschlupf bot? War es ein Opferstein, auf dem Göttern blutige Tieropfer dargebracht wurden? War es ein Altar, die Vertiefungen Lichtträger? Anhaltspunkte bieten die genannten Heilwirkungen: Wenig erstaunlich ist die Beseitigung von Rückenschmerzen, die soll in der keltischen Welt jede Art von Schlupfstein beseitigen, weil man ja beim Durchschlüpfen ganz deutlich mit dem Rücken am Durchschlupf streift. Jedoch wirft die Hilfe bei Kinderlosigkeit Fragen auf. Der heilige Wolfgang zeigt in seiner Lebensgeschichte jedenfalls keinerlei Verbindung zu Kindern oder dem Kinderwunsch. Bei dem Schlupfstein am Klobenstein zur Muttergottes (Seite 206) würde man sich die angebliche Hilfe bei Kinderwunsch ja noch erklären können. Tatsache scheint aber zu sein, dass die Hilfe gegen Kinderlosigkeit offenbar nicht am Patrozinium hängt, sondern im Stein selbst begründet ist. Wahrscheinlich sind die Frauen schon in vorchristlicher Zeit mit der Bitte um Kinder, um eine leichte Geburt und um die Heilung kranker Kinder zu den Kultsteinen gegangen. Diese so dringenden weiblichen Anliegen, die natürlich mit der Christianisierung nicht weniger wurden, blieben dann an die Steine gebunden. Sie wurden von der Kirche notgedrungen angenommen und dann einfach verschiedenen Heiligen zugeordnet.

Im Gegensatz zu den natürlichen Durchschlupfsteinen wie am Klobenstein oder am österreichischen Falkenstein könnte es sich aber bei dem St. Wolfganger Gletscherschliff um einen echten Rutschstein handeln. »Fruchtbarkeitskult an Steinen«, schreibt der große Volkskundler der Alpen, Hans Haid, »hängt ganz eindeutig mit den Rutschplatten und Rutschfelsen, den Durchkriechsteinen und Steinberührungen zusammen. ... Frauen, die sich Kinder wünschen, rutschen, möglichst mit entblößtem Hinterteil, über eine der Rutschplatten. Das soll schon seit der Bronzezeit so überliefert sein. (...) In der Schweiz werden diese Rutschsteine auch ›Kindlisteine‹ genannt. Damit ist alles klar« (Haid 1990: 38).

Überall auf der Welt – von Somalia über Kalifornien bis nach Australien – gibt es Fruchtbarkeitskulte an heiligen Steinen in Verbindung mit heiligem Quellwasser. Auch aus europäischen, besonders aus keltischen Orten kennen wir Fruchtbarkeitssteine. So werden in Niederbronn im Elsaß, wo in vorchristlicher Zeit eine keltische Fruchtbarkeits- und Wassergöttin, eine keltische Diana, als Hüterin der heiligen Quellen verehrt worden ist, bestimmte Schalensteine von Frauen mit Kinderwunsch mit Quellwasser übergossen. Ähnliche Bräuche gab und gibt es in Irland und in England. Auch von Steinen mit vulvaförmigen Vertiefungen wird berichtet, in die Wasser gegossen wurde, damit sich der Kinderwunsch erfülle. Das erinnert doch frappierend an unseren St.-Wolfgangs-Schlupfstein mit der tiefen Aushöhlung. Auch kranke oder schwächliche Kinder hat man auf solche Fruchtbarkeitssteine gesetzt, wodurch sie gesunden sollten. Vor allem aber ging es um den Kinderwunsch der Frauen. Dafür legte man manchmal Opfergaben auf die Steine oder in deren Vertiefungen. Mit Gaben und mit Wasser aus heiligen Quellen »befruchtete« man also die Kultsteine – in der Hoffnung, dass die Fruchtbarkeit auf die Frauen übergehen möge.

Handelt es sich bei unserem vorchristlichen Kultstein in St. Wolfgang um einen solchen Fruchtbarkeitsstein? Wollte die Kirche alten Rutsch- oder Sitzritualen Einhalt gebieten, indem sie schließlich die Rotmarmor-Umrandung anbringen ließ, die nur noch das Durchschlüpfen erlaubte? Wir werden das womöglich nie erfahren, viele Anzeichen deuten aber darauf hin, dass es so war.

DER HEILIGE WOLFGANG ALS VOLKSTÜMLICHER PATRON

Die Römer waren es wohl nicht, die den heidnischen Kultstein überbauten. Erst im Laufe des 13. Jahrhunderts entstand die erste christliche Kirche über dem Stein. Von ihr ist der gedrungene Kirchturm erhalten. Kurz nach 1400 wurde der Bau geweiht, den wir heute vor uns sehen – mit Ausnahme von kleineren Anbauten. Ursprünglich war das Gotteshaus nicht dem heiligen Wolfgang geweiht, vielleicht waren Rupert oder Virgil, die beiden ersten Bischöfe Salzburgs, die ersten Schutzpatrone? Die beiden könnten auf den Freskenresten abgebildet sein, die vom Hochaltar fast gänzlich verdeckt werden: Zwei Bischöfe, einer jung, der andere älter, beide aber ohne eindeutige Attribute. Die Fresken entstanden wohl um 1400 und gehören zu den wertvollsten, die aus dieser Zeit in dieser Gegend bekannt sind. Gleichzeitig hat aber die Umwidmung des Patroziniums stattgefunden – wohl, weil die Beliebtheit des Heiligen rapide zunahm und eine Wolfgangswallfahrt zahlreiche Pilger und gute Einnahmen versprach.

Mit diesem Heiligen konnten sich viele Menschen verbunden fühlen, waren doch seine Patronate außerordentlich volkstümlich gewählt: Wolfgang galt als allgemeiner Nothelfer und wurde gegen eine Reihe verbreiteter Leiden wie Gicht und Ruhr, Schlaganfall und Lähmungen angerufen, gegen Todesgefahr und Naturkatastrophen wie Blitz und Hagel. Nicht nur deshalb war er ein idealer Schutzpatron für den Landmann. Sein Attribut, das Beil, und die Überlieferung, wonach er eigenhändig am Kirchenbau gearbeitet hatte, machte Wolfgang zum Schutzherrn der Zimmerleute und der Bergarbeiter, der Holzarbeiter und vieler mehr. Kleine blecherne oder silberne

»Wolfgangihackl« als Amulette wurden deshalb in den meisten Wolfgangs-wallfahrtsorten an die Besucher verkauft. Auf dem Hochaltar hält übrigens der rechte Engel ganz oben die Wolfgangsaxt als wichtigstes Attribut hoch. Bis heute wallfahren einige Gemeinden jedes Jahr nach St. Wolfgang. Doch schon lange sind es nicht mehr so viele Gruppen wie zur Blütezeit der Wallfahrt.

ST. JAKOB IN RABENDEN

Schnitzaltar in Rabenden (Ausschnitt).

Bevor wir die Kirche, diesen ruhigen, angenehmen Ort wieder verlassen, sollten wir noch einmal den Blick vom Kirchhof nach Süden in die Berge genießen – wie viele Kelten, Römer, Bajuwaren und neuzeitliche Pilger werden das wohl schon vor uns getan und ihre Kraft aus diesem Ort und dieser Aussicht geschöpft haben?

Wir wandern nun zur Jakobskir-che in Rabenden. Am Jakobspilger-weg liegen beide Kirchen, St. Jakob in Rabenden und St. Wolfgang, er-stere jedoch enthält einen der be-rühmtesten und wertvollsten goti-schen Schnitzaltäre, die wir kennen. Er stammt vom »Meister von Raben-den«, der nach seinem Hauptwerk so genannt wird, weil man seinen richtigen Namen nicht kennt. Um 1510 ist der Altar entstanden, in seinem Zentrum steht ein Jakobus mit der Muschel am Hut und in der Hand. Schauen Sie sich die meisterhaft gearbeitete Hand an, die die Muschel hält, die Gesichter, die Blicke!

Achten Sie aber nicht nur auf dieses Kleinod der Schnitzkunst. An der südlichen Langhauswand ist ein römischer Weihestein eingemauert, der in dieser Kirche als Altarantritt am Seitenaltar aufgetaucht ist. Die Inschrift besagt, dass zwei Bürgermeister von Juvavum/Salzburg im Jahr 229 ein Hei-ligtum geweiht haben. Welches es war, schreibt August Obermayr in seinem Buch über Römersteine: Es war ein Bedaiusheiligtum, ein Altar für den Chiemsee-Wassergott Bedaius, den Namensgeber des römischen Bedaium, des heutigen Seebruck am Chiemsee (Seite 144).

RUND UM DEN CHIEMSEE

Fundstück am Schoßrinn-Wasserfall

Auf dem Archäologischen Rundweg um Seebruck, das alte Bedaium

Ausgangspunkt: Seebruck am Chiemsee
Routenverlauf: Römermuseum Seebruck–Burgham–Grafenanger–Heimhilgen–Ischl–Steinrab–Truchtlaching–Stöffling–Seebruck. Der Weg ist mit einem ziegelroten Schild »Archäologischer Rundweg« gut ausgeschildert.
Anforderungen: 27 Kilometer, Gehzeit etwa 5 bis 6 Stunden, gut auch als Fahrradtour geeignet. Die Tour verläuft weitgehend eben auf Feldwegen, Waldwegen, kleineren Seitenstraßen.
Alternative: Sie können den Weg auch halbieren: Die erste Tour führt dann von Seebruck über Burgham, Grafenanger, Heimhilgen, Ischl und dann über Pullach zurück nach Seebruck. Die zweite Tour beginnt in Seebruck und geht über Pullach nach Ischl, Steinrab, Truchtlaching, Stöffling und zurück nach Seebruck.
Tipps:
– Zur Einkehr bieten sich an: das Gasthaus Taverne im Seebrucker Römermuseum, der Hafenwirt im Seebrucker Segelhafen, der Gasthof Neuwirt in Truchtlaching mit einer traumhaft gelegenen Terrasse direkt an der Alz, das Cafe Högl in Truchtlaching, ebenfalls an der Alz.

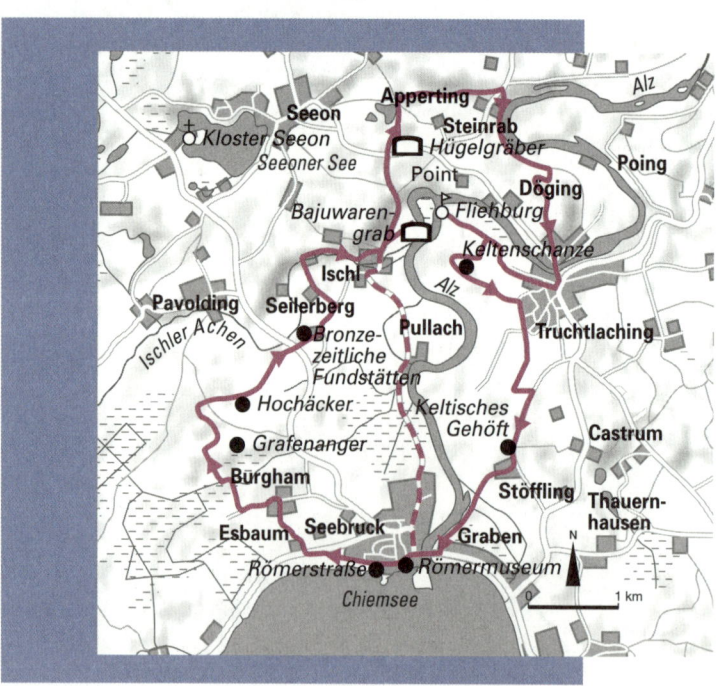

– Schwimmen kann man im Lacus Bedaius, dem heutigen Chiemsee, in Seebruck (Strandbad im Segelhafen) oder – ganz wild und naturbelassen – in der Alz an der Brücke in Truchtlaching.

Vom Römermuseum in der Dorfmitte Seebrucks, direkt neben der Kirche, führt Sie der Weg zunächst zum westlichen Dorfende und zu einer römischen Darre, die zum Räuchern der Fische aus dem Chiemsee und der Alz sowie zum Trocknen der Getreideernte diente. Sie folgen von hier aus dem Uferrundweg, bis Sie nach zehn Minuten in Richtung des Weilers Burgham nach rechts abbiegen und dabei die Bundesstraße überqueren. Bis jetzt sind Sie auf der alten Römer-

Archäologischer Rundweg Seebruck.

straße gewandert, außerhalb des Ortschilds erkennt man sie noch als fortlaufende Erhebung parallel neben dem Uferweg. Direkt hinter Burgham durchqueren Sie ein kleines Moor, dann ein Waldstück und laufen auf einen Moränenhügel auf den Weiler Heimhilgen zu, tief unten im Wiesengrund fließt die Ischler Ache dahin, ein Bach, dessen Verlauf Sie noch weiter begleiten.

Von Heimhilgen mit seinen Bronzezeitfunden aus geht es weiter nach Ischl. Wer die lange Strecke des Archäologischen Rundwegs halbieren möchte, verlässt jetzt den ausgeschilderten Weg und geht von Ischl geradeaus nach Süden Richtung Pullach und zurück nach Seebruck. Für die große Runde wandern Sie weiter an den Hügelgräbern bei Steinrab vorbei und der Beschilderung folgend durch Wald und ursprüngliche Flusslandschaft in den alten Ort Truchtlaching und schließlich zur Keltenschanze. Anschließend geht es weiter nach Stöffling mit seinem Keltengehöft. Ein sonniger südlicher Weg führt Sie dann vom Stöfflinger Moränenhügel wieder hinunter durch Streuwiesen und Moor an die Alz zurück nach Seebruck.

SEEBRUCK, DAS RÖMISCHE BEDAIUM

Die Kelten siedelten bereits mindestens acht Jahrhunderte im Chiemgau und besonders am Chiemsee, als im Jahr 15 v. Chr. die Römer in den Alpenraum vordrangen. Sie gliederten das keltische Königreich Noricum mit seinem Hauptort Juvavum/Salzburg in das römische Reich ein. Einer der Hauptverkehrswege schon in keltischer Zeit war die Straße von Salzburg über Reichenhall nach Augsburg. Dabei waren zwei große Flüsse zu überqueren: der Inn bei Pons Aeni/Pfaffenhofen und die Alz bei Bedaium/Seebruck. Dieser Ort interessiert uns heute. Seine Lage direkt am nördlichen Chiemseeufer beim Ausfluss der Alz Richtung Norden machte den Platz seit der Jungsteinzeit für die Menschen als Siedlungsort interessant. Besonders die Kelten, denen alles Gewässer heilig war, verehrten hier ihre Naturgottheiten, unter anderem den lokalen Wassergott Bedaius, den Gott des Chiemsees. Und der Ort, in dem sich vermutlich das wichtigste Bedaius-Heiligtum befand, ist Bedaium, das heutige Seebruck.

Die Römer waren den keltischen Göttern gegenüber grundsätzlich aufgeschlossen und integrierten diese lokalen Gottheiten in ihre Religion. Die zahlreich im Chiemgau aufgefundenen Weihesteine der römisch-keltischen Bevölkerung zeugen bis heute davon (zum Beispiel in Rabenden, Seite 142, oder in Tittmoning, Seite 114).

RÖMERMUSEUM UND KASTELL

Seebruck/Bedaium und Umgebung war im vergangenen Jahrhundert einer der Hauptorte in Bayern, an denen vorzeitliche Funde ergraben und geborgen wurden. Diese werden hier auf historischem Boden im kleinen, aber feinen Römermuseum in der Dorfmitte präsentiert – direkt neben der Kirche. Vor dem Museum hat man römische Spolien – Architekturteile – aufgestellt. Sie stammen von der früheren römischen Befestigung an dieser Stelle, die durch den Alamannen-Sturm im Jahr 260 zerstört worden war. Man hat die Teile dann beim Kastellbau wiederverwendet. Hier begegnet uns auch der

Römische Kastellmauer unter der Pfarrkirche in Seebruck.

Untersberger Marmor (siehe Seite 44), der am Berchtesgadener Sagenberg schon von den Römern abgebaut und über die Straße hierher transportiert worden war.

Die größte Sensation ist aber die Umfassungsmauer des Kirchhofs – es handelt sich dabei nämlich um einen Teil des römischen Kastells aus dem dritten nachchristlichen Jahrhundert, das die Römer nach der Zerstörung ihres ersten Stützpunktes hier an der erhöhten Stelle über Seespitze, Alzbrücke und Haupthandelsstraße Salzburg–Augsburg errichteten. Das Kastell befand sich an der Stelle der heutigen Pfarrkirche. Es hatte einen quadratischen Grundriss, dessen Ecken genau in Ost-West- und in Nord-Süd-Linie ausgerichtet waren. Sogar in der Kirchenmauer befinden sich noch Römersteine – wertvolles Baumaterial, das bei der Errichtung des christlichen Gotteshauses wiederverwendet wurde.

HOCHÄCKERKULTUR AM CHIEMSEE

Das erste Stück unserer Wanderung gehen wir auf der alten Römerstraße. In Burgham lässt uns der Blick zurück Richtung See ahnen, warum sich schon die steinzeitliche Urbevölkerung, dann Kelten und Römer hier niederließen. Natürlich war es die Lage am strategisch so wichtigen Flussübergang über die Alz, entlang des fischreichen Chiemsees, an der über Jahrtausende wichtigen Straße von Salzburg nach Westen. Doch der Platz ist einfach auch wunderschön – die glitzernde Seefläche vor dem imposanten Abschluss durch die Chiemgauer Berge. Hier möchte man bleiben. Der Römerforscher A. Meier des vergangenen Jahrhunderts hat das so ausgedrückt: »Am weitgedehnten, von lieblichen Hügeln umrahmten See mochte auch im Herzen eines Römers die Erinnerung an die sonnige Heimat im Süden lauter reden, er fühlte sich am Wasser wohler und freier« (zit. nach Obermayer 1974: 43).

Von der alten Römerstraße Richtung Norden erstrecken sich hier die sogenannten Hochäcker auf einer

Blick von Burgham über See und Berge.

Hochäcker im Winter.

Fläche von ursprünglich fünfzig Hektar. Auf diesen Feldern wurden Getreide und Feldfrüchte angebaut. Besonders gut sichtbar sind diese Äcker heute noch in dem Waldstück, in das wir direkt hinter Burgham wandern: Fünf bis acht Meter breit ist jeder Acker und bis zu hundert Meter lang. Auf freiem Wiesengrund, der bis heute landwirtschaftlich genutzt wird, wurden die Hochäcker in den vergangenen Jahrhunderten weitgehend eingeebnet. Doch in den Waldstücken sind sie mit bloßem Auge leicht erkennbar: Breite, erhöht liegende Ackerbeete, die durch tiefe Furchen voneinander getrennt sind. So konnte in den moorigen Gebieten um den Chiemsee Staunässe durch Regen oder schmelzenden Schnee verhindert werden. Das Wasser wurde in den Furchen schnell abgeleitet und konnte der Feldfrucht so nicht schaden. Auf den oft sauren Unterboden brachte man Kies bzw. Lehm und dann eine Humusschicht auf, sodass die Beete oft bis einen Meter hoch waren. Diese Art des Ackerbaus ist sicher schon in prähistorischer Zeit praktiziert worden. Die Hochäcker, die wir am Chiemsee noch antreffen, lassen sich auf das früheste Mittelalter datieren, die Zeit um das 5. Jahrhundert, da sie teilweise über Römerstraßen und Keltenschanzen verlaufen.

FUNDE AUS DER BRONZEZEIT IN HEIMHILGEN

An der Hangwiese, der sogenannten Brunnwiese, befanden sich früher zahlreiche Quellaustritte, die womöglich schon zur Bronzezeit als Naturheiligtümer verehrt wurden. Hier wurde nämlich schon 1916, unter einem großen Stein versteckt, ein sogenannter Hortfund aus der Bronzezeit geborgen: Bronzeringbarren, wie sie zu dieser Zeit, im zweiten vorchristlichen Jahrtausend, zum Beispiel am Karlstein in Reichenhall (Seite 82) hergestellt und als eine Art frühes Geld zum Tauschhandel verwendet wurden. Ein eigenartiges Gefühl ist das, hier an einem Platz zu stehen, an dem wohl schon vor viertausend Jahren Menschen standen und ihren Göttern geopfert haben, indem sie das Wertvollste, das sie besaßen, unter einem Stein vergruben.

ISCHL UND DIE GEBURT DES BAYERISCHEN LÖWEN

Auf dem uralten Siedlungsplatz Ischl, der ebenso wie das durchfließende Flüsschen, die Ischler Achen, einen keltischen Namen trägt, entdeckte man unweit der Alz ein altbajuwarisches Gräberfeld. Auf dem »Pestacker« außerhalb des Dorfes hat man später auch die Pesttoten des Mittelalters bestattet. Im vergangenen Jahrhundert hat ein Bauer auf dem Acker eine sensationelle Entdeckung gemacht: Ein Krieger des 7. Jahrhunderts war hier in Festtracht und mit seinen Waffen bestattet worden. Einen eindrucksvollen Nachbau der Auffindungssituation kann man heute an Ort und Stelle sehen: Neben dem

Originalgrabung am Fundort.

Nachbau des Bajuwarengrabs in Ischl.

Adler und Löwe aus vergoldeter Bronze vom Schild des bajuwarischen Kriegers.

Toten lagen sein Hiebmesser mit Blutrinne und die Reste seines Schildes. Der Schild selbst, er war aus Holz, ist längst verrottet. Die Schildbeschläge aus feuervergoldeter Bronze jedoch blieben erhalten und begeistern die Wissenschaft: Es handelt sich um zwei Adler und einen Löwen, in archaischer, perfekt abstrahierter Form. Der rekonstruierte Schild ist im Seebrucker Römermuseum zu sehen. Hier also taucht zum ersten Mal in der bayrischen Geschichte der Löwe auf, der bis heute ein Machtsymbol der Regierenden des Landes ist. Auch die Glück bringenden Löwennasen vor der Münchner Residenz zeugen davon (Seite 307).

ABKÜRZUNG ÜBER PULLACH UND DIE WINDGEISTER IN DEN PAPPELN

Pappeln in Pullach an der Alz.

Von Ischl aus könnte man die heutige, recht lange Wanderung abkürzen, indem man nach Süden Richtung Pullach und Seebruck geht. Auch diese Straße ist uralt. Sie verläuft auf der schon zu Keltenzeiten wichtigen Verbindung von Seebruck nach Norden Richtung Regensburg – eine Straße, die entlang der Alz verlief und in Ischl die Ache querte. Am höchsten Punkt des Weilers Pullach stehen links neben dem Sträßchen zwei mächtige alte Pappeln, die ein Wegkreuz flankieren. An dieser Stelle weht immer Wind. Ganz gleich, ob Sie bei großer Hitze im Hochsommer oder an einem stillen Herbsttag hier stehen – die Windgeister wohnen offenbar in diesen Pappeln.

Bis Seebruck geht man nun noch etwa einen Kilometer durch die weite Moorfläche im Überschwemmungsgebiet der Alz – blaue Iris, Knabenkraut und im Wind sanft schaukelndes Wollgras blühen hier im späten Frühling. Vögel, Schmetterlinge und Libellen begleiten unseren Weg, und die Alz fließt träge neben uns her – in keltischer Zeit hat es hier wohl nicht anders ausgesehen.

HÜGELGRÄBER BEI STEINRAB

Wer nicht abkürzt, erreicht kurz hinter Ischl einen riesigen Grabhügel in der Wiese, nahe eines Waldes an der Straße nach Seeon. Der alte Grabhügel gehört zu einer Gruppe von zehn Gräbern aus der Hallstattzeit, von denen die

Nachgebautes Hügelgrab bei Steinrab, dahinter der baumbestandene Grabhügel aus der Hallstattzeit.

anderen noch im benachbarten Wald aufzufinden sind. Bis heute sind die Gräber teilweise bis zu zwei Meter hoch – wie hoch mögen sie einst gewesen sein? Knochenreste, die von einer Brandbestattung zeugen, Scherben und Keramikgefäße als Grabbeigaben hat man hier geborgen. Was mag sich in der seit so alter Zeit besiedelten Umgebung wohl sonst noch verbergen?

DURCH WILDE FLUSSLANDSCHAFT NACH TRUCHTLACHING

Truchtlaching verdankt seine frühe Bedeutung – ein Trutho ließ sich hier etwa im 7. Jahrhundert mit seiner Sippe nieder – seiner Lage direkt an der Alz, die hier auf einer Brücke überquert wurde, und dem nahegelegenen Alzknie. In diesem durch die Wasserschleife nach drei Seiten geschützten Gebiet errichteten die Bajuwaren eine versteckte Fliehburg. Ganz in der Nähe befindet sich eine der zahlreichen süddeutschen Viereckschanzen der Kelten – vermutlich einer ihrer zentralen Kultorte am Chiemsee.

Die Fliehburg liegt direkt am sogenannten Bifuß, einer von der Alz umflossenen kleinen Insel, kurz bevor der Fluss einen Knick nach rechts macht. In diesem Winkel liegt ein mit Palisaden befestigter Erdhügel, der für die verstreut liegenden Gehöfte der Umgebung eine zentrale Fluchtburg bei Gefahr darstellte. Die Palisadenbauweise ist auf der Vorderseite des Hügels nachgebaut. Wer eine Weile auf dem Burghügel herumstreift, stellt fest, dass man hier nach drei Seiten gesichert ist: Das Wasser der Alz und die sumpfige Moorlandschaft bieten einen perfekten Schutz. Tiefe Gräben um den Burghügel sind bis heute erhalten. Auf der Erhebung wachsen übrigens auffällig viele verwachsene Bäume, darunter eine große Anzahl Blutbuchen – diese Buchen mit den dunkel blutroten Blättern findet man sehr selten in der freien

Natur. Gehen Sie von hier nicht gleich weiter Richtung Keltenschanze, sondern genießen Sie noch die blumen- und tierreiche Moorlandschaft am Bifuß. Hier ist man meist ganz allein – nur die Moorblumen schaukeln im Wind, die Vögel singen, und hie und da schwebt ein Schmetterling vorbei.

DIE KELTENSCHANZE VON TRUCHTLACHING

Eingang zur Keltenschanze.

Mitten im Wald liegt diese hervorragend erhaltene Keltenschanze, zu der man ein neues Eingangstor konstruiert hat, wie es früher einmal ausgesehen haben könnte. Leider ist die Schanze komplett eingezäunt, Ziegen weiden darin, sodass man das historische Bauwerk nur von oben betrachten oder aber umrunden kann. Schlösslberg heißt der Flurname – früher hat man die Wälle und Gräben der keltischen Einfriedung für die Reste eines Schlosses oder einer Burg gehalten. Erst seit kurzem ist man sich ziemlich sicher, dass es sich bei den Viereckschanzen um zentrale Versammlungsorte, Gerichtsorte mit einem kultischen Bezirk gehandelt hat, in dem den Göttern geopfert wurde.

DAS KELTENGEHÖFT IN STÖFFLING

Oberhalb von Truchtlaching befindet man sich auf einem Moränenhügel mit weitem Blick nach Süden in die Berge und mit Sicht auf fast alle umliegenden Gehöfte und Weiler – ein idealer Ort für frühe Siedler, die hier sowohl den Alzübergang bei Truchtlaching als auch den bei Seebruck im Blick hatten. Doch nicht nur strategische Überlegungen haben wohl dazu geführt, dass hier nachweislich eine keltische Siedlung angelegt wurde: Der Ort ist einfach angenehm. Ein guter Platz, um sich niederzulassen, ein Platz mit einer positiven Ausstrahlung. Wie man sieht, haben sich auch später hier Bauern angesiedelt, die immer noch in beeindruckend prächtigen großen Höfen hier leben. Daneben hat man ein typisches keltisches Gehöft rekonstruiert.

Die Siedlung war zur Keltenzeit wohl bedeutender und größer: Eine eigene Münzprägestätte soll hier gewesen sein, wovon reiche Münz- und Metallfunde an dieser Stelle zeugen. Stöffling ist wahrscheinlich in der Latene-Zeit von etwa 500 bis zur römischen Landnahme 15 v. Chr. der zen-

Nachbau eines Keltengehöfts in Stöffling mit mehreren Wohn- und Nutzgebäuden in keltischer Bautechnik.

trale Siedlungsort am nördlichen Chiemsee gewesen. Er hatte unweit nördlich einen Kultort, die Keltenschanze, und einen Seezugang im Süden, nämlich in Seebruck. Mit dem Ende der Stöfflinger Keltensiedlung im ersten nachchristlichen Jahrhundert hat sich dann der Schwerpunkt nach Seebruck/Bedaium verlagert, wo die Römer ihren Stützpunkt ausbauten und befestigten.

Auf die Herreninsel im Chiemsee: Ringwälle der Frühzeit und ein märchenkönigliches Prunkschloss

Ausgangspunkt: Der Hafen von Prien am Chiemsee: Prien-Stock
Routenverlauf: Prien-Stock–Anlegestelle Herreninsel–Rundweg um die Insel im Uhrzeigersinn: Königsschloss–Pauls Ruh–Ottos Ruh–Ringwallanlage–Altes Schloss–Seekapelle–Anlegestelle
Anforderungen: Reine Gehzeit 2 bis 3 Stunden. Es sind etwa 8 Kilometer auf durchwegs gepflegten, ebenen Spazierwegen.
Alternative: Die Tour lässt sich auch mit der folgenden Route auf die Fraueninsel verbinden. Dafür lösen Sie in Prien-Stock ein Ticket für die Kleine Rundfahrt. Sie führt über Herreninsel, Fraueninsel, Gstadt wieder nach Prien und kann an jeder Station unterbrochen werden.

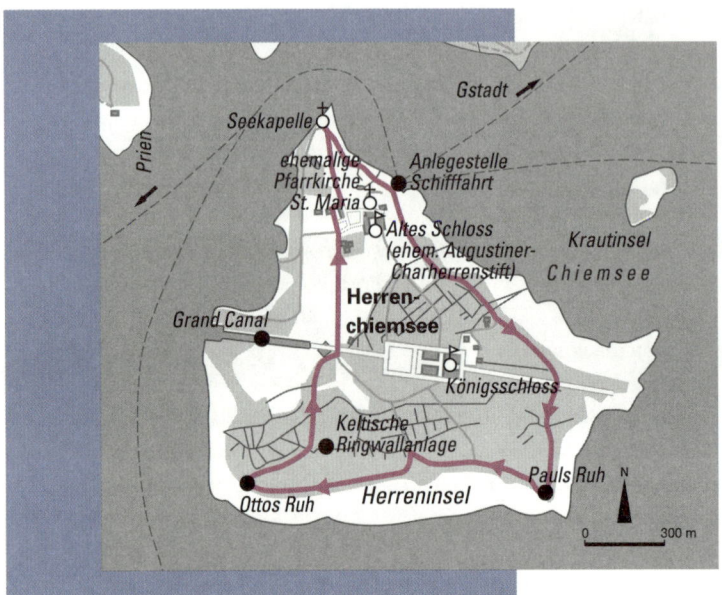

Tipps:

– Wenn Sie die Insel richtig kennenlernen wollen, sollten Sie sich einen ganzen Tag Zeit nehmen, um auch das Königsschloss und das dort befindliche Museum Ludwigs II. zu besichtigen und zudem die Museen mit Werken der Chiemseemaler im sogenannten Alten Schloss zu besuchen. Bei der Seekapelle oder bei Pauls Ruh können Sie eine Badepause einlegen.

– Im Ludwigsschloss gibt es ein Selbstbedienungsrestaurant mit schöner Terrasse direkt vorm Schloss. Das Hotel-Restaurant im »Alten Schloss«, dem ehemaligen Augustiner-Chorherrenstift, ist voraussichtlich bis 2011 geschlossen.

Von der Anlegestelle auf der Herreninsel aus besuchen Sie im Uhrzeigersinn all die interessanten Punkte, die dieser geschichtsträchtige Platz zu bieten hat: die Historische Schlossauffahrt, das Königsschloss, Pauls Ruh und Ottos Ruh, die Ringwallanlage, das Alte Schloss, die Seekapelle. Von dort aus geht es wieder zur Anlegestelle.

DIE CHIEMSEEINSELN

Allein schon ihre Lage macht die drei Chiemseeinseln zu ganz besonderen Orten: mitten im Chiemsee, dem größten See Bayerns, der deshalb auch das »Bayerische Meer« genannt wird. Umrahmt von stillen Moorflächen im Norden, im Westen und im Süden, hier begrenzt von der Alpenkette, ist es einer der schönsten, magischsten, mit Worten kaum zu beschreibenden Orte in Oberbayern. Die kleinste der Inseln ist unbewohnt – die Krautinsel. Sie diente früher den Bewohnern der anderen beiden Inseln als Viehweide und zum Gemüseanbau. Die beiden größeren Inseln – Fraueninsel und Herreninsel – sind heute Touristenmagneten.

Viele Menschen, die Ruhe und Stille suchen, die sich in der Natur erholen und Kraft tanken wollen, meiden die Inseln und ihren Rummel deshalb. Zu Unrecht! Sicher setzen an schönen Sommertagen unzählbar viele Leute auf die Inseln über. Aber man muss sich ja nicht unbedingt in der Hochsaison auf den Weg machen. Und sogar Mitte August war ich in den schönen Wäldern der Herreninsel schon ganz allein unterwegs. Denn mit wenigen Ausnahmen ziehen die Besucherströme hier nur zum berühmten Schloss Ludwigs II. – für den Rest der Insel interessiert sich kaum jemand.

Vor unserer Zeitrechnung war das anders: Beide Inseln sind nachweisbar seit der Steinzeit besiedelt. Und die ganz besonders schönen Plätze, die Ruhe, Harmonie und Energie ausstrahlen – diese Plätze liegen nicht im Königsschloss auf der Herren- und nicht in den beliebten Ausflugslokalen auf der Fraueninsel. Auf einfachen Spazierwegen können wir sie zu jeder Jahreszeit aufsuchen.

DIE SAGE VON DER VERSUNKENEN STADT ROGLAU IM CHIEMSEE

Die drei Chiemseeinseln sind Reste eines eiszeitlichen Moränenzuges. Die Sage aber erzählt, dass die Inseln einst eine zusammenhängende Landfläche mit dem zerfransten, stark gebuchteten Westufer des Chiemsees gebildet haben. Darauf soll eine Stadt namens Roglau gestanden haben, mit fruchtbarem Land rundherum. Die Einwohner dieser Stadt besaßen riesige Viehherden, die sie auf den fetten Wiesen grasen ließen – sonst hatten sie nicht viel zu tun. Trotzdem wurden sie unermesslich reich.

Ihr Wohlstand machte die Roglauer jedoch nachlässig: Ihren Kindern erlaubten sie, mit Brotlaiben Ball zu spielen, kein Roglauer ging in die Kirche, nicht einmal sonntags. Und so kam es, dass Gott die Sünder strafte: Ganz plötzlich stieg der Wasserspiegel des Chiemsees an, der See trat über die Ufer und überschwemmte ganz Roglau, bis die Stadt schließlich im See versunken war. Nur drei erhöhte Punkte blieben von der Flut verschont, wo »einige fromme Frauen und Männer ihre Klöster gebaut hatten«, und die Stelle, an der ihre Krautäcker waren. Sie ragten als Inseln aus der nun riesigen Wasserfläche hervor. Wenn es windstill ist und das Wasser ganz glatt und klar wie ein Spiegel ist, kann man aus der Tiefe des Chiemsees bisweilen einen Kirchturm und ein paar Treppenstufen schimmern sehen, heißt es weiter. Und an nebligen Tagen meint man manchmal, eine Glocke der Stadt Roglau vom Grund des Sees herauf läuten zu hören.

DIE HERRENINSEL

Spuren der ganz frühen, der steinzeitlichen Besiedlung finden hier nur noch Archäologen. Die frühesten Siedlungsreste, die jeder Spaziergänger entdecken kann, stammen aus der Urnenfelderzeit um 1200 v. Chr. Funde aus der Römerzeit lassen auf eine ununterbrochene Besiedlung schließen. Schon im 7. Jahrhundert hat es auf der Insel große Gebäude aus Holz gegeben, ein Jahrhundert später lässt sich bereits ein Benediktinerkloster auf Herrenwörth (*wörth* bedeutet »Insel«) nachweisen. Das Kloster wurde erst mit der Säkularisation 1803 aufgelöst. Bereits 1873 kaufte der bayerische König Ludwig II. die Insel und ließ darauf ein Schloss errichten, das jedoch bis zu seinem Tod nicht fertiggestellt wurde.

Von der Schiffsanlegestelle wandert man parallel zum Ostufer Richtung Süden im Wald nahe des Schilfgürtels entlang bis zur sogenannten Historischen Schlossauffahrt. Heute endet sie am östlichen Rand der Insel im Schilf. Der König hatte einst geplant, hier seine persönliche Schiffsanlegestelle errichten zu lassen – ein Vorhaben, das wie so viele nicht mehr umgesetzt wurde. Entlang der Auffahrtsallee geht es zum Schloss.

DAS KÖNIGSSCHLOSS

Über Ludwig II., den bayerischen Märchenkönig, wurde schon viel geschrieben, seine Biographie ist hinreichend bekannt, doch seine rätselhafte Persönlichkeit wirft nach wie vor Fragen auf. Ob er nun geisteskrank oder nur ein realitätsfremder Träumer war, ob er Selbstmord beging, bei einem Unglück ertrank oder ermordet wurde – das werden wir auch hier nicht klären können. Wir wollen uns mit seiner Verbindung zu Herrenchiemsee befassen.

Baumwesen auf der Herreninsel.

Diese Insel samt dem säkularisierten Kloster kaufte er 1873 von einem Konsortium von Holzhändlern, um die zahlreichen alten Bäume der Insel vor der drohenden Abholzung zu bewahren. Ludwig hatte – geisteskrank hin, realitätsfremd her – ein unnachahmliches Gespür für die schönsten Plätze, die es in seinem bayerischen Königreich gab. Gleichzeitig liebte er die Natur, er muss die magische Ausstrahlung mancher Orte regelrecht erfühlt haben, bevor er sie dann zu Standorten seiner Schlösser wählte. Überall schonte er die »wilde«, die ursprüngliche Natur, setzte ihr gleichzeitig aber einen totalen Kontrast entgegen. Diese wilde Natur war ihm nach eigenen Aussagen unangenehm, er wollte sie dadurch »verbessern«, dass er ihr Kunst entgegensetzte. Hier in Herrenchiemsee existieren einerseits wunderschöne wilde, ungeordnete Wälder, drumherum die großen Wasserflächen des Chiemsees. Und mitten in diese Natur baute er eine kleine Nachahmung des Versailler Schlosses – bis ins Detail durchkomponiert, mit einer großen Gartenanlage im französischen Stil. Exakt gepflanzte Blumen in geometrisch abgezirkelten Beeten, dazwischen ein Wasserpark mit steuerbaren Springbrunnen – alles der genaue Gegensatz zu den wilden Pflanzen und dem ungezähmten Wasser.

Wer das Schloss noch nicht kennt: Es ist im Rahmen einer Führung das ganze Jahr über zu besichtigen. Wer sich wie die Autorin nicht gern in großen Menschenansammlungen durch Absperrungen schieben lässt, sollte für die Schlossbesichtigung Herbst und Winter bevorzugen. In der manchmal melancholischen, nebligen Stimmung der kühleren Jahreszeit gewinnt das Schloss an Charme und Anziehungskraft – und die Besucherströme nehmen ab. Im Südtrakt des Schlosses ist außerdem ein sehenswertes Ludwig-II.-Museum eingerichtet, das ebenfalls nur selten überfüllt ist.

VOM KÖNIGSSCHLOSS ZUR PAULS RUH

Wir kehren ans Ostufer zu unserem Rundwanderweg zurück – nun sind wir schlagartig wieder allein – und folgen dem Weg südwärts bis zu einer Stelle, die Pauls Ruh heißt und wirklich zu einer ausgedehnten Pause einlädt.

Beschützt vom hohen Schilf ist dies die einzige Badestelle am Südufer der Herreninsel. Der Blick reicht über die gesamte Kette der Chiemgauer Alpen: direkt gegenüber die Kampenwand mit dem markanten zackigen Kamm, nach Osten die Hochplatte, dann folgt der Einschnitt des Achentales und danach die Gipfel von Hochgern und Hochfelln. An diesem verschwiegenen Ort mit dem grandiosen Blick lässt sich bei schönem Wetter gut ein halber Tag vertrödeln – danach ist man an Leib und Seele erholt und gestärkt.

VOM BADEPLATZ ZUM PRÄHISTORISCHEN RINGWALL

Von Pauls Ruh folgen wir dem Weg am südlichen Waldrand entlang hoch über der Schilfzone und dem See. Die alten Buchen, Eschen, Eichen und anderen Laubbäume gewähren immer wieder Ausblicke auf den Chiemsee. Seltsame Verwachsungen weisen manche auf – sie stehen wohl auf energetisch ziemlich »wildem« Grund. Auf den letzten Metern, bevor wir den südwestlichsten Zipfel der Insel erreichen, fällt das Ufer zum See hin stark ab, auf der rechten Seite sind eigenartige Löcher und Vertiefungen im Waldboden zu erkennen. Es handelt sich hier um die eindrucksvollen Reste einer Ringwallanlage, die vielleicht, wie man aufgrund hier gefundener bronzener Armringe annimmt, in der Urnenfelderzeit angelegt wurde. Der Rundweg folgt ein Stück nach Norden und dann weiter nach Nordosten ihrem Verlauf. Wer aufmerksam geht und schaut, wird die Wallanlagen noch gut erkennen können.

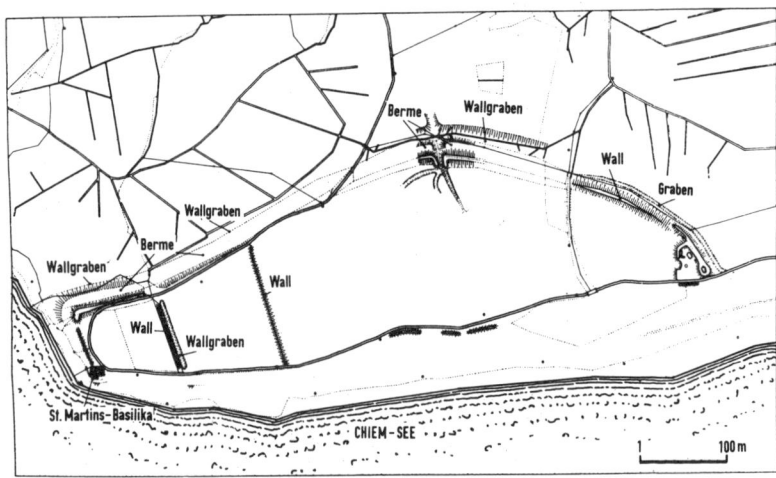

Schema der Ringwallanlage im Südwesten der Herreninsel.

Tiefe Gräben am südlichen Ende der Insel.

Gruben und Löcher im Inselwald.

Zuerst jedoch erreichen wir zur Linken den Rastplatz Ottos Ruh mit einer Sitzbank rund um einen dicken alten Buchenstamm. Das wäre nicht weiter bemerkenswert, wenn man nicht hier direkt am ehemaligen Standort einer der alten Herrenchiemseer Kirchen stehen würde: Gleich unterhalb von Ottos Ruh, am Rundweg, hat die St.-Martins-Basilika gestanden, die mit der Säkularisation 1803 leider abgebrochen wurde. Gut vorstellbar, dass an diesem exponierten Ort, direkt am südwestlichsten Zipfel der größten Chiemseeinsel, auch schon in vorchristlicher Zeit ein Heiligtum gestanden hat.

VOM RINGWALL BIS ZUR SICHTACHSE ZWISCHEN SCHLOSS UND CHIEMSEE

Die Ringwallanlage wurde nach 900 n. Chr. vermutlich ein zweites Mal genutzt und ausgebaut. Hier haben sich die Inselbewohner womöglich gegen die einfallenden Ungarn verschanzt. Im östlichen Zipfel der Anlage sind Reste von Steingebäuden gefunden worden.

Der Rundweg führt uns nun vom Ringwall weg Richtung Norden, wo wir zwischen dem Rondell des unvollendeten Apollo-Bassins und dem von Ludwig so genannten Tapis vert, dem Grünen Teppich – gemeint ist der Rasen – auf die Sichtachse zwischen Schloss im Osten und See im Westen treffen. Besonders schön ist dieser Standort zum Sonnenuntergang oder kurz davor, in der Abendstimmung der sinkenden Sonne. Sie beleuchtet die Schaufassade von Klein-Versailles, die Wasserspiele der Brunnen im französischen Park und – westlich von uns – den Grand Canal bis zum Chiemsee.

In einem strengen Winter, wenn die Eisfläche zwischen Prien und Herrenchiemsee trägt, kann man einen wunderbaren Spaziergang zu Fuß oder mit Schlittschuhen bis zur Herreninsel machen. Auch der Grand Canal ist dann zugefroren, sodass man auf Schlittschuhen bis weit vors Schloss gleiten und sich am Anblick des im Eis glitzernden Prachtbaus erfreuen kann. Der tief verschneite Laubwald lädt auch im Winter zu einem Spaziergang ein, die Ringwallreste sind im Schnee sogar noch besser zu erkennen als zur Vegetationszeit.

DAS MÄNNERKLOSTER AUF HERRENCHIEMSEE

Wir wandern weiter auf unserm Rundweg nach Norden, nun durch bewirtschaftetes Land und Obstwiesen bis zum sogenannten Alten Schloss. Hier stand das Kloster Herrenchiemsee, fast eineinhalb Jahrtausende lang. Wahrscheinlich befand sich hier das schon für die Mitte des 7. Jahrhunderts gesicherte Chiemseekloster, das aber in den Quellen leider nicht lokalisiert ist: Man weiß nicht, ob es auf der Herren- oder der Fraueninsel gelegen hatte. Die Forschung tendiert inzwischen eher dazu, es hier auf der größten Chiemseeinsel anzunehmen. Die jüngsten Untersuchungen der Ausgrabungsfunde mit modernen Methoden beweisen, dass hier bereits um 640 ein Kloster gebaut wurde – es wäre dann das älteste Kloster Oberbayerns. Ab dem 8. Jahrhundert sind die Dokumente zahlreicher. Zu der Zeit gab es hier bereits ein blühendes Männerkloster, 782 wurde eine St.-Salvator-Kirche geweiht. Auf der Fraueninsel existierte damals auch schon ein Frauenkloster.

Bereits zu dieser Zeit waren die beiden Chiemseeklöster bedeutende monastische Orte mit zusammen über zweihundert Mönchen und Nonnen. Die Besitzungen der Klöster reichten bis in den heutigen Münchner Raum und bis nach Südtirol. Erst die Ungarneinfälle des frühen 10. Jahrhunderts schwächten das Benediktiner-Männerkloster. Um 1130 gründete der damalige Besitzer, Erzbischof Konrad von Salzburg, das Augustiner-Chorherrenstift, die Kirche wurde neu gebaut, wohl auf den alten und ältesten Grundrissen, mit dem neuen Patrozinium der Heiligen Sebastian und Sixtus. 1215 wurde die Stiftskirche sogar zur Kathedrale des neuen Bistums Chiemsee erhoben, der Propst des Klosters erlangte so noch größeren Einfluss. Ein Neubau der Domstiftskirche in der Barockzeit erbrachte noch einmal eine kurze Glanzzeit, bis 1803 die Säkularisation die Aufhebung von Kirche und Kloster und den Abbruch großer Teile derselben zur Folge hatte.

Heute ist nur noch ein Torso der ehemaligen Domstiftskirche erhalten und ein Teil der Klostergebäude, die jetzt das Alte Schloss genannt werden, seit

König Ludwig II. das Neue Schloss bauen ließ. Im Alten Schloss sind zwei kleine Museen mit den Bildern der Chiemseemaler untergebracht, die im 19. und 20. Jahrhundert zu Dutzenden die Chiemseelandschaft als Bildmotiv entdeckten und sich teilweise dauerhaft hier niederließen. Die Museen sind über Treppe und Durchgang beim Schlosshotel zu erreichen, Letzteres ist bis 2011 geschlossen.

ST. MARIA

Nördlich des ehemaligen Inseldomes stoßen wir auf die ehemalige Pfarrkirche der Insel, eine Marienkirche. Außen schlicht und spätgotisch, innen überrascht die Renaissance-Ausstattung. Das eigenartige Gefühl, das einen beim Umrunden der Kirche beschleicht, mag damit zusammenhängen, dass man auf dem alten Gottesacker steht, dem Friedhof, der mit der Säkularisation eingeebnet wurde. Wie viele Verstorbene mögen unter dieser Wiese ruhen? An diese vielen Unbekannten sollte man einen Augenblick denken, wenn man an der Außenwand der Kirche die Grabsteine der Inselbischöfe anschaut – diese hochgestellten Herren wurden nicht dem Vergessen ausgeliefert. Ganz nebenbei kann man auf den Gedenksteinen alte Darstellungen des Inseldomes sehen, auf denen die längst abgebrochenen Türme noch erhalten sind.

SEEKAPELLE

Die Königslinde in Rimsting.

Weiter führt der Weg schnurgerade nach Norden zur äußersten Nordspitze der Insel. Hier steht die Seekapelle Zum Heiligen Kreuz, ein Bau von 1697. Doch dass dieser so bevorzugte Platz auch vorher schon kultisch besetzt war, ist anzunehmen. Für unseren Märchenkönig war es der Ort, an dem er seine Insel erreichte, wenn er mit der Bahn von München nach Rimsting und von dort mit der Kutsche bis nach Urfahrn gekommen war. Von Urfahrn bis zur Seekapelle ließ er sich mit dem Schiff übersetzen, um dann den Baufortschritt seines Schlosses zu kontrollieren. Fertig ist das Schloss bis heute nicht, gewohnt hat der König hier nie. In Rimsting gab es zu seinen Zeiten übrigens

extra einen Wartepavillon für Ludwig. Er wurde nach dem Tod des Märchenkönigs abgerissen. An seiner Stelle hat man dann eine Linde gepflanzt und mit
einer Erinnerungstafel versehen – die heute sogenannte Königslinde außerhalb des Rimstinger Bahnhofs.

Hier auf der Herreninsel gehen wir abschließend auf dem östlichen Uferweg zurück zur Schiffsanlegestelle.

Auf die Fraueninsel zu tausendjährigen Linden und einem noch älteren Kloster

Ausgangspunkt: Hafen Gstadt oder Prien-Stock, von Gstadt kürzere Überfahrt
(etwa 15 Minuten) und häufigere Abfahrten
Routenverlauf: Gstadt oder Prien-Stock–Fraueninsel (Nord- oder Hauptsteg im
Südosten)–Münster–Torhalle–Marien- und Tassilolinde

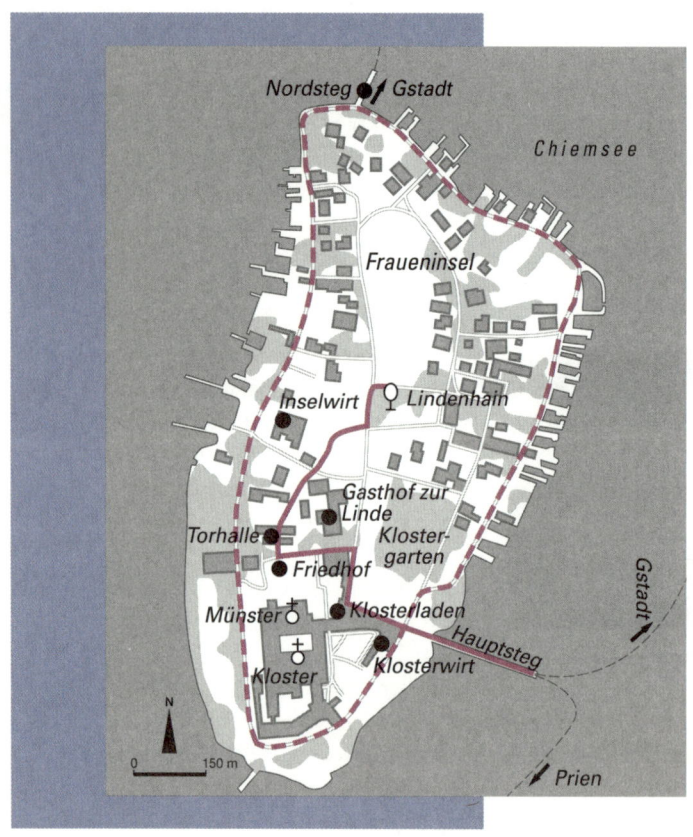

Anforderungen: Reine Gehzeit etwa 30 bis 40 Minuten auf gepflegten Kieswegen. Zudem sollte man ausreichend Zeit für die ausführliche Besichtigung von Münster, Torhalle und Friedhof einplanen.

Alternativen:

– Es empfiehlt sich, die Insel einmal komplett zu umrunden (zusätzlich 30 bis 40 Minuten). Mit der Einkehr in einer der zahlreichen Gastwirtschaften und vielleicht einem Bad im Chiemsee wird ein tagesfüllender Ausflug daraus.

– Die Tour kann mit dem vorhergehend beschriebenen Ausflug zur Herreninsel verbunden werden. Allerdings hat man dann wenig Zeit, um die beiden Inseln wirklich kontemplativ aufzunehmen und kennenzulernen.

Tipp:

Die Fraueninsel bietet Übernachtungsmöglichkeiten – nicht nur für Teilnehmer eines Seminars im Frauenkloster, sondern auch im schönen alten Gasthof zur Linde oder in zahlreichen Privatunterkünften, sodass man die Insel auch einmal ohne Tagestouristen erleben und ausführlich kennenlernen kann.

Dicht beieinander liegen hier die Stätten, die sich zu besuchen lohnen: Vom Steg aus gehen Sie geradeaus zum Münster, dann zur Torhalle und zu der Marien- und der Tassilolinde. Es lohnt sich, darüber hinaus einfach auf der kleinen Insel umherzustreifen oder sie komplett zu umrunden.

DAS KLOSTER FRAUENCHIEMSEE

Wer am Hauptsteg der Fraueninsel mit dem Schiff ankommt, hat genau drei Möglichkeiten: Er kann entweder rechts- oder linksherum die Fraueninsel in etwa dreißig Minuten umrunden oder geradeaus gehen. Wer diese dritte Möglichkeit wählt, kommt an der Klosterpforte und am Klosterladen zur Lin-

Fraueninsel mit Campanile vom See aus.

ken und am blumenreichen Klostergarten zur Rechten vorbei zuerst zum alten Dumbserwirt – heute Gasthof zur Linde – und geht dann zu den ältesten erhaltenen Bauten auf der Insel: Torhalle und Münster.

Wann das Kloster auf der Fraueninsel genau gegründet wurde, ist bis heute unklar. Sicher weiß man aber, dass König Ludwig der Deutsche, Enkel Karls des Großen, während seiner Regierungszeit zwischen 843 und 876 das Frauenkloster errichtete – oder erneuerte – und großzügig ausstattete. Seine Tochter wurde die vermutlich erste Äbtissin des Benediktinerinnenklosters: Irmengard von Chiemsee starb 866 mit vierunddreißig Jahren, wurde in ihrem Kloster begraben und offenbar schon zu Lebzeiten wegen zahlreicher Guttaten sehr verehrt. Das Kloster behielt seine Selbstständigkeit, bis es 1803 im Zuge der Säkularisation in Staatsbesitz überging. Die Klosterschwestern durften aber bleiben, und schon 1837 verfügte der bayerische König Ludwig I. – kunstsinniger Großvater unseres Märchenkönigs – die Wiederherstellung des Klosters. Bis heute ist es ein lebendiger, lebhafter Ort der Begegnung, bis heute leben Benediktinerinnen im Kloster, das inzwischen auch als Tagungs- und Seminarhaus genutzt wird.

DIE SELIGE IRMENGARD – SCHUTZPATRONIN DES CHIEMGAUS

Die 1928 selig gesprochene Irmengard, Urenkelin Karls des Großen, wird bis heute, also seit über elfhundert Jahren, als Schutzpatronin des Chiemsees und des Chiemgaus verehrt. Zu ihren Lebzeiten, erzählt man sich, gab es rund um den Chiemsee keine Armen. Sie stattete nicht nur das Kloster reich aus, sondern kümmerte sich auch um die Menschen rund um den See. Sogar Wunder wirkte sie der Sage nach in ihrem kurzen Leben. So errettete sie nicht einmal Fischer aus Seenot: Als zwei Brüder eines Nachts von der Fraueninsel zum Fischen hinausgefahren waren, zog ein schweres Unwetter auf, und die Männer gerieten in Seenot. Die Frau eines der Brüder lief mit ihren kleinen Kindern ans Ufer, sah die hohen Wellen und den aufge-

Die selige Irmengard auf einem riesigen Tafelbild in der Irmengard-Kapelle.

wühlten See und warf sich verzweifelt auf die Erde. Sie erflehte Gottes Beistand – und plötzlich stand die Äbtissin Irmengard neben ihr. Sie hörte sich an, was passiert war, sprang sofort in eines der Boote am Ufer und ruderte auf den See hinaus. In diesem Augenblick erstrahlte mit einem Mal dort, wo sie sich befand, ein helles Licht. Es erleuchtete die Dunkelheit und war weit auf den See hinaus zu sehen, wie die Sage

Votivtafeln in der Irmengard-Kapelle.

erzählt. Die Fischer ruderten mit letzter Kraft dem Licht entgegen und erreichten bald das rettende Ufer.

Auch nach ihrem Tod soll Irmengard den Nonnen ihres Klosters einige Male erschienen sein. Sie wurde im Münster von Frauenchiemsee begraben, ihre Tumba mit einem Gemälde als Abdeckung befindet sich am Mittelschiffpfeiler, wenige Schritte nach dem Portal. Ihre Gebeine wurden kostbar gefasst und sind zur Verehrung in der Irmengardkapelle, der Chorkapelle, hinter Glas ausgestellt.

Bis heute pilgern unzählige Menschen mit ihren Anliegen zur seligen Irmengard und bitten sie um ihre Hilfe. Die vielen Votivgaben bis in die jüngste Zeit, die gegenüber ihrer Kapelle an der Wand zu sehen sind, geben davon Zeugnis. Links vor dem Altar brennen immer gestiftete Kerzen. Auch hier wurden und werden Votivgaben abgelegt. Besonders Frauen kommen gern zur Irmengard, um ihr ihre Sorgen zu erzählen und um ihren Beistand zu flehen. Bis vor wenigen Jahren führten die Klosterschwestern eine Mädchenschule, und damals konnte man täglich die Jugendlichen beobachten, wie sie zur Irmengard ins Münster gingen und um Hilfe bei Schulaufgaben und persönlichen Nöten baten.

PORTAL UND SCHWELLE

Wer das Münster betritt, erblickt als erstes das ehrwürdige romanische Säulenportal. Zwei scheußliche Fratzen bilden die Basis der vordersten Säulen: Sie sollen abschreckend wirken – nicht auf die Besucher, sondern auf die Dämonen. Alles Böse sollen sie an einer so heiklen Stelle wie dem offenen Eingang in die Kirche vom Betreten des Gotteshauses abhalten. Das Böse, die Dämonen, wurde vor allem unterirdisch, in der Erde, oder fliegend in den

Seit Jahrhunderten ausgetretene Marmorschwelle und romanische Fratzen
als Säulenbasis am Eingang zum Münster in Frauenchiemsee.

Lüften vermutet. Häufig finden wir solche Fratzen deshalb als Giebelfiguren
oder als Wasserspeier auf dem Sims – hier ausnahmsweise einmal ganz unten,
knapp über dem, ja fast schon im Boden.

Beim Betreten der Kirche fällt der Blick auf die Schwelle – sie verursacht
mir jedes Mal Gänsehaut. Tief ausgetreten ist der harte Stein. Das Portal
stammt aus romanischer Zeit, die Mauern des Langhauses standen schon um
900, sie sind über tausend Jahre alt. Seit so langer Zeit wurde diese Schwelle
von vielleicht Millionen von Füßen förmlich weggetreten. Die tiefe Ausbuch-
tung ist für mich ein sichtbares Zeichen unserer mit Sorgen beladenen Vorfahren, die in der Kirche und bei der seligen Irmengard Trost suchten.

DIE TOTENLEUCHTE IM FRIEDHOF UND DIE KAROLINGISCHE
TORHALLE

Auf dem schönen Friedhof liegen Fischer und Bauern der Insel neben Künst-
lern, Politikern und anderen Nicht-Einheimischen, die die Insel als Refugium
und Erholungsort schätzten. Sie alle werden beschützt von einer alten Toten-
leuchte, in der leider keine Kerze mehr brennt. Sie steht an der östlichen
Friedhofsmauer und ist eine der allerletzten derartigen Leuchten, die es im
Alpenraum früher zahlreich gab. Sie wurden bis vor einiger Zeit täglich mit
einer Kerze bestückt und leuchteten als »Ewiges Licht« für die Armen Seelen
im dunklen Totenreich.

Gegenüber des Friedhofeingangs steht seit zwölfhundert Jahren die karolingische Torhalle, erbaut von Ludwig dem Deutschen. In der Michaelska-
pelle im ersten Obergeschoss wurden Reste von Wandmalereien gefunden,
die aus der Erbauungszeit stammen. Die Reste der Engelsfresken in dieser
Kapelle gehören zu den ältesten Fresken, die sich in Bayern erhalten haben.

Karolingische Torhalle.

Engelsfresko in der Torhalle.

Es sind monumentale, einfarbig rot auf weiß gemalte Erzengel, die seinerzeit vermutlich den in der Mitte des Raumes stehenden Altar als Wächter an der Wand umstanden haben. Jeder von ihnen trägt in der einen Hand die Sphaira, das Symbol der zu der Zeit noch als Scheibe gedachten Erde, und einen Stab, das Zeichen der Boten Gottes. Leider sind sie durch eine später eingezogene und wieder entfernte Decke beschädigt worden. Wenn man sich in die Mitte des kleinen Raumes stellt, kann man aber nachfühlen, wie diese überlebensgroßen Figuren den winzigen Raum beherrscht haben müssen.

Heute ist die damals zum Kloster gehörende Torhalle ein Museum. Besonders die Kopien romanischer Fresken aus der Klosterkirche der Fraueninsel sind sehenswert. Die Originale befinden sich im Dachgeschoß des Münsters und sind nicht zugänglich. Sie stammen vom Beginn des 12. Jahrhunderts und sind damit genauso alt wie die Sandsteinfiguren des Portals, die wir schon am Eingang des Münsters gesehen haben.

DIE ALTEN LINDEN

Den Höhepunkt der Insel im wahrsten Sinne des Wortes markieren einige alte Baumpersönlichkeiten. Auf dem höchsten Punkt des Eilandes steht eine Gruppe von »tausendjährigen« Linden, wie es heißt. Und tatsächlich können Linden so alt werden: »Dreihundert Jahre wachsen sie, dreihundert Jahre stehen sie und dreihundert Jahre vergehen sie«, sagt man. Die alten Linden auf der Fraueninsel könnten also so alt sein wie das Kloster. Bis heute hat man hier das Gefühl, sich in einem heiligen Hain zu befinden.

Im Lindenhain der Fraueninsel.

Alle Wege auf der Insel führen zu den Linden: der Marien- und der Tassilolinde. Einst war, wie Thomas Janscheck, der Baumgeschichten-Forscher, weiß, das gesamte Areal mit einem Kreis von sieben Linden umgeben, in der Mitte stand eine Martinskapelle. Sie wurde, ebenso wie die St.-Martins-Kirche im Südwesten der Herreninsel, mit der Säkularisation 1803 abgerissen. Hier wollte man offenbar so schnell wie möglich eines der ältesten christlichen Heiligtümer vom Erdboden tilgen. Martinskirchen weisen immer auf allerfrüheste christliche Siedlungen hin. Martin, eine historische Person, gestorben 397, war der erste christliche Heilige, der kein Märtyrer war, sondern aufgrund seines Lebens und Wirkens heiliggesprochen wurde.

Der Heilige, dargestellt hoch zu Ross mit Schwert und Mantel, erweckt einen martialischen Eindruck – zu Recht: Sein Name leitet sich vom alten Kriegsgott Mars ab. Die Legende lässt ihn, den römischen Soldaten, zum Christen werden und aus Nächstenliebe seinen Mantel mit einem Bettler teilen. Martin, der christliche Heilige, steht also direkt am Übergang von der heidnischen Götterverehrung zur Christianisierung im 4. und 5. Jahrhundert. So alt mögen die ersten christlichen Kultbauten auf der Fraueninsel wie auf der Herreninsel, wo es ja ebenfalls eine Martinskirche gegeben hat, gewesen sein.

Heute stehen nur noch zwei der einst sieben uralten Linden, die vielleicht schon diesen ersten Christenbauten Schatten gespendet haben: die Tassilolinde mit ihren fünf kräftigen himmelstrebenden Ästen aus einem Stamm. Sie wirkt frisch, grün und vital. Neben ihr die Marienlinde ist wohl am Ende ihres langen Lindenlebens angelangt und darf hier in Würde sterben. In den letzten Jahrhunderten hat man ihnen junge Linden zur Seite gestellt – doch der heutige Lindenhain lässt nur noch ahnen, wie es sich früher einmal anfühlte, hier auf dem höchsten Punkt der Insel im Chiemsee zu stehen. Aber allein diese Ahnung ist eine Reise auf die Fraueninsel wert. Nach allen Seiten blickte man frei auf die große Wasserfläche des Sees. Heute steht mancher Hausgiebel im Weg, doch immer noch fühlt man sich wohl und beschützt unter den Linden.

Auf den Spuren der Kelten im Moor: Rottauer und Kendlmühlfilzen

Ausgangspunkt: Bayerisches Moor- und Torfmuseum in Rottau, südlich des Chiemsees

Routenverlauf: Torfmuseum–Rottauer Filzen–Baatzplatz–Torfmuseum

Anforderungen: Reine Gehzeit etwa 2 Stunden. Meist leichte, ebene Wanderwege, das Stück durch den Moorwald ist ein Pfad auf weichem Waldboden, der Abzweig zum Baatzplatz ein schmaler, teils zugewachsener Pfad.

Alternative: Der Rundweg durchs Moor lässt sich gut mit der Wanderung um den Westerbuchberg (Seite 177) verbinden. Folgen Sie dem vor dem Torfmuseum verlaufenden Weg nach Osten, erreichen Sie den Westerbuchberg nach etwa 30 Minuten.

Tipps:

– Zur Zeit der Schneeschmelze oder nach Regenfällen können die Moorwege feucht und morastig sein. Dann empfehlen sich feste hohe Wanderschuhe oder Gummistiefel.

– Wer den Baatzplatz zum ausgiebigen Moortreten benutzen möchte, sollte daran denken, ein Handtuch mitzunehmen.

– Besuchen Sie vor oder nach Ihrer Wanderung unbedingt das Moor- und Torfmuseum. Bei der sachkundigen und unterhaltsamen Führung von Claus-Dieter Hotz lernen Sie das Moor, seine Flora und Fauna sowie seine Geschichte von allen Seiten kennen.

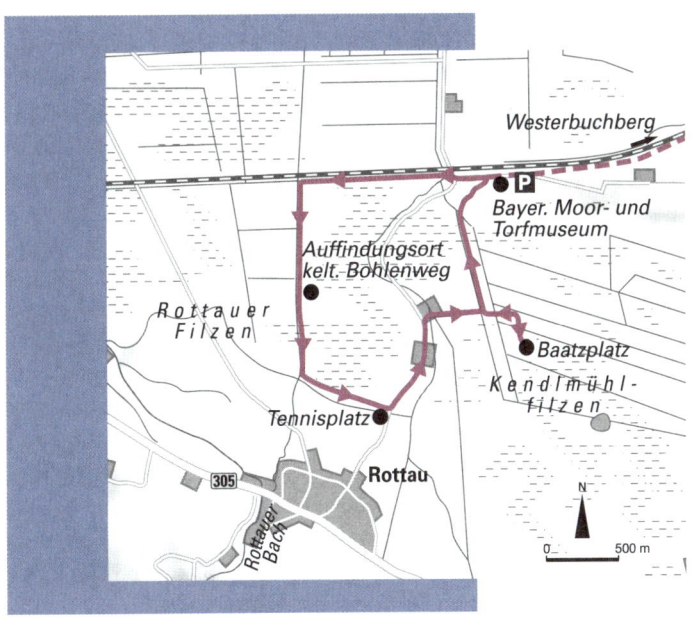

Im historischen Torfbahnhof erleben Sie alle Stationen der Torfgewinnung und -verarbeitung. Kinder dürfen zum Abschluss mit der alten Torfbahn ein Stück Richtung Moor fahren. Das Museum kann nur im Rahmen von Führungen besichtigt werden, diese finden von Mitte April bis Anfang November jeden Samstag um 14 und um 16 Uhr statt. Sonderführungen für Gruppen auf Anfrage (Telefon 08641-2126).

Vom Ausgangspunkt, dem Moor- und Torfmuseum, wenden Sie sich nach Westen und folgen dem Schild »Bahnweg Rottau Bernau Chiemsee«, bis nach etwa 15 Minuten links ein Pfad in den Wald abzweigt. Dieser Weg ist nicht beschildert, Sie finden ihn aber gleich, wenn Sie vor dem breiten Bach mit der kleinen Holzbrücke nach links in den Wald gehen. Schon nach den ersten Minuten fühlt man sich hier wie im Waldparadies, so wandern Sie durch den Moorwald der Rottauer Filzen, zur Rechten immer das Bächlein.

Nach etwa 30 Minuten wendet sich der Weg nach links (rechts geht es zu einer Kneippanlage), Sie gehen nun direkt am Rand des Waldes, danach noch ein paar Meter an einem Tennisplatz entlang. An dessen Ende biegen Sie links in das Fahrsträßchen Richtung Torfmuseum ein. Nach etwa 10 Minuten durch sonnige Moorwiesen, an einigen einsamen Häusern vorbei, weist auf der rechten Straßenseite ein Schild auf den »Fußweg zum Torfbahnhof« hin. Den schlagen Sie ein und passieren zunächst ein Ziegengehege, nach 10 Minuten biegt der Weg links zum Torfbahnhof ab. Wenn Sie aber, dies hat mir der Museumsleiter als Geheimtipp mitgegeben, die gedachte Verlängerung des Weges geradeaus weitergehen, kommen Sie zum Baatzplatz in der Kendlmühlfilzen: Hier können Sie Ihren Füßen etwas Gutes tun und barfuß im weichen Moorschaum matschen. Zurück geht es auf dem »Geheimpfad« wieder bis zum Weg und dann nach rechts zum Torfbahnhof – immer auf dem alten Schienenweg entlang, der jetzt längst überwachsen ist.

DER WALDWURZELWEG

Moore galten Germanen und Kelten als heilige Orte. Moore sind Wasser und Erde zugleich, hier konnte sich die Schöpfung nicht entscheiden: An manchen Stellen dominiert das Wasser, an anderen die Erde. Moore wurden in den Naturreligionen deshalb in den Wasserkult eingebunden. In den Seen und Tümpeln, im moorigen Wasser und im wässrigen Schlamm halten sich Wassergeister auf, Arme Seelen wurden sie später von den Christen genannt. Im Moor wohnt man seit Menschengedenken nicht, niemals hat man sich hier niedergelassen. Das Moor ist eine andere Welt als die alltägliche Menschenwelt, das Moor ist ein Tor zur Anderswelt. Ins Moor ging man in vorchristlichen, keltischen Zeiten nur, um die Götter der Natur zu ehren.

Gelber Rainfarn.

Zauberweg durch den Moorwald.

Die Rottauer und die östlich anschließende Kendlmühlfilzen bilden das größte Hochmoor in Südostbayern. Sie sind im Süden des Chiemsees durch die zunehmende Verlandung des nacheiszeitlichen Sees entstanden – über Tausende von Jahren hat sich hier eine Torfschicht von bis zu acht Metern Dicke entwickelt. Wenn wir am Anfang unserer heutigen Wanderung ins Moorgebiet eintreten, fühlen wir uns schnell wie in einem Waldparadies. Der ganze Körper erholt sich und entspannt auf einem wunderbar weichen Waldwurzelweg. Die verschiedensten Moose, hohe Farne, Heidelbeerbüsche, Preiselbeeren und später im Jahr auch Pilze säumen den Weg. Kröten und Frösche sitzen im Laub, und manchmal hüpft einer unvermittelt über den Weg. Rote Beeren leuchten aus dem satten Grün und es duftet – es duftet nach Wald und Moos und Wasser. Zu unserer Rechten begleitet uns stets der Bach, gluckernd und glänzend in den Sonnenstrahlen, die hie und da durchs Laub der Bäume bis zum Boden fallen und geheimnisvolle Flecken auf den Moorboden zeichnen. Oft ist man hier ganz allein und fühlt sich, als habe man ein himmlisches Waldgärtlein entdeckt oder einen Wald wie aus dem Märchenbuch.

KELTISCHES MOORHEILIGTUM

Wie mag es hier vor zweitausend und mehr Jahren ausgesehen haben? Unsere Ahnen aus keltischer oder noch früherer Zeit haben ebenso wie wir hier, genau an dieser Stelle, das Moor erkundet. Allerdings war es damals wohl wesentlich tiefgründiger und gefährlicher als heute. Im nahen Bernau, eine halbe Stunde Richtung Westen, lag auf dem Hitzelsberg – heute mitten im Ort – eine Siedlung aus der Urnenfelderzeit, etwa ab 1200 v. Chr., wie Einzelfunde beweisen. Und östlich von Bernau im Moor befand sich damals vermutlich ein Moorheiligtum, zu dem diese Siedler pilgerten, um Opfer- und Weihegaben niederzulegen. Dieses Heiligtum hat man bis jetzt nicht gefunden.

Blick über die Filzen auf die Chiemgauer Berge.

Was man aber entdeckt hat, ist auch eine kleine Sensation: Einen schnurgerade von Bernau aus verlaufenden keltischen Bohlenweg, der sich über etwa zwei Kilometer durchs Moor verfolgen lässt, bis zu unserem Waldweg. Das Ende dieses Bohlenweges aus der Zeit um 600 v. Chr. wurde hier in diesem paradiesischen Wald geborgen. Einige der originalen Bohlen kann man im Moormuseum besichtigen. Vor knapp fünfzig Jahren gelang der Nachweis, dass es sich tatsächlich um einen keltischen Bohlenweg handelt und nicht um einen römischen, wie bis dahin angenommen. Der überwiegende Teil davon sind Erlenbohlen, die wohl als typische Moorrandgehölze ganz in der Nähe geschlagen wurden. Zwischen und unter den Bohlen lagen übrigens Schichten von Haselnussschalen, weshalb man annimmt, dass der Weg im frühen Herbst gebaut wurde. Haben sich die keltischen Wegebauer während der schweren Arbeit von Haselnüssen ernährt, oder haben sie die Schalen als Unterlage für den Weg extra mitgebracht? Wagenspuren konnte man keine finden, auch war der Bohlenweg nicht mit einem tragfähigen Unterbau versehen. Vermutlich war er also nicht zum Befahren gedacht, sondern nur, um den keltischen Fußgängern den Weg zum Kultplatz im Moor zu erleichtern. Wo dieser war, werden wir nur erfahren, wenn der Zufall weiterhilft – er könnte hier in unserem Paradieswald gelegen haben, wenn der Bohlenweg tatsächlich hier zu Ende war.

Wenn wir dann nach einer halben Stunde Weg nach links abbiegen und am Waldrand entlang weitergehen, fällt unser Blick durch die Bäume nach Süden auf die Wiesen vor dem idyllischen Dörfchen Rottau und die Chiemgauer Berge dahinter: ganz nah die Hochplatte, im Westen davon die Kampenwand mit ihrem charakteristischen Zackenkamm und östlich davon, jenseits des Achentals, Hochgern und Hochfelln.

DER BAATZPLATZ – NEUE KRAFT FÜR DIE MÜDEN FÜSSE

»Baatz« ist ein bayerisches Wort für Schlamm, Brei, Matsch. Hier ist matschiger Moorboden gemeint, den man an dieser Stelle nicht nur betreten darf, sondern in dem man richtig matschen darf. Nicht nur für Kinder ist das ein Erlebnis – auch für Erwachsene, deren Füße den ganzen Tag in engen Schuhen stecken. Wann haben Sie zum letzten Mal barfuß in Moorerde gematscht – nicht im Heilbad, sondern in der

Der Baatzplatz im Moor.

Natur? Eben! Zu diesem zauberhaften Baatzplatz findet man mit ein bisschen Orientierungssinn nach fünf Minuten: Einfach vom Abzweig zum Torfbahnhof geradeaus den Pfadspuren folgen, erst kurz durch einen »Wald« von Schilf, dann macht der Pfad einen Schwenk nach rechts. Sobald man auf der freien Fläche angekommen ist, sieht man den Baatzplatz mit der schwarzen feuchten Moorerde. Ziehen Sie Schuhe und Strümpfe aus und genießen Sie es, mit den nackten Sohlen in die weiche Moorerde zu steigen… Die Kulisse könnte nicht schöner sein: Hinter der weiten Fläche der Kendlmühlfilzen, in der Sie gerade schlammbaden, ragen Hochgern und Hochfelln empor. Das Hochmoor darf sich seit 1988 erholen. Über ein halbes Jahrhundert lang ist hier in großem Stil Torf abgebaut und wertvolles Moor zerstört worden. Der Torfbahnhof – das heutige Museum – kündet noch von dieser Zeit.

Wer mit den schwarzen moorigen Füßen nicht barfuß weitergehen möchte, säubert sie in einem der nahegelegenen Tümpel und zieht sich die Schuhe wieder an. Zurück auf dem Weg biegen wir nach rechts zum Torfbahnhof ab, von wo aus wir gestartet sind. Der Weg ist erstaunlich gerade – und an manchen Stellen kann man den Grund dafür noch sehen: Wir gehen auf einer alten Feldbahntrasse, auf der die Schmalspurbahn früher den Torf zur Verladestation gebracht hat. Jetzt sind die Gleise längst überwachsen, das Moor holt sich seinen Platz zurück. Violett blühendes Heidekraut säumt im Herbst den Weg, zwischen niedrigen Birken blüht der Rainfarn, eine alte Zauberpflanze, ebenso wie Wasserdost und Goldrute. Moosbeeren reifen auf den feuchten Moospolstern in dem neu wachsenden Moor, und die typische Moorfauna begleitet unseren Weg: Zahllose Vögel fühlen sich hier wohl, viele Schmetterlinge und Libellen schaukeln in der Luft. Im Frühling fruchtet das Wollgras, dann wiegen sich zahllose weiße Watteköpfchen im Wind.

Moorweg zwischen Blumen und Birken.

Schmetterlinge und Libellen sind typische Vertreter der Fauna im Hochmoor. Sie haben schon zu Zeiten der Kelten hier gelebt. Sogar die Große Moosjungfer, eine vom Aussterben bedrohte Libellenart, ist inzwischen dank der strengen Schutzbestimmungen wieder in der Filzen gesichtet worden. Ihr lustiger Name ist sehr alt. Wie sie bei unseren keltischen Vorfahren hieß, wissen wir nicht. Die überkommenen Namen zeigen uns jedoch, dass diese auffälligen Tiere schon in den Jahrtausenden der Naturreligionen besondere Beachtung fanden. Libellen galten als Todeszeichen, sie kündigten Krieg an, und wenn sie einen Menschen anflogen, bedeutete das dessen baldigen Tod.

Seejungfer, Wasserjungfer, Nix oder eben Große Moosjungfer heißen die Libellen bis heute – sie gehörten früher zum Wasserkult und wurden für geflügelte Erscheinungsweisen von weiblichen Seegöttern oder Nymphen gehalten. Die Namen Wasserhex oder Hexenvogel und Hexenpferd zeigen, dass sie teilweise als Reittiere von Hexen und Teufeln galten, oder gar als der Teufel selbst: *diable* heißen sie in der westlichen Bretagne, *dragon fly* im Angloamerikanischen – Drachenfliege, ein geschrumpfter und geflügelter Drache also.

Schmetterlinge dagegen, die sich hier im Moor ebenso zahlreich finden, hält man seit jeher für Seelenträger. Die Seelen von Verstorbenen sollen sich als Schmetterlinge aus dem Körper lösen und gen Himmel fliegen – oder im Moor geistern. Das Seelentier Schmetterling stand dann auch für die Unsterblichkeit und den Glauben an die Wiedergeburt. Denn nicht nur nach dem Tod, sondern auch vor der Geburt fliegen die Seelen der Menschen in Form von Schmetterlingen umher. Schmetterlinge darf man deshalb nicht töten. Weiße Schmetterlinge galten seit Jahrtausenden und in ganz Europa als Seelen unschuldiger Ahnen oder als Seelen von Kindern. Abend- und Nachtfalter dagegen waren Todesboten.

DAS BAYERISCHE MOOR- UND TORFMUSEUM

Wieder zurück am Ausgangspunkt, sollten Sie dem Museum noch einen Besuch abstatten. Claus-Dieter Hotz führt die Besucher durch »sein« Reich – den alten Torfbahnhof, der 1920 entstanden ist und erst 1988 stillgelegt

Moor- und Torf-
museum mit
alter Feldbahn.

wurde. Im 19. und 20. Jahrhundert wurde nämlich in Bayern das Feuerholz
knapp: Die Reichenhaller und Traunsteiner Salinen, die Hochöfen in Aschau
und Bergen, viele Nagelschmieden und die gefräßigen Kessel der neuen
Eisenbahnen schluckten riesige Mengen. Da besann man sich auf den uralten
Brennstoff Torf. Doch vor dem Verbrennen steht der mühsame Abbau des
Materials. Hochmoore sind nass. Sie müssen durch Entwässerungsgräben
trockengelegt werden, damit man sie befahren und begehen kann. Die oberste
Pflanzenschicht wird entfernt, dann erst kann man den Torf in ziegelförmigen
Blöcken abstechen und zum Trocknen aufschichten. Die Arbeit ist schwer, man
steht im Nassen, bedrängt von Regen oder Hitze, gepeinigt von Stechmücken.

Da kam die bayerische Staatsregierung 1920 auf die Idee, zum Torfabbau
in der Filzen zwischen südlichem Chiemseeufer und nördlichem Alpenrand
Strafgefangene einzusetzen. Um den Torf in ganz Bayern vertreiben zu können, baute man direkt an der Bahnstrecke München–Salzburg eine Torfsta-
tion zum Verarbeiten, Lagern und Verpacken des Materials. Von der Strafan-
stalt Bernau ganz in der Nähe wurden die Arbeiter jeden Morgen mit einer
eigens durchs Moor gebauten Schmalspurbahn herantransportiert, auf der
gleichen Bahn hat man den Torf dann zur Verladestation gebracht.

1988 hatte die Naturzerstörung in der Filzen ein Ende: Man staute die
Entwässerungsgräben und gab der Natur ihren Lebensraum zurück. Deshalb
kann man jetzt wieder eine vielfältige Moorlandschaft erleben. Der Initiative
von Privatleuten ist es zu verdanken, dass der Torfbahnhof nicht wie geplant
1989 abgerissen wurde, sondern bis heute als einmaliges Zeugnis der jüngsten
Kultur- und Technikgeschichte erhalten wurde. Im Erdgeschoss des früheren
Werkstattgebäudes ist mit originalen Möbeln und Schaustücken eine Doku-
mentation des Moores, des Torfabbaus und der Torfverarbeitung entstanden.

Das Schöne an der Ausstellung: Es riecht nach Torf, fast überall sind seine Spuren, so als ob die Arbeiter gerade gegangen wären. Es ist nichts aufgehübscht worden. Das Museum bedient sich keiner neuzeitlicher elektronischer Hilfsmittel, die Kinder absolvieren ihren Museumsbesuch nicht vor einem flimmernden Bildschirm. Dafür dürfen sie Torf anfassen und Torfspaten sowie -messer ebenso bestaunen wie eine konservierte Kreuzotter und echtes Torfmoos.

DIE MOORLEICHE ROSALINDE

Die Moorleiche Rosalinde.

Neben dem originalen keltischen Bohlenweg wartet das Museum mit einer weiteren Besonderheit auf: der Moorleiche Rosalinde. Sie wurde in Peiting bei Schongau im Moor gefunden. Das Rottauer Torfmuseum besitzt eine hervorragende Nachbildung dieser einzigen bayerischen Moorleiche, deren Geheimnisse bis heute nicht ganz entschlüsselt sind. Im Mittelalter nämlich wohnte zwar immer noch niemand im Moor, doch war es als gespenstischer Ort der umhergeisternden Seelen und unergründlichen nebligen Wasserflächen gerade richtig, um die Leichen zu versenken, für die im geweihten Friedhof kein Platz war: hingerichtete Verbrecher, unehrenhafte Frauen oder im Kindbett verstorbene Wöchnerinnen, die als unrein galten. Zu letzteren gehört vermutlich die Moorleiche Rosalinde.

Sie hat unmittelbar vor ihrem Tod ein Kind geboren und ist entweder während oder kurz nach der Geburt gestorben, bevor sie, wie es Christinnenpflicht war, die Kirche zur »Reinigung« aufsuchen konnte. Eine Entbindung galt als ein unrein machender körperlicher Vorgang, und jede Wöchnerin musste sich danach in der Kirche einfinden, um sich durch den Segen reinigen zu lassen. Nach altchristlicher Vorstellung war eine Frau nach Geburt eines Knaben vierzig Tage, wenn sie ein Mädchen geboren hatte, achtzig Tage unrein. Nach vierzig Tagen musste sich deshalb bekanntlich auch die Muttergottes im Tempel einfinden und dem Priester eine Taube und ein Schaf opfern – bis heute feiert die christliche Kirche deshalb vierzig Tage nach Weihnachten, der Geburt Jesu, das Fest Maria Lichtmess. Das war der Tag, an dem Maria zur Reinigung in den Tempel ging.

Unsere arme Rosalinde hat diesen Gang nicht mehr geschafft und musste deshalb nach ihrem Tod unruhig umherwandern. Sechs Wochen lang kontrollierte sie als Geistwesen nach altem Volksglauben die Versorgung ihres Kindes, weshalb sie mit neuen Schuhen ausgestattet werden musste. Die Stiefel, die Rosalinde trägt, sind tatsächlich nicht benutzt worden, die Sohlen tragen keinerlei Abnutzungsspuren. Auf Bildern aus der Zeit im 14. Jahrhundert, in der Rosalinde mit fünfundzwanzig Jahren starb, gebären die Frauen in voller Kleidung, sie tragen aber keine Schuhe. Deshalb hat man der verstorbenen jungen Mutter wohl für die Bestattung die neuen Stiefel angezogen. Und man hat ihr – im Gegensatz zu hingerichteten Verbrecherinnen, wie es in Norddeutschland gefundene Moorleichen waren – sogar einen Sarg gezimmert. Auch das lässt vermuten, dass sie eigentlich eine ehrenhafte Frau war, die nur wegen der fehlenden Reinigung nach der Entbindung unehrenhaft bestattet werden musste.

Zu St. Peter und Paul auf dem Westerbuchberg: Kirchlein der Frühzeit mit antikem Zauberspruch

Ausgangspunkt: Parkplatz nahe der Kirche vor dem Gasthaus Alpenhof in Westerbuchberg
Routenverlauf: Von der Kirche Westerbuchberg Rundweg über Sträßchen und durchs Moor
Anforderungen: Etwa 1 bis 1½ Stunden Gehzeit. Kleine Teerstraßen und Feldwege, bei der Rückkehr von der Ebene nach oben zur Kirche muss eine lange Steigung bewältigt werden.
Alternative: Wer gern eine längere Wanderung macht, kann diese hier mit der Tour durch die Rottauer Filzen (Seite 169) verbinden. Über den Moorweg, den man beim Abstieg vom Westerbuchberg erreicht, kommt man in westlicher Richtung zum Moor- und Torfmuseum, dem Ausgangspunkt der Filzenwanderung.
Tipps:
– Sollte die Kirche einmal verschlossen sein, kann man die Mesnerfamilie im Bauernhof direkt daneben bitten, aufzusperren.
– Die Südterrasse des Gasthauses Alpenhof in Westerbuchberg, bei dem Sie parken, empfiehlt sich nach der Tour zur Einkehr.

Nach der Besichtigung der Kirche beginnen Sie die Wanderung, indem Sie dem Sträßchen vor dem Gotteshaus einfach nach Westen folgen. Nach etwa 15 Minuten führt es langsam nach Süden hinunter, wo Sie sich nach links wenden und auf den Moorweg stoßen, der vom Torfmuseum Rottau her kommt. Ihm folgen Sie durch

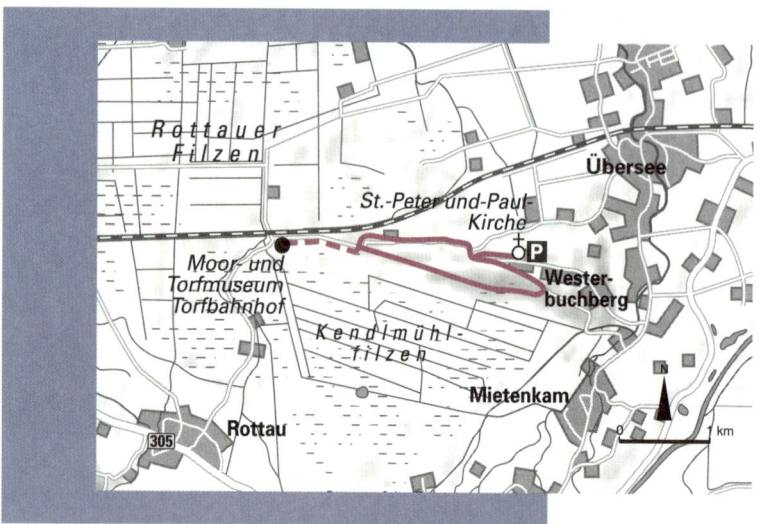

eine sonnenverwöhnte Moorlandschaft, bis er – mit Schild versehen – nach links oben wieder auf den Westerbuchberg führt. Lesen Sie aber am besten zuvor den folgenden »zauberischen Exkurs«.

DIE KIRCHE AUF DEM EINLADENDEN WESTERBUCHBERG

»So ziemlich inmitten des Westerbuchberges steht eine uralte Kirche, die den Aposteln Petrus und Paulus geweiht ist; unzweifelhaft die älteste im Tal und vielleicht schon Anfang des 8. Jahrhunderts erbaut. (…) Die Aussicht von hier ist nach allen Himmelsrichtungen großartig zu nennen; man überblickt den See bis zu seinen äußersten Ufern in ganzer Fläche, mit all den an seinen Gestaden zerstreut liegenden Landhäusern, Gehöften und Ortschaften, vor allem aber genießt man einen prächtigen Blick auf die Chiemseeinseln.« So schwärmt Anna Kroher, die große Sagensammlerin des Achentals, vom Westerbuchberg. Wer einmal dort war, tut es ihr gleich. Der Standort des Kirchleins hier ist der beste Punkt auf der einstigen Insel im Ur-Chiemsee, dem Westerbuchberg. Umgeben von einem Friedhof mit seiner Mauer will man sich am liebsten an der Südwand der Kirche niederlassen und diesen Platz nicht mehr verlassen. Auch wenn man sich sonst nicht gern auf Friedhöfen aufhält – hier möchte man auch einmal zur ewigen Ruhe gebettet werden.

St. Peter und Paul.

Höhenfriedhof am Westerbuchberg
mit Aussicht bis zur Kampenwand.

Diesen Ort hatten nicht erst die christlichen Kirchenbaumeister entdeckt: Unter den Steinen der Kirchensüdmauer finden sich auch solche aus der Römerzeit. Vielleicht war hier ein kleines Kastell mit einem Tempel? Auch die vor hundert Jahren von Anna Kroher aufgeschriebenen Beobachtungen sprechen dafür. Sie wusste noch, dass »auf dem Rücken des Hügels vor der Kirche, gegen Osten, einstmals ein Heidenturm gestanden sei, dessen Mauerquadrat noch bis Ende des vorigen (des 19.) Jahrhunderts zu sehen gewesen war«. Von diesem römischen Wachtturm ist inzwischen jede Spur getilgt, doch eine Besiedlung des Westerbuchberges schon in keltischer und dann in römischer Zeit gilt als sicher. Dazu passt auch das Patrozinium der Apostelfürsten Petrus und Paulus, können wir doch auch bei der Münchner Peterskirche (Seite 299) sehen, dass diese Patrozinien zu den frühesten gehören, die oft zur »Taufe« vorchristlicher Kultorte benutzt wurden.

Auch die weiteren Heiligen, die wir in der Westerbuchberger Kirche vorfinden, bestätigen die Theorie: Der ehemals romanische Bau wurde in der frühen Gotik umgebaut. Man zog eine Zwischendecke ein, baute einen Chor und das südliche Seitenschiff. Von den romanischen Fresken, die durch die gotischen Umbauten brutal zerstört und zerschnitten wurden, hat man inzwischen größere Teile freigelegt. So sieht man an der südlichen Langhauswand eine in Rötel gezeichnete Anbetung der Heiligen Drei Könige. Sie ist nur noch teilweise erhalten, da man den Bogen bei der Errichtung des Seitenschiffs ausgebrochen hatte. Gegenüber erkennt man Reste eines Gewässers mit Fischen: Das ist das Wasser, in dem ein riesiger heiliger Christophorus stand, dessen oberer Teil sich oberhalb der gotischen Decke befindet. Er ist der christliche Nachfolger des keltischen Helden Dagda mit der Keule.

Gemalter Nothelferaltar und gotische Sakristeitür im Kircherl am Westerbuchberg.

Oberhalb der gotischen Decke gibt es übrigens auch noch eine Anna-Selbdritt-Darstellung zu sehen, die wie in so vielen Kirchen der Obrigkeit offenbar ein Dorn im Auge war. Die Annaverehrung und die Anbetung einer mütterlichen Göttin in Dreiergestalt erinnerte zu sehr an heidnische Götter. Bis heute bemüht sich die Kirche nach Kräften, die Marienverehrung zu fördern, während Anna gern vernachlässigt wird. Das Problem hat man schon im 15. Jahrhundert elegant gelöst, indem man ihre Darstellung einfach zubaute.

Allerdings entstand dann Anfang des 16. Jahrhunderts in dem neu gebauten Seitenschiff ein gemalter, freskierter Altar der Vierzehn Nothelfer. Diese vierzehn Heiligen, vom Keltenforscher Rohrecker despektierlich als christliches »Spezialkommando ... zur Überwindung bzw. Zähmung des keltischen Glaubens in den Alpen« bezeichnet, sollten wohl auch hier einen Ersatz für zahlreiche keltische und auch römische Götter bieten. Jeder von ihnen hatte seine eigenen Zuständigkeiten, die verblüffend an vorchristliche Vorbilder erinnern. So fungierte Ägidius als Nachfolger des keltischen Cernunnos, Dionysius nicht nur vom Namen her als Ersatz für Dionysos. Und der Kessel des heiligen Vitus, angeblich sein Marterinstrument, stellt wohl eher ein Symbol für die Wiedergeburt dar, wie auch der Name dieses »Heiligen«, Vitus, »Leben«, annehmen lässt. Dazu kommen die als Nachfolgerinnen der drei Bethen eingesetzten drei heiligen Madln Barbara, Katharina und Margaretha, sodass alle wichtigen, offenbar vom Volk zäh verteidigten und verehrten alten Götter durch verchristlichte Heilige ersetzt waren.

ANTIKER ZAUBERSPRUCH IM DECKENFRESKO

Eines der spannendsten Bilder in der Kirche ist ebenfalls nur noch zu sehen, wenn man das Glück hat, zwischen die gotische und die darüber befindliche romanische Gewölbedecke schauen zu dürfen. Dort befindet sich nämlich im Rahmen um das schon erwähnte Anna-Selbdritt-Fresko ein Muster, das sich bei näherem Hinsehen als Schrift, nämlich als gotische Minuskeln herausstellt.

Fresko mit dem Zauberspruch.

Die Schrift lautet: *Sator arepo tenet opera rotas* – einer der meistverwendeten Zaubersprüche schon in der Antike. In fünf Reihen stehen jeweils fünf Buchstaben, sie bilden ein Feld von insgesamt fünfundzwanzig Kästchen. Die heilige Zahl fünf mit sich selbst multipliziert ergibt eine potenzierte heilige Zahl. Fünfundzwanzig ist aber auch im wörtlichen Sinn die Summe aller heiligen Zahlen, die in der Magie verwendet werden: $1 + 3 + 5 + 7 + 9 = 25$.

Noch geheimnisvoller und magischer wird die Sator-Formel aber, wenn wir ihre Buchstaben näher betrachten. Man kann sie ins Quadrat eingeschrieben von allen Seiten lesen, und immer erhält man den einen Satz. Es handelt sich dabei um ein Palindrom, das ist ein Satz oder auch nur ein Wort, das von vorn und von rückwärts gelesen gleich lautet. Das Quadrat lässt sich also von vorn nach hinten waagrecht und von oben nach unten senkrecht lesen, zudem rückwärts ebenfalls waagrecht und senkrecht.

Wörtlich übersetzt heißt die Formel etwa: »Sämann Arepo hält mit Mühe die Räder.« Meist wird der Satz mit christlichem Hintergrund ausgelegt: »Der Schöpfer Gott lenkt

S	A	T	O	R
A	R	E	P	O
T	E	N	E	T
O	P	E	R	A
R	O	T	A	S

Der Sator-Zauberspruch, in 25 Quadrate eingeschrieben.

die Schöpfung« oder »Gott hält die Schöpfung in Bewegung.« So ganz stellt diese Deutung allerdings nicht zufrieden, zumal diese Zauberformel sogar in den Ruinen der zerstörten Stadt Pompeij entdeckt wurde. Auch Papyri mit der Sator-Formel aus vorchristlicher Zeit sind erhalten.

Erst im vergangenen Jahrhundert haben Wissenschaftler entdeckt, dass sich die Formel auch anders schreiben lässt: Wenn man alle Buchstaben des »Sator arepo« wie in einem Würfelbecher durcheinandermixen würde, ergäben sie das Wort »Paternoster« – senkrecht und waagrecht in ein Kreuz eingeschrieben. Übrig bleiben dabei je zweimal die Buchstaben a und o – das Alpha und das Omega.

Der Sator-Spruch, als Paternoster geschrieben.

Die Wissenschaft ist bis heute fasziniert von diesem Jahrtausende alten Zauberspruch. Theologen und Mathematiker, Philosophen und Philologen beschäftigen sich mit diesen fünf unscheinbaren Wörtern und finden immer neue Deutungsmöglichkeiten. Dem gemeinen Volk waren diese tiefschürfenden Knobeleien nicht bekannt, sie wären ihm auch nicht verständlich gewesen. Jedoch besitzt die Sator-Formel offenbar einen ganz eigenen Zauber, der sie seit zweitausend Jahren zu einer Buchstabenfolge macht, deren umfassende Wirkung in vielen aussichtslosen Lagen des Alltags kaum angezweifelt wurde. So hat man die Sator-Formel auf Esszettelchen geschrieben und gegen Fieber und Tollwut eingenommen oder den Tieren zu fressen gegeben. Dieses magische Quadrat galt jedoch auch als probates Mittel zur Bekämpfung von Bränden. Im Samland hat man die Formel noch Anfang des 19. Jahrhunderts auf ein Stück Zinn graviert, das dann nach dreimaligem Umreiten des Feuers »im Namen des dreieinigen Gottes« in die Flammen geworfen werden musste.

Wie die Zauberformel an den Chiemsee gekommen ist, weiß man bis heute nicht. Man kennt bis jetzt keinen Ort, an dem sie auch als Fresko auftaucht. Der geheimnisvolle Fund befindet sich heute im Dachboden der Kirche und ist von unten nicht mehr zu sehen. Zuvor hat man neben der Anna Selbdritt und verschiedenen Heiligen auch diesen alten Zauberspruch aufgeboten, um von allen Seiten Hilfe zu erbitten – von christlichen und heidnischen, frei nach dem Motto: Eins wird schon helfen.

Zum Platz der Frauen im wasserreichen Priental: Von Maria in der Ketten zum Schoßrinn-Wasserfall

Ausgangspunkt: Parkplatz Festhalle unterhalb der Burg Hohenschau in Aschau
Routenverlauf: Aschau–Kettenkapelle–Ortsteil Bach–Schoßrinn-Wasserfall, von dort zurück mit dem Bus
Anforderungen: Reine Gehzeit etwa 2 bis 3 Stunden. Guter Wanderweg mit mäßigen Steigungen, auf der Höhe der Kettenkapelle ist mit kleinen Kindern Vorsicht geboten: Hier fällt die Schlucht des Flüsschens Prien sehr steil und sehr tief ab.
Alternativen:
– Ab Schoßrinn können Sie auf dem Weg Nummer 12 bis nach Sachrang weiterwandern. Von hier wandert man in etwa 30 Minuten bis zur Ölbergkapelle an der Tiroler Grenze gehen. In Sachrang kann man den liebevoll gepflegten Müllner-Peter-Kräutergarten neben dem gleichnamigen Museum besichtigen und mit dem Bus zurück zum Ausgangspunkt fahren.
– Ab Schoßrinn bietet es sich an, auf einem anderen Weg zurückzuwandern: Ein kurzes Stück geht es zurück auf dem Weg Nummer 12, dann zweigt der Weg Nummer 21 nach rechts ab. Er führt im Bergwald auf der rechten Seite der Prien über Schwarzenstein und Außerwald zurück nach Aschau. Gehzeit etwa 2 Stunden, sodass Sie insgesamt etwa 4 Stunden unterwegs sind.
Tipp:
Planen Sie genügend Zeit für den Aufenthalt beim Wasserfall ein. Auch Erwachsene sitzen hier gern für eine lange Zeit, weil sie förmlich spüren, wie sich Körper und Seele mit Energie aufladen. Man kann sich nur schwer losreißen.

Sie starten am Parkplatz Festhalle in Aschau und gehen geradeaus nach Süden die Schlossbergstraße Richtung Hammerbach und Bach entlang nach oben an die Engstelle mit der Kettenkapelle. Weiter geht es dann zunächst immer hoch über der Prien, dann nähert sich der Weg dem Fluss wieder an. Der Prientalweg ist mit der Nummer 12 bezeichnet. Ihm folgen Sie etwa 1 bis 1½ Stunden lang bis zur Abzweigung zum Schoßrinn-Wasserfall, die auch angeschrieben ist. In den letzten 15 Minuten begleitet Sie durch lichten Wald ein Bach in einem ausgewaschenen Felsenbett, in dem Sie die Auffaltungen und Schichtungen des Gesteins deutlich sehen können. Die Erde scheint hier ihr Innerstes nach außen gekehrt zu haben.
Ganz unvermittelt zeigt sich dann eine atemberaubende Szenerie: Von einer hohen Felswand tobt das Wasser des Schoßrinn-Wasserfalls in die Tiefe. An diesem Platz können Sie Energie tanken und die Seele baumeln lassen. Irgendwann aber heißt es Abschiednehmen. Wenn Sie keine der Alternativen erwandern wollen, gehen Sie geradeaus weiter Richtung Straße und Bushaltestelle und lassen sich zum Ausgangspunkt zurückfahren.

WANDERPARADIES PRIENTAL

Das Priental verläuft in Nord-Süd-Richtung von Aschau im Chiemgau bis nach Sachrang an der Grenze zu Tirol. Flankiert wird es im Osten von den berühmtesten Chiemgauer Bergen, der Kampenwand und dem Geigelstein, im Westen von Hochries und Spitzstein. Es ist kein düsteres und enges Tal, sondern ein liebliches, friedliches, von der Sonne beschienenes, in dem man sich gern aufhält. Hier bieten sich viele Wanderungen an. Das ganze Tal entlang führt ein beschilderter Wanderweg mit Abzweigen nach links und rechts, und es fährt ein öffentlicher Bus, sodass man nur in eine Richtung wandern muss, der Sonne entgegen, und sich bequem mit dem Bus zurückkutschieren lassen kann. Genau das tun wir heute, und wir starten am Parkplatz der Festhalle in Aschau. Ein Stück des Prientalweges wollen wir gehen, bis zur Schoßrinn, dem schönsten der vielen Wasserfälle, die man auf dem weiteren Weg noch besuchen könnte.

MARIA IN DER KETTEN

Auf unserem Weg Richtung Hammerbach und Bach gehen wir »über die Ketten«, wie man in Aschau sagt. An einer Engstelle hoch über der Prien passieren wir nämlich eine eigenartige Felsenkapelle namens »Maria in der Ketten«. Dieses Sträßchen war lange Zeit der einzige Fahrweg im Priental, und man musste Maut zahlen. Die Straße war deshalb mit einer Kette abgesperrt. An der Stelle der Kettenkapelle ist die höchste und gefährlichste Stelle dieses Weges erreicht. Die Prien hat sich rund fünfzig Meter in die Tiefe eingegraben; wie eine Klamm wirkt das Flussbett von hier oben.

Die Kettenkapelle an der Engstelle hoch über der Prien.

Ein Fuhrmann samt Fuhrwerk soll an dieser Stelle einst mit seinen sechs Rössern vom Weg abgekommen und tief in die Schlucht gestürzt sein. Kundige Einheimische wissen bis heute verschiedene Geschichten von dieser seltsamen Stelle zu erzählen. Es soll hier nicht mit rechten Dingen zugehen: Immer wieder stürzen Leute ab, bis in die jüngste Zeit. Es waren oft gesunde Männer, die einfach nur nach unten schauen wollten und wie von einer unsichtbaren Kraft in die Tiefe gezogen worden sind.

Unheimlich war es an dieser engen Passage hoch über der Prientalschlucht wohl schon immer, deshalb hat man einst einen heiligen Christophorus in einer Felsennische an der Engstelle angebracht, um eventuell vorhandene Dämonen und böse Geister von der wichtigen Straßenverbindung zu vertreiben. Der Anblick eines Christophorus-Bildes sollte ja bekanntlich vier-undzwanzig Stunden lang vor einem plötzlichen Tod schützen. Christophorus wurde zum Schutzheiligen der Reisenden, weil er einst das Jesuskind über den Fluss getragen hatte.

Heute ist es eine Marienfigur, von der sich die Vorübergehenden Schutz und Segen erhoffen. Über die Felsnische hat man ein Kapellchen gebaut, daneben ist immer noch der Rest der namensgebenden Kette erhalten. Und ein kleiner schwarzer Hund ist in der Felsenkapelle abgebildet – er entstammt einer bekannten Sage um diesen Ort: Einer der Hammermeister, der im hiesi-gen Erzbergbau beschäftigt war, schaffte einmal heimlich etwas Erz beiseite, um es auf eigene Rechnung zu verkaufen. In einer Höhle links von der Ket-tenkapelle soll er es versteckt haben. Als er das gestohlene Erz jedoch heraus-holen wollte, schoss ein großer schwarzer Hund mit glühenden Augen heraus, der Mann kam nicht mehr an sein Diebesgut heran. Seither spukt dieser furchterregende Hund um Mitternacht an der Felsenkapelle herum, weshalb der Ort nachts gemieden wird.

DIE SCHOSSRINN

Und dann öffnet sich plötzlich ganz unvermittelt eine Szenerie, mit der man hier im Wald nie gerechnet hätte: eine senkrecht abfallende Wand, an den Seiten mit einem halbrunden Schluss wie eine Theaterbühne, etwa neunzig Meter hoch mit einem kleinen Einschnitt oben in der Mitte, aus dem das Wasser senkrecht nach unten in ein kleines Becken stürzt. Dort verweilt es ein wenig und fließt dann in unser schönes Bachbett, um das Flüsschen Prien zu speisen. Schoßrinn – der Name beschreibt die unterschiedlichen Fließge-

Gesteinsauffal-tungen im Bachbett vom Wasserfall zum Flüsschen Prien.

Der Schoßrinn-Wasserfall stürzt neunzig Meter tief in ein halbrundes Becken.

schwindigkeiten des Wassers: Wenn es stark geregnet hat, *schießt* es über den Felsenhang, unten dann *rinnt* es aus dem natürlichen Auffangbecken als Bergbach weiter.

Die Schoßrinn ist bei den Einheimischen beliebt als Ort, an dem man neue Kraft tankt, an dem man meditiert, zur Ruhe kommt, zu sich findet. Viele empfinden ihn als sehr weiblichen Ort, die halbrunde Felsenbühne erinnert wirklich an einen bergenden, behütenden Schoß. Wer weiß, ob der Name nicht doch zweideutig gemeint ist? Das beständig fließende Wasser in diesem »Schoß« kann man als Symbol auffassen: für das Loslassen dieses behütenden weiblichen Schoßes, das Reinigen, das Gebären. Wohl nicht zuletzt deshalb wird die Schoßrinn gern von Frauen aufgesucht. Aber nicht nur wir Frauen fühlen uns hier wohl: Auch Kinder spielen hier gern im Wasser oder suchen Steine, und auch sie können sich kaum mehr von diesem erfrischenden, belebenden, angenehmen Platz trennen. Dass die Luft am Fuß eines Wasserfalls durch das wirbelnde, fallende Wasser mit negativen Ionen hoch aufgeladen ist und dass wir uns deshalb an solchen Plätzen so wohl fühlen, hat Blanche Merz wissenschaftlich nachgewiesen (siehe Seite 31). Wenn wir uns losgerissen haben, folgen wir dem abfließenden Bach wieder zurück – nicht ohne noch einmal die Felsschichtungen bewundert und Muster, Gesichter und Zeichen darin entdeckt zu haben.

Zur Abendmahlskapelle Bucha mit dem heiligen Brünnl und rund um den dunklen Bärnsee

Ausgangspunkt: Parkplatz am Moorschwimmbad in Aschau
Routenverlauf: Moorschwimmbad–Innerkoy–Abendmahlskapelle Bucha–
Ort Bucha–Bärnsee–Höhenberg–Moorschwimmbad
Anforderungen: Gehzeit etwa 2 bis 3 Stunden. Wanderwege, teils auch Teersträßchen, teils feuchte Pfade durchs Moor, steile Anstiege gibt es im Wald zur Abendmahlskapelle und vom Bärnsee hoch nach Höhenberg.
Alternativen:
– Wer nur den geheimnisvollen moorigen Bärnsee umrunden möchte, hält sich auf dem Waldweg vom Moorschwimmbad gleich an den Weg Nummer 24 »Rund um den Bärnsee«.
– Wer nur die Abendmahlskapelle besuchen möchte, folgt der Wegbeschreibung für den Hinweg, geht zurück ebenfalls direkt nach unten Richtung Bucha-Gschwendt und dann auf dem Radweg entlang der Hauptstraße zurück zum Parkplatz.
Tipp: Einkehren kann man im Café Pauli, am Höhenrücken unterhalb von Höhenberg und oberhalb des Moorschwimmbads direkt am Weg auf dem energiereichen, harmonischen Südhang von Höhenberg gelegen. Wunderbare Aussicht!

Gleich hinter dem Schwimmbad treten Sie in den Moorwald ein – dicke Stämme und im Herbst die roten Beeren der Eberesche bilden eine einladende Pforte.
Sie halten sich immer auf dem Hauptweg in Richtung Innerkoy. Bei der Gaststätte am Moor überqueren Sie die Hauptstraße, gehen das Sträßchen hoch nach Innerkoy, weiter in den Wald hinein und zum Schluss steil nach oben Richtung Bucha-Abendmahlskapelle. Nach einer Besichtigung dort gehen Sie den Weg wieder zurück bis zur Abzweigung »Bucha«, die nach rechts abwärts führt. An der Hauptstraße angekommen, folgen Sie dieser auf dem Radweg ein paar hundert Meter nach rechts, bis auf der gegenüberliegenden Straßenseite ein Schild den Fußweg zum Cafe Pauli ankündigt. Diesen Weg nehmen Sie ins Moor, aber nur, bis Sie auf den Moorrundweg Nummer 24 treffen, dem Sie nach rechts folgen. Hier umrunden Sie den dunklen Bärnsee.
Der Weg führt Sie nun am Fuß des Moränenhügels, der den Bärnsee auf der Nordwestseite abschließt, vom Seeufer hoch in einen Buchenwald, an dessen Ende Sie links über die Wiesen Richtung Höhenberg gehen. Steil durch den Wald hinauf erreichen Sie das Bauerndorf mit seiner erstaunlichen Kirche. Von diesem wunderschönen Ort, von dem man sich kaum trennen mag, führt der Weg in südlicher Richtung dann wieder hinab und zum Ausgangspunkt zurück.

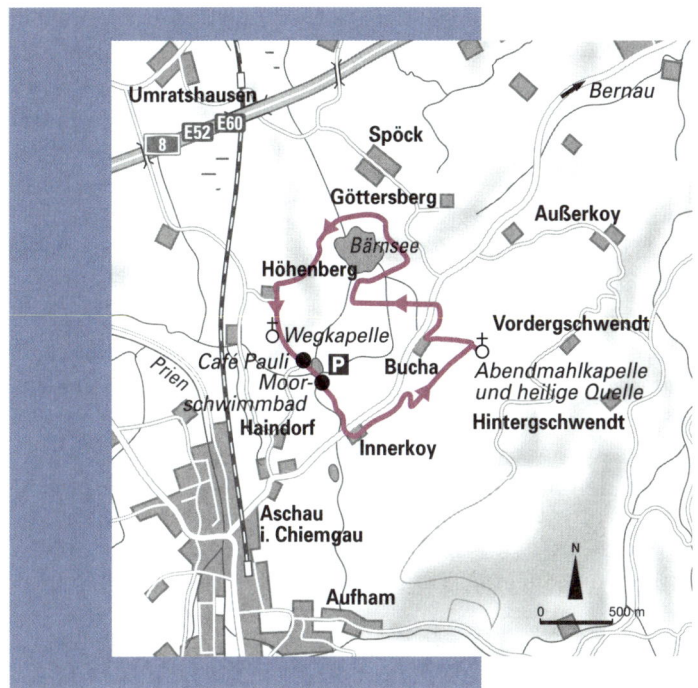

KELTENLAND ZWISCHEN SEE UND BERGEN

Der nur etwa zehn Kilometer breite Streifen flachen Landes zwischen Chiemsee und Alpenkette war zur Römerzeit ein unwirtliches Stück Land: hauptsächlich moorig und sumpfig am Südrand des Chiemsees, außerhalb der Moore dicht bewaldet und Richtung Berge hügelig und von tiefen Schluchten durchzogen. Die Römer, die bestrebt waren, ihre Straßen so gerade wie möglich anzulegen, um so den schnellsten und gefahrlosesten Transport von Waren und Menschen zu gewährleisten, mieden die Gegend. Zwar wurden vereinzelte römische Siedlungsreste in der Bernauer Gegend gefunden, die Hauptstraße der Römer jedoch verlief schnurgerade nördlich des Chiemsees.

Hier im Süden war Keltenland. In der Rottauer Filzen wurde ein keltischer Bohlenweg entdeckt (siehe Seite 169). Hoch oben auf den Kuppen der Moränenhügel finden wir bis heute Kirchlein auf uralten kultischen Plätzen – Westerbuchberg, Höhenberg, Schnappen zum Beispiel. Hier auf der Nordseite der Kalkalpen treten außerordentlich viele Quellen an die Oberfläche, hier finden wir verstreut viele kleine Moorseen als Relikte der Eiszeit – darunter einige Orte, die wohl schon in vorchristlicher Zeit kultische Verehrung genossen. Auf diese Kulte können wir aus Sagen und Legenden, aber auch aus Ortsnamen und natürlich aus der Lage mancher christlicher Kultorte schließen. Einige dieser Plätze lernen wir auf dieser Wanderung nördlich von Aschau kennen. Aber auch ganz abgesehen von der kultischen Vergangenheit ist diese Landschaft so zauberhaft, dass man am liebsten ewig hier verweilen würde.

Am nördlichen Ortsrand von Aschau liegt am Rand der Buchafilz, eines kleinen Moorgebietes, das Moorschwimmbad, für uns heute Parkplatz und Ausgangspunkt der Wanderung. Gleich gegenüber des Eingangs befindet sich – frei zugänglich – in einem natürlichen Bach eine kleine Kneippanlage, die eine Besonderheit hat: Das bräunliche Moorwasser von links und das klare Bergwasser von rechts fließen hier zusammen. Nach der Wanderung sollte man die Anlage auf jeden Fall ausprobieren und das weiche und das harte Wasser abwechselnd zum Erfrischen der müden Füße benutzen.

DIE ABENDMAHLSKAPELLE

Mitten im Wald steht eine Kapelle, die ihren Namen von einem Gemälde des Letzten Abendmahls hat. Sie ist ziemlich neu, gerade einmal vierzig Jahre alt, weil sie nach einem Brand 1968 wiedererrichtet wurde. Das Altarbild wird aber schon seit langer Zeit, mindestens seit dem 17. Jahrhundert, verehrt. Es soll einst nur an einem Baum befestigt gewesen sein, wo es nach den Aufzeichnungen des örtlichen Kooperators von 1844 nur »das an dieser Stelle befindliche Quellwasser näher bezeichnet«. Es wurde »an gedachtem Orte so oft erneuert, als dasselbige verwitterte, jedoch immer und zwar bis zum Jahre 1723 von einer unbekannten Hand, sodass sich das Bild an dieser Stelle, so wie die Verehrung desselben nie verloren hat«, wie es auf einem in der Kapelle ausliegenden Blatt heißt. Vermutlich 1723 hat dann ein Schlossergeselle dem verehrten Bild eine Holzkapelle gestiftet, nachdem er durch göttliche Hilfe von einem schweren Leiden genesen war. 1822 entstand die gemauerte Abendmahlskapelle aus Anlass des Verlöbnisses zweier Fuhrleute aus Bernau. Die

Abendmahlskapelle in Bucha.

gräfliche Erlaubnis, die damals zur Errichtung der Kapelle erteilt werden musste, weist ausdrücklich an, dass »die Kapelle rücksichtlich der Quelle« erbaut werde – wieder ein Hinweis auf deren Bedeutung.

Diese neue Kapelle scheint dann immer mehr Wallfahrer angezogen zu haben, sodass sich der Chronist in seinen zeitgenössischen Aufzeichnungen wundert, »wie denn eine so einfache, ärmliche und schmucklose Waldkapelle so weit und breit berühmt werden konnte«. Auch eine Lourdesgrotte richtete man in der Abendmahlskapelle ein, damit hatte man einen weiblichen Widerpart zum männlichen Abendmahlsbild geschaffen.

Die Kapelle wird heute von den Frauen des Ortes gepflegt. Frauen sind es auch, die zahlreich herkommen, Votivgaben bringen und vor allem auch das Quellwasser in Flaschen abgefüllt nach Hause mitnehmen. Die Kapelle steht zwar immer noch mitten im Wald, die hohen Bäume, die zu dicht standen, wurden jedoch ausgelichtet. Ein großer Holunderbusch beschützt jetzt den heiligen Ort. Wie passend, markiert das doch den möglichen Anfang der Quellverehrung hier in vorchristlicher Zeit, als nicht nur Quellen, sondern auch Bäume und Büsche verehrt wurden. Der Holunder, Sitz der Frau Holle und der guten Hausgeister, ist eine dieser Pflanzen.

DIE HEILIGE QUELLE

Wichtiger als Abendmahlsbild und später -kapelle war irgendwann in lange zurückliegender Zeit wohl die Quelle, die hier am Hang entspringt. Links neben dem Aufgang zur Kapelle läuft das Wasser aus einer kunstvollen Fassung aus rotem Marmor, die aus dem Jahr 1620 stammt. Die Quelle ist also lange vor der ersten Erwähnung des Abendmahlsbildes nicht nur vorhanden, sondern schon kostbar gefasst gewesen. Interessant ist auch, dass keinerlei religiöse Symbolik auf der Rotmarmorfassung auftaucht. Es steht zu vermuten,

Heilige Quelle beim Abendmahl.

dass die Quelle schon lange vor der Zeit der Marmoreinrahmung bekannt war und verehrt wurde. Im 19. Jahrhundert berichtete der oben erwähnte Kooperator, dass das Wasser untersucht wurde und »fast keine fremdartigen Bestandteile« enthielt, sondern »das reinste Naturwasser« sei. Es halte sich »in verschlossenen Flaschen oder Gläsern Jahre lang ... ohne den mindesten Übelgeruch anzunehmen oder in Fäulnis überzugehen. Dieses Wasser wirkt vorzüglich wohlthätig und heilsam in Augenkrankheiten, und nicht selten, ja öfter einmal ist es geschehen, dass Blindgewordene durch den Gebrauch dieses Wassers das Augenlicht wieder erhalten haben!« Da versteht man die Frauen, die hier Flaschen mit Quellwasser »vom Abendmahl« abfüllen, um für Krankheitsfälle immer ein bisschen heilkräftiges Wasser im Haus zu haben.

SAGENHAFTER BÄRNSEE

Der Bärnsee ist angeblich unergründlich tief. Sein dunkles Moorwasser lässt ihn geheimnisvoll aussehen, und obwohl es weich und angenehm für die Haut ist, hatten die Menschen wohl immer Respekt vor dem finsteren kleinen See. Einige übermütige Burschen sollen einst versucht haben, bis zum Grund zu gelangen. Der Mutigste von ihnen, den sie an einem Seil hinuntergelassen hatten, kam kreidebleich wieder an die Oberfläche. Im tiefen Wasser hat er eine Stimme gehört, die von ganz unten zu ihm sprach: »Ergründst du mich, so schlünd ich dich!« Seither soll nie mehr jemand versucht haben, den Seegrund zu erreichen.

Interessant ist eine zweite Sage um den Bärnsee: Vor langer Zeit soll an der Stelle des Sees ein Nonnenkloster in einer lieblichen Aue gestanden haben. Die Klosterschwestern waren jedoch so eitel und putzsüchtig, dass sie statt der einfachen Schwesterntracht kunstvoll verzierte Spitzenhauben trugen. Die Messe besuchten sie in Aschau und nicht in einem einsamen Klosterkirchlein, damit nur möglichst viele Menschen sie bewunderten. Die einzige Nonne, die fromm und bescheiden blieb, mahnte ihre Mitschwestern zum Gehorsam – ohne Erfolg. Traurig trug sie den wertvollsten Besitz des Klosters, ein altes geschnitztes Kruzifix, hinüber nach Höhenberg in die Kirche. Als sie jedoch zurückblickte, hatte die Erde das Kloster verschluckt, und an seiner Stelle erstreckte sich nun der dunkle, schwarze Bärnsee.

Aus der Tiefe des Sees sprach hier also ein im Wasser lebendes Wesen, ein Wassergott womöglich? Und ein Nonnenkloster versank in der Nähe – gegenüber der heiligen Quelle in Bucha, die sicher schon lange vor ihrer jetzigen Steinfassung verehrt wurde. All das könnte auf Reste keltischer Quell- und Naturkulte hindeuten. Wenn wir unsere Wanderung fortsetzen, stoßen wir sogar noch auf einen Abzweig Richtung Göttersberg. Dieser Weiler liegt ebenfalls hoch über dem Bärnsee, gegenüber von Höhenberg. Woher der

Blick über den stillen Bärnsee nach Süden.

Name kommt, konnte mir niemand erklären – allein: »Göttersberg« würde gut zu den vielen Hinweisen auf vorchristliche und christliche Kulte um den Bärnsee passen.

Auch der Name des Bärnsees ist nicht restlos geklärt. Meist wird er als See in einer Gegend, in der Bären lebten, erklärt. Nachdem aber, wie sich auch bei Irschenberg feststellen lässt (siehe Seite 227), früher entlang des Alpenkamms überall Bären vorkamen, gab es wohl keinen Grund, ausgerechnet hier die Bären zum Namensgeber zu machen. Viel wahrscheinlicher ist es, dass auch hier ein Mann mit dem romanischen Namen Ursus – »Bär« – eine Siedlung gegründet hat. Vielleicht das nahegelegene Bernau – Bärn-Au. Den Namen Ursus hat man dann eingedeutscht als »Bär« verwendet. Nördlich von Bernau liegt übrigens der kleine Ort mit dem seltenen Namen Irschen, ebenfalls von Ursus herzuleiten. Andere Erklärungsversuche weisen auf den Personennamen Bero oder Pero hin, wobei das althochdeutsche *bero* aber auch den Bären als Wortwurzel enthält.

Beim Wandern entlang seiner Ufer, durch moorige Wiesen und – an besonders feuchten Stellen – über einen abenteuerlichen Bohlenweg, können wir die Faszination nachfühlen, die dieser dunkle, schier unergründlich tiefe See auf unsere Vorfahren ausgeübt haben muss. Der Blick reicht weit bis in die Tiroler Berge, ganz nah sind die Kampenwand mit ihren charakteristischen Felszacken im Osten und die Hochries im Westen. Weit entfernt von der lauten Zivilisation fühlt man sich hier, oft geht man den Weg ganz allein. Im Frühling leuchten die Moorwiesen weiß vom duftigen Wollgras, im späten Sommer sind die Streuwiesen schon gemäht und zart fliederfarben gepunktet mit blühenden Herbstzeitlosen. Vereinzelt zeigt sich auch noch der Schwalbenwurzenzian über einer dichten Decke aus Heidekraut und Moosbeeren.

HÖHENBERG – ALTER KULTORT MIT GRANDIOSER AUSSICHT

Kirche mit Linde in Höhenberg.

Aussichtsreicher Rückweg von
Höhenberg.

Die ungewöhnliche Kirche in Höhenberg ist im 12. Jahrhundert als Kapelle eines Meierhofs in salzburgischem Besitz entstanden. Ihre Lage hoch auf der Hügelkuppe mit einer weiten Sicht ins Land lässt jedoch vermuten, dass sich schon vorher an ihrer Stelle ein Kultort befunden hat, vielleicht seit keltischen Zeiten. In unserer Sage vom versunkenen Frauenkloster im Bärnsee trägt ja eine Nonne ein heiliges Kreuz auf den Berg – vielleicht ein Zeichen für die christliche »Taufe« eines heidnischen Kultortes?

Eine riesige Linde schützt den Eingang des Kirchleins. Doch das Kirchlein ist ohnehin meist verschlossen, da es unter anderem außerordentlich wertvolle Schnitzaltäre aus gotischer Zeit birgt. Den Schlüssel bekommt man nicht in dem Bauernhof direkt neben der Kirche, sondern in dem Hof diesem gegenüber am Beginn der kleinen Zufahrtsstraße.

Wer sich von Höhenberg nicht mehr trennen will, weil es so angenehm ist, hier oben in der klaren, warmen Luft zu stehen und sich in die Ferne zu träumen, sollte ruhig verweilen. Irgendwann aber wenden wir uns dem Rückweg in südlicher Richtung zu. Diesen Weg von hier oben mit dem Ausblick in die Berge sollte man genießen und deshalb nur sehr langsam nach unten gehen. Ein letztes Mal halten wir inne, wenn wir auf halber Höhe an eine Wegkapelle zwischen zwei mächtigen Bäumen kommen. Dieser gesamte Südhang von Höhenberg herunter scheint sehr energiereich zu sein. Er lässt uns kaum mehr los. Wenn wir das Sträßchen dennoch bis zu seinem Ende gehen, finden wir uns am Ausgangspunkt, am Moorschwimmbad wieder und können in der Kneippanlage noch die Füße erfrischen.

Hängebrücke über die Tiroler Ache zum Klobenstein.

Zu den drei Wilden Fräulein vom Engelstein

Ausgangspunkt: Ehemaliger Gasthof Pattenberg, oberhalb von Bergen im Chiemgau, über eine schmale Teerstraße mit Fahrrad oder Auto erreichbar
Routenverlauf: Pattenberg–Engelstein und zurück
Anforderungen: 1 Stunde reine Gehzeit hin und zurück, leichter Wanderweg. Die Höhlen und der besondere Platz um den Engelstein fordern zu Erkundungstouren heraus, dabei unschwieriges, aber teilweise abschüssiges Gelände, das bei Nässe rutschig ist. Mit kleinen Kindern ist Vorsicht geboten.

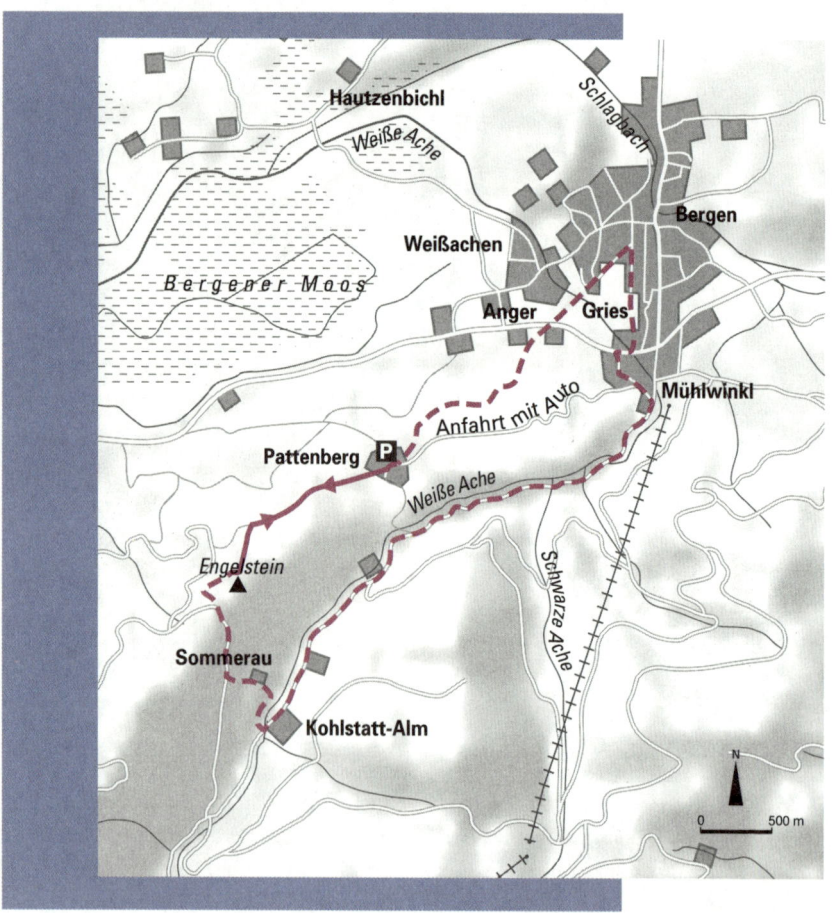

Alternativen:

– Geübte können den Gipfel des Engelstein-Felsblocks erklettern.

– Wer Lust auf eine längere Wanderung zum Engelstein hat, kann vom Talort Bergen von der Ortsmitte aus die Griesener Straße entlang nach Gries und weiter nach Anger wandern. Weitgehend durch Bergwald wandernd, erreicht man in einer knappen Stunde Pattenberg. Von dort wie beschrieben zum Engelstein. Nach dem Besuch bei den wilden Jungfrauen geht man auf der Forststraße weiter und biegt nach etwa 30 Minuten links ab Richtung Kohlstatter Alm. Dort kann man einkehren und danach auf einer schmalen Teerstraße durch das Weißachental in etwa 1 bis 1½ Stunden zurück nach Bergen gehen. Gesamtgehzeit dieser Alternativwanderung: etwa 3½ Stunden.

Tipp:

Wer die alternative längere Route wählt, kann auf der Kohlstatter Alm Rast machen (ganzjährig außer November geöffnet, Mittwoch Ruhetag).

Links vom ehemaligen Gasthof in Pattenberg führt ein Weg zwischen Viehweide und Wildgehege Richtung Engelstein. Etwa 30 Minuten gehen Sie durch den Wald – und Sie dürfen gespannt sein, wann und wie Sie der Zauber des Engelsteins erreichen wird. Plötzlich, wenn vom Forstweg der Weg zum Engelstein abrupt nach links abbiegt und zum Felsen hinaufführt, tauchen die ersten seltsam verwachsenen Bäume auf. Immer mehr werden es, immer erstaunlichere Baumgestalten zeugen davon, dass hier ein ganz besonderer Platz sein muss. Umrunden Sie den ersten Felsen, finden Sie eine Höhle. Wenn Sie genug an den Felsen herumgestreift sind und den magischen Ort mit seinen Höhlen ausgekundschaftet haben, gehen Sie auf dem gleichen Weg zurück nach Pattenberg.

SAGENHAFTER ENGELSTEIN

Von Pattenberg bei Bergen im Chiemgau führt ein kleiner Weg in den Wald hinein zum Engelstein. Dieser Felsen, von der Ferne kaum auszumachen, ist von hohen Bäumen umgeben und hat – ein wenig Fantasie ist dazu nötig – die Form einer Frauengestalt, was Anlass zu mancherlei Sagen gab. Hinter dem Felsen soll beispielsweise einst ein Schloss gestanden haben, »in dem drei Edelfräulein wohnten«, schrieb die Sagensammlerin Anna Kroher 1917 in ihrem Buch *Im Bannkreis der großen Ache*. »Diese hießen Engela, Hatzige und Willibirga, man nannte sie die wilden Fräulein und die Überlieferung erzählt Nachstehendes. Nachdem die drei Edelfräulein vom Engelstein rasch nacheinander gestorben waren, regierten sie dort oben als Gespenster weiter. Sie hausten im wahren Sinn des Wortes in den Felsen und Höhlen, denn das

Große Durchgangshöhle im Engelstein mit schmalem Eingang und geräumigem Raum nach Süden.

Schloß war vergangen und verschwunden. Die drei Argen trieben's nach dem Tode noch ärger als vordem. Weder Mensch noch Vieh hatte Ruhe von ihnen, besonders die jungen, sauberen Mannsleute schlugen sie gerne in Fesseln und Banden. So auch einmal einen jungen, hübschen Bauern vom Tale, der dort oben einige der saftigen Wiesen sein eigen nannte. Er hatte zwar ein hübsches, junges Weib zu Hause und ein paar herzliebe Kindlein, denen er bisher von Grund seiner Seele gut war.« Und obwohl eines der wilden Fräulein darum wusste, versuchte sie ihn zu verführen – vergeblich. Darüber geriet sie in Zorn und sann auf Rache: »Aus dem Waldesdickicht«, heißt es, kam sie hervor, »und trug in den Händen einen wundervollen Gürtel, der von Gold, mit Perlen und Edelsteinen besetzt war. Den übergab sie ihm mit der Weisung, sobald er nach Hause zurückgekehrt, sein Weib damit zu gürten und ihn ihr als Geschenk und Andenken an das Fräulein Engela zu überlassen. Den Abend aber solle er zu ihr zurückkehren, dann wollte sie ihm auch ebenso schöne Geschenke für seine Kleinen mitgeben; sie sei sehr begierig, von der Freude seiner Eheliebsten über den Gürtel zu vernehmen.« Auf dem Heimweg jedoch fiel dem braven Bauern ein, dass er noch eine Axt vergessen hatte, und er kehrte um, sie zu holen. Den schweren Gürtel band er in der Zwischenzeit um einen Baum. Als er mit der Axt zurückkam, um den Gürtel mitzunehmen, fand er den großen Baum gefällt über dem Weg liegend. »Da merkte er die Falschheit des wilden Fräuleins, denn der Gürtel hätte sein gutes Weib auch so mitten durchgeschnitten wie diesen starken Baum. Er nahm den Gürtel und schleuderte ihn in weitem Bogen in einen Abgrund. Dann eilte er nach Hause, drückte die der Todesgefahr entronnene Gesponsin ans Herz, dankte Gott auf den Knien für seine Gnade und blieb der treue, brave Gatte und Vater, der er immer gewesen, bis zu seinem letzten Tage. Nur mit Grauen sah er zu dem Berge der Versuchung hinauf und ließ das schöne Wiesenland und die Felder dort oben fürderhin ungemäht und unbebaut.

Das wilde Fräulein Engela aber stand des anderen Morgens oben am Berge und blickte ins Tal und auf den heraufführenden Weg, mit Sehnen den geliebten Bauern erwartend, aber natürlich vergebens; er kam nicht mehr. Sie stand und wartete und im Schmerze des vergeblichen Harrens erstarrte erst dieses und dann sie selbst und ward zu Stein. Noch heute heißt der schmal aufragende Felsen mit dem statuenartigen Gebilde der Engelstein.«

NOCH MEHR GESCHICHTEN VON DEN WILDEN FRÄULEIN

In einer anderen Version der Sage heißt es, der Engelstein sei »ein schöner Felsen mit zwei Spitzen, von welchem vor vier Jahren eine abgebrochen ist. In diesem Felsen sind tiefe Höhlen. Den Eingang in dieselben bildet eine tiefe, abwärts gehende Höhle, welche man das Hölloch heißt. Einige Stufen waren noch sichtbar. Ein Raum, sieben Fuß lang, fünf Fuß breit und ziemlich hoch, heißt die Kirche. Nahe bei dieser ist die Küche mit dem Herdstein.« Auch Friedrich Panzer, der um 1850 diese Sage aufgeschrieben hat, berichtet, dass dort vor »undenklichen Jahren« drei wilde Frauen gehaust haben sollen. Sie spannten von einer Felsenspitze zur anderen gelegentlich ein Seil, auf welchem sie spielten und tanzten. Alte Leute wollen das oft gesehen haben. Auch Panzer berichtet von der ersten Wildfrau und ihrer List mit dem Zaubergürtel. »Die zweite der wilden Frauen verstand die Heilung der Kranken. Bisweilen hörte man aus der Tiefe schönen Gesang. Wenn die Bauern mit der Heuernte beschäftigt waren, hörten sie einen Hahn aus der Tiefe krähen, und sie glaubten, es sei eine Hühnersteige in den Höhlen.«

In den Höhlen des Engelsteins soll ein ungeheurer Schatz verborgen liegen. Er befindet sich angeblich in einer schweren Kiste aus Eisen. Diese wird von einer Schlange bewacht. Sie liegt, mit dem Schlüssel im Maul, auf dem Deckel der Schatztruhe. Zusätzlich wird der Schatz noch von einem riesigen schwarzen Hund gehütet, der vor dem Eingang zur Höhle sitzt und niemanden hereinlässt. »Vom dritten Fräulein weiß die Sage nichts zu erzählen«, erfahren wir der Vollständigkeit halber noch.

DURCH EINEN VERWUNSCHENEN WALD ZU EINEM MAGISCHEN FELSEN

An diesen sagenhaften Platz wandern wir von Pattenberg aus, einem wunderschön gelegenen Ort aus wenigen Häusern oberhalb von Bergen. Auf dem Parkplatz des ehemaligen Gasthauses kann man sein Auto abstellen. Wenn wir nach etwa einer halben Stunde Weg die ersten eigenartig verwachsenen Bäume entdecken, wissen wir, dass die Wilden Fräulein nicht mehr weit sein können. Den ersten Felsen, den wir nun treffen, müssen wir umrunden, um eine Höhle zu finden, die ein Erwachsener fast stehend durchschreiten kann. Reste von Lagerfeuern in der Höhle künden davon, dass sich hier öfter Menschen treffen. Manchmal findet man Steinkreise, magische Muster aus Blättern oder Stöcken. Vor dem hohen Engelstein, der über die Baumwipfel hinausragt, steht der »Wunschbaum« mit einer Höhlung, in die man Zettel mit Wünschen und Sehnsüchten legen kann. Sie sollen meist in Erfüllung gehen. Der Engelstein lässt sich auch erklettern, die Sicht auf die Chiemgauer Alpen – direkt vor uns der Hochfelln – ist grandios. Doch wer keine Klettererfahrung hat, sollte davon Abstand nehmen: Oben ist man ziemlich schnell, denken Sie aber daran, dass Sie auch wieder runter müssen!

An diesem Ort ist irgendetwas Besonderes, das ihm seinen eigentümlichen Zauber verleiht. Die auffällig vielen Baumverwachsungen sind ein Hinweis darauf. Zusammen mit den geheimnisvollen Höhlen hat der Zauber des Ortes die Sagen entstehen lassen – oder gab es hier einen frühen Kultort, von dem wir nichts mehr wissen? Die drei wilden Jungfrauen erinnern uns an die drei Bethen, die wir auch bei der Biberschwell (Seite 95) antreffen. Wurde hier eine dreigestaltige Göttin verehrt? Oder eine weise Frau? Eine der drei Frauen soll sich auf das Heilen von Kranken verstanden haben – eine kräuterkundige Heilerin womöglich, die später im wahrsten Sinne des Wortes verteufelt wurde?

Die drei Jungfrauen waren natürlich keine Jungfrauen nach unserem Sprachgebrauch. Sie waren »junge Frauen«, wilde Weiber, die versuchten, den braven Bauersfrauen ihre

Dreistämmiger Baum am Engelstein.

Männer abspenstig zu machen, und die über tödliche Zaubermittel verfügten. Hahn, schwarzer Hund und Schlange tauchen auch noch auf – eine geballte Ladung von Symbolen für Sexuelles, Teuflisches, Böses, Verführerisches. Der Hahn ist ein Zeichen männlicher Sexualkraft, ein Reittier der Hexen, er gilt nicht erst seit der Antike als Orakeltier. Der schwarze Hund, der Höllenhund, bewacht bekanntlich den Eingang zur Unterwelt, und hier eben die Schatzkiste. Die Schlange als Symbol der weiblichen Verführung bewahrt den Schlüssel zum Schatz – wie bei der Eva aus dem Alten Testament steht sie für die weibliche Sexualität, der ein Mann nicht widerstehen kann.

Ein sehr weiblicher, sinnlicher Ort ist dieser Engelstein also. Welchen Ursprung die unterschiedlichen Sagen tatsächlich haben, wird nie nachzuweisen sein. Viele Zeichen deuten jedoch darauf hin, dass an diesem auffälligen Felsen mit starken Energien schon in vorchristlicher Zeit ein Kultort lag, an dem womöglich eine weibliche Gottheit verehrt wurde.

Auf dem Schmugglerweg zum Klobenstein

Ausgangspunkt: Parkplatz an der Geigelsteinbahn in Schleching-Ettenhausen
Routenverlauf: Schleching-Ettenhausen–Schmugglerweg–Entenlochklamm–Klobenstein und auf dem gleichen Weg zurück
Anforderungen: Reine Gehzeit hin und zurück etwa 2 bis 3 Stunden. Sie gehen auf Forst- und Wanderwegen mit nur leichten Steigungen.
Alternativen:
– Wer eine längere Wanderung unternehmen möchte, kann den Schmugglerweg bis nach Kössen in Tirol weitergehen – bis dahin haben sich früher auch die Schmuggler durchgeschlagen. Dann bei der Abzweigung »Hängebrücke, Klobenstein« den Weg nicht verlassen, sondern weiter der Markierung folgen bis Kössen, von der Abzweigung bis Kössen 1 Stunde. Von dort entweder zu Fuß oder mit dem Bus zurück bis Schleching-Ettenhausen. Die dem Wanderweg am nächsten liegende Bushaltestelle in Kössen befindet sich am Waldbad, eine weitere ist an der Grenzlandhalle.
– Von Klobenstein fährt auch ein Bus zurück nach Schleching.
– Auf dem Rückweg kann man über den neu hergerichteten Samerweg die Streichenkirche besuchen. Als eine der ältesten Kirchen des Chiemgaus ist sie unbedingt sehenswert. Von Klobenstein aus geht man etwa 200 Meter Richtung Kössen auf der Bundesstraße. Auf der linken Seite beginnt dann der Samerweg, auf dem der kurze Abstecher zur Streichenkirche beschildert ist. Zurück geht es über den Achberg und Wagrain zum Ausgangspunkt. Wer diesen Rückweg wählt, kann sehr aussichtsreich im Gasthof Streichen einkehren.

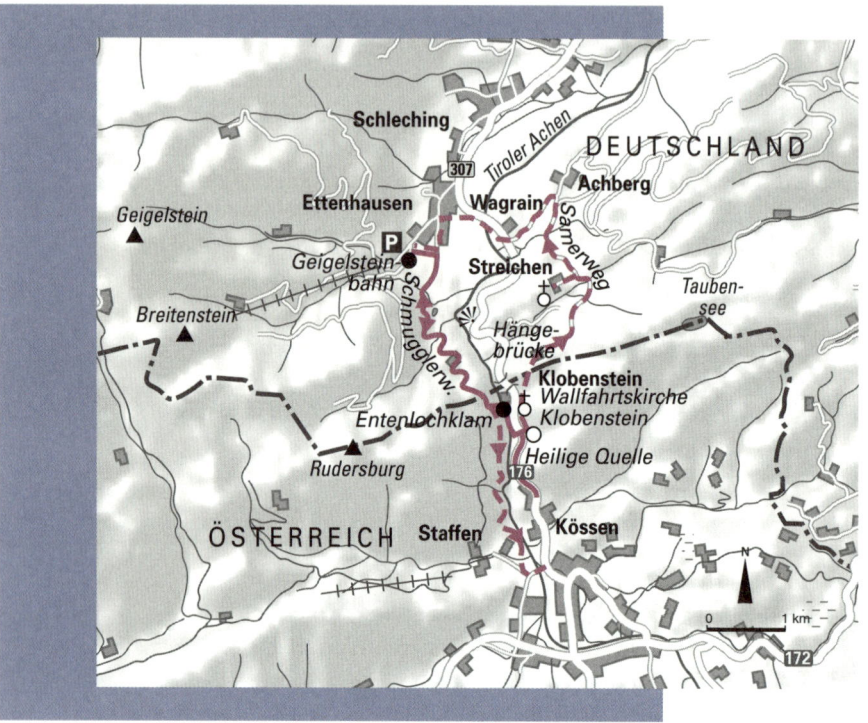

Tipp: Zumindest eine kurze Einkehr im historischen Gasthof am Klobenstein sollte man zeitlich einplanen. Dieser Ort ist zu schön!

Los geht es in Ettenhausen auf einem schönen Forstweg, danach durch lichten Bergwald. Bald schon hören Sie die Tiroler Achen tief unten rauschen, und ab und zu gewährt der Wald einen Tiefblick auf das Wasser – es hat sich weit nach unten in sein enges Bett zwischen der Rauhen Nadel und der mächtigen Rudersburg im Westen eingegraben. Bald überschreiten Sie die Staatsgrenze zu Österreich, die noch von einem historischen Schild bezeichnet wird – früher durfte man nur zwischen 6 und 21 Uhr passieren. Die Schmuggler mussten also die Nacht nutzen, um ihre Waren wie etwa Tabak an der Steuer vorbei nach Kössen zu bringen. Sie brauchen heute nicht so weit zu gehen, Sie zweigen nach etwa 45 Minuten Gehzeit Richtung Klobenstein links ab und gehen durch den lichten Wald hinunter ins Tal der Achen Richtung Entenlochklamm und zur Hängebrücke. Wasser und Kiesbänke liegen einladend unter Ihnen, Sie steigen jedoch noch ein paar Meter hinauf zum Klobenstein, wo Sie den namengebenden gespaltenen Felsen und eine Kapelle mit einer langen Geschichte bewundern können.

Wenn nicht viele Besucher am Klobenstein sind, setzt man sich am besten in
den Garten der winzigen Gastwirtschaft
und nimmt dort in Ruhe die besondere
Atmosphäre dieses Ortes in sich auf.
Darüber hinaus ist auch die Kiesbank
unten an der Tiroler Achen ein erfrischender Ort, an dem Sie Kraft schöpfen
können, bevor Sie sich von diesem
Platz wieder trennen und auf dem gleichen Weg zurückgehen.

Historisches Grenzschild.

AUF DEM SCHMUGGLERWEG UND ZUR WILDEN ENTENLOCHKLAMM

Eine leichte Wanderung ist das, bei der man auf uralten Schmugglerpfaden
die grüne Grenze nach Österreich überschreitet und auf einer Hängebrücke
die Entenlochklamm quert, über türkisfarbenes Wasser, das sich durch eine
enge Felsschlucht zwängt. Schließlich kommt man zu einem Platz, der von
einem riesigen gespaltenen Felsblock beherrscht wird, um den sich drei
Marienkapellen und eine heilige Quelle gruppieren. Nach so viel Natur, Kultur und Magie kehrt man schließlich im historischen Gasthaus ein und
möchte eigentlich nur bleiben – so schön ist es hier.

Eine breite Sandbank an der Tiroler Achen lädt zur Rast auf dem Weg zum Klobenstein.

Über die reißende Entenlochklamm führt eine Hängebrücke.

Wir beginnen in Ettenhausen und lassen uns über die Staatsgrenze nach Österreich und dort hinab ins Tal der Tiroler Achen und zur Entenlochklamm führen. Von weitem schon hören wir das Rauschen des Wassers, sehen wir die hoch aufragenden senkrechten Felsennadeln, die den Fluss hier durch ein enges Tor zwingen – die Entenlochklamm. Die berühmte Heimatforscherin Anna Kroher schrieb, dass die Klamm früher noch enger war: Durch ein kleines Loch habe sich der Fluss gezwängt, das so schmal schien, »als ob nur ein Entlein hindurch könne, das gab ihm auch den Namen: das Entenloch. Wegen Hochwassergefahr für das Kössener Tal durch Stauungen an diesem engen Durchlasse wurde dieser vor Jahren mittels Sprengungen erweitert.« Doch noch immer bildet die Klamm das letzte große Hindernis, bevor die Achen ruhig und bedächtig gen Norden fließen und schließlich in einer der letzten Urlandschaften des Chiemgaus in einem breiten Delta in den Chiemsee münden kann.

Hier jedoch ist die Achen wild und ungebärdig. Hoch oben auf der Hängebrücke stehend, kann man den Kajakfahrern zuschauen, die sich durch die Fluten kämpfen. Am anderen Ufer lädt meist – wenn nicht gerade extremes Hochwasser herrscht – eine breite, sonnige Sandbank als traumhafter Rastplatz ein. Steine, Kiesel, aufgewühltes hellblaues kalkiges Gebirgswasser, die Luft voller wirbelnder Wassertröpfchen, im Ohr nichts als das Rauschen des

Flusses und die Sonne auf der Haut: Es ist einer der schönsten Plätze in dieser Gegend, voller Kraft und Energie. Auf uns aber wartet der Klobenstein noch ein Stückchen weiter oben.

KULTORT KLOBENSTEIN

Klobenstein kommt von *klieben*, was »spalten« heißt. »Gekloben« heißt »gespalten«. Ein riesiger, wirklich gespaltener Felsen bildet den unübersehbaren Mittelpunkt dieses heiligen Ortes. Die Sage weiß, dass hier einst eine arme Witwe im Wald unterwegs war, als sich direkt über ihr unter lautem Donnern und Poltern ein gewaltiger Felsblock von der Rauhen Nadel löste. Die Frau wäre unweigerlich von dem Felsen erschlagen worden, doch sie flehte zur Muttergottes um Rettung, und tatsächlich spaltete sich das Gestein mittendurch, und der Fels donnerte in zwei Teilen links und rechts von der Frau in den Boden.

In einer anderen Version der Sage wollte die Frau eben zu einem hoch gelegenen Schlag junger Tannen hinaufsteigen, denn sie sammelte Tannenspitzen, um daraus ein kräftigendes Bad für ihren kranken Sohn zu kochen. Da hörte sie ein Donnern im Berg und dieser »tat sich auseinander. Vor ihr stand die allerheiligste Muttergottes mit dem Jesukind auf dem Arme, holdselig lächelnd und die Hand über sie breitend; zu beiden Seiten standen die zerklobenen Felsen.« Die Frau fiel betend auf die Knie und bat Maria um ihren Segen für das kranke Kind – den erhielt sie,

Klobenstein – die Gnadenkapelle direkt hinter dem gespaltenen Felsen.

und dann war das Gnadenbild verschwunden. Als die besorgte Frau eilig heimwärts ging, kam ihr schon ihr völlig genesenes Kind fröhlich entgegengelaufen. »Der Felsen blieb so zerkloben stehen wie er sich geteilt, als die Himmelsmutter aus ihm hervortrat. Eine kleine Kirche wurde hingebaut zum Andenken an diese und viele andere wunderbare Heilungen. Auch ein Gnadenbrünnlein fließt unterhalb der Kirche, es soll gegen allerlei Gebrechen helfen, besonders gegen Kropf und Augenübel«, steht bei Anna Kroher noch zu lesen.

Gleich drei Marienkapellen wurden an diesem eigenartigen Ort gebaut: Die Gnadenkapelle direkt oberhalb des Felsspalts enthält das älteste Gnadenbild einer sitzenden Maria mit Kind, die – wie sich bei einer Untersuchung in der Barockzeit herausgestellt hat – eigentlich eine umgearbeitete Anna-Selbdritt-Figur war, die man seinerzeit beinahe als wertlos und »bäurisch« entsorgt hätte. Sie steht heute wieder als das eigentliche Klobensteiner Gnadenbild an ihrem alten Platz in der Kapelle. Wieder haben wir es hier, wie an vielen anderen Orten auch, mit einer ursprünglichen Verehrung der Mutter Anna zu tun, die sich dann erst im Zuge der immer stärker geförderten Marienverehrung auf diese andere weibliche Heilige konzentrierte. Vielleicht war unsere Anna Selbdritt das erste verehrte christliche Bild am Klobenstein? Denn am Anfang gab es noch keine Kapelle – nur ein »Bildnis« hatte man am geklobenen Stein angebracht, und es wurde häufig besucht.

DER DURCHSCHLÜPFSTEIN

Felsenspalt zum Durchschlüpfen.

Hier hat man mit Sicherheit auch den schon aus vorchristlichen Zeiten stammenden Brauch des Durchschlüpfens durch einen natürlichen Spalt geübt. Damit glaubte man Krankheiten abstreifen zu können, aber auch seelische Leiden und Sorgen wollte man hier einfach abladen, der Erde zurückgeben. Viele Menschen praktizieren das heute noch: Sie zwängen sich durch den geklobenen Felsen ebenso wie durch andere dieser Schliefsteine (zum Beispiel in St. Wolfgang, Seite 135) und fühlen sich danach leichter, von ihren Schmerzen befreit.

Vermutlich haben schon hier durchziehende Menschen vor unserer Zeitrechnung diesen eigenartigen Felsen entdeckt, direkt neben der engen Klamm. Und vielleicht haben sie diesen Ort schon als Kultort verehrt und das rituelle Durchschlüpfen praktiziert. Wahrscheinlich wurde diesem Brauch wie so oft einfach nur ein christlicher Anstrich gegeben – wozu auch die Entstehungssage mit der Muttergottes gehört –, damit man den von der Bevölkerung voller Überzeugung geübten Brauch auch weiterhin dulden konnte.

Sichtbar ist diese Verbindung von Steinkult und christlichem Glauben an der Gnadenkapelle: Sie wurde oberhalb des geklobenen Felsens so gebaut, dass man sich durch den engen Spalt zwängen muss, um durch eine Seitentür in die Kapelle zu gelangen. Eine Votivtafel berichtet, dass diese erste Kapelle 1674 aufgrund eines Gelübdes und der wunderbaren Hilfe der Maria vom Klobenstein errichtet worden sei. Andere Quellen lassen darauf schließen, dass es sich allenfalls um ein hölzernes Dach und einen Opferstock gehandelt hat. Doch der Zulauf zum Klobenstein wuchs ständig. Reisende, die – wie schon die Römer – das Achental auf dem Weg von Süd nach Nord durchquerten, rasteten zuhauf an dem Marienbild und tranken von der heiligen Quelle. Außerdem kamen Einheimische von nah und fern zum Klobenstein. Ein Einsiedler baute eine Klause halb in den Felsen hinein – das heutige Gasthaus. 1707 wurde dann endgültig eine solide steinerne Loretokapelle errichtet. Das Gnadenbild fristete aber immer noch sein Dasein in einem Holzverschlag am oberen Ende des Spaltfelsens. Erst 1737 errichtete man eine Art halbrunden Anbau an der Loretokapelle, der das alte Gnadenbild auf einen Altar erhob. Bis dahin hatte sich das Volk durch den Spalt zu dem alten Gnadenbild nach oben gezwängt.

DIE SCHWARZE MADONNA UND DAS GNADENBRÜNNL

Eine Loretokapelle ist ein Ort der Marienverehrung, der in der zweiten Hälfte des 17. Jahrhunderts von der Kirche sehr gefördert wurde. Im italienischen Wallfahrtsort Loreto steht eine *Casa santa*, ein heiliges Haus, das angeblich Engel von Nazareth aus dorthin getragen haben. Es ist das Wohnhaus, in dem Maria geboren wurde und aufgewachsen ist. Die Maße dieses heiligen Hauses waren bekannt, und sie wurden bei den meisten Nachbauten genau eingehalten. Stellvertretend für die *Casa santa* in Loreto konnte man so zu einer Kopie in der Nähe wallfahren. So auch nach Klobenstein. Wie in

Heilige Quelle am Klobenstein.

Loreto hat man in die Klobensteiner Kapelle eine schwarze Madonna als Gnadenbild gestellt – einen Madonnentyp, der, wie sich insbesondere in Altötting sehen lässt (Seite 132), eine starke Anziehungskraft auf die Menschen ausübt und wohl die Tradition schwarzer Göttinnen der Antike fortsetzt.

Die heilige Quelle wurde 1886 mit einer Lourdeskapelle überbaut. Dort fließt das heilsame Wasser noch heute ununterbrochen und wird von vielen Menschen nicht nur zum Trinken, sondern auch zum Waschen des Gesichts und insbesondere der Augen verwendet.

Zur Michaelsgrotte am Fuß des Hochfelln

Ausgangspunkt: Parkplatz der Steinbergalm oberhalb von Ruhpolding, in Ruhpolding Richtung Bacherwinkl/Steinbergalm fahren
Routenverlauf: Steinbergalm–Strohnalm–St.-Michaels-Grotte und zurück
Anforderungen: 1 Stunde auf Wiesenpfaden und Wanderwegen
Alternative: Wenn Sie rechtzeitig losgehen, können Sie eine schöne Wandertour auf die Strohnschneid und den Gipfel des Hochfelln anschließen. Dafür von der Michaelsgrotte wieder bis zur Strohnalm zurückgehen, dem Almweg dann ein Stückchen

Der einzige Wegweiser.

Weg zur Michaelsgrotte.

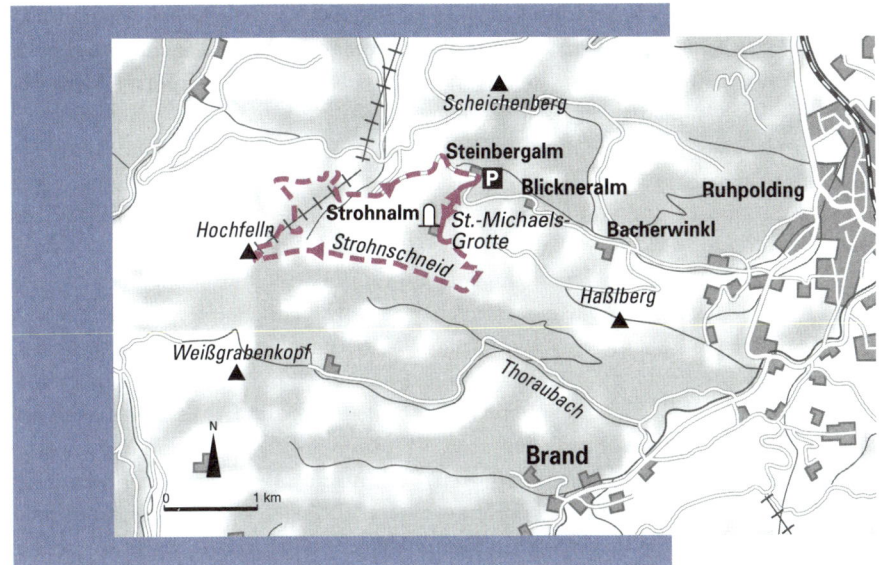

abwärts folgen, bis rechts ein Weg zur Strohnschneid abzweigt. Diesem steil durch
den Bergwald aufwärts bis zum Grat folgen, dort dann rechts in westlicher Richtung
auf dem Grat weiter bis zum Gipfel der Strohnschneid. Weiter auf dem Grat bis unter
den Gipfel des Hochfelln. Der Gratweg mündet hier in den Wanderweg auf den
Hochfellngipfel. Zurück geht es auf dem Normalweg Nummer 61 vom Hochfellngipfel zur Steinbergalm. Diese Rundtour dauert etwa 4 bis 5 Stunden und führt teilweise
auf Wanderwegen, teils aber auch auf Bergsteigen durch die felsigen Gipfelregionen
des Hochfelln. Hier ist Trittsicherheit nötig.

Tipps:
– Die beschriebene Tour zur Michaelsgrotte, ebenso wie die alternative Rundtour
bis zum Grat der Strohnschneid liegen nordseitig. Wer also in den Genuss der milden
Frühjahrs- oder Herbstsonne kommen möchte, sollte die Touren möglichst früh
am Tag machen, da dieses Gebiet spätestens ab Mittag im Schatten liegt.
– Der Berggasthof Steinbergalm bietet sich zur Einkehr an. Er ist das ganze Jahr über
geöffnet.

Hinter dem Schuppen oberhalb der Einfahrt vor der Steinbergalm beginnt ein
Wiesenweg, dem Sie entlang dem Wiesenbuckel folgen. Bald stehen Sie vor einer
Almweide, die Sie auf Pfadspuren überqueren – Ziel ist das Wäldchen gegenüber.
Dort findet sich dann ein einfacher Wegweiser zur »Michaelsklause«. Zunächst
gelangen Sie auf einen Almweg, der zur Strohnalm unterhalb des langgezogenen

Berggrats der Strohnschneid führt. An der Alm vorbei folgen Sie dann dem Wanderweg bis unterhalb einer senkrecht aufragenden Felswand, zu deren Fuß ein Weg hochführt – hauptsächlich erkennbar am danebenverlaufenden einfachen Geländer. Bald werden Sie in der Grotte stehen.

EINE GEHEIMNISVOLLE GROTTE

Diesen Ort kennen nur Eingeweihte: Am Fuß des Hochfelln, nicht weit von der Steinbergalm, befindet sich eine natürliche Felsengrotte, die vor gut hundert Jahren entdeckt und zu einer Michaelsgrotte umgewidmet wurde. Von der Strohnalm aus gehen wir auf die steile Felswand zu, bis zu einem kleinen Weg mit Geländer. Farne und Efeu begleiten die einfachen Holzstufen nach oben, und noch immer kann man sich nicht vorstellen, dass sich hier am felsigen Berghang ein heiliger Ort verbergen soll. Doch dann steht man unter einem gewaltigen Felsüberhang in einer natürlichen Grotte und staunt: Einen Altar hat man hier aufgestellt mit einer Lourdesmadonna, flankiert von der heiligen Bernadette, der sie erschienen ist, und umgeben von Dutzenden von Kerzen, geschmückt mit Blumen, behängt mit Rosenkränzen.

Die Michaelsgrotte ist ein sehr intimer Ort. Man fühlt sich hier von der Welt abgeschieden und von den Felsen und der Ansammlung von rituellen Gegenständen, die einen umgeben, behütet. Viele Menschen kommen hierher zu einem persönlichen Gebet in der Natur, so manche Gruppe lässt hier eine Messe für Angehörige lesen. Und nicht wenige derer, die sich hier dem

Am Fuß der
Michaelsgrotte
angekommen.

Lourdesaltar unterm Felsendach.

Heiligenfiguren in der Grotte.

Himmel vielleicht ein bisschen näher fühlen als in einer Kirche, bringen Votivgaben mit: selbst geschnitzte Kreuze aus Ästen, frisch gepflückte Bergblumen vom Wegesrand, Kerzen und Dankbildchen. Ein seltsamer Zauber geht von dieser Grotte aus – dabei ist es doch nur eine Felsenhöhlung mit einigen Heiligenfiguren … Aber man spürt, dass sie auch ein Zufluchtsort sein kann – für die Seele und übrigens auch für den Körper, denn man wird unter dem schützenden Felsendach bei Regen nicht nass.

MICHAEL, DER DRACHENTÖTER

Eine Tafel erzählt von den Anfängen dieses versteckten Kultortes. Am 10. August 1902 entdeckte Michael Schnellinger, am nahen Chiemsee daheim, die Grotte und beschloss, sie zu einem Ort der Verehrung für seinen Namenspatron auszugestalten. Er stellte neben dem Altar mit der Lourdesmadonna auch eine Figur des heiligen Michael mit dem Drachen auf.

Michael gilt als christlicher Begleiter ins Jenseits. Meist als Soldat gewandet oder zumindest – wie hier – noch mit einem Helm zusätzlich zum Engelsgewand ausgestattet, ist er ein kräftiger Kämpfer, der das Böse besiegt. Ein würdiger Nachfahre heidnischer Götter des Todes und der Wiedergeburt. Seine Lanze, mit der er den Drachen tötet, ist ein Rest des grünenden Zweiges, der neues Leben nach dem Tod symbolisiert. Seit Jahrhunderten wird St. Michael als Schutzpatron um eine gute Sterbestunde angefleht.

Erzengel Michael in der Felsengrotte.

Wenn wir uns nach einer Zeit wieder auf den Rückweg machen, sehen wir unterhalb der Grotte, auf der anderen Seite des Wegs, die Felsbrocken liegen, die wohl einst durch einen gewaltigen Felssturz aus der Steilwand herausgebrochen sind und so die Grotte haben entstehen lassen. Wie lange das her ist, weiß wahrscheinlich niemand. Fachleute könnten es anhand des Moosbewuchses der Felsblöcke feststellen. Wir dagegen fragen uns, wie es dazu kommen konnte, dass am Fuß einer Felswand plötzlich riesige Blöcke herausgesprengt werden, das »Dach« aber erhalten bleibt? War dem ein besonders eisiger Winter vorausgegangen und hat gefrorenes Wasser den Felsen gesprengt? Oder hat der heilige Michael von oben etwas nachgeholfen?

Riesengroßer Lebensbaum in der Einsiedelei Kirchwald.

Zum Einsiedler auf der Bergwiese: Maria Kirchwald

Ausgangspunkt: Parkplatz am Steinbach in der Dorfmitte von Nußdorf am Inn
Routenverlauf: Nußdorf am Inn–Kirchwald–Gritschen–Mühltal–Nußdorf am Inn
Anforderungen: Etwa 3 Stunden reine Gehzeit. Von Nußdorf aus geht es steil
bergauf und am Ende der Tour wieder hinab.
Alternativen:
– Wenn Sie den steilen Anstieg von Nußdorf aus scheuen, können Sie auch vom
Parkplatz in der Gritschen starten und nur den kurzen Weg ohne Steigungen nach
Kirchwald und zurück gehen, das dauert insgesamt 1 Stunde.
– Wenn Sie den langen Rückweg durchs Mühltal vermeiden möchten, können Sie
kurz vor Gritschen rechts auf den bezeichneten Wanderweg Nummer 11 und
nach einigen hundert Metern dann wieder rechts auf den querenden Wanderweg
Nummer 12 abbiegen. Auf ihm gelangen Sie unmittelbar nach der Einsiedelei
Kirchwald wieder auf den Aufstiegsweg.

Vom Parkplatz in der Dorfmitte von Nußdorf wandern Sie zunächst am Steinbach
entlang Richtung Osten. Am Ende des Weges, bei den letzten Häusern des Dorfes,
weist ein Schild nach links: Das ist der Weg durchs Mühltal – hier kommen Sie
auf dem Rückweg wieder an. Der Weg rechts hoch durch den Wald würde Sie auch
nach Kirchwald bringen, allerdings ist das nicht der eigentliche Pilgerweg mit
den Kreuzwegstationen. Gehen Sie deshalb den Heubergweg ein Stück zurück, bis
links der Winkelwiesweg einmündet, und folgen Sie diesem wenige Minuten
durch die Siedlung. Nach dem Haus Nummer 24 zweigt links ein Feldweg ab, der
eigentliche alte Pilgerweg nach Kirchwald. Er führt zunächst eine Viertelstunde
über Wiesen zum Beginn des Kirchwalds, wo gleich rechts die erste Kreuzwegstation
steht. Noch vor der Einsiedelei treffen Sie auf die heilige Quelle, von der das heilkräftige Wasser zumindest tröpfelt. Die Kirchturmspitze ist schon eine Zeit
lang sichtbar, bald stehen Sie vor der Einsiedelei – einem Ort zum Ruhen, Meditieren,
Beten vielleicht und Zu-sich-Finden.
Weiter führt die Wanderung erneut in den Wald hinein und in etwa 20 Minuten
noch etwas höher nach Gritschen, einen kleinen Weiler mit mächtigen alten Bauern-
höfen. Dabei begehen Sie den Pilgerweg von Gritschen nach Kirchwald in der
umgekehrten Richtung – er beginnt mit einer Tafel und einem Wegkreuz am Wald
hinter Gritschen und führt über vierzehn weitere Kreuzwegstationen nach Kirchwald.
Vor dem ersten Bauernhof zweigt links das Sträßchen ab, dem Sie zunächst durch
den Weiler und die Obstgärten folgen, bis es schließlich steil hinunter ins Mühltal
geht. Sie wenden sich nach links und gehen immer am Bach entlang, Steinbach
heißt er, nicht Mühlbach. Warum die Gegend aber das Mühltal genannt wird,
erschließt sich nach einigen hundert Metern, wenn Sie auf die erste Mühle treffen,

die rechts am Weg steht. Weitere Mühlen folgen bis nach Nußdorf hinein.

Links säumt eine steile Felswand den Rückweg. Immer wieder sind die Eingänge kleinerer und größerer Höhlen zu sehen. Irgendwo unterhalb der dort oben stehenden Klause Kirchwald liegt auch die Quarantan des ersten Einsiedlers in dieser Felswand. Der Weg zur Höhle ist jedoch verfallen, das Klettern im Steilhang gefährlich. Der Weg hingegen führt bequem nach Nußdorf zurück.

Rückweg entlang des historischen Mühlenwegs.

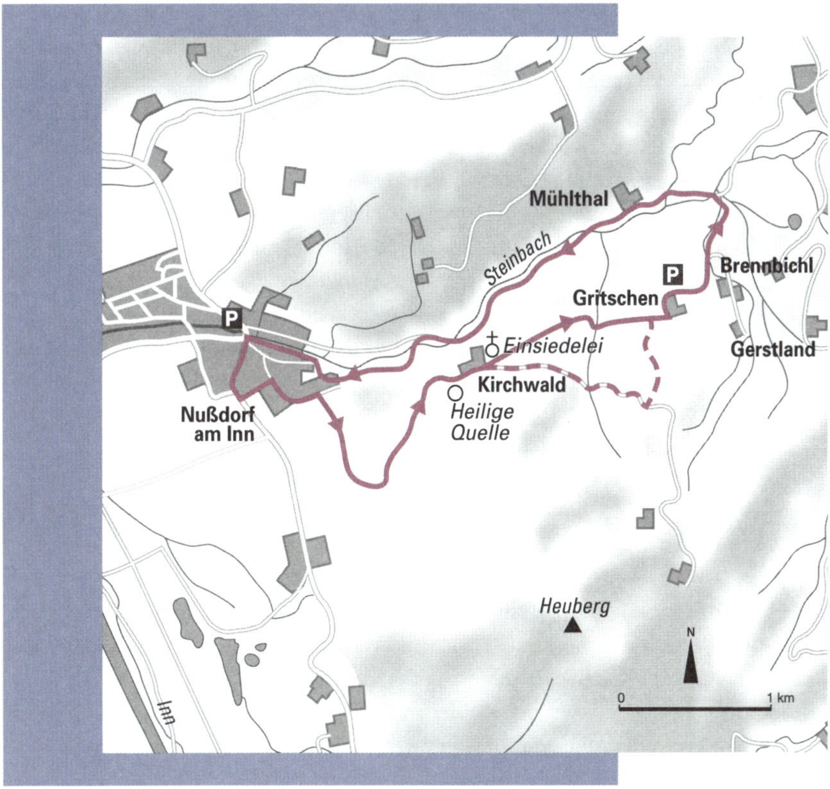

DER KIRCHWALD

Am Kreuzweg zum Kirchwald.

Vierhundert Jahre ist es her, da war der Kirchwald ein Bergwald wie viele andere. Steil ging es hinunter von Gritschen, Brennbichl und Gerstland durch den Wald nach Nußdorf am Inn mit seinen zwei schönen Kirchen: St. Leonhard und St. Vitus. Und weil die Kirchgänger dieser verstreut gelegenen Weiler beim Kirchgang durch diesen Wald mussten, hieß er eben immer schon der Kirchwald. Auf der Nordseite fiel er steil über eine Felswand ins Mühltal ab.

Und genau dort, mitten in dieser steilen Felswand, ließ sich vor knapp vierhundert Jahren ein heimwärts wandernder Rompilger mit einem Marienbild nieder. Er begründete damit die Einsiedelei Maria Kirchwald, die bis heute fortbesteht und auch im 21. Jahrhundert nichts an Lebendigkeit eingebüßt hat. Berichten doch die modernen Votanten immer wieder über wundersame Heilungen und Hilfe durch die Kirchwalder Muttergottes.

Auf unserem Weg treffen wir zunächst auf die Kreuzwegstationen, wobei Kreuzweg nicht ganz richtig ist: Die Tafeln bilden die fünfzehn Rosenkranzgeheimnisse ab, es ist also ein echter Marienpilgerweg. Vor jeder Tafel wird von einem ernsthaften Pilger der entsprechende Vers des Rosenkranzes gebetet. Das hilft den Wanderern beim Verschnaufen und stimmt ganz allmählich wie ein fünfzehn Mal wiederholtes Mantra auf die geistige Begegnung mit dem Kultort ein. Steil geht es hinauf, so mancher Wallfahrer hat auf diesem Weg schon seine Sünden abgebüßt.

DIE HEILIGE QUELLE

Kurz bevor wir die Waldlichtung mit der Einsiedelei erreichen – die Kirchturmspitze lugt schon leise über dem Weg hervor –, treffen wir auf die heilige Quelle von Kirchwald. Es ist nicht die Quelle, die der erste Einsiedler Michael Schöpfl vorfand, sondern eine in der Nähe, die erst später gefasst wurde, nachdem die erste versiegt war. Doch auch aus dieser kommt das heilkräftige Wasser – meist tröpfelt es allerdings nur noch. Michael Schöpfl hat die vorgefundene Quelle, heißt es, erst benutzbar gemacht. Denn das Wasser war »nach alter Überlieferung Menschen und Vieh schädlich«. Bruder Michael brachte Wasser von der Heilquelle in Weihenlinden hierher, goss es in das schlechte Wasser, legte heilige Reliquien, die er aus Rom mitgebracht hatte, hinein und betete »inständig vor seinem Marienbild, Maria möge durch ihre Fürbitte die Quelle genießbar machen«. Und siehe da: »Das Wasser ist so heilsam geworden, dass sich die Kranken das Wasser weit und breit zutragen ließen und dass sie davon bald Linderung ihrer Schmerzen und zuweilen gar die

Die heilige Quelle im Kirchwald.

völlige Gesundheit erhielten«, wie Frater Marianus, der langjährige Einsiedler im Kirchwald, im ausliegenden Kirchenführer von Kirchwald formulierte.

Manche vermuten, dass die Bezeichnung »schädliche Quelle« eine Umschreibung für einen heidnischen Quellkult sein könnte, der hier noch praktiziert wurde. Das lässt sich heute nicht mehr klären, ist jedoch gut möglich. Die Jahre um die Mitte des 17. Jahrhunderts waren geprägt von den Verwüstungen durch den eben überstandenen Dreißigjährigen Krieg, von Not und Armut. In solchen Zeiten suchten die Menschen Heil und Hilfe nicht nur im christlichen, sondern gern auch in anderen Kulten, von denen sie sich eine Linderung der Not versprachen. Und unser Wanderweg war der bereits seit vielen Jahrhunderten frequentierte Kirchweg hinunter zu den alten Gotteshäusern in Nußdorf.

Heute jedenfalls gilt die Quelle immer noch als heilkräftig. Wer vorbeikommt, trinkt einen Schluck, und so mancher Einheimische stellt beim Aufstieg nach Kirchwald eine Flasche unter den tröpfelnden Wasserhahn und nimmt sie auf dem Abstieg gefüllt wieder mit – für die Anwendung zu Hause.

DIE LETZTE BEWOHNTE EINSIEDELEI

Die Kirchturmspitze haben wir schon länger gesehen, nun betreten wir die Waldwiese mit Kirche und Klause von Kirchwald. Im Herbst blühen Herbstzeitlosen auf der Wiese, und im Garten des Klausnerhäuschens trägt der

Apfelbaum schwer an seinen reifen Früchten. Ein weltabgeschiedenes Stückchen Paradies haben sich die Eremiten hier geschaffen. Für uns moderne Pilger gut geeignet zum Träumen und Meditieren, zum Ruhigwerden und Krafttanken.

Doch so groß und prächtig war die Einsiedelei nicht von Beginn an. Der erste Eremit wohnte zunächst in einer engen Felsenhöhle am Abhang zum Mühltal hinunter. Die Kurzfassung der Geschichte des Michael Schöpfl ist rund um die innere barocke Eingangspforte zur Kirche aufgemalt. Schöpfl war ein Tuchmachergeselle aus der mährischen Stadt Iglau. Protestantisch erzogen, war er doch neugierig auf den Papst und auf Rom, und so zog er 1643 zu Fuß in die Heilige Stadt. Ein Jahr später trat er zum katholischen Glauben über und ließ sich in der Peterskirche taufen. Ein römischer Kardinal schenkte ihm für den Rückweg ein Marienbild, eine byzantinische Ikone – das heutige Gnadenbild von Maria Kirchwald. Auf dem Heimweg jedoch fiel Schöpfl Betrügern in die Hände und entkam mit knapper Not dem Galgen – durch die Hilfe der Muttergottes nämlich, die er in seiner Todesangst anflehte und der er ein Gott geweihtes Leben versprach, das er als Dank für die Errettung aus der Gefahr in einer Einöde führen wollte.

Von Tirol her wanderte Michael Schöpfl durchs Inntal, wo er ein heftiges Verlangen verspürte, innezuhalten und sich niederzulassen. Er fand durch Zufall eine Felshöhle im Kirchwald, die ihm als Wohnung geeignet schien, um sein Gelübde zu erfüllen. Die Genehmigung der Gemeinde und der Kirche für die Errichtung eines »schlechten Hüttleins«, wie es im Kirchenführer heißt, bekam er auch, und so hauste Schöpfl fortan in seiner Quarantan. So nannte er die Höhle nach der biblischen Felswohnung bei Jericho, in der Christus sein vierzigtägiges Fasten begann und wo er vom Teufel versucht wurde. Für sein Marienbild baute er in der Nähe der Höhle eine Holzhütte.

Einsiedelei Maria
Kirchwald.

Votivbilder auch aus jüngster Zeit bedecken die Wände der Wallfahrtskirche.

Als Schöpfl die Quelle fasste und aus dieser Heilwasser strömte, kamen immer mehr Menschen zum seltsamen Einsiedler herauf. Die ersten Wunder ereigneten sich vor dem Bild und durch das Wasser, und der Zulauf der Hilfesuchenden wurde immer größer. Bruder Michael starb 1667, eine Holzkapelle ersetzte inzwischen das Hüttchen über dem Marienbild. Aber erst der Klausner Casimir Weiß, ein reicher Wirtssohn aus Nußdorf, errichtete mit dem Geld aus seinem Erbe ab 1716 ein Klausnerhäuschen und eine neue Kirche. Sie wurden oberhalb der gefährlich im Steilhang gelegenen Höhle gebaut, zumal nun auch die Nußdorfer Kinder vom Klausner in seinem Häuschen Schulunterricht bekamen.

Bis auf wenige Jahrzehnte während der Säkularisation ist die Klause bis heute stets von Einsiedlern bewohnt, die auch hier sind, um die zahlreichen Wallfahrer und Hilfesuchenden zu betreuen. Die Votivbilder in der Kirche geben ein eindrucksvolles Zeugnis davon, wie stark die Kirchwalder Muttergottes noch heute verehrt wird und dass die Mirakel bis heute nicht abreißen.

DAS SCHEYERER KREUZ

Auffällig ist das Kreuz sowohl auf der Kirchturmspitze als auch – ein liebenswertes Detail – am Glockenzug vor der Klause. Es handelt sich um ein sogenanntes Scheyerer Kreuz mit zwei Querbalken. Der obere Balken symbolisiert die Kreuzinschrift, die bei der Kreuzverehrung in Jerusalem gezeigt wurde. Diesem Kreuz liegt ein Reliquiar zugrunde, ein Reliquienbehälter, der einen Partikel des Kreuzes Christi enthält und in Kloster Scheyern aufbewahrt wird. Es kam auf abenteuerlichen Wegen direkt aus dem Heiligen Land nach Scheyern, deshalb die Form des byzantinischen Patriarchenkreuzes. Dieses wundertätige Kreuz erfreut sich bis heute großer Verehrung, weshalb auch manche bayerische Dorfkirchen dieses orthodoxe Kreuz tragen. Die Eremiten sahen wohl die Parallele zur Geschichte des Michael Schöpfl: Auch er hatte ein heiliges Marienbild aus dem fernen Rom nach Bayern getragen.

RIESENGROSSER LEBENSBAUM

Der Einsiedler Antonius Mayer hat zu seinem Einstand 1904 eine Thuja, einen Lebensbaum, schräg gegenüber des Kirchenportals gepflanzt. Dieser Baum macht heute seinem Namen alle Ehre: Er ist zu einem riesigen lebenden Denkmal seines Pflanzers herangewachsen. Weitum wird man keinen so schönen und so großen eindrucksvollen Lebensbaum finden. Thujen scheinen ewig zu leben, sie können bis zu eintausendfünfhundert Jahre alt werden.

Der Einsiedler hat mit diesem Baum an einen alten Brauch angeknüpft, nach dem man bei der Geburt eines Kindes oder beim Einzug in ein Haus einen Baum als Lebensbaum pflanzt. So wie der Baum wächst und gedeiht, heißt es, so gedeiht auch das Kind oder die Familie. Gern pflanzt man deshalb langlebige Obstbäume für Kinder, und scheinbar ewig lebende Linden, Eichen oder eben auch Thujen für eine Familie oder als Schutzbäume für Haus und Hof.

DIE KIRCHEN VON NUSSDORF

Zurück in Nußdorf sollte man sich noch die Zeit nehmen und die beiden Nußdorfer Kirchen besuchen, deren Türme sich hoch über das Dorf erheben – der eine mehr und der andere weniger. Die Kirche St. Veit oder lateinisch St. Vitus ist die ältere. Sie liegt mitten im Dorf und stammt aus dem 15., die Grundmauern aus dem 13. Jahrhundert. Wahrscheinlich ist sie mit der 790 erwähnten ersten Kirche in Nußdorf gemeint. Das St.-Vitus-Patrozinium würde dafür sprechen, dieser Heilige gehört zu den Nothelfern, zu den schon früh verehrten Märtyrern und populären Schutzpatronen, denen im 8. Jahrhundert viele Kirchen geweiht wurden.

Die St.-Leonhards-Kirche mit dem spitzen Kirchturm liegt an einer eigenartigen Stelle: außerhalb der Siedlung, mitten auf der Wiese. Die Forscher nehmen an, dass mit dieser Kirche, deren Grundmauern auf

Marienmarterl am Pilgerweg.

1200 datiert werden, der alte Ort eines Naturkultes durch das Christentum vereinnahmt wurde. In vielen anderen Fällen konnten wir solche Vorgänge bereits belegen. Und in Nußdorf siedelten nachweislich schon Kelten, auch Römer und Bajuwaren hinterließen ihre Spuren. Der schiffbare Inn und die im Inntal nach Süden verlaufende große Handelsstraße machen das Tal seit über 2500 Jahren zu einer Durchgangsstraße. So landete auch in vergleichsweise junger Zeit unser Einsiedler per Zufall in Nußdorf – und blieb für den Rest seines Lebens an diesem angenehmen, Kraft spendenden Ort.

Zu sagenhaften irischen Wandermönchen nach Wilparting

Ausgangspunkt: Parkplatz vor Kirche und Gasthof in Wilparting, zu erreichen von der Autobahn A8 München–Salzburg, Abfahrt Irschenberg, von dort aus beschildert bis Wilparting
Routenverlauf: Wilparting–Alb und auf dem gleichen Weg zurück
Anforderungen: Reine Gehzeit 45 Minuten. Teilweise wird es auf den Waldwegen steil.

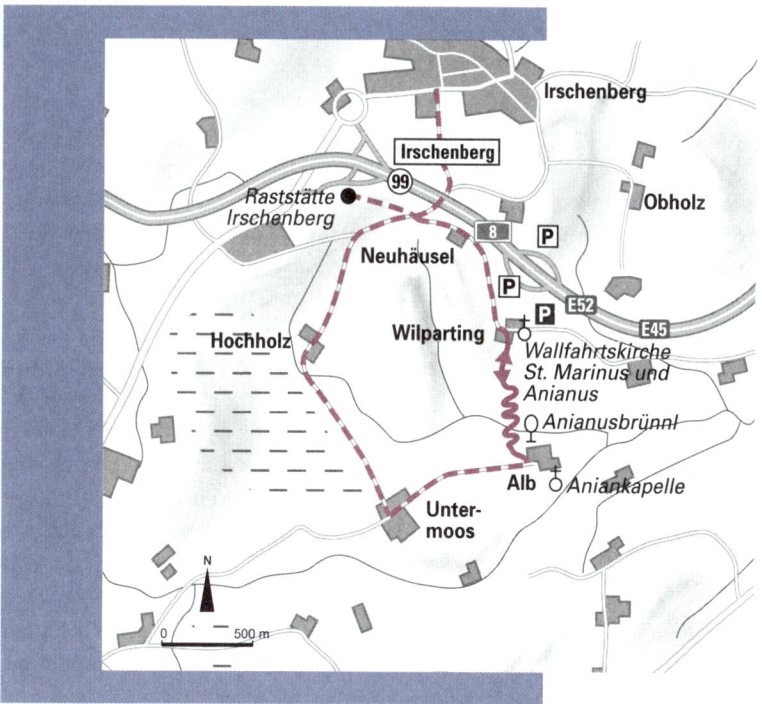

Alternativen:

– Wer lieber eine Rundwanderung macht, geht von Alb aus auf der kleinen Teerstraße zurück nach Wilparting. Das dauert etwa doppelt so lang, weil die Teerstraße einen weiten Bogen um das Wäldchen macht.

– Eine längere Wanderung (plus 1 Stunde) führt wie bei der ersten Alternative auf der Teerstraße von Alb Richtung Wilparting, dann aber weiter unter der Autobahn hindurch nach Irschenberg. Dort können Sie die Irschenberger Pfarrkirche besichtigen und auf dem gleichen Weg nach Wilparting zurückkehren.

– Vom Rasthaus Irschenberg an der Autobahn aus lässt sich auf einem beschilderten Fußweg nach Wilparting gehen, auf diesem Weg können Sie die traumhafte Aussicht auf die Alpenkette genießen. Wenn Sie diesen Weg mit der Hauptwanderung verbinden, sind Sie etwa 15 Minuten länger unterwegs.

Tipp: Zur Einkehr lädt der alte Gasthof zum Moar in Wilparting ein, mit traumhafter Aussicht und guter bayerischer Küche.

In Wilparting können Sie sich zuerst die Kirche und die Veitskapelle mit der Quelle anschauen – sie erinnern an den irischen Mönch Marinus –, bevor Sie zum Domizil seines Neffen Anianus nach Alb wandern. Dorthin gelangen Sie, wenn Sie südlich des Gasthofs zum Moar den Hang hinunter einem Fußpfad folgen, entlang der Telefonleitung bergab. Bald wird der Pfad ziemlich steil, er verläuft durch einen wildromantischen Mischwald, an dessen tiefster Stelle sich der Kaltenbach seinen Weg gebahnt hat. Über eine kleine Brücke erreichen Sie den gegenüberliegenden Hang, den Sie wieder bergauf gehen. Nach 10 Minuten treffen Sie direkt am Weg auf eine unscheinbare Quelle, nur mit einer bemoosten Steinumrahmung gefasst. Es ist das Aniansbrünnl, dessen Wasser sehr erfrischend ist. Auf der Hügelkuppe vor Ihnen steht die Anianskirche. Nach einer meditativen Rast dort gehen Sie den gleichen Weg wieder zurück.

BEI MARINUS UND ANIANUS – WELTVERGESSEN NAHE DER AUTOBAHN

Die meisten Einheimischen und noch viel mehr Durchreisende kennen die Wilpartinger Kirche nur vom Vorbeifahren: Nicht weit von der Autobahn München–Salzburg thront das Ensemble aus Kirche, Taufkapelle und Meierhof wie auf einer Theaterbühne vor der Kulisse der Alpenkette. Die allerwenigsten der Vorbeifahrenden nehmen sich die Zeit, diese Bauten einmal zu erkunden und sich mit ihren spannenden Geschichten zu befassen. Und kaum jemand weiß, dass noch eine weitere interessante Kirche in der Nähe dazugehört. Wenn man von der A8 in Irschenberg ab und die zwei Kilometer nach

Die Wilpartinger Kirche mit Taufkapelle und Wirtshaus vor dem Mangfallgebirge.

Grabplatten von Marinus und Anianus.

Wilparting gefahren ist, wird man zwar anfangs durch das beständige Rauschen des Verkehrs an die nahe Autobahn erinnert, doch sogar so dicht an der motorisierten Zivilisation spürt man, dass Wilparting ein ganz besonderer Ort ist – nach wenigen Minuten unten in der Schlucht hat man den Autoverkehr schon vergessen.

Den Heiligen Marinus und Anianus ist die Wilpartinger Kirche geweiht – zwei irischen Missionaren, die der Überlieferung nach vierzig Jahre in Wilparting gelebt und missioniert haben. Inzwischen gehen die Forscher davon aus, dass die beiden Missionare wohl aus dem Süden Frankreichs nach Bayern gekommen sind. Bischof Marinus und sein Neffe Anianus zogen im Jahr 656 aus Irland nach Rom, wo sie ihren Missionsauftrag erhielten, und wanderten nach Norden über die Alpen. In der unwirtlichen Gegend am Irschenberg ließen sie sich nieder und verkündeten Gottes Wort. Marinus lebte in einer Zelle in Wilparting, Anianus auf der anderen Seite der tiefen Schlucht in Alb. Am 15. November 697 drangen Vandalen in die Klause des frommen Bischofs Marinus ein und ermordeten ihn auf einem Scheiterhaufen. Sein Neffe Anian starb zur gleichen Stunde in seinem Kirchlein in Alb an Altersschwäche.

Die Gebeine der frommen Märtyrer werden in einem Hochgrab in der Wilpartinger Kirche bewahrt. Es steht angeblich an der Stelle, an der Marinus den Feuertod erlitten hat. Zu beiden Seiten des Hauptaltars befinden sich zwei Reliquienschreine mit weiteren Relikten der Heiligen: Mitra und Bischofsstab des Marinus und Evangelienbuch und Krone des Anianus. Auch die halbrunde Glocke, die in einem Holzkästchen neben der Sakristeitür hängt, soll einst der heilige Marinus mitgebracht haben. Die beiden spätgotischen Grabplatten, die früher die letzte Ruhestätte der verehrten Heiligen bedeckten, sind an der Ausgangswand des Wilpartinger Kirchleins zu sehen: links die des Marinus, kenntlich an dem Bischofsgewand des Heiligen, und rechts die des Anianus.

DIE WALLFAHRT

Die Wallfahrt zu den beiden Heiligen von Wilparting scheint schon bald nach deren Tod eingesetzt zu haben, denn schon im 11. Jahrhundert wählte die ganz in der Nähe gegründete Benediktinerabtei Rott am Inn ebenfalls die Wilpartinger Ortsheiligen als Kirchenpatrone – ein Zeichen dafür, dass die zwei sehr beliebt waren und dass viele Menschen zu ihnen pilgerten. Genaues zur frühen Geschichte dieser Wallfahrt ist uns aber nicht überliefert, erst aus der zweiten Hochblüte der Wallfahrt in der Barockzeit gibt es Mirakelbücher, die mehrere tausend

Marinus und Anianus auf dem Opferstock der Wilpartinger Kirche.

Wunderheilungen und Wundertaten beschreiben. Begonnen hat diese zweite Blüte der Wallfahrt mit dem Glockenwunder von Wilparting: Als die Wallfahrt nämlich nach der Reformation unterzugehen drohte, fingen am Mittag des 25. Oktober 1672 die Kirchenglocken von Wilparting von selbst an zu läuten – ein Vorfall, der als Zeichen vom Himmel gedeutet wurde, die Wilpartinger Heiligen nicht zu vergessen. Ein Vorfall, der aber auch den Reliquienstreit mit Rott am Inn neu entfachte. Die Benediktiner in Rott behaupteten nämlich ebenfalls, die echten Reliquien der verehrten irischen Mönche zu besitzen. Nach langem Hin und Her und mehreren Untersuchungen der Gebeine wurden die Wilpartinger Reliquien als die echten anerkannt und in dem barocken Hochgrab feierlich neu eingebettet.

ZELLE UND BRUNNEN DES HEILIGEN MARINUS

In der Barockzeit wurde dann auch die achteckige Veitskapelle neu gestaltet, die wenige Schritte östlich der Wallfahrtskirche bis heute einen Ort der Meditation darstellt. Diese Veitskapelle steht am Platz der ehemaligen Zelle des heiligen Marinus. Sie ist in ihren Grundmauern gotisch, ebenso wie die Kirche. Die Forschung ist sich aber sicher, dass das Ensemble, einschließlich des zugehörigen Bauernhofs und Gasthofs, nicht typisch gotisch ist, sondern als gesamte Anlage vermutlich sehr viel ältere Wurzeln hat. Die große Hofanlage mit dem Namen Moar – bairisch für »Meier« – war wohl ein typischer Meierhof.

Etwa zweihundert Meter östlich der Veitskapelle wiederum befindet sich das Marinibrünnl, eine heilige Quelle, aus der angeblich schon der heilige Marinus sein Wasser bezogen hat. Die Quelle war bis vor kurzem noch mit einem Bretterdach geschützt, das allerdings nach Auskunft der Moar-Familie während eines Unwetters zerstört wurde und nun wiederhergestellt werden soll. Die Quelle ist derweil verschlossen.

ANIANSKAPELLE UND -QUELLE

Auf dem Weg hinüber nach Alb.

Die zweite Quelle jedoch, die des heiligen Anian, sprudelt auch heute noch. Direkt an unserem Weg nach Alb liegt sie, unscheinbar und nur mit einer bemoosten Steinumrahmung gefasst. Ein kleines Kreuz macht uns allerdings neugierig: Das Wasser schmeckt frisch und gut. Wenige Meter höher treten wir aus dem Wald und ein Schild »Ansiansbrünnl« klärt uns auf, wo wir gerade waren. Auf der Hügelkuppe, die wir nun erreichen, erhebt sich die Anianskirche – wir sind in Alb angelangt, wo der heilige Diakon sein Eremitendasein führte. An das Kirchlein war eine Klause angebaut, in der bis 1892 ein Einsiedler lebte, der auch die Bauernkinder der Umgebung

Anianskirche
in Alb.

Ruhestein des heiligen Anian.

unterrichtete. Die Quelle im Wald versorgte schon den Eremiten Anian vor über eintausenddreihundert Jahren mit dem lebensnotwendigen Wasser. Die Einheimischen versichern, dass es sich um gutes, rechtsdrehendes Wasser handle, das man ohne Bedenken trinken könne.

In der Anianskirche fällt eine auf der linken Seite durch ein Mäuerchen abgegrenzte Stelle mit einem Stein auf: Das ist der Platz, an dem der heilige Anian der Legende nach am 15. November 697 starb, während gleichzeitig in Wilparting Marinus den Martertod durch das Feuer erlitt. Der Stein in dem heiligen Bereich soll Anians Ruhekissen gewesen sein.

Hoch über der Waldschlucht liegt die Anianskirche, fast kann man das nur einen Steinwurf weit entfernte Wilparting gegenüber sehen – wenn die hohen Bäume nicht wären. Vermutlich haben die beiden Einsiedler damals den Wald, den wir eben durchquert haben, gerodet. Das Holz diente als Bau- und als Brennmaterial, die freie Sicht der eigenen Sicherheit. Damals konnten Marinus und Anianus also Kirche und Cella des jeweils anderen wohl sehen.

DIE ALTE LINDE IN WILPARTING

Zurück in Wilparting sollte man der alten Linde schräg gegenüber des Kirchenportals noch einen Besuch abstatten. Beim näheren Hinsehen stellt man fest, dass die so vital wirkende, grünende Linde nicht einen dicken Stamm hat, wie es von ferne wirkt, sondern dass sie nur noch aus den Randschichten eines ehemals unglaublich dicken Stammes besteht. Wenn man von den legendären neunhundert Jahren einer Linde ausgehen will – »Dreihundert Jahre wachsen sie, dreihundert Jahre stehen sie und dreihundert Jahre vergehen sie« –, wird man das Gefühl nicht los, dass diese Linde wohl auch schon das Vergehen hinter sich hat. Es ist glaubhaft, dass dieses so lebendige Relikt eines uralten Baumes wirklich bereits – wie es die Überlieferung will – vom heiligen Marinus gepflanzt worden ist.

Alte Linde in Wilparting.

IRSCHEN UND BÄREN

Berg und Ort Irschenberg haben ihren Namen vermutlich erst später erhalten. Zwar befand sich hier ein römischer Militärstützpunkt, begünstigt durch die exponierte Lage an der Durchgangsstraße von Salzburg nach Augsburg. Vorher hat es wohl schon keltische Siedlungen gegeben, deren kultische Relikte bis in die Zeit um 1000 nachweisbar sind: So gab es hier noch vor tausend Jahren Bäume, unter denen geweissagt wurde. Auch unsere beiden Quellen guten Wassers gehören wohl in die Reihe keltischer Naturheiligtümer.

Den Namen Irschenberg erklärt man auf zweierlei Weise: Entweder hat sich hier ein ehemaliger römischer Besatzer mit Namen Ursus, »Bär«, niedergelassen, der Ort taucht nämlich im späten Mittelalter erstmals als Ursenperig in den Dokumenten auf. Oder es gab in den waldreichen Schluchten und Bergen besonders viele Bären, die dem Ort zu seinem Namen verhalfen. Letzteres erscheint weniger plausibel, denn mehr oder weniger viele Bären gab es zu der Zeit im gesamten Alpen- und Voralpengebiet. Warum also hätte man exakt drei Orte mit »Irschen« bezeichnen sollen: Irschenberg, Irschenhausen und Irschen bei Bernau/Rottau südlich des Chiemsees – wo ganz in der Nähe übrigens unser keltischer Bohlenweg gefunden wurde (Seite 169). Wahrscheinlicher ist, dass sich auch hier ein römischer Ursus niederließ – ein Mann mit dem Namen Bär. Wilparting dagegen hat seinen heutigen Namen erst in der Zeit der Besiedlung durch die Bajuwaren erhalten. Ein Wiliparto war hier namengebend, die Endung -ing ist typisch für Orte aus bajuwarischer Zeit, die im 7. und 8. Jahrhundert entstanden und nach einem Siedler benannt worden sind.

Bis heute wird der 15. November, der gemeinsame Todestag der heiligen Marinus und Anianus, als höchster Festtag in Wilparting begangen. Dann wird sogar ein eigenes Marinus-und-Anianus-Lied in der Kirche gesungen. Bis heute tragen viele Buben und Männer in der näheren und weiteren Umgebung die Vornamen Marinus oder Anian. Und immer mehr Menschen besuchen die alten Stätten der beiden Heiligen und kommen gekräftigt und gestärkt von ihrem Ausflug zurück.

Stele in Wessobrunn an der Stelle des alten Hochaltars.

Zu den mystischen Eiben und dem Ulrichsbrünnl von Paterzell

Ausgangspunkt: Parkplatz des Gasthofs Eibenwald in Paterzell bei Wessobrunn
Routenverlauf: Gasthof Eibenwald–Eibenpfad–Ulrichskapelle–Ulrichsquelle–
Gasthof Eibenwald
Anforderungen: Etwa 1 bis 1½ Stunden reine Gehzeit. Meist bequeme Wald- und
Feldwege, zur Ulrichsquelle hoch geht es auf einem kurzen, steilen Fußweg.
Alternativen:
– Wer Lust auf eine längere Wanderung hat, kann den Fußweg zur Ulrichsquelle
hinauf und weiter bis nach Schlitten gehen und von dort über Edenhof sowie
Pürschlehen nach Wessobrunn wandern. Dort bietet sich dann die Wanderung an,
die auf Seite 238ff. beschrieben ist.
– Auch von einem anderen Parkplatz aus ist der Eibenpfad zu erreichen: Er befindet
sich an der Straße von Zellsee nach Paterzell im Wald, kurz bevor man Paterzell
erreicht.
Tipp: Der Gasthof Eibenwald hat – bis auf wenige Wochen Urlaub im November und
Februar – ganzjährig ohne Ruhetag geöffnet und bietet sich zur Einkehr nach der
Wanderung an.

Etwas unterhalb des Parkplatzes vom Gasthof beginnt der Eibenpfad, der gut
ausgeschildert ist. Ein Rundweg mit beschilderten Wegstationen führt Sie tief in den
zauberhaft wirkenden Wald.
Wieder aus dem Eibenwald heraus, gehen Sie auf dem Wiesenweg zurück. Der Bach,
der Ihnen vom Wiesenhang entgegenplätschert, kommt aus einer heiligen Quelle
– dem fast vergessenen Ulrichsbrünnl, das Sie jetzt noch aufsuchen können. Kurz
vorm Gasthof Eibenwald gehen Sie den Wiesenweg geradeaus weiter hoch zur
Hauptstraße, wo schon von weitem die kleine Ulrichskapelle sichtbar ist. Rechts von
der Kapelle beginnt der St.-Ulrich-Weg, dem Sie ein kurzes Stück bergauf folgen.
In der Kurve zweigt rechts ein Fußpfad ab, der mit dem Schild »Schlitten,
St. Leonhard« bezeichnet ist. Auf diesem Weg erreichen Sie bald den Quellenweg
und ein weiteres Schild »Schlitten, St. Leonhard« gegenüber von Haus Nummer 5,
dem Sie jedoch diesmal nicht nach links folgen. Sie nämlich gehen noch ein
paar Meter geradeaus, bis der Zaun auf der linken Straßenseite endet. Hier sehen
Sie links in der Wiese das alte Ulrichsbrünnl.

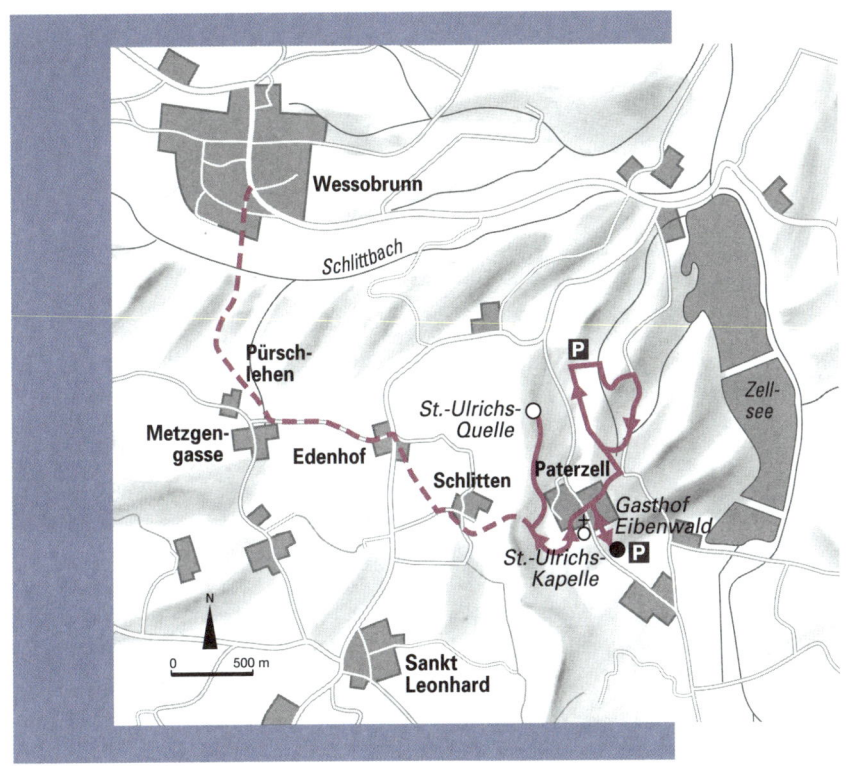

»VOR EIBEN KANN KEIN ZAUBER BLEIBEN«

Getreu diesem Spruch pflanzte man Eiben früher rund ums Haus, um die bösen Geister und Dämonen abzuhalten. Eibenzweige legte man kreuzweise vor die Tür oder nagelte sie über den Eingang zum Stall. Eibenholz, das war unheimlich, wild und ewig lebend. Man war darauf bedacht, es nicht im Haus zu haben, es würde den Tod bringen, hieß es.

Eiben sind in der Tat eigenartige Bäume. Allein durch ihre vielen Extravaganzen fielen sie schon immer auf. Sie wurden als Zauber- und Geisterpflanzen gefürchtet und verehrt, waren als Hexenmittel verschrien und als Giftpflanzen bekämpft. Anpassungsfähig, zählebig und mit einem feinen Holz ausgestattet sind sie aber zugleich, weshalb man sie immer auch geschätzt und geschützt hat. Der einzige giftige unter den heimischen Nadelbäumen ist die Eibe, die älteste der heimischen Baumarten – sie wächst in Deutschland seit 600 000 Jahren als am langsamsten wachsende Art aller Nadelbäume. Dabei

Eiben schmiegen sich vertrauensvoll an die Bäume, in deren Schutz sie wachsen.

wird sie auch nicht hoch: Nach etwa fünfzehn Metern ist Schluss, dafür wächst der Stammdurchmesser auf bis zu achtzig Zentimeter. Der letzte Eibenrekord in dieser Reihe ist ein trauriger: Sie ist bei uns fast ausgerottet worden.

Noch vor tausend Jahren muss es in Mitteleuropa riesige Eibenbestände gegeben haben. Die dichten dunkelgrünen Nadeln ließen solche Wälder geheimnisvoll und düster wirken, sodass schon in der römischen Antike Eiben als Bäume der Trauer galten, die den Weg in die Unterwelt säumen. Auch die Kelten verehrten den Baum, er galt ihnen als die heiligste aller Pflanzen. Auf den britischen Inseln findet man deshalb heute noch uralte Eiben, die als Friedhofsbäume überlebt haben. Sie galten den Kelten als Totenbäume, die ins Jenseits geleiten. »Aus dem Mund eines Toten wächst eine Eibe« und »Die Friedhofseibe hat in jedem Sarg eine Wurzel« sind überlieferte Redewendungen. Deshalb scheut man sich bis heute, diese Bäume auf Friedhöfen zu fällen.

Auch die Germanen konnten sich dem Zauber nicht entziehen, der von den massiven alten Bäumen ausging. Sie verwendeten ihre Zweige zur Abwehr von bösen Mächten – übrigens galten die meisten immergrünen Pflanzen als Wunder- und damit als Zauberpflanzen. Die Germanen betrachteten die Eibe als Sinnbild der Ewigkeit, denn Eiben werden sehr alt. Der älteste Baum Deutschlands ist eine Eibe, sie steht bei Balderschwang, und das seit angeblich zweitausend Jahren. Die ältesten Exemplare im Paterzeller Eibenwald haben ein geschätztes Alter von rund siebenhundert Jahren und stehen deshalb in der Blüte ihres Lebens – wenn wir auf sie acht geben.

Die Kulturwissenschaftler diskutieren seit einiger Zeit, ob der sagenhafte Weltenbaum Yggdrasil der Edda vielleicht gar nicht, wie bisher angenommen, eine Esche, sondern eine Eibe war. Es gibt viele Argumente für diese Annahme und nur wenige dagegen. So ist an einer Stelle von einem »Nadelbaum« die Rede, an anderer Stelle von einem »immergrünen« Baum. Ebenso wird oft das hohe Alter des »Baumgreises« erwähnt, dessen Früchte als Heilmittel für Fieberkranke verwendet werden – all dies trifft nur auf die Eibe zu, nicht aber auf die Esche. Dazu kommen noch die etymologische Herleitung des Namens Yggdrasil, bei der Fachleute einige Argumente für die Eibe ins Feld führen, und die Tatsache, dass die Rune Yggdrasils aus der Rune für die Eibe entwickelt worden ist, wie Angelika Haschler-Böckle in ihrem Eibenbuch sehr glaubhaft darlegt. Auch taucht die Eibe durch die Jahrhunderte, ja Jahrtausende immer wieder in historischen Dokumenten und mythologischen Schriften auf, antike Dichter kommentieren sie ebenso wie mittelalterliche Heilkundige und neuzeitliche Märchensammler – von der Esche ist dagegen kaum die Rede. *Barraskar* heißt die Eibe auf altnordisch, das bedeutet wörtlich »Nadelesche«. Sollte hier die Verwechslung ihren Ursprung haben? Wir werden die Frage an dieser Stelle nicht klären können, doch können wir versuchen, für uns eine Antwort zu finden: Betrachten wir die Eiben im Paterzeller Wald und stellen uns daneben eine Esche vor: Welcher Baum wirkt geheimnisvoller, zauberischer, älter und archaischer? Welcher Baum wäre vom Gefühl her würdiger, ein Weltenbaum zu sein? Meine Entscheidung fällt eindeutig zugunsten der Eibe aus.

BEGEHRTES EIBENHOLZ

Sehr hart und gleichzeitig sehr biegsam ist das Eibenholz, und dieser Eigenschaften wegen wurde der Baum fast ausgerottet. Seit ältester Zeit war das Holz begehrt – zur Anfertigung von Werkzeugen, Geräten und Zäunen, für die Pfahlbauten der Steinzeitmenschen und besonders für Jagd- und Kriegsbögen. Sogar »Ötzi« trug einen Eibenbogen mit sich. Bis zum ausgehenden Mittelalter gab es fast keine Eibe mehr in deutschen Wäldern. Doch nicht nur die hiesigen Rittersleut waren es, die so viele Bögen verbrauchten: Eibenholz war ein begehrtes Handelsgut und wurde vor allem nach England exportiert. Schon um 1500 gab es deshalb in Deutschland erste Beschränkungen für das Schlagen und Ausführen von Eiben. Doch noch hundert Jahre später hatten die Briten Bogenschützen in ihrem Heer, die mehr Bedarf an Eibenholz hatten, als auf den Inseln vorhanden war. 1589 schließlich erließ man in Bayern das erste komplette Verbot, Eiben zu schlagen. Leider war es schon fast zu spät – die Eibe wächst so langsam, dass sich ihre Bestände nie mehr richtig erholen konnten.

Die Giftigkeit der Eibennadeln ist seit Urzeiten bekannt. Heute wissen wir, dass sie das Gift Taxin enthalten. Zwar müsste ein Mensch größere Mengen von Eibenzweigen essen, um sich zu vergiften, doch können schon geringere Mengen angeblich ein Pferd töten. Auch das ist ein Grund, weshalb Bauern und Fuhrleute früher Eibenschösslinge entfernten. Das Eibengift wurde zu allen Zeiten nicht nur in der Volksmedizin verwendet. Schon Cäsar berichtete in seinem *Gallischen Krieg*, dass der Eburonenkönig Catuvolcus mit Eibengift Selbstmord beging – die heilige Eibe als Mittel, ehrenhaft und mit Hilfe der Götter aus dem Leben zu scheiden. Sogar der Name dieses Keltenstammes kommt von *eburo*, dem keltischen Wort für Eibe.

Trotz aller Schutzbestimmungen wurden die Eibenvorkommen nie mehr so richtig groß. Als ein Baum, der den lichten Halbschatten liebt, ist die Eibe auf einen Buchenbestand angewiesen, in dem sie als untere Baumschicht geschützt wachsen kann. Unsere dichten Fichtenmonokulturen geben der Eibe keine Chance. Bis ins letzte Jahrhundert waren nur noch einzelne Exemplare von Eiben bekannt. Doch 1908, vor gut hundert Jahren, entdeckte der Weilheimer Arzt und Naturforscher Fritz Kollmann den Bestand von zweitausend Eiben im Wald von Paterzell. Das Forstamt wollte sie damals schlagen lassen, sie galten als unrentabel. Erst dem Engagement von Königin Therese von Bayern, der Gattin Ludwigs III., ist es zu verdanken, dass die Eiben bis heute stehen und der Wald zum Naturschutzgebiet erklärt worden ist. Bis zur Säkularisation 1803 hat der Paterzeller Wald dem Kloster Wessobrunn gehört. Und wenn Sie dort einmal aufmerksam durchs ehemalige Klostergelände gehen, werden Sie ebenfalls viele, auch alte, Eiben sehen. Haben die Wessobrunner Mönche eine Vorliebe für Eiben gehabt? Und wenn ja, warum?

Eibengesicht in uraltem Stamm.

IM EIBENWALD

Als dunkel und düster schildern alte Geschichtsschreiber den deutschen Wald. Voller Buchen und Eichen soll er gewesen sein, wie die nationalen Historiker der letzten zweihundert Jahre behaupteten. Ein Laubwald würde jedoch nicht dunkel und düster wirken, einen solchen Eindruck kann nur ein Wald hinterlassen, der zu einem großen Teil aus Eiben besteht. Im Paterzeller Eibenwald können wir uns davon überzeugen. Zwar besteht dieser Wald nicht nur aus Eiben, aber mehr Eiben als irgendwo anders in Deutschland mischen sich hier in einen Buchen-Tannen-Wald, einzelne Bergahorne, Eschen und Fichten sind auch zu entdecken. Jede einzelne dieser Eiben ist eher dunkel als hell. Sie alle sind geheimnisvoll und wirken – noch mehr als andere Baumarten rundherum – wie ehrwürdige Lebewesen. Fast meint man, sie müssten sprechen können. Gesichter sieht

Hohle Eibe, die dennoch grünt.

man in fast jedem Baum, Furchen, Löcher, Hohlräume, so groß, dass man meint, alle Waldgeister der Welt könnten darin leben. Ältere Eiben mit ihren hängenden Nadelzweigen könnten müde, alte Krieger sein, die nur noch Fetzen am Leib haben, oder alte, ehrwürdige Greise mit unendlich langen Bärten. Manche der greisenhaften Bäume konnten den letzten Stürmen nicht widerstehen und haben sich scheinbar zum Sterben hingelegt – aus ihnen wächst ein frisches, kleines Eiblein und schaut neugierig in die Welt. Die Fähigkeit der Eibe, aus ihren unzähligen schlafenden Augen neu auszutreiben, verschafft ihr tatsächlich das »ewige« Leben.

Die Eiben wachsen hier in trauter Gemeinschaft mit Buchen, Fichten oder Tannen. Diese werden höher und beschützen die langsam wachsenden Eiben, die in solchen Wäldern das mittlere Stockwerk bilden. Die untere Etage und das Erdgeschoss bildet eine vielfältige Lebensgemeinschaft, wie wir

Verborgene Eibenwesen.

sie aus unseren eintönigen Fichten-wäldern gar nicht mehr kennen. Viele alte Zauberpflanzen sind dar-unter. »Hekates Garten« und »Freyas Garten« nennt die Wesso-brunner Eibenwaldspezialistin Ange-lika Haschler-Böckle »ihren« Eiben-wald deshalb. Die dreifache Göttin galt sowohl in ihrer griechischen als auch in ihrer germanischen Personi-fikation als Göttin der Liebe wie der Zerstörung, als Fachkundige für Heil- und Zauberkräuter, als weise Seherin und alte Hexe. Solch eine Frau hätte hier im Eibenwald wirklich alles gefunden, was sie für Zaubertränke, für Heiltees und Flugsalben brauchte. Nicht umsonst hat die christliche Obrigkeit sie gefürchtet und verdammt. Es waren die traditionellen Heilerinnen, die wussten, wie man zum Beispiel aus Eibenzweigen wirksame Abtreibungsmittel bereitete. Tollkirsche, Einbeere und Salomonssiegel findet man hier, Pfaffenhütchen und Schachtelhalme, Wasserdost und Goldrute wachsen in Mengen am Weg. Auffällig ist die Viel-falt an Pilzen, die im Spätsommer und Herbst unter und an den Stämmen auf-tauchen. Und Efeu wohin man blickt – auch er giftig einerseits und heilsam andererseits.

»Willst zum Eibenforst du gehen,
Sieh nicht Dich um, bleib nicht stehen,
Hüt den Fuß auch vor den Ringen,
Wo die Feen im Grase springen.«

Diesen Vers von T. G. E. Powell zitiert Haschler-Böckle gern – denn man kann ihn gut verstehen, wenn man durch diesen zauberhaften Wald geht. Links und rechts unter den Eiben und den Buchen – hier und da und dort auch – könnte ein Tanzboden der Hexen sein, ein Elfenspielplatz oder ein Bolzplatz der vorwitzigen Trolle, die sich einen Spaß daraus machen, mit roten Beeren zu werfen oder den schiefen Eibenborken Grimassen zu schneiden.

DIE QUELLEN IM WALD

Überall gluckert und plätschert es hier, denn in dem Eibenzauberwald entspringen zahlreiche Quellen. Das hat mit der Geologie des Untergrunds zu tun: Eine meterdicke Tuffsteinschicht hat das extrem kalkhaltige Wasser hier auf dem wassertragenden, undurchlässigen Flinz aufgebaut. In der Randzone, die sich hier und im oberen Eibenwald jenseits der Straße befindet, sprudeln viele Quellen nach oben. Frösche und Libellen gibt es deshalb, es schwirrt und flattert und zwitschert, auch ungewöhnlich viele Vögel halten sich gern in diesem Wald auf – besonders im Herbst, wenn die weiblichen Eiben ihre verführerisch leuchtenden roten Früchte tragen. Das Fruchtfleisch ist übrigens der einzige nicht giftige Teil der Eibe, es umhüllt den wiederum äußerst giftigen Samen und lädt die Vögel zum Fressen ein.

ZUR ULRICHSQUELLE

Im Ort Paterzell finden wir an der Hauptstraße die kleine Ulrichskapelle. Sie wurde vor einhundertfünfzig Jahren errichtet, weil die eigentlich zum Brünnl gehörende Ulrichskapelle eingestürzt war. An der Quelle hat man damals als Ersatz einen Bildstock aufgestellt, zu dem wir uns nun aufmachen. Am Rand des oberen Dorfweges, kurz unterm Wald finden wir das alte Ulrichsbrünnl – halb zugewachsen und gedemütigt von dem obligaten Schild »Kein Trinkwasser«, das vom Gesundheitsamt an vielen alten heiligen Quellen aufgestellt wird, da das Wasser ja nicht offiziell geprüft ist.

Ulrichsquelle oberhalb Paterzell.

Seit alten Zeiten jedoch, genau seit 964, wird das Wasser dieser Quelle als heilsam geschätzt. Der heilige Ulrich, Augsburger Bistumspatron, soll in diesem Jahr auf seiner zweiten Romreise hier gerastet und unter großem Durst gelitten haben. Da habe er im gläubigen Gottvertrauen mit dem Finger ein Kreuzzeichen auf die Erde gemacht, worauf eine Quelle entsprungen sei, die seitdem nie mehr versiegte und dem heiligen Mann zu Ehren St.-Ulrichs-Brünnlein genannt wurde.

»Gottes Wunder, Gottes Gnade
Hat den Heiligen erquickt
und ihm auf dem trocknen Pfade
einen kühlen Born geschickt.
Immer noch auf altem Grunde
fließt das Wasser klar und hell;
Dass der Kranke schnell gesunde,
Trinkt er aus St. Ulrichs Quell.«

So endet das alte Gedicht am Eingang der Ulrichskapelle. Wenige kommen noch herauf zum Augenauswaschen, obwohl dies früher häufig geschah. Auch einige wundersame Heilungen durch das Wasser sind bekannt. Früher führte der alte Kirchweg nach St. Leonhard im Forst hier an der Quelle und an der alten Kapelle vorbei, und das Wasserholen gehörte zum sonntäglichen Ritual. Ein Einsiedler soll zeitweise sogar in einer Klause neben der Quelle gewohnt haben. Sein Name war Palter, eine Abkürzung von Balthasar, und von ihm soll der Ortsname Paterzell herrühren. Vielleicht hat er von den Pilgern gelebt, die ihm für das Heilwasser und seinen Segen einen Obulus schuldig waren? Galt die Quelle als heilig, weil sie mitten im Wald der heiligen Eiben und der Quellen lag – ein Naturheiligtum seit langer Zeit? Wir werden es nie erfahren, aber einen ehrwürdigen Platz wie diesen können wir zumindest heiligen, indem wir ihn mit Respekt und Ehrfurcht behandeln und erhalten.

Nach Wessobrunn zur berühmtesten Linde Bayerns und den Quellen des Wezzo

Ausgangspunkt: Parkplatz oberhalb der Kirche in Wessobrunn
Routenverlauf: Pfarrkirche und Kloster–Quellenhäuschen–Tassilolinde–Lindenplatz–Pfarrkirche
Anforderungen: Reine Gehzeit etwa 1 Stunde. Meist bequeme Spazierwege, der kurze Anstieg im Wald hinter der Tassilolinde ist etwas steiler.
Alternativen:
– Direkt vom Parkplatz zur Tassilolinde kommt man, wenn man nicht nach unten zur Pfarrkirche geht, sondern oben dem Weg außen an der Klostermauer entlang folgt und dann auf einem Sträßchen den Wiesenhang hinunterläuft. Ein paar Meter entfernt vom Ende der Klostermauer steht die Tassilolinde.
– Nach der kleinen Wanderung kann man noch der Kreuzbergkapelle einen Besuch abstatten. Sie liegt etwa 500 Meter außerhalb des Ortes, wenn man die Hauptstraße weiterfährt. Auf der linken Seite, kurz nach dem Klostergut auf dem höchsten Punkt, liegt die Kapelle erhaben mit einem wunderbaren Blick nach Süden in die Ammer-

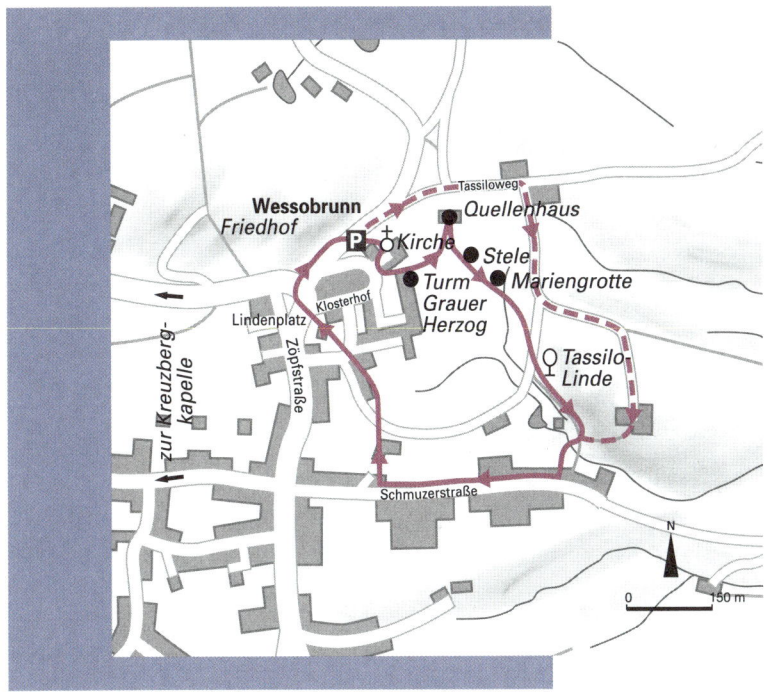

gauer Alpen. Leider ist sie meist verschlossen. Nur über eine Aussparung in der Eingangstür und einen Spiegel auf der Innenseite gewinnt man einen Eindruck von der kostbaren Ausstattung.

Beginnen können Sie die Runde mit der Besichtigung der Pfarrkirche, des Römerturms und des Klosters. Etwas oberhalb davon finden Sie dann das Quellenhaus und die Bassins mit einigen Forellen. Über hüglige Wiesen laufen Sie durch das ehemalige Klostergelände, vorbei an einer Stele, die an die erste Kirche hier erinnert, und an der Mariengrotte weiter unten. Wenn Sie noch weiter hinabgehen, wird der Weg schmal. Sie verlassen die Klostermauern, gehen ein paar Meter weiter hinab Richtung Wald – und stehen vor einem Naturheiligtum der ganz besonderen Art: der uralten Tassilolinde.

Von der Linde führt eine Treppe nach unten zum Bach, den Sie auf einer Brücke überqueren. Danach geht es links auf dem Weg weiter, der schon bald nach oben ins Dorf zu den Häusern an der Schmuzerstraße führt. Diese gehen Sie ein paar hundert Meter nach rechts bis zu einem Wegweiser »Kirche, Kloster«. Tatsächlich beginnt hier ein netter kleiner Pfad zwischen den Wohnhäusern hindurch, der schließlich an der Westseite der Klostermauer aufwärts bis zu einem vom Durchgangsverkehr umfahrenen Platz zwischen dem Kloster und dem Gasthof zur Post führt: dem Lindenplatz von Wessobrunn. Von dort aus den oberen Weg Richtung Kloster wählend, kommen Sie wieder zum Parkplatz.

DAS KLOSTER WESSOBRUNN

Türsturz am Grauen Herzog.

Wessobrunn – das ist ein Kloster mit einem großen Namen, und das sind berühmte Stukkateure, die himmelhochjauchzenden bayerischen Rokoko-Stuck geschaffen haben. Nicht nur hier im Pfaffenwinkel, sondern weit über dessen Grenzen hinaus. Wir kommen heute jedoch nach Wessobrunn wegen der Quellen, die Ort und Kloster den Namen gegeben haben, und wegen der altehrwürdigen, heiligen Bäume, die hier stehen.

Kein Geringerer als Herzog Tassilo III., der letzte Agilolfingerherzog, soll Wessobrunn im Jahre 753 gegründet haben. Die ehemalige Klosterkirche, heute Pfarrkirche, ist Ende des 17. bis Anfang des 18. Jahrhunderts entstanden, sie ist die dritte Klosterkirche von Wessobrunn und steht nicht an der Stelle des ersten, karolingischen Kirchenbaus. Vom zweiten, romanischen Bau hat sich der sogenannte Römerturm, der »Graue Herzog« erhalten, der südlich der Kirche auffällt und als Glockenturm benutzt wird. Seinen Namen hat er von der uralten Anmutung, die er ausstrahlt. Sie rührt von dem für seinen Bau verwendeten grauen Tuffstein her, der schon immer hier in der Nähe abgebaut wurde, zum Beispiel im Paterzeller Eibenwald. Die von Benediktinerinnen bewohnte Klosteranlage, die wir heute in Wessobrunn vorfinden, ist nur noch ein Rest des ehemals riesigen Klosters. Etwa drei Viertel der Anlage wurden mit der Säkularisation abgerissen.

DIE QUELLEN DES WEZZO

Gleich hinter der Pfarrkirche liegen die namengebenden Quellen. Es handelt sich hier nicht um im eigentlichen Sinn heilige Quellen – weder sind sie einem Heiligen geweiht, noch werden sie zu Heilzwecken angewendet oder haben bekannt gewordene Wunder bewirkt. Jedoch werden sie seit jeher ver-

Das Quellenhaus
mit den drei
heiligen Quellen
in Wessobrunn.

ehrt, weil sie der Überlieferung nach durch einen Fingerzeig Gottes entdeckt wurden und zur Gründung des Klosters führten.

Als sich nämlich der Bayernherzog Tassilo im Jahre 753 auf einer Wildschweinjagd in den tiefen Wäldern zwischen Lech und Ammer befand, wurde es spät. Die drei Männer, Wezzo und Tharingari sollen die Begleiter des Herzogs geheißen haben, beschlossen, das Nachtlager unter einer Linde aufzuschlagen. In der Nacht hatte Tassilo einen eigenartigen Traum: Drei Quellen sah er ganz deutlich vor sich, die kreuzförmig zusammenflossen. Von ihrer Mitte aus führte eine hell leuchtende Leiter direkt in den geöffneten Himmel, aus dem Engel die Treppe herunterstiegen. Petrus soll an der Pforte gestanden haben. Als Tassilo seinen Gefährten von dem Traum berichtete, machte sich Wezzo auf die Suche und wurde tatsächlich ganz in der Nähe fündig – für Tassilo eine himmlische Weisung, hier ein Kloster zu errichten. Er benannte es nach dem Entdecker der Quellen Monasterium Wezzofontanum.

Die Quellen wurden erst 1518 mit einem »Sommerhaus« überbaut. 1589 wurden die drei Becken für die Quellen angelegt. Die jetzige Halle stammt von 1753. Gisela Schinzel-Penth erzählt in ihrem Baumbuch, dass in früheren Zeiten oft schwangere Frauen eine Nacht in der Quellenhalle verbrachten. Sie erhofften sich an diesem magischen Ort erleuchtende Träume über das Schicksal ihrer Ungeborenen. Heute sieht das Wasser in den drei Becken der Halle nicht gerade einladend aus. Allerdings tummeln sich in den Fischteichen, die von ihnen gespeist werden, muntere Forellen – das Wasser ist wohl immer noch von guter Qualität. Für das neu gegründete Kloster war das Wasser lebensnotwenig. Es wurde für Küche, Wäsche, Garten, Stallungen und als Löschweiher – für alle Zwecke des Alltags – benutzt.

Die Wessobrunner Gründungslegende steht in einer Reihe mit ähnlichen Geschichten, aufgrund derer Tassilo die anderen ihm zugeschriebenen Klostergründungen vorgenommen haben soll, etwa in Kremsmünster, Thierhaupten oder Polling. Tassilo befand sich jeweils auf der Jagd, als in Polling dann ein Reh auf dem Boden scharrte und drei Kreuze sichtbar wurden. In Kremsmünster fiel während der Jagd ein wildgewordener Eber Tassilos Sohn Gunther an. Diese Legenden gleichen sich und erzählen eigentlich nichts über die wahren Beweggründe, genau an dieser Stelle und nicht woanders ein Kloster zu errichten.

In Thierhaupten jedoch wurde das Kloster klar auf dem Platz eines alten Tierkultes erbaut, um heidnisches Gedankengut zu verchristlichen. War das auch in Wessobrunn der Fall? Die magische Dreizahl der Quellen würde dafür sprechen, ebenso das Vorhandensein einer hoch verehrten Linde ganz in der Nähe. Auch die unweit auf dem Kreuzberg stehende gleichnamige Kapelle könnte damit in Zusammenhang stehen. In ihr befindet sich der angebliche Hinrichtungsstein – doch könnte dieser Stein an einer so herausragenden Stelle nicht auch ein vorchristlicher Kultstein gewesen sein, über dem man dann ein christliches Gotteshaus errichtete, wie man es in so vielen Fällen getan hatte?

ZEUGNISSE DER ALTEN WESSOBRUNNER KIRCHE

Wenn wir dem Fußweg von den Quellen durch das ehemalige Klostergelände folgen, kommen wir zunächst an eine Stele, die in der Wiese den Punkt markiert, an dem sich der Hochaltar der ersten Wessobrunner Kirche befunden haben soll. Deutlich näher an der Tassilolinde als heutzutage. Die Aufschrift lautet:

> *»Hier stand die Klosterkirche*
> *H. Petrus dedici*
> *erbaut 758*
> *wieder erbaut 1065*
> *abgebrochen 1810«*

Damit wurde zumindest teilweise eine Bestimmung des Konzils von Trient (1545–1563) erfüllt: An der Stelle verfallener oder abgetragener Kirchen und Kapellen sollten nach dieser Vorschrift steinerne Kreuze aufgerichtet werden, und zwar dort, wo der Hochaltar gestanden hatte. Wahrscheinlich ist mit dem Konzil aber nur ein schon bestehender Brauch schriftlich fixiert worden.

Nach einigen Metern taucht links eine neu angelegte Grotte mit der Kopie der Wessobrunner Marienfigur aus der Romanik auf. Das ehrwürdige

Original aus altem grauem Sandstein steht im Bayerischen Nationalmuseum in München. Diese Kopie muss sich erst noch mit Leben füllen. Man hat den Eindruck, dass sie noch keine Seele hat, sie ist noch in Form geschnittenes Material. Sie muss erst altern und über Hunderte von Jahren von den Gläubigen verehrt werden, bevor sie die Ausstrahlung einer echten alten romanischen Madonna hat, die über die Zeiten hinweg Ziel so vieler Gebete und Anrufungen war.

Hier ist aber ein schöner Ort, um sich noch einmal umzuschauen. Wir befinden uns in einem stillen Bezirk, mitten in dem von der Klostermauer umfriedeten Bereich, auf dem das frühere Kloster stand. Einige merkwürdige Buckel in der Wiese regen die Phantasie an: Was sich wohl darunter verbirgt, welcher Teil des Klosters mag gerade da gestanden haben?

DIE TASSILOLINDE

Nach weiteren fünf Minuten Weg stehen wir schließlich außerhalb der Mauern vor der wichtigsten Linde Bayerns, vor dem bayerischen Baumheiligtum schlechthin: der Tassilolinde. Wie viele Jahre sie zählt, weiß man nicht. Aber dass sie bereits vor 1250 Jahren so groß war, dass man unter ihr sein Nachtlager aufschlagen konnte, das glaubt man durchaus, wenn man diese Reste eines riesigen Stammes betrachtet, von dem nur noch die Ränder vorhanden sind. Doch noch grünt der Baum, er hat eine enorme Lebenskraft. Um ihn zu schonen und möglichst wenig zu schädigen, sollten seine Besucher

Die riesige, greisenhafte Tassilolinde mit ihren mächtigen Tatzenwurzeln.

auch nicht in seinem Inneren herumtrampeln. Was mag dieser Baum schon alles gesehen haben? Seine mächtigen Wurzeln wirken wie die Krallen eines urzeitlichen Tieres. Fast meint man, er habe Sinnesorgane – ein großes Ohr ganz vorn empfängt uns. Andere Stellen in der Borke sehen aus wie Verwundungen, wieder andere wirken wie die Innereien dieses Baumes. Verwundbar ist er geworden, der mächtige alte Zeitzeuge so vieler klösterlicher und dörflicher Ereignisse.

AM LINDENPLATZ

Durch den Ort wieder Richtung Kloster gelangen wir nach links abzweigend zum Lindenplatz, um den die Hauptstraße führt. Die älteste und mächtigste der vier Linden hier ist die sogenannte Gebetslinde. Zu ihren Füßen steht nämlich eine gewaltige Steintafel, auf der das »Wessobrunner Gebet« eingemeißelt ist, der älteste christliche Text in deutscher Sprache, mit der Überschrift *De poeta*, »Vom Dichter«. Es handelt sich um das erste dokumentierte deutschsprachige Vaterunser. Die Übertragung ins Neuhochdeutsche lautet:

> *»Das erfuhr ich unter den Menschen als der Wunder größtes,*
> *dass Erde nicht war, noch oben der Himmel,*
> *nicht Baum ..., noch Berg nicht war,*
> *noch ... irgend etwas,*
> *noch die Sonne nicht schien,*
> *noch der Mond nicht leuchtete,*
> *noch das herrliche Meer.*
> *Als da nicht war an Enden und Wenden,*
> *da war der eine allmächtige Gott, der Wesen gnädigstes,*
> *und da waren mit ihm auch viele herrliche Geister.*
> *Und Gott der heilige ...*
> *Gott allmächtiger, der du Himmel und Erde wirktest*
> *und der du den Menschen so mannigfach*
> *Gutes gegeben,*
> *gib mir in deiner Gnade*
> *rechten Glauben*
> *und guten Willen,*
> *Weisheit und Klugheit und Kraft,*
> *den Teufeln zu widerstehen,*
> *und das Böse (Arge) zurückzuweisen*
> *und deinen Willen zu tun (wirken).«*

Lindenplatz in der Ortsmitte von Wessobrunn.

Steinkreuz auf dem Lindenplatz.

Den mittleren der drei Bäume nennt man die Befreiungslinde. Angeblich wurde sie 1796 gepflanzt, als der Abt Joseph Leonardi die Kinder vom Schulgeld befreit hatte. Damit konnten auch arme Wessobrunner ihrem Nachwuchs eine Schulbildung ermöglichen. Unter dem Baum befindet sich ein altes Steinkreuz, wie wir es von anderen Orten als Gedenk- oder Sühnekreuz kennen. Es hat die Form eines Malteserkreuzes und stammt aus dem 15. oder 16. Jahrhundert. Sollte es an der schon seit Jahrhunderten viel befahrenen Straße an einen Unfall oder an ein Verbrechen erinnern? Heute gibt es uns Rätsel auf, veranlasst uns zum Innehalten und zum Nachdenken darüber, wer an diesem Kreuz wohl schon alles vorübergezogen ist. Neben dem Kreuz haben sich – wie passend – zwei kleine Eiben angesiedelt, heilige Bäume zu Zeiten des Tassilo. Die Samen kamen wohl von den nahen Eiben auf der anderen Seite der Straße, die dort durch die Klostermauer geschützt wachsen dürfen.

Die dritte Linde ganz links ist eine der vielen Friedenslinden, die nach dem Ende des deutsch-französischen Krieges 1871 gepflanzt wurden. Die jüngste der vier Linden steht etwas oberhalb und auf der anderen Straßenseite. Sie feiert bald das hundertste Jubiläum ihrer Pflanzung: 1911 war sie der Geburtstagsbaum für den verehrten Prinzregenten Luitpold.

ABSTECHER ZUR KREUZBERGKAPELLE

Kreuzbergkapelle bei Wessobrunn.

Der Überlieferung nach retteten sich die Wessobrunner Mönche vor den angreifenden Ungarn 955 in den nahen Wald. Nicht mehr als fünfhundert Meter weg vom Kloster wurden sie jedoch von den Barbaren niedergemetzelt, nachdem sie ihrem christlichen Glauben nicht abschwören wollten. An der Stelle, an der sie den Märtyrertod erlitten haben, errichtete man zunächst ein Kreuz. Darüber wurde dann die Kreuzbergkapelle gebaut. In ihrem Inneren sind noch der Hinrichtungsstein zu sehen, ein Rest des ersten Kreuzes, sowie wertvolle Fresken.

Zum Ähndl im Murnauer Moos

Ausgangspunkt: Wanderparkplatz beim Ähndl, der St.Georgs-Kirche am Nordrand des Murnauer Mooses. Anfahrt über die B2 durch Murnau, von Norden kommend die letzte Straße vor dem Ortsende dem Hinweisschild folgend nach rechts abbiegen und bis zum Parkplatz Ähndl fahren
Routenverlauf: Ähndl–Lange Filz–Westried–Moosrain–Ähndl
Anforderungen: Etwa 3 Stunden reine Gehzeit. Hauptsächlich auf ebenen, bequemen, gepflegten Wanderwegen, in der Langen Filz geht es stellenweise über moorige, feuchte Wege und leicht ansteigend.
Alternative: Die beschriebene Tour ist bis unterhalb von der Langen Filz auch mit dem Fahrrad gut zu machen. Dann sollten Sie vor der Langen Filz bei der Brücke nicht wie die Wanderer den rechten, sondern den linken Weg nehmen und das Moor so umfahren.
Tipp:
Zum Einkehren lädt natürlich der Ähndl-Wirt ein. Dort sitzt man unter dem Schutz alter Bäume direkt neben der alten Kirche bzw. dem alten Kultplatz und genießt einen wunderbaren Blick bis ins Wettersteingebirge.

Bevor Sie im schönen Biergarten des Gasthofs Ähndl gleich zu Beginn die Zeit vergessen, sollten Sie sich auf den Weg durchs Moor machen. Der ausgeschilderte Wanderweg Nummer 5 führt Sie nach Süden, zuerst an der Ramsach entlang. Bei der Brücke biegt er rechts zum Langen Filz ab und bringt Sie über Westried und Moosrain schließlich zurück zum Ähndl.

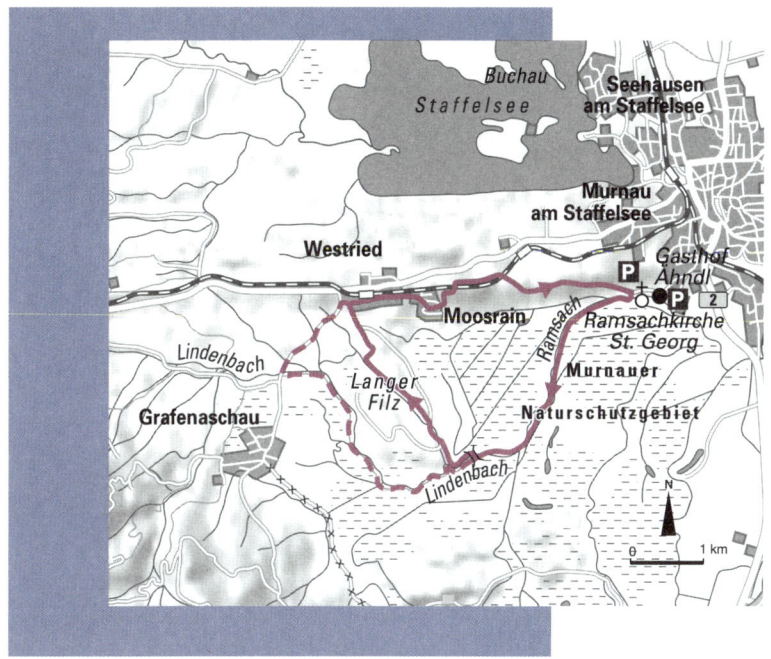

DAS MURNAUER MOOS UND SEIN ST.-GEORGS-KIRCHERL

Das Murnauer Moos gehört zu den größten intakten Moorgebieten in Mitteleuropa. Von Norden hat man einen wundervollen Ausblick über die Weite des
Moores. Man schaut bis in die Alpen, die mit dem Karwendel im Osten und
den Ammergauer Alpen im Westen eine grandiose Kulisse am Horizont bilden. Durch den tiefen Einschnitt des Loisachtales zwischen den beiden
Massiven schaut dahinter noch das Wettersteingebirge mit Deutschlands
höchstem Berg, der Zugspitze, heraus.

Am Fuß des Murnauer Moränenzuges, dem leicht erhöhten Punkt nördlich des Moores, der unser Ausgangsort ist und von dem man den schönsten
Blick hat, lag vermutlich schon ein keltisches Naturheiligtum. Hier steht
heute das kleine St.-Georgs-Kircherl. Die Einheimischen nennen es das
Ähndl – »die Ahnin«. Ob das nun auf einen früheren Ahnenkult hinweist oder
ob es eine Bezeichnung für ein liebgewonnenes Bauwerk ist, das einfach
immer schon da war, das weiß man nicht.

Die Kirche ist heute Georg, dem Drachentöter, gewidmet. Früher hatte
sie ein Johannes-Patrozinium, und gegründet soll sie der heilige Magnus

haben – auch er ein Drachentöter. Um noch einen Drachen draufzusetzen, existiert eine alte Sage in Murnau, nach der hier einst ein böser Lindwurm gehaust habe. Er habe Jungfrauen gefressen, sei aber schließlich von einem mutigen Murnauer getötet worden. Der Sagensammler Friedrich Panzer kannte 1848 die Version, dass Murnau früher Wurmau geheißen habe, eben wegen des furchtbaren Lindwurms: »Kein Jäger konnte ihn erlegen. Da wurde ein Kalb vergiftet und hingelegt, welches der Drache verzehrte und darauf verendete. Der Marktflecken Murnau führt seither einen Lindwurm im Wappen.«

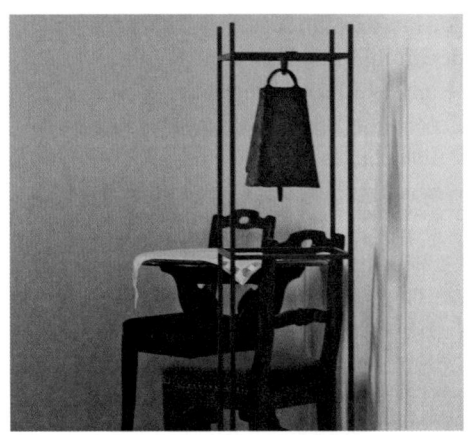

So viele Drachen und ein uraltes Kirchlein, dessen Altar auf einem alten keltischen Opferstein stehen soll! Die christliche Legende brauchte Georg und Magnus, um mit dem Drachen die heidnischen Religionen zu besiegen. Johannes der Täufer als Schutzpatron deutet ebenfalls auf einen alten Kultort hin – einen Quellkult oder einen Sonnwendkult, hat die Kirche doch den Gedenktag dieses bedeutenden Heiligen auf den alten Termin der Sommersonnenwende am 24. Juni gelegt.

Iroschottische Eisenglocke.

ABGELEGEN – UND DOCH VON REICHER HISTORIE

Ein Wasserkultort würde auch gut zu dem Platz hier an der Ramsach passen: das Flüsschen im Moor, die weite Sumpflandschaft mit dem gewaltigen Gebirge am Horizont und nördlich davon der Staffelsee mit seinen geheimnisvollen Inseln und einer frühen Klostergründung auf der Insel Wörth. Auch eine kostbare Glocke, die in dem Kirchlein, im Ähndl, bewahrt wird, kam schließlich von der Insel im Staffelsee und ihrem frühchristlichen Kloster hierher: Aus dem 8. Jahrhundert stammt nachweislich die handgeschmiedete Eisenglocke, die heute in diesem Kirchlein an der Ramsach bewahrt wird. Sie kam aus dem westschottischen Inselkloster Iona, das 565 vom heiligen Columban gegründet wurde. Dieses Kloster war Ausgangspunkt der iroschottischen Wandermönche, die in Europa missionierten und auch durch Südbayern zogen. Mit einem dieser Mönche, so vermutet man, gelangte die Glocke in das frühe Staffelseekloster und nach dessen Untergang in die Ramsachkirche. Sie ist die älteste und wohl bedeutendste Glocke Deutschlands.

Während der Pestzeiten des Mittelalters und der frühen Neuzeit wurden rund um das Kirchlein im Moor Pestleichen verscharrt. Bis ins 18. Jahrhundert hat man hier noch die Körper von Hingerichteten bestattet – außerhalb des Marktes, am unwirtlichen, unheimlichen Moor. Im 15. Jahrhundert soll hier nicht nur das einsame Kirchlein mit dem daneben liegenden Mesnerhaus gestanden haben, sondern mindestens drei Bauernhöfe. Wer da wohl gelebt haben mag? Heute ist das kleine Mesnerhaus von damals der anheimelnde Gasthof beim Ähndl direkt neben der Kirche. Kirche und Wirtschaft bilden eine Einheit auf dem Hügel, beschützt von mächtigen Bäumen. Es ist ein schöner Ort zum Verweilen, ein geschichtsträchtiger Ort, wie man nicht zuletzt bemerkt, wenn man die Kirche auf dem ehemaligen Pestfriedhof umrundet.

Blick übers Murnauer Moos bis ins Wettersteingebirge. Rechts der auffällige Zacken des Ettaler Mandls.

EINE FRIEDVOLLE OASE

Herbstzeitlosen mit Bienenbesuch im Murnauer Moos.

Auf unserer Wanderung durchs Moor erleben wir ein kleines Paradies. So abgeschieden in einer so stillen Moorlandschaft, die bis an den Fuß der Berge heranzureichen scheint, mit einem so weiten Blick über reine Natur – das gibt es selten im dicht besiedelten Süden Bayerns. Das ganze Jahr hindurch findet man hier seltene Blumen: im Frühjahr Wollgras und einheimische Orchideenarten wie den Frauenschuh, im Herbst blühen auf den Streuwiesen unzählige hell fliederfarbene Herbstzeitlosen.

Schmetterlinge lassen sich beobachten, auch seltene Vögel wie Wachteln und Brachvögel, seltene Spechtarten und Greifvögel wie Schlangenadler und Schwarzmilan kann man mit etwas Glück zu Gesicht bekommen. Natur pur mit einer Tier- und Pflanzenwelt, die noch in Ordnung scheint. Wenn man hier ein paar Stunden verbracht hat, ist man wieder aufgetankt für den Alltag in der »Zivilisation«.

Die selige Edigna von Puch.

Zur hohlen Linde der seligen Edigna in Puch

Ausgangspunkt: Parkplatz am Sportplatz unterhalb des Kirchberges von Puch.
Von Fürstenfeldbruck auf der B2 kommend, biegen Sie hinter dem kleinen Hain mit
der Kaisersäule nach links ab und fahren etwa 200 Meter geradeaus, bis Sie
rechts den Sportplatz sehen.

Routenverlauf: Sportplatz in Puch–Kirche–Kaiser-Ludwig-Straße–Klosteranger–
Kaisersäule–Sportplatz in Puch

Anforderungen: Etwa 1 Stunde reine Gehzeit auf geteerten Dorfstraßen

Alternative: Eine längere Wanderung wird daraus, wenn Sie mit der S-Bahn nach
Buchenau anreisen oder am Bahnhof dort parken. Wenn Sie dann Richtung Puch
auf einem Sandsträßchen durch den Wald wandern und die Staatsstraße nach
Landsberg überqueren, erreichen Sie den Ortsrand von Puch. Die Dorfstraße führt Sie
geradeaus direkt zur Kirche. Dabei sehen Sie zur Linken viele große Buchen stehen,
sie sind hier seit langem heimisch, haben sie dem Ort doch zu seinem Namen
verholfen, ebenso wie dem nahen Puchheim. Zurück können Sie als S-Bahn-Reisen-
der zum Bahnhof in Fürstenfeldbruck gehen. Dafür müssen Sie den Wanderweg
gegenüber dem Sportplatz auf der anderen Straßenseite Richtung Südosten,
also Richtung Fürstenfeldbruck, nehmen. Über die Theodor-Heuss-Straße und die
Pucher Straße erreichen Sie die Innenstadt von Fürstenfeldbruck. Dort ist der
Bahnhof ausgeschildert. Wenn Sie in Buchenau parken, gehen Sie auf dem gleichen
Weg dorthin zurück.

Tipp:
Nach der Wanderung können Sie im Pucher Meer baden oder im Winter Schlittschuh
laufen. Dieses »Meer« ist ein großer schöner Kiesweiher, den Sie in einer
Viertelstunde erreichen, wenn Sie auf dem Geh- und Radweg entlang der B2 von
der Kaisersäule aus etwa 200 Meter weit und nach dem ersten Haus durch die
Unterführung gehen. Dort gibt es auch eine Gaststätte.

Links vom Sportplatz führt ein Sträßchen nach oben. Bei den ersten Häusern nehmen
Sie die Straße nach rechts, auf ihr gelangen Sie bis zu Kirche und Linde. Wenn Sie
diesen außergewöhnlichen Platz auf sich wirken lassen haben, können Sie noch zur
Kaisersäule gehen: Entweder nehmen Sie dafür den kleinen Edignaweg, der hinter
der Choraußenwand durch eine kleine Gartenpforte nach unten führt. Oder Sie
gehen die Straße vor der Kirche – die Kaiser-Ludwig-Straße – in nördlicher Richtung
bergab bis zu einer Wegkapelle, dem Kriegerdenkmal. Dann wenden Sie sich nach
rechts in den Klosteranger und folgen diesem bis zum Fuß des Hügels. Dort sehen Sie
schon links an der Bundesstraße eine Ansammlung hoher Laubbäume, in deren
Mitte die Kaisersäule steht. Von dort aus geht es zurück zum Sportplatz.

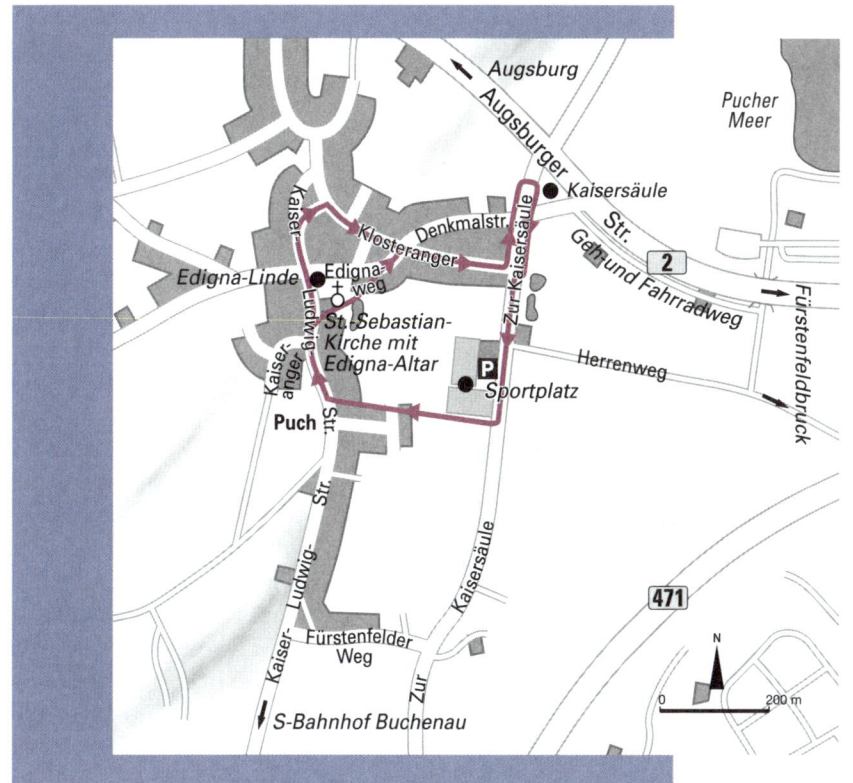

DIE GESCHICHTE DER SELIGEN EDIGNA

Das kleine Dörfchen Puch westlich von Fürstenfeldbruck wäre ohne sie wohl nicht weit über seine Grenzen hinaus bekannt geworden: die selige Edigna. Um das Jahr 1074 soll Edigna nach Puch gekommen sein. Dort lebte sie fast vierzig Jahre lang in der hohlen Linde, die wir heute noch sehen können, ein heiligmäßiges Leben. Sie kümmerte sich um die Armen und die Kranken, braute Medizin, hatte immer ein offenes Ohr für die Kinder und unterrichtete sie im Lesen und Schreiben. Am 26. Februar 1109 starb sie der Überlieferung nach und wurde in Puch beerdigt.

Edigna war angeblich die Tochter König Heinrichs I. von Frankreich und seiner Frau Anna, der Tochter des Fürsten Jaroslav von Kiew. Sie sollte verheiratet werden, floh aber wie damals wohl so einige Frauen in einer ähnlichen Situation, indem sie eine Pilgerreise ins Heilige Land unternahm. Von

Kirche und Edignalinde in Puch.

dieser Reise kehrte sie nicht mehr zu ihrer Familie zurück, sondern ließ sich als Einsiedlerin nieder. Ein Bauer soll sie auf seinem Ochsenkarren mitgenommen haben. Als sich das Gefährt unterhalb des Dorfes Puch befand, soll der Hahn auf dem Karren gekräht und eine mitgeführte Glocke von selbst angefangen haben zu läuten. Edigna nahm das als Zeichen Gottes, diesen Ort als ihre neue Heimat zu wählen. Sie richtete sich auf dem Pucher Kirchberg in der hohlen Linde neben der Kirche ein, vermutlich gab es noch eine Klause nebenan. Nach ihrem Tod soll heiliges Öl aus der Linde geflossen sein, das jedoch versiegte, als man es aus Gewinnsucht verkaufen wollte.

Schauen wir uns die Stätte ihres Lebens und Wirkens an. Vom Fuß des Kirchberges aus sieht man das Gotteshaus in der Ferne auf dem höchsten Punkt des Hügels thronen, so wie es einst die Durchreisenden auf der seit vorrömischen Zeiten frequentierten Straße nach Augsburg gesehen haben. Ist man dort oben angekommen, reicht der Blick weit ins Land. Wären die Häuser nicht, man hätte einen Rundumblick von dreihundertsechzig Grad, bis in die Alpen und weit über das Amperfeld der Münchner Schotterebene. Dieser herausragende Ort auf einem Altmoränenhügel schien den Menschen schon in der Frühzeit als geschützter Siedlungsort geeignet. Bronze- und hallstattzeitliche Funde wie Schmuck, Keramikscherben, Feuerstellen und Grabhügel lassen vermuten, dass der Hügel über Jahrtausende durchgehend besiedelt oder zumindest mit einer Kultstätte besetzt war. Im nahen Pucher Wald findet sich noch ein Kultort aus den letzten vorchristlichen Jahrhunderten: eine Keltenschanze.

DIE HEILIGE LINDE

Spätestens ab 758 gab es dann jedenfalls eine christliche Kirche an dem vermuteten Naturheiligtum. Womöglich war es ein Baum, eine Linde – vielleicht ein Vorgängerbaum der heute noch stehenden Edigna-Linde? Die heutige

»tausendjährige Linde« war, selbst wenn sie wirklich tausend Jahre alt ist, zu Edignas Zeiten hundert Jahre alt – also nicht uralt und sicher auch nicht hohl. Und selbst wenn diese Linde seit karolingischer Zeit in Puch stehen würde, dann wäre sie so alt wie die ebenfalls »tausendjährigen« Linden auf der Fraueninsel, selbst dann wäre sie mit rund dreihundert Jahren ein jugendlicher Lindenbaum gewesen, in dessen Höhlung niemand wohnen konnte.

Im Inneren der alten Edignalinde.

Vielleicht stand seit vorchristlicher Zeit hier auf diesem besonderen Platz, dieser erhabenen Hügelspitze, ein kultisch verehrter Baum, eine Linde, der dann eine christliche Kirche zur Seite gestellt wurde. Vielleicht hat man eine neue Linde nachgepflanzt, als die alte starb (gegenüber der Kirchenpforte befindet sich so eine nachgepflanzte Linde, die auch schon ein paar hundert Jahre alt ist). Dann kam eine »würdige Frau« – Edigna kommt von *digna*, »die Würdige« – und ließ sich an dem heiligen Ort nieder.

WER WAR EDIGNA?

Die Ankunft Edignas in Puch.

In Wirklichkeit gab es keine französische Königstochter Edigna. Wo auch immer sie herkam: Sie war offenbar gebildet, da sie die Leute im Lesen und Schreiben unterrichtete und in der Heilkunde bewandert war. Ob sie wirklich vor einer drohenden Verheiratung geflohen war? Auf jeden Fall war es für eine Frau im Mittelalter hoch riskant, sich allein, ohne den Schutz der Sippe oder den Schutz eines Klosters in der Fremde niederzulassen. Warum ist sie nicht wie andere gebildete Frauen ihrer Zeit ins Kloster gegangen?

Reliquien der
seligen Edigna
in der Pucher
Kirche.

Wovon hat sie gelebt? Hatte sie durch Zuwendungen und Almosen der Menschen, denen sie Kräuterarzneien mischte, ein Auskommen?

Sie scheint jedenfalls schon zu Lebzeiten tief verehrt worden zu sein, denn
bei Umbauarbeiten wurde eine Grabstelle gefunden, die sich zwischen dem
heutigen Volks- und dem Hochaltar befindet und von der man annimmt, dass
es sich um Edignas letzte Ruhestätte handelt. In der ursprünglichen Kirche
muss das Grab dicht hinter dem Hochaltar innerhalb der Apsismauer gewesen
sein – ein Ort, der immer hochgestellten Persönlichkeiten als Begräbnisort
vorbehalten war. Um das Jahr 1600 hat man ihre Gebeine erhoben, das heißt,
man hat ihr Grab damals geöffnet und die Gebeine kostbar gefasst als Reliquien
zur Verehrung ausgestellt. Wir sehen sie heute noch im linken Seitenaltar der
Kirche. Schon damals wurde Edigna demnach sehr verehrt. Die Kirche ist
heute dem heiligen Sebastian geweiht – dem beliebtesten Pestpatron. Doch
die selige Edigna konnte man offenbar nicht so einfach übergehen, ihr ist das
gesamte Bildprogramm der Kirche gewidmet und der prächtige Altar auf der
Frauenseite, der linken Seite der Kirche.

Hier liegt auch ein Buch aus, in das die Menschen, die zur Edigna pilgern,
ihre Anliegen eintragen können. Und das sind nicht wenige, wie man sehen
kann: Täglich kommen Einzelne und Gruppen, die in allen Nöten des Alltags
um die Fürsprache der Seligen bitten. Vor allem Frauen sind es, die sich voller
Vertrauen an diese weibliche Schutzpatronin wenden. Die selige Edigna gibt
ihnen die Kraft für ihr tägliches Leben. Man fühlt sich an die selige Irmengard von Chiemsee erinnert, die ebenso intensiv auf der Fraueninsel verehrt
wird. Auch sie wurde bis jetzt von der Kirche nicht heiliggesprochen, wird
aber von der Bevölkerung inbrünstiger als manche Heilige verehrt.

Auf Edigna richten sich die Hoffnungen vieler: der Kinder, die sich gute
Noten wünschen (weil sie sich besonders um Kinder gekümmert haben soll),

Deckenfresko in Puch: die selige Edigna in der hohlen Linde.

der Kranken, insbesondere der Frauen (weil sie eine weise Frau, eine Kräuterkundige gewesen sein soll), derer, die etwas verloren haben, die bestohlen wurden, und derer, die um ihr krankes Vieh bangen. Vor allem aber wenden sich immer mehr moderne Frauen an Edigna, die in ihr das Vorbild einer Frau sehen, die sich nichts gefallen lässt und auf ihren eigenen Mut und ihre eigene Stärke setzt, die sich gegen männliche Bevormundung auflehnt und sich der für sie vorgesehenen Rolle der demütigen Ehefrau entzieht. Die kleine Statue links im Chor (siehe Seite 251) bildet diesen Wesenszug sehr schön ab: Edigna hat hier einen entschlossenen Gesichtsausdruck. Krone und Zepter trägt sie zwar als Zeichen ihrer Herkunft, aber nicht demütig, sondern stolz und mit einer wilden Bewegung, die ihr Temperament und ihren Eigensinn verdeutlicht.

Der heilige Baum vor der Kirchentür hat seine Wurzeln in einem vorchristlichen Kult, die Verehrung der seligen Edigna aus dem hohen Mittelalter erfährt im 21. Jahrhundert einen neuen Aufschwung: Eine mehrere Jahrtausende alte Kultstätte ist auf dem Moränenhügel von Puch bis heute sehr lebendig. Liegt es an diesem Ort, der so besonders ist, dass er Menschen aller Zeiten inspiriert und ihnen Kraft gibt?

DIE EDIGNA-SPIELE

Die Bevölkerung von Puch führt seit 1959 alle zehn Jahre ein Edigna-Spiel auf, in dem Leben und Wirken der Edigna dargestellt und jeweils zeitgemäß interpretiert werden. Der Höhepunkt im Dorfleben war das letzte Festspiel für zehn Jahre, das zum neunhundertsten Todestag im Februar 2009 unter großer Beachtung der kirchlichen Obrigkeit und der ukrainischen Politik aufgeführt wurde – Edigna als angebliche Tochter einer Kiewer Adligen hat schon hohen Besuch nach Puch geführt. Das halbe Dorf spielt im Festspiel mit, die andere Hälfte hilft bei Ausstattung und Vorbereitung. Edigna und der heilige Ort einen die Dorfgemeinschaft bis heute.

DIE KAISERSÄULE

Die Kaisersäule in Puch.

Von Kirch- und Lindenplatz gehen wir nun noch zu einem Ort, der an Kaiser Ludwig den Bayern erinnert – den Menschen, anlässlich dessen Tod die selige Edigna zum ersten Mal schriftlich erwähnt wurde. In einem Hain von Laubbäumen erhebt sich die Kaisersäule. Sie erinnert an den Tod des Kaisers, der auf dem sogenannten Kaiseranger 1347 dem Hauptfreizeitvergnügen der mittelalterlichen Adligen nachging: der Jagd. Am 11. Oktober dieses Jahres ereilte ihn dabei ein tödlicher Schlaganfall, und der wurde vom bayrischen Geschichtsschreiber Aventinus unter Erwähnung der Edigna dokumentiert: Er berichtete noch vor der Erhebung ihrer Gebeine, dass in Puch Edigna begraben sei, die viel verehrt und besonders bei Verlust und Diebstahl angerufen werde.

Zur heiligen Ottilie, der Augenheilerin, und nach Eresing ans Ulrichsbrünnl

Ausgangspunkt: Parkplatz am Kloster St. Ottilien
Routenverlauf: St. Ottilien–Eresing und zurück
Anforderungen: Reine Gehzeit etwa 2 Stunden auf Feld- und Waldwegen sowie Dorfstraßen
Alternative: Sie können mit der S-Bahn aus München anreisen, am Bahnhof Geltendorf aussteigen und zunächst in westlicher Richtung losgehen, dann nach links unter den Bahngleisen hindurch. Auf der rechten Seite beginnt hier ein Feldweg, der nach Süden führt. In etwa einer halben Stunde erreichen Sie Eresing. Von dort geht es wie beschrieben nach St. Ottilien. Wenn Sie dort vom Parkplatz Richtung Hauptstraße gehen, zweigt nach etwa 100 Metern ein Feldweg ab, der wieder zurück zum S-Bahnhof Geltendorf führt. Für diese Alternativtour ab und bis S-Bahn brauchen Sie etwa 3 Stunden plus Besichtigungszeiten.
Tipp:
Für die Einkehr hat man die Qual der Wahl zwischen dem Emminger Hof in St. Ottilien und dem Alten Wirt in Eresing.

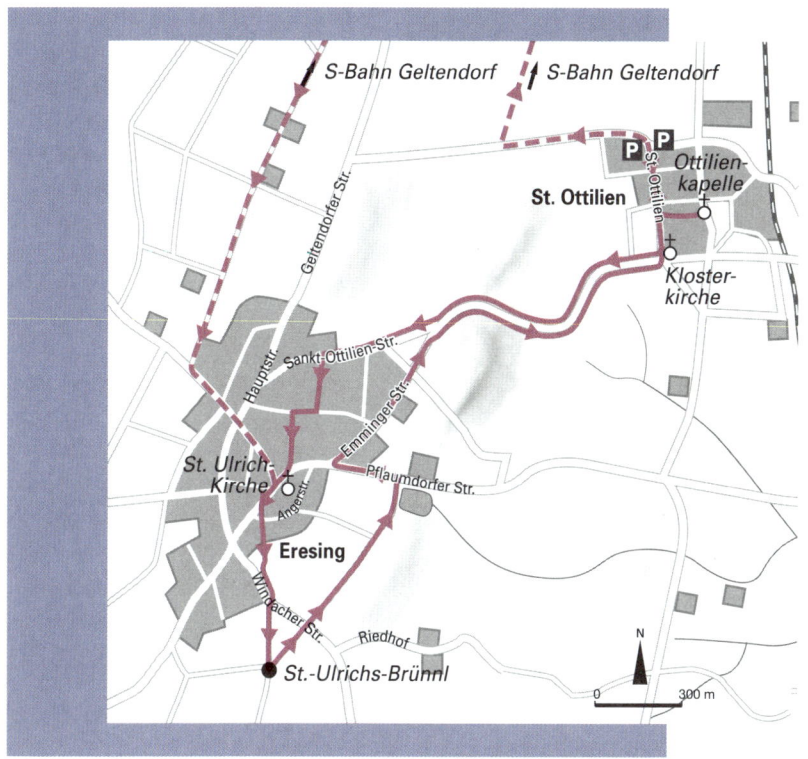

Vom Parkplatz kommend, sollten Sie zuerst die Ottilienkapelle – am besten durch das Exerzitienhaus erreichbar – aufsuchen. Vor der Kirchentür der großen Abteikirche beginnt dann der Fußweg nach Eresing, der durch Wiesen und einen kleinen Wald führt. Kurz vor den ersten Häusern gabelt sich der Weg und Sie nehmen die rechte Abzweigung. Sie biegen links in die Tattenseestraße ein, anschließend in die Schulstraße und erreichen so die Eresinger Kirche St. Ulrich, eine prächtig von Dominikus Zimmermann ausgestattete Dorfkirche. Das heutige Ziel ist aber das gleichnamige Heilbrünnl, 10 Minuten südlich von Kirche und Dorf am Waldrand gelegen. Von der Kirche aus gehen Sie deshalb einige Meter in die Kaspar-Ett-Straße, bis rechts zwischen zwei Wohnhäusern ein kleiner Fußweg abzweigt. Er ist mit einem Schild bezeichnet und an einem Marienbildnis erkennbar, das an der rechten Seite der Abzweigung aufgestellt ist. Von weitem sehen Sie nun schon den Ulrichsbrunnen und dahinter die kleine Kapelle am Waldrand.

Sie wandern nach dem Besuch der Quelle am Waldrand entlang bis zur Hauptstraße und gehen auf der anderen Straßenseite einen Feldweg, ebenfalls am Waldrand entlang, wieder Richtung Eresing. Der Feldweg wird zum Fußpfad und kommt dann

neben einem kleinen See auf der Pflaumdorfer Straße in Eresing an. Sie gehen einige Meter links auf dieser Straße und biegen dann rechts in die Emminger Straße ein, der Sie bis Emming, dem heutigen St. Ottilien, folgen.

Marienmarterl am Abzweig zur Quelle.

EMMING, DAS ALTE ST. OTTILIEN

Wann die heilige Ottilie in diesen Ort kam, weiß man nicht mehr. Jedenfalls war es lange vor der Zeit, in der das heutige Kloster entstand und der Ort den Namen St. Ottilien bekam. Bis vor gut hundert Jahren, exakt bis 1887, lag an diesem wunderbaren Platz mit weitem Blick nach Süden bis in die Berge ein kleiner Weiler. Er hieß Emming, bestand aus einigen heruntergekommenen Höfen und einem Schlösschen, die zum Verkauf standen, und einer Kapelle, die der heiligen Ottilie geweiht war. 1365 ist die Wallfahrt zu dieser beliebten Heiligen erstmals in den Urkunden erwähnt, bestanden hat sie aber wohl schon viel länger, wenn sie Mitte des 14. Jahrhunderts schon so beliebt war.

Aber nicht erst seit dieser Zeit ist der alte Siedlungsplatz bewohnt – man hat hier keltische Grabbeigaben gefunden, Spuren aus der Römerzeit, und im Mittelalter stand hier ein mächtiger Wehrturm. Der Weiler Emming gehörte damals zum Herrschaftsbereich der Grafen von Dießen-Andechs. Im 16. Jahrhundert baute man Emming zu einem Herrensitz aus: Ein Schlösschen wurde errichtet, das ebenso wie die alte Ottilienkapelle barockisiert wurde. Seine Glanzzeit hatte das Emminger Gut jedoch hinter sich, als der Benediktiner Andreas Amrhein den Besitz 1886 erwarb, um dort seinen neu gegründeten Orden der Missionsbenediktiner zu installieren. Bis auf die Kapelle wurden die alten Gemäuer abgerissen und das Kloster – heute der größte Klosterkomplex Süddeutschlands – errichtet. Doch obwohl die Bauten, zwischen denen wir heute spazieren gehen, alle »neu« sind, also aus dem ausgehenden 19. Jahrhundert stammen, hat man das Gefühl, sie wurzelten schon immer hier. Das liegt zum Teil an der angenehmen, menschenfreundlichen Architektur und zum anderen wohl an dem einmalig guten Platz. Er wurde wohl nicht umsonst schon vor Tausenden von Jahren als Siedlungsort gewählt: Man fühlt sich einfach wohl hier.

SAINTE ODILE – DIE HEILIGE OTTILIE

Zuallererst wollen wir die Ottilienkapelle aufsuchen, sie ist schließlich das älteste Bauwerk im gesamten Komplex und auch der älteste geistliche Mittelpunkt des Ortes. Der Haupteingang der Kapelle ist direkt vom Exerzitienhaus zugänglich. Von außen gibt es nur einen Nebeneingang, der lediglich zu besonderen Anlässen aufgesperrt wird. St. Ottilien ist gut ausgeschildert, sodass wir einfach ein Stückchen Richtung Süden gehen und dann links den Weg zum Exerzitienhaus leicht finden. Hier begibt man sich in den ersten Stock und folgt den Schildern den Gang entlang, bis eine Tür in die St.-Ottilien-Kapelle führt.

Das Besondere ist auf dem Hauptaltar zu sehen: Die Schnitzfiguren stammen noch aus der alten gotischen Kapelle. Es handelt sich um die heilige Ottilie in der Mitte, flankiert von den heiligen Madln Barbara und Margaretha. Dem Eingeweihten fällt nun gleich auf, dass von den drei heiligen Madln, die in Bayern gern gemeinsam auftauchen, die heilige Katharina mit dem Rad fehlt. Sie wurde hier durch die Ortsheilige Ottilie ersetzt. Warum, werden wir gleich sehen.

Die als Heilige verehrte Ottilie war die Tochter des fränkischen Grafen Adalrich oder Eticho. Sie gründet 690 und 700 zwei Klöster im Elsass, von denen das erste später nach ihr Odilienberg genannt wurde. Im zweiten, im Kloster Niedermünster, starb sie im Jahr 720. Ottilia oder Odile, wie sie in Frankreich heißt, wurde der Legende nach blind geboren. Der Vater wollte sie deshalb töten, ihre Mutter rettete sie aber, indem sie sie heimlich in ein Kloster schaffte. Dort wurde sie von dem Wanderbischof Erhard von Regensburg getauft, der durch einen Engel zu ihr geleitet wurde, und bei der Taufe wurde Ottilie sehend. Ihr jüngerer Bruder holte sie daraufhin zurück, worauf der Vater im Zorn den Bruder totschlug. Ottilie erweckte diesen wieder zum Leben, floh vor dem Vater und versteckte sich in einem Felsspalt, der sich vor ihr auftat. Der Vater wurde durch einen Steinschlag

Abteikirche St. Ottilien.

Die heilige Ottilie.

schwer verletzt, versöhnte sich dann aber mit der Tochter. Schließlich schenkte er ihr reiche Ländereien aus seinem Besitz, und sie gründete auf dem heiligen keltischen Berg Hohenberg das nach ihr benannte Kloster Odilienberg, wo sie begraben liegt. Odilienberg gilt als heiliger Berg des Elsass und zählt heute noch zu den bedeutendsten Wallfahrtsorten Frankreichs.

Ste. Odile ist die Schutzpatronin des Elsass. Und sie ist die wichtigste Heilige, die bei Augenleiden um Hilfe angerufen wird. Ihre überlieferte Blindheit hat zu diesem Patronat geführt, weshalb sie auch ein Augenpaar auf einem Buch als Attribut in der Hand hält. Auf unserem Altar ersetzt Ottilie nun die Katharina mit dem Schicksalsrad, die Sehende, die Weise der drei heiligen Jungfrauen. Ottilie weist als eine dieser weiblichen Dreiergemeinschaft wieder zurück in vorchristliche Zeiten. Interessant ist auch ihre enge Verbindung mit der heiligen Lucia, der Lichtbringerin – auch sie mit Augäpfeln als Attributen ausgestattet. Ottilie soll an einem 13. Dezember gestorben sein, dem Namenstag der Lucia, vor der gregorianischen Kalenderreform der Tag der Wintersonnwende. Lucia hat im bayerischen Brauchtum noch eine dunkle, gefährliche Seite, wenn sie als »schiache Luz« durch die Oberpfalz geistert – die personifizierte Wintersonnwende mit einer dunklen und einer lichten Seite. Beide – Ottilie und Lucia – sind geheimnisvolle Heiligengestalten, die mit Sicherheit auf vorchristliche Kulte zurückgehen. Womöglich ersetzen Ottilie, Barbara und Margarethe eine keltische Göttin in Dreiergestalt oder drei Göttinnen, die hier schon vor unserer Zeitrechnung verehrt werden.

NACH ERESING ZUM HEILIGEN ULRICH

Der heilige Ulrich, Bischof von Augsburg, wird in weitem Umkreis um den Lech seit über tausend Jahren als Ungarnbezwinger tief verehrt. Er soll bei der Schlacht am Lechfeld 955 rettend eingegriffen und so Otto dem Großen

Das Ulrichsbrünnl am Waldrand bei Eresing.

zum Sieg verholfen haben. Der Sieg am Lechfeld war das Ende der fürchterlichen Ungarneinfälle dieser Zeit. Die berühmte Schlacht soll auf der östlichen Lechseite zwischen Thierhaupten und Mering stattgefunden haben – nicht allzu weit von hier entfernt. Auf dem Rückweg von der Schlacht kam der heilige Ulrich in Eresing vorbei, wie die Legende erzählt. Dabei hielt er Rast und trank von einem neben ihm neu entsprun-

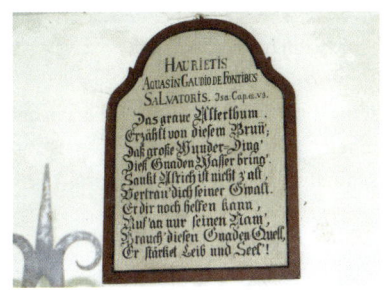

Tafel am Ulrichsbrünnl.

genen Quell – so eine Geschichte taucht auch im nahen Paterzell (siehe Seite 237) auf.

Die Figur des heiligen Ulrich, die die Quelle bewacht, stammt aber erst aus dem 15. Jahrhundert – was nichts bedeuten muss. Vielleicht gab es vorher schon eine andere Ulrichsfigur, vielleicht gab es nur ein Brunnendach ohne Heiligen. 1618 hat sich ein Wasserwunder hier ereignet: Aus der Schnitzfigur des Ulrich floss reichlich gutes und klares Wasser, dem Ereignis sollen mehrere hundert Personen beigewohnt haben, wie ein zeitgenössischer Bericht erzählt. Und weiter heißt es, dass die Quelle damals schon als Heilmittel für allerlei »kränkliche Anliegen« gebraucht wurde. Wundersame Heilungen durch das Ulrichswasser werden bis in jüngste Zeit berichtet. Sie betreffen vor allem Augenleiden – hier fühlt man sich wieder an das nahe Ottilienheiligtum erinnert –, aber auch andere Erkrankungen bis hin zu lebensbedrohlichen wie Krebs. Heute noch kommen die Menschen von weit her, um das heilsame Wasser zu trinken und – in Flaschen und Kanister abgefüllt – mit nach Hause zu nehmen.

DAS ULRICHSFEST IN ERESING

Prozession beim Ulrichsfest.

Alljährlich am Namenstag des heiligen Ulrich, dem 4. Juli, feiern die Eresinger ihr Pfarrfest mit einem Pontifikalamt und einer langen Prozession zum Ulrichsbrünnl. Dafür kommt der Erzabt von St. Ottilien zusammen mit weiteren Geistlichen in das kleine Dorf. Der 4. Juli ist in Eresing arbeitsfrei, die Kinder müssen nicht zur Schule gehen. Im Abschluss an dieses seit Jahrhunderten als typisch bayerisches Kirchweihfest begangene Patroziniumsfest gibt es einen Jahrmarkt auf den Dorfstraßen von Eresing und einen Kirchweihschmaus wie in alter Zeit beim Alten Wirt gegenüber der Kirche.

Gnadenbild von Andechs.

Zu den drei Bethen nach Leutstetten

Ausgangspunkt: Parkplatz neben der ehemaligen S-Bahn-Haltestelle Mühlthal, Anfahrt von der Straße Gauting–Starnberg, in einer Linkskurve kurz vor Leutstetten am Schild Mühlthal rechts abbiegen, nach der Unterführung rechts parken
Routenverlauf: Parkplatz Mühlthal–Hügelgräber–Parkplatz Mühlthal–Petersbrunn–Leutstetten–Kirche St. Alto–Karlsberg–Bethenquelle–Würmbrücke–Parkplatz Mühlthal
Anforderungen: 3 bis 4 Stunden Gehzeit auf Wanderwegen und kleinen Straßen
Alternative: Etwa 1 Stunde kürzer wird die Wanderung, wenn Sie nicht den Weg über den Karlsberg nehmen, sondern von St. Alto aus gleich wieder zurück zur Straße gehen und auf der anderen Straßenseite direkt in den Spazierweg zur Bethenquelle abbiegen.
Tipps:
– Zur Einkehr empfiehlt sich die Schlossgaststätte Leutstetten am Fuß des Karlsberges.
– Die St.-Alto-Kirche in Leutstetten ist normalerweise nur am Wochenende aufgesperrt.

Vom Parkplatz westlich der Bahnunterführung folgen Sie einem Kiesweg nach Norden. Er biegt kurz darauf nach links ab, und bald sehen Sie zur Rechten im Wald die ersten Hügelgräber etwa fünfzig Meter vom Weg entfernt. Nach ihrer Erkundung drehen Sie wieder um, gehen zurück zum Ausgangspunkt und nun nach Süden Richtung Golfplatz Rieden. Dort führt links zwischen den Häusern und den Wirtschaftsgebäuden des Gutes ein Wanderweg durch den Golfplatz und über die Bahnlinie. Wenn sich der Weg gabelt, gehen Sie den Weg rechts nach unten und erreichen nach kurzer Zeit die Hauptstraße in Petersbrunn. Links vom Weg steht, eng an den Hang gedrückt, die alte Petersbrunnkapelle von 1513 über einer Quelle mit heilsamem Wasser. Der Wasserzufluss ist aber längst nicht mehr zugänglich.
Sie folgen nun auf der anderen Straßenseite dem Rad- und Fußweg nach Norden bis über die Würmbrücke und wenden sich direkt nach der Brücke nach rechts Richtung Leutstetten. Wenige Minuten später stehen Sie vor dem St.-Alto-Kirchlein mit dem wertvollen Bild der drei Bethen. Wenige hundert Meter sind es nun noch, bis links die Schlosswirtschaft Leutstetten auftaucht. Links hinter dem Gasthof führt ein Weg hoch auf den Karlsberg: Von einem aussichtsreichen Wiesenbuckel gehen Sie zum gegenüberliegenden Waldrand und nach links, wo Sie im Wald schon riesige Gräben und Wälle sehen. Oben finden sich dann die spärlichen Reste der Burg selbst.
Wenn Sie vom Karlsberg absteigen und wieder den Waldweg entlang des alten Burggrabens gehen, erreichen Sie bald die Hauptstraße Starnberg–Gauting und stehen direkt vor der Brücke über die Würm. Auf der gegenüberliegenden Straßenseite führt

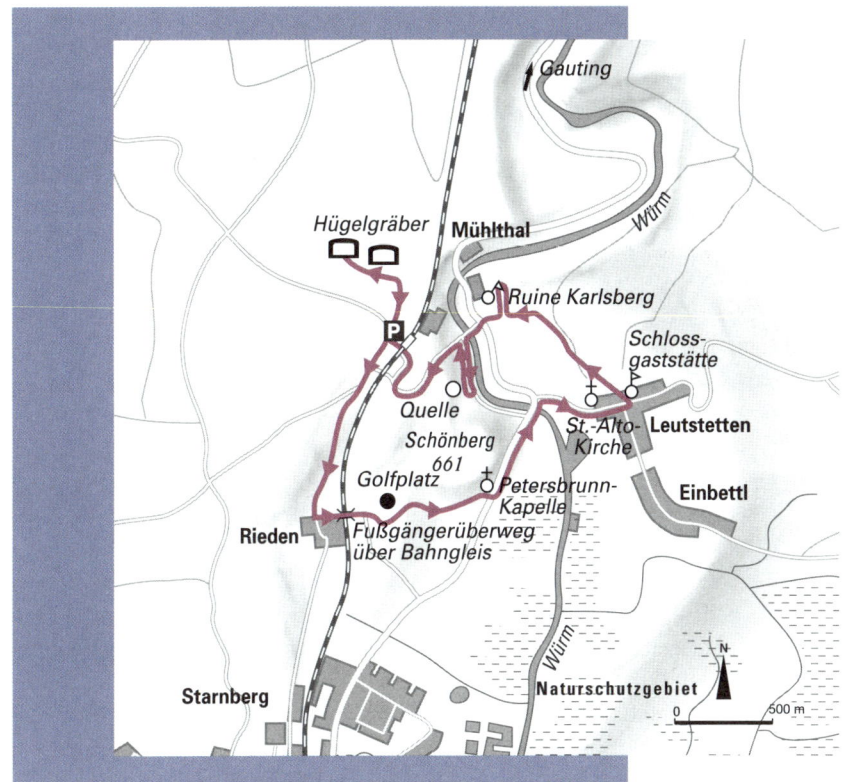

links ein Weg an der Würm entlang, in dessen Verlauf Sie die verehrte Bethen-Quelle entdecken – das letzte Ziel für heute. Wieder zurück an der Würmbrücke folgen Sie der kurvenreichen Straße Richtung Mühlthal hoch bis zum Ausgangspunkt.

DIE DREI BETHEN IN OBERBAYERN

Den geheimnisvollen drei Bethen sind wir im magischen Oberbayern öfter begegnet: als drei wilde Fräulein am Engelstein (Seite 196), als drei Biberfräulein an der Biberschwell im Rupertiwinkel (Seite 95) und sogar in Form der Anna Selbdritt an vielen alten Kultorten. Unzählige weitere Vertreterinnen ließen sich hinzufügen. Immer handelt es sich um eine weibliche Dreiergottheit, die aus der frühen Vergangenheit stammt und es geschafft hat, auch in christ-

Hügelgrab der
»Seherin«
im Wald bei
Mühlthal.

licher Zeit zu überleben, wenngleich in veränderter, versteckter Form. In der Dreiteilung Ainpet, Gberpet, Firpet hat sie es auf eine christliche Votivtafel geschafft, die heute in St. Alto in Leutstetten aufbewahrt wird. Die drei Bethen gelten als Nachfolgerinnen der germanischen drei Nornen, der Spinnerinnen des Schicksalsfadens, die über Geburt, Leben und Tod bestimmen. Sie kennen das Schicksal jedes Menschen, sie können weissagen und in die Zukunft sehen. Sie werden auch als das Weibliche, das Fruchtbare in der Schöpfung verehrt.

In animistischen Kulturen waren es die Wasser- und Quellkulte, die das reine, fließende Wasser als Sinnbild für die Fruchtbarkeit ehrten und ihm Opfergaben brachten. Das Weissagen, das »Sehen«, die Hellsichtigkeit, hat sich in den vielen christlichen Augenbrünnlein bewahrt – heiligen Quellen, deren Wasser für Augenleiden heilsam sein soll. Das Augenauswaschen mit dem heiligen Wasser soll viele Menschen wieder »sehend« gemacht haben – in einem doppelten Sinn.

Das Motiv der Verehrung einer dreifachen weiblichen Gottheit lässt sich durch alle Jahrhunderte, ja Jahrtausende und alle Kulturen verfolgen. Das Christentum hat immer wieder versucht und es nie geschafft, die Verehrung dieser drei mütterlichen und gleichzeitig jungfräulichen Göttinnen in Vergessenheit geraten zu lassen. Schließlich wurden sie christianisiert und als die drei heiligen Madln Barbara, Katharina und Margaretha an vielen Orten weiterhin verehrt, an anderen ersetzte die Dreiheit der Anna Selbdritt die urweibliche Dreiergottheit. In den seltensten Fällen, zum Beispiel in Meransen in Tirol, haben wir eine alte Bildtafel, in der die drei Bethen mit ihren Bethen-Namen bezeichnet dargestellt sind. Einen dieser seltenen Bethenorte wollen wir heute besuchen, die Alto-Kirche in Leutstetten und ein nahes Quellgebiet, an dem die drei Bethen vielleicht als Fruchtbarkeitsgöttinnen schon seit langer Zeit verehrt werden.

Bunte Bänder zeugen von der neuzeitlichen Verehrung des Seherinnen-Grabs.

Auf unserem Weg treffen wir zuerst auf keltische Hügelgräber, die zeigen, dass wir es hier mit wirklich seit langem besiedeltem Grund zu tun haben. Diese Gräber gehören zu einer Gruppe von zweiundzwanzig Gräbern, die man in der näheren Umgebung hier im Wald erforschen kann. Aus dem ersten Grab, das am nächsten zum Weg liegt, wurden die Gebeine einer weiblichen Verstorbenen aus keltischer Zeit geborgen, deren wertvolle Grabbeigaben auf eine hochgestellte Persönlichkeit schließen lassen. Deshalb wird der Grabhügel heute als das »Grab der Seherin« bezeichnet, in der Annahme, dass es sich um eine Priesterin oder eine Druidin gehandelt hat, die hier bestattet wurde.

DER PETERSBRUNN

Im 15. Jahrhundert schon kamen die Menschen hierher, um im »Wildbad Petersbrunn« heilsame Bäder zu nehmen. Es gab beheizbare Badezuber und eine Gastwirtschaft, Krämer und Buden, Pensionszimmer für die angereisten Badegäste und Ställe für deren Pferde und Kutschen. Der bayerische Herzog

Die Peters-
brunn-Kapelle
steht über
der alten heiligen
Quelle.

erließ eine eigene Badeordnung. Im Dreißigjährigen Krieg zerstörten die Schweden die Badeanlagen. Im 19. Jahrhundert lebte das Heilbad noch einmal auf, erst in jüngster Zeit wurden die letzten Gebäude abgebrochen. Geblieben ist nur die alte Kapelle, deren feuchtes Gemäuer heute noch dem Kundigen beweist, dass es eine heilsame Quelle verbirgt.

Petersbrunn wird als die Quelle der drei Bethen gedeutet. Das ursprüngliche »Petenbrunn« könnte als »Petersbrunn« verchristlicht worden sein. Die drei Bethen waren demnach einst die Hüterinnen des heiligen Wassers an einer alten Quellkultstätte. Ganz in der Nähe – jenseits des Wildmooses, das hier beginnt – gibt es bis heute einen Ort namens Einbettl, der eindeutig auf die Verehrung der Einbet oder Ainbet an diesem Platz hindeutet. Eine alte Sage, die Friedrich Panzer 1848 aufgezeichnet hat, zeigt, dass die Bethengeschichte bis vor hundertfünfzig Jahren in der Bevölkerung lebendig war.

DIE DREI-BETHEN-SAGE

Die drei Bethen in St. Alto.

»Die drei betenden Schwestern sind aus den Überlieferungen des gemeinen Mannes noch bekannt und heißen Ainpett, Gberpett und Fürpett. Sie wanderten aus dem Westen, als der Völker Unruhen ihnen dort keine Stätte gewährte. Gerade gegenüber vom Petersbrunnen bauten sie sich mit Hilfe einiger Gläubigen eine kleine Wohnung: Einbetl; Zelle und Eingang war für jede gesondert, denn jede wirkte für sich. Ihre Beschäftigung war Beschaulichkeit im Kämmerlein, Kunde und Befestigung der Lehre Christi unter dem Volk: sie predigten mutig das Wort Gottes und genügten sich an Wurzeln und Kräutern und dem wenigen Brot, das die Milde zugebracht.

Auch durch Tat wirkten sie; Heilung der Kranken und ihre Pflege wird noch jetzt dankbar ihnen zugeschrieben. Die Misshandlung der einen durch umherschwärmende Kriegsleute verscheuete sie, und bei der Kunde von den Dingen im Morgenlande verließen sie diese Stätte. Nichts, keine Spur mehr blieb, als das fromme Gedenken des dortigen Volkes. Auch die Kapelle, die statt ihrer Zelle zur stillen Achtung späterhin gesetzt wurde, ist seit einem Jahrzehnt nicht mehr, und nur noch ihre Abbildung in der Kirche zu Leutstetten.«

ST. ALTO

Dieses Kirchlein beherbergt das wertvolle Bild der drei Bethen. Eine Sibilla Regina von Starzhausen hat es 1643 gestiftet, mitten im Dreißigjährigen Krieg, während dem das Wildbad Petersbrunn zerstört wurde. Die heiligen drei Frauen wurden in größter Not angerufen, während der verheerende Krieg übers Land zog und die Menschen hungerten. Vielleicht war das Bild auch ein Ersatz für ein ehemals vorhandenes Bild in der Petersbrunnkapelle, und vielleicht sind die drei Bethen deshalb ins Wildmoos nach Einbettl ausgewandert? Von dort soll die Bildtafel nämlich in die Alto-Kirche gekommen sein.

St. Alto in Leutstetten.

SAGENUMWOBENE KARLSBURG

Wir wagen uns nun auf den sagenumwobenen Karlsberg. Gleich beim Eintreten in den Wald sehen wir schon riesige Gräben und Wälle, die noch aus dem hohen Mittelalter stammen, als sich oben auf dem Plateau die Burg erhob. Rechts führt ein Weg direkt nach oben, allerdings gibt es nur noch wenige Mauerreste zu sehen, und auch die sind unter Pflanzen oder im Herbst unter einem dichten Laubteppich verborgen. Bis ins 16. Jahrhundert stand hier die Ruine der Burg, seit etwa 1400 dem Verfall preisgegeben. Die Steine wurden dann zur Errichtung von Schloss Leutstetten verwendet.

Tiefe Burggräben am Karlsberg.

Die vielbesuchte Bethenquelle im Mühlthal.

Karl der Große soll in dieser Burg geboren sein. Andere behaupten, er sei in der Reismühle geboren, die nur wenige Kilometer flussabwärts Richtung Gauting liegt. Zwar weiß niemand, was stimmt – auch andere Ort beanspruchen für sich, Geburtsort Kaiser Karls zu sein –, doch war der Karlsberg immerhin nachweislich karolingischer Besitz. Im ausgehenden Mittelalter stand hier jedoch Hunderte von Jahren lang eine unheimliche, unbewohnte Burg hinter gewaltigen Gräben und Wällen – eine Szenerie, die zur Grundlage vieler Sagen wurde.

So begegnet uns hier wieder eine Erinnerung an die drei Bethen, aufgezeichnet vor gut einhundertfünfzig Jahren von Friedrich Panzer: »Es sind im Schlosse große Keller, worin drei sehr schöne Jungfrauen durch Zauber eingesperrt sind; dort warten sie auf Erlösung. In der Heiligen Nacht soll man Lichter auf dem Berge sehen und die Jungfrauen singen hören. In diesen Kellern stehen drei große eiserne Truhen, von denen die eine mit Edelsteinen, die andere mit Perlen, die dritte mit Kupferpfennigen gefüllt ist. Es sollen öfter Schatzgräber versucht haben, den Schatz zu heben, allein immer durch den Spuk des Bösen vertrieben worden sein.« Und noch im 19. Jahrhundert erzählten sich die Leute, dass die drei Jungfrauen Ainpet, Gberpet und Firpet auf dem Karlsberg gewohnt haben. Die drei heiligen Frauen wurden also offenbar vom »Petenbrunn« vertrieben, als dieser verchristlicht wurde, sie sind in der Gegend aber sehr lebendig geblieben. Das heute in der Alto-Kirche hängende Bild hat ihnen gewissermaßen eine neue Heimat gegeben. Besonders verehrt werden sie derzeit wieder an einer weiteren Quelle am Fuß des Schönberges, zu der wir abschließend gehen.

Nach Dießen zur seligen Mechthildis, zu den drei Marien und auf den Schatzberg

Ausgangspunkt: Parkplatz vor dem Marienmünster in Dießen

Routenverlauf: Marienmünster–Kirche St. Georg–Schatzberg–Waldlehrpfad–Mechthildisbrünnl–Burgkapelle–Burgberg und über den Schatzberg und St. Georg zurück zum Marienmünster

Anforderungen: Reine Gehzeit etwa 3 Stunden. Bis zum Beginn des Waldlehrpfads sind es kleine Teerstraßen und Gehwege, auf dem Waldlehrpfad über Burgberg und Schatzberg Waldweg, der teilweise feucht und rutschig sein kann, an einigen Stellen Holztreppen.

Alternative:

Wer noch Kraft und Wanderlust hat und einen längeren Rückweg gehen möchte, geht nach der Rundwanderung über den Schatzberg vom Beginn des Waldlehrpfads nicht Richtung Norden auf der Burgwaldstraße zurück, sondern folgt der Straße

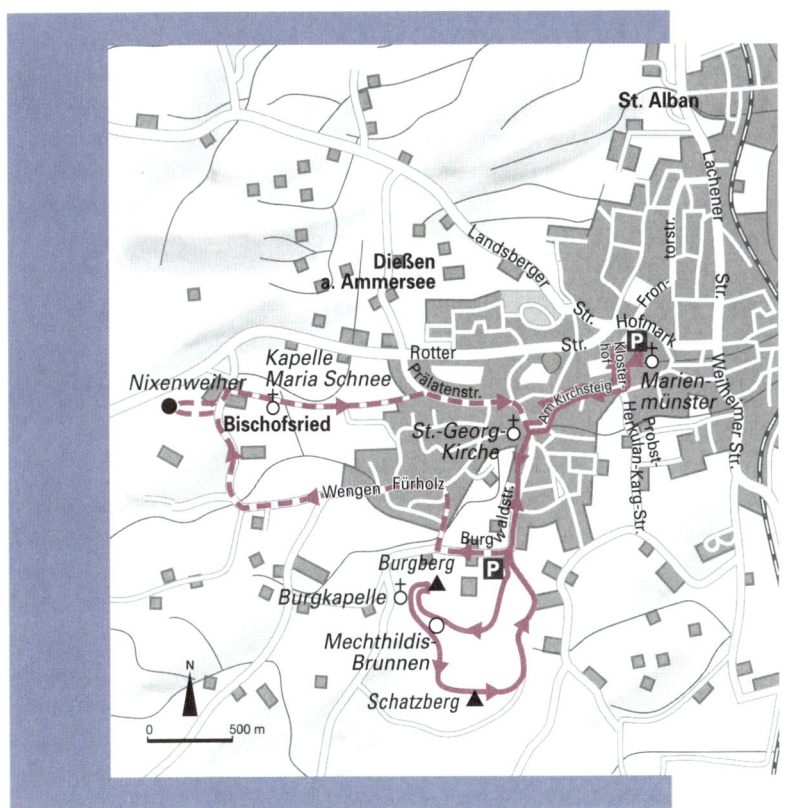

wenige Meter nach dem Parkplatz am Waldlehrpfad nach links. Sie führt etwa 15 Minuten auf der Nordseite des Burgberges entlang und wendet sich dann nach rechts, wo sie gleich den Kalkofenbach überquert. Leicht ansteigend geht es an einer neuen Siedlung vorbei nach oben in den Ortsteil Wengen und dort auf dem höchsten Punkt nach links in die Straße »Fürholz«. Dieser folgen Sie immer geradeaus, an der Leonhardskapelle in der Dorfmitte vorbei, bis sich außerhalb des Dorfes der Weg gabelt. Sie bleiben auf dem rechten, oberen Weg Richtung Bischofs-ried und folgen diesem, er biegt vor einem Wäldchen dann nach rechts ab. Kurz vor dem Ende dieses Waldstücks befindet sich links ein winziges Schild »Nixen-weiher«. Diesem folgen Sie etwa 5 Minuten lang bis zum Weiher am Fuß des Jungfernberges. Wieder zurück zur Hauptstraße gehen Sie auf dieser weiter und sehen schon von weitem die kleine Maria-Schnee-Kapelle. An dieser vorbei Richtung Dießen und immer geradeaus bis zur Georgskirche, von hier aus dem schon bekannten Weg zurück zum Marienmünster folgen. Dieser Weg über Wengen und Bischofsried dauert zusätzlich etwa 1½ Stunden und verläuft hauptsächlich auf kleinen, wenig befahrenen Teerstraßen.

Vom Marienmünster aus erreichen Sie in südwestlicher Richtung den Ortsteil St. Georgen und seine St.-Georgs-Kirche in einer Viertelstunde Fußmarsch. Von der Georgskirche geht es dann weiter nach Süden. Sie folgen zunächst der Burgwald-straße, bis die Teer- in eine Schotterstraße übergeht und schließlich am Parkplatz unterhalb des Waldes endet. Hier beginnt ein Waldlehrpfad, dessen Beschilderung Sie folgen. Sie führt Sie am Mechthildisbrünnlein vorbei zum Burgberg und hoch über den Schatzberg in einer Rundwanderung entgegen dem Uhrzeigersinn zurück zum Ausgangspunkt am Beginn des Waldes. Von hier aus gehen Sie zurück über Burgwaldstraße und St. Georgen zum Marienmünster.

DIESSEN UND SEIN MARIENMÜNSTER

Dießen liegt am Südufer des Ammersees – ein kleiner Ort im Voralpenland, der dörflich idyllisch wirkt und auf den ersten Blick seine lange geheimnis-volle Vergangenheit nicht preisgibt. Doch wer »nur« zum Segeln hierher-kommt, der verpasst einige Plätze, die bis heute von den Anfangsjahren der bayerischen Geschichte zeugen.

Die Grafen von Dießen und Andechs-Meranien gehörten im hohen Mittelalter zu den mächtigsten bayerischen Adelsgeschlechtern. Die gräfliche Stammburg stand einst hier südlich von Dießen – man weiß genau, wo das war, und noch heute kann man den mächtigen Burghügel erkunden. Aus die-ser Grafenfamilie sind weltliche und kirchliche Herrscher und nicht weniger

Marienmünster Dießen.

als achtundzwanzig Heilige und Selige hervorgegangen, unter ihnen die selige Mechthild von Dießen. Auf den Spuren dieser bis heute verehrten starken Frau des Mittelalters begeben wir uns nun durch das schöne Dießen.

Wir beginnen unsere Spurensuche im Marienmünster, dem prächtigen Rokokodom, der offiziellen Hauptsehenswürdigkeit des Ortes. Die Kirche des einstigen Augustiner-Chorherrenstifts, errichtet in nur wenigen Jahren von einem der bedeutendsten Baumeister der Zeit, Johann Michael Fischer, wird heute zu den wichtigsten Bauwerken des späten Barock und beginnenden Rokoko in Altbayern gezählt. Lange nach dem Aussterben der mächtigen Dießener Adelsfamilie 1248 errichtet, dient diese Kirche doch der Verherrlichung aller Heiligen und Seligen, die aus dem Geschlecht hervorgegangen sind. In einem grandiosen barocken Theater, im berühmten »Dießener Himmel«, sieht man die vor tausend Jahren Verstorbenen, wie sie sich in göttlichen Sphären um Christus scharen. Im Fresko in der Kuppel des Altarraums schwebt Jesus an zentraler Stelle und blickt hinunter auf die selige Mechthild, an ihrer Seite sitzt der selige Rathardus, vor ihnen kniet der heilige Rasso, einer der Ahnherrn der Dießener Grafen. Im Mittelpunkt der göttlichen Aufmerksamkeit sitzt jedoch Mechthildis. Wenn man sich eine Linie denkt von den Augen Christi, die auf sie hinunterblicken, senkrecht nach unten zum Hochaltar bis zur Mitte am Tabernakel, so verläuft diese »göttliche« Linie knapp am Kopf der Mechthildis vorbei direkt durch ihr Herz. Eine solche Verbindung ist im späten Barock kein Zufall, sondern volle Absicht der Auftraggeber und des Malers: Dieses Kuppelfresko zeichnet Mechthildis also als wichtigste Figur unter den Dießen-Andechser Heiligen aus!

DIE SELIGE MECHTHILDIS VON DIESSEN

Als Tochter des Dießen-Andechser Grafen Berthold II. und seiner Frau Sophie wurde Mechthildis um 1125 auf dem Sconenberg geboren, den wir heute noch als Dießener Burgberg kennen und auf unserer Wanderung aufsuchen werden. Mechthild wurde von ihren Eltern bereits als Fünfjährige dem (schon im späten Mittelalter untergegangenen) Frauenstift St. Stephan zur Erziehung und Ausbildung übergeben. Dieses Ereignis ist auf dem großen Deckenfresko im Langhaus des Marienmünsters abgebildet. Die frühe Trennung von den Eltern und die geistliche Erziehung im Kloster haben sie stark gemacht, aber auch hart – sich selbst gegenüber. Nach den Überlieferungen war sie wunderschön, anmutig und klug. Als Vierzehnjährige wurde sie bereits Chorfrau, nach einer Ausbildung in Schreiben, Lesen, Latein, den schönen Künsten, der Krankenpflege und »weiblichen« Fertigkeiten wie Sticken und Nähen. Bald wurde sie zur Vorsteherin des Klosters gewählt.

Eine starke, interessante Persönlichkeit scheint sie gewesen zu sein. Sie kasteite sich selbst, um absoluten Gehorsam und totale Demut zu erreichen. Zugleich hatte sie wohl einen unglaublich starken Eigensinn und einen rechten Dickkopf – zwei widerstrebende Seelen in einer Brust. Das Leben der Mechthildis scheint ein ständiger innerer Kampf gewesen zu sein. Als heute noch greifbarer »Beweis« ihrer Selbstzucht ist ein Stein überliefert, den sie als Kopfkissen gewählt haben soll. Er ist in der Eingangshalle links vom Haupteingang in die Wand eingelassen. Gläubige berühren noch heute diesen Stein beim Gebet an die selige Mechthild, es handelt sich um eine der typischen Berührungsreliquien – ein Ding, das mit etwas Heiligem in Kontakt gekommen ist und deshalb selbst von diesem Segen erfüllt ist. Das Berühren des Steines soll bei Kopfschmerzen und Kopfkrankheiten helfen.

Mechthild leistete trotz ihres steten Kampfes um die gebotene Demut Großes, nicht nur für ihr Kloster. Ihren Beinamen der »wahren Brotmutter von Dießen« erhielt sie als Fürsorgerin für die Menschen ihrer Umgebung. Sie sorgte dafür, dass heiliges Brot, Hostien, in allen Kirchen und Klöstern der Umgebung vorhanden waren und stiftete dazu Einkünfte und Ländereien,

Reliquienschrein der seligen Mechthildis im Marienmünster. Rechts oben ein geweihtes Frühlingsblumenkränzchen vom Mechthildisfest.

die ihr als Grafentochter aus der Mitgift zur Verfügung standen. Eine Legende erzählt, sie habe sich von ihrem Vater ein Feld erbeten, auf dem nur Weizen für das Hostienmehl angebaut werden sollte. Kurz darauf vernichtete ein schwerer Hagelschlag alle Felder bis auf eines: eben jenes mit dem Hostienweizen. In ihrem gläsernen Sarg hält die »Brotmutter von Dießen« deshalb ein Büschel Weizenähren in der Hand.

Sie kümmerte sich aber auch um die Kranken, die zu ihr kamen, und wirkte da schon zu Lebzeiten Wunder: Sie machte Blinde sehend und befreite Besessene vom bösen Geist. Als Achtundzwanzigjährige wurde sie als Äbtissin ins Kloster Edelstetten berufen und wehrte sich – trotz ihres Bemühens um klösterlichen Gehorsam – zunächst heftig dagegen, Dießen zu verlassen. Sie musste aber schließlich nachgeben. Als Äbtissin reiste sie dann sogar zum Reichstag Kaiser Friedrich Barbarossas nach Regensburg, und als sie an der kaiserlichen Tafel saß, von Barbarossa ob ihrer Schönheit und ihrer Tugend zutiefst verehrt, wirkte sie ein weiteres Wunder: Niemals trank sie Wein, niemals nahm sie Fleisch zu sich. Doch das Wasser, das man ihr deshalb reichte, verwandelte sich in den köstlichsten Wein. Kurz vor ihrem Tod kehrte die schon zu Lebzeiten wie eine Heilige Verehrte nach Dießen zurück, wo sie mit vermutlich fünfunddreißig Jahren am 31. Mai 1160 starb. Ihre kostbar gefassten Gebeine ruhen in einem gläsernen Schrein auf der Mensa eines Altars in einer der linken Seitenkapellen des Dießener Marienmünsters.

DIE HAARE DER SELIGEN MECHTHILDIS

Eine ganz besondere Bewandtnis hat es mit den Haaren der Seligen: Sie sollen lang, blond und wunderschön gewesen sein. Und – das ist die Besonderheit – Mechthildis ließ sie sich nicht abschneiden, als sie ins Kloster eintrat und den Schleier nahm. Das ist ungewöhnlich, denn üblich war, dass Frauen ihr Haar lassen mussten, quasi als persönliches Opfer und als Demutsgeste beim Eintritt ins Kloster. Das Haupthaar als wichtiger Körperschmuck der Frau wurde im hohen Mittelalter unbedingt lang getragen. Wenige oder keine Haare zu haben, galt vielfach als göttliche Strafe für Verfehlungen. Bei Mechthild kommt nun dazu, dass sie adligen Geblüts ist. Und seit frühester Zeit war es ein Vorrecht der Herrscher, der Stammesfürsten, sich die Haare lang wachsen zu lassen. Die Unfreien, die Untergebenen, mussten sich die Haare schneiden lassen. Vielleicht konnte Mechthild sich deshalb durchsetzen und ihr Haar behalten.

Die Haare galten schon in der Antike als Sitz der Kraft, gar der Seele. Die gewaltsame Haarschur war deshalb bis in die Neuzeit eine Strafe, die bei schweren Vergehen verhängt wurde. Wer in den Besitz der abgeschnittenen

Haare gelangt, so glaubte man, der hatte auch die Macht über den Geschorenen. Ließ Mechthild sich von solchen Vorstellungen beeinflussen, oder wollte sie als stolze Frau einfach ihren Kopfschmuck behalten, auch wenn sie ihn ein Leben lang unter dem Schleier verbergen musste? Erst nach ihrem Tod hat man ihr die Haare abgeschnitten und sorgfältig aufbewahrt. Die Kraft und die Seele der verstorbenen Seligen befanden sich nach altem Glauben in diesen Haaren. Man hängte den langen Haarschopf angeblich bei Unwettern in den Wind und erhoffte sich davon Schutz gegen Blitz und Hagelschlag. Aber nicht nur im »dunklen« Mittelalter trieb man Wetterzauber mit den Mechthildishaaren – bis ins 19. Jahrhundert wurden die Haare in Dießen aufbewahrt, »eingelötet in einer Kapsel an der Wetterglocke der Stiftskirche«, wie Hans Pörnbacher in seinem Büchlein über Mechthild schreibt. Erst ein Blitzschlag mit einem Brand im Turm vernichtete am 18. Juni 1827 schließlich die uralten Zauberreliquien an der Glocke. Doch bis heute gibt es die Mechthildisglocke im Münster – die Wetterglocke, die vom Mesner bei jedem herannahenden Unwetter geläutet wird – im Vertrauen darauf, dass die Selige ihr geliebtes Dießen vom Himmel aus beschützen wird.

DIE DREI MARIEN

In einer Vitrine unmittelbar neben dem Seiteneingang des Münsters werden drei Marienfiguren aufbewahrt, die wie die selige Mechthild eine Besonderheit Dießens sind. Es handelt sich um drei über einen Meter hohe Schnitzfiguren, prächtig gewandet in ein gelbes, ein rotes und ein blaues Kleid. Die drei Marien werden vor dem Maria-Himmelfahrts-Tag am 15. August auf langen Tragstangen befestigt und mit Blumen geschmückt. Am Festtag selbst tragen die Trachtenburschen sie in die Kirche vor die Kommunionsbank. Früher waren es traditionell Jungfrauen, die die schweren Figuren getragen haben.

Einer der besten deutschen Rokokobildhauer, Johann Baptist Straub, schuf diese Marienfiguren für das Dießener Münster. Er bildete hier die Gottesmutter in drei verschiedenen Stationen ihres Lebens ab. Zunächst als Maria in der Hoffnung, die Schwangere, die demütig mit gesenktem Haupt den Auftrag Gottes annimmt, seinen Sohn zu gebären. Der Putto über ihrem Haupt deutet wohl auf die eben erfolgte himmlische Botschaft hin. Die zweite ist die um ihren gekreuzigten Sohn trauernde Maria, das blutrote Kleid und das Taschentuch in der Hand bringen ebenso wie der leicht geöffnete Mund und der verhangene Blick ihren mütterlichen Schmerz zum Ausdruck. Schließlich gehört noch die in strahlendes Gold gekleidete, im Himmel thronende Maria Königin mit Kind dazu, beide von Gott gekrönt, dessen Auge

Die drei Marien
von Dießen.

über ihnen wacht. Die freudenreiche, die schmerzensreiche und die glorreiche Maria werden sie auch genannt, entsprechend den Versen des Marienrosenkranzes.

Drei-Marien-Darstellungen findet man zwar nicht sehr häufig, aber es gibt sie etwa seit dem späten Mittelalter. Mit den drei Marien sind oft auch drei unterschiedliche Personen gemeint, die der Legende nach zur heiligen Sippe gehören, also zur großen göttlichen Familie mit Onkeln, Tanten und Halbgeschwistern. So soll die heilige Anna nicht nur die Muttergottes, sondern – aus einer anderen Ehe – auch noch eine Maria Kleophas geboren haben. Die dritte ist dann Maria aus dem Ort Magdala, bekannt als Maria Magdalena. Diese drei Frauen waren am Grab Jesu, fanden es aber nur mit Blumen und duftenden Kräutern gefüllt, wie es heißt. Deshalb werden nach christlicher Auslegung am Himmelfahrtstag auch Kräuterbüschel zum Weihen in die Kirche getragen: Maria segnet diese Kräuter ganz besonders, und in den nächsten Wochen haben sie eine stärkere Heilkraft. Auch in Dießen zeigen Ritus und Verehrung einen engen Bezug zum traditionell weiblichen Kräuterwissen – wie bei Mechthildis und den Frühlingskräuterkränzen, die zu ihrem Fest in Dießen geflochten und geweiht werden. Die drei Marien werden besonders zu Beginn des Frauendreißigers verehrt, dieser Zeit von dreißig Tagen zwischen Mariä Himmelfahrt und Mariä Namen am 8. September, in der die Kräuter, die Feldfrüchte und sogar die Hühnereier besonders heilsam, besonders gesegnet und nicht zuletzt auch besonders haltbar sein sollen.

In Dießen tauchen ganze drei Mal drei sagenhafte Frauen auf: Nicht nur die drei Marien, sondern auch drei Schwestern, die angeblich am Schatzberg wohnen, und drei Jungfrauen vom Jungfernberg, die wir noch kennenlernen werden. Die drei Marien sind hierbei drei göttliche oder besser gesagt eine

279

göttliche Frauengestalt in dreifacher Wesenheit. All diese Hinweise lassen den Schluss zu, dass hier in Dießen schon in vorchristlicher Zeit eine weibliche Gottheit verehrt worden ist, vielleicht eine keltische dreigestaltige Göttin, zu der man im Zusammenhang mit Fruchtbarkeit, und vielleicht mit einem Quellheiligtum, als lebensspendender Erdmutter und Erntegöttin gegangen ist. Diese Tradition hat sich in der Mechthildisverehrung und dem Kult um die drei Marien bis heute erhalten.

ST. GEORG – DIE URKIRCHE VON DIESSEN

St. Georg, die Urkirche Dießens.

Hoch auf einem Moränenhügel thront die St.-Georgs-Kirche. Sie ist die Urkirche von Dießen. Sie war die Pfarrkirche, bis 1804 nach der Säkularisation die Stiftskirche, das Marienmünster, diese Funktion übernahm und bis heute beibehielt. Auf dem Georgshügel siedelten nachweislich schon die Kelten, auch die Römer legten hier befestigte Bauten an. Wie so oft folgte auf einen alten »heidnischen« Kultplatz auch hier ein Georgsheiligtum. Georg als Drachentöter, als Sieger über das böse, teuflische Gewürm – gemeint sind natürlich schädliche »heidnische« Kulte – war einer der ersten christlichen Heiligen, denen man alte Kultorte widmete.

Vor diese Kirche kann man bis heute nicht mit dem Auto fahren, wie angenehm! Nur ein überdachter Treppenaufgang führt hinauf auf den Georgsberg. Dort oben befindet man sich in einem abgeschlossenen friedlichen Bereich. Man fühlt es geradezu, dass dies ein seit alter Zeit besiedelter Platz ist. Es ist ein ruhiger, ein angenehmer Ort, der zum Bleiben einlädt. Und das trotz des Beinhauses, das einen direkt neben der Kirchentür empfängt. Selten gibt es heute noch solche Beinhäuser zu sehen, bei denen den Lebenden zur Mahnung Schädel und Knochen längst Verstorbener hinter Glas präsentiert werden. Rund um die Kirche zieht sich einer der schönsten altbayerischen Höhenfriedhöfe. Die Kirche selbst ist leider meist verschlossen. Der selige Rathardus soll sie und ein dazugehöriges Männerkloster im

9. Jahrhundert gegründet haben. Ihn kennen wir schon vom Kuppelfresko im Marienmünster, auf dem er direkt neben der seligen Mechthildis im Dießener Heiligenhimmel sitzt. Auch Rathard stammte aus dem Geschlecht der Dießen-Andechser Grafen. Das von den Ungarn zerstörte Männerkloster wurde dann als Dießener Augustiner-Chorherrenstift neu gegründet. Rathards Gebeine ruhen ebenfalls im Marienmünster – gegenüber denen der seligen Mechthildis auf der rechten, der Männerseite des Münsters in einer Seitenkapelle.

Beinhaus bei St. Georg.

DAS MECHTHILDISBRÜNNLEIN

Unser Wanderweg führt uns durch einen wunderbaren Buchenwald, der im Herbst, wenn die Blätter gefallen sind, oder im Frühjahr vor dem Austrieb weite Ausblicke ins Umland erlaubt. Wir kommen immer wieder an eindrucksvollen Tuffsteinterrassen vorbei – hier »wächst« der Stein im Wald. Während der ersten halben Stunde steigen wir langsam höher Richtung Burgberg und erreichen bald eine kleine Kapelle am linken Wegrand, die über einer Quelle errichtet wurde – das Mechthildisbrünnlein. Hier läuft das Wasser zwar nur spärlich aus einer Quellfassung, doch bis heute wird es von

Mechthildisbrünnlein am Burgberg.

Einheimischen und Besuchern als heilkräftig, insbesondere bei Augenleiden, angesehen. Auch aus neuerer Zeit werden manche wundersame Heilungen berichtet. Die kleine Mechthild, die oben auf dem Burgberg in der gräflichen Burg geboren wurde und dort die ersten Jahre ihres Lebens verbrachte, soll oft hinuntergestiegen sein und von der Quelle getrunken haben.

Vom Brünnlein aus sieht man weit ins Land, besonders dann, wenn das Laub schon gefallen ist: zu unseren Füßen links die St.-Georgs-Kirche und rechts der Turm des Marienmünsters. Gegenüber, am anderen, dem östlichen Ammerseeufer thront Kloster Andechs, Sitz der Dießener Grafen ab dem 12. Jahrhundert, die von drüben stets ihren alten Burgberg im Blick hatten.

DIE BURGKAPELLE

Burgkapelle von Dießen.

Nach wenigen Minuten erreichen wir eine weitere Kapelle, die sogenannte Burgkapelle. Sie ist allerdings nicht etwa ein Überbleibsel der alten Burg, sondern stammt aus viel jüngerer Zeit. Ihren Namen hat sie von ihrem Standort direkt neben dem Burgberg. Wie Thomas Raff in seinen *Spaziergängen durch Dießen* erzählt, wurde sie von einem Dießener Maurermeister erbaut, der in schwerer Krankheit 1792 die Errichtung einer Kapelle gelobte. Vorher hing hier an einer mächtigen Buche – viele andere alte Buchen sind hier immer noch zu bewundern – ein Kruzifix. Dieses Kreuz hängt heute in der Burgkapelle und soll lange Zeit als wundertätig gegolten haben. Die Dießener wallfahrteten zu dem Kruzifix und »noch in den 1920er Jahren sah man dort oben viele Votivgaben, vor allem Kreuze, Krücken und Zöpfe, die als Bitte um oder als Dank für Heilung niedergelegt worden waren«, weiß Raff. Interessant ist hier der Hinweis auf die Zöpfe – der Glaube an die Kraft des Haares ist uns schon bei den Haaren der Mechthildis begegnet.

DER BURGBERG

Ein paar Meter nördlich der Burgkapelle liegt der Burghügel, auf dem sich vor tausend Jahren die Sconenburg, die »Schönenburg«, der mächtigen Dießener Grafen erhob. Auf diesem Burghügel können wir herumspazieren und dabei bis heute sehen, wie tief die Gräben um die Burg einst waren und wie hervorragend die Lage dieser Befestigung war. Offenbar aber nicht sicher genug: 1157 überließ der Dießener Graf Heinrich II. Burg und Burgberg dem Kloster Dießen. »Er übergab auch eine auf den Bergen gelegene Burg, die Sconenberch genannt wird, und einen benachbarten Berg, der Iringisberch heißt«, zitiert Thomas Raff in seinem Dießen-Buch die Schenkungsurkunde. Graf Heinrich verfügte gleichzeitig, dass die Burg abgetragen werden müsse, wohl um zu verhindern, dass sich Angreifer in den leeren Gemäuern einnisten und den neuen gräflichen Stammsitz auf dem Andechser Berg bedrohen konnten. So wurde die Burganlage wohl unbewohnbar gemacht, doch konnte Philipp Apian noch 1566 Spuren der Burgen auf den Dießener Burghügeln sehen. Denn vermutlich erstreckten sich die Bauten auf beide genannten Hügel, den Burgberg, auf dem wir uns befinden, und den heute Schatzberg genannten »Iringisberch« der Schenkungsurkunde.

Auf den Schatzberg begeben wir uns nun, indem wir der Beschilderung des Waldlehrpfads weiter nach Süden folgen. Unterwegs treffen wir immer wieder auf Baumpersönlichkeiten, die uns anhalten und staunen lassen. Allein das Naturerlebnis dieses Buchenwaldes macht unsere kleine Wanderung zu einem Erholungsurlaub für Körper und Seele. Im Frühjahr, wenn die zart hellgrünen Buchenblätter gerade sprießen, ist der Wald erfüllt von einer Leichtigkeit und einem frühlingsfrischen Leuchten, wie man es in unseren Wäldern selten erleben kann. Der Boden ist dann übersät vom zarten Violett der Leberblümchen. Und im Herbst nach dem Laubfall sieht man die riesigen Buchenstämme und ihre Rindengesichter so eindrucksvoll wie sonst nie – die mächtigen silbriggrauen Stämme inmitten des dicken rötlichen Laubteppichs bilden eine ganz eigenwillig schöne Spaziergangskulisse.

AUF DEM SCHATZBERG

Kurz vor dem höchsten Punkt des Schatzbergs kommt man an einem kleinen »Vorgipfel« vorbei, der vom dicken Stamm eines abgestorbenen Baumes bewacht wird. Was mag hier wohl vor tausend Jahren gestanden haben, fragt man sich und erreicht endlich den Schatzberggipfel – das Plateau des alten Iringisberchs. Nach einer kürzlich erfolgten Auslichtung geht der Blick wieder weit nach

Sagenhafte Höhlen rund um den Gipfel des Schatzbergs.

Vom Schatzberg geht der Blick weit ins Land bis zur Alpenkette.

Süden bis zu den Bergen. Lange Zeit verstellten Bäume die Sicht, die die früheren Burgherren mit Sicherheit hatten, um im Rundumblick eventuelle Aggressoren rechtzeitig ausmachen zu können. Diesen Blick haben wir jetzt wieder. Er reicht zur Linken weit über das Raistinger Moos bis zum massigen Bergstock der Benediktenwand und gleitet über die Alpenkette nach Westen bis zum Wettersteingebirge mit der Zugspitze.

Gleich unterhalb des Gipfelplateaus kann man sehen, woher der Name Schatzberg kommt: Tiefe Löcher im bröseligen Nagelfluhgestein – vermutlich Fuchsbauten – regen die Phantasie an und haben schon in der Vergangenheit Stoff für zahlreiche Sagen geliefert. So sollen auf dem Schatzberg in einem prächtigen Schloss drei Schwestern gewohnt haben, von denen zwei weiß waren. Die dritte aber war schwarz und wollte doch so gern weiß sein wie ihre Schwestern. Sie bat deshalb einen verirrten Hirten, sie zu erlösen. Er solle um Mitternacht kommen, dann würde er eine randvoll gefüllte Schatzkiste finden, bewacht von einem feurigen Hund. Diesem müsse er den Schlüssel entreißen. Dann sei die schwarze Schwester erlöst, und der Hirte bekomme zum Dank den Schatz. Der Mann tat wie ihm gesagt, aber beim Anblick des feurigen Hundes nahm er Reißaus. So liegt dort immer noch der unermessliche Schatz der drei Schwestern vergraben.

Der Name Schatzberg taucht erst ab dem 18. Jahrhundert auf, zu Zeiten der Dießener Grafen hieß der Hügel Iringisberch. Der Name Iring war im hohen Mittelalter verbreitet, allerdings weiß man nicht, ob die Iring eine Sippe waren, von denen die Dießener Grafen abstammten, oder ob es der Name eines Vorbesitzers der Burg war, die dann an die Dießener Grafen überging.

ABSTECHER ZUM NIXENWEIHER UND DER MARIA-SCHNEE-KAPELLE

Wenn Sie die etwas weitere Alternativtour wandern wollen, wenden Sie sich kurz nach dem Parkplatz am Waldlehrpfad auf der Straße nach links und folgen ihr bis zum Jungfernberg. Dieser Hügel im Westen von Dießen soll einst die Wohnstatt von drei Jungfrauen gewesen sein, die dort in einem Kloster gelebt haben, wie der große Sagensammler Friedrich Panzer berichtet. »Eine dieser Jungfrauen, halb weiß, halb schwarz, saß auf einer Kiste und machte einen Spruch, was man tun müsse, um sie zu erlösen. Da die Erlösung keiner vollbringen konnte, so versank sie mit der Kiste und sprach den Wunsch aus, dass die Gegend zu Wasser werde. Hierauf entsprangen dem Jungfernberg mehrere Quellen, vereinigten sich zu einem Bach, den man den Bischofsriederbach nennt, und bildeten den Ammersee.« Hier sind sie wieder, unsere drei Frauen, die noch dazu ebenfalls schwarz und weiß sind wie die Schwestern vom Schatzberg – wieder ein Hinweis auf unsere dreigestaltige Göttin aus vorchristlicher Zeit? Die Quellen jedenfalls entspringen immer noch am Jungfernberg. Sie stauen sich zu einem kleinen klaren See, der angeblich stets eine Temperatur von sieben Grad hält. Er wird Nixenweiher genannt und liegt mitten im Buchenwald ein paar hundert Meter von der Straße entfernt. Eine Steintafel an seinem Ende bildet ein Quellnymphchen ab – und tatsächlich wirkt der kleine Weiher ganz verzaubert, als ob sich die Wassernymphen und Seegötter hier ein Stelldichein geben würden.

Wieder zurück auf der Straße folgen wir dem Verlauf noch etwa zehn Minuten bis zum Weiler Bischofsried, an dessen Ende wir an der Maria-Schnee-Kapelle vorbeigehen. Sie ist zwar meist versperrt, liegt aber so schön einsam und malerisch am Wegesrand mit weitem Blick über die Moorwiesen bis zum Horizont, dass man auf einem der Bänklein daneben gern rastet. Der

Die Quellnymphe auf der Steintafel bewacht den Nixenweiher bei Bischofsried.

Maria-Schnee-Kapelle zwischen Bischofsried und Dießen.

Überlieferung nach wurde die Kapelle 1674 eingeweiht, errichtet aufgrund eines Gelöbnisses im Dreißigjährigen Krieg, der diese Gegend besonders arg gebeutelt hat. Die Mauern des Kirchleins bestehen aus den Steinen der alten Sconeburg, deren ruinöse Reste im Laufe der Jahrhunderte von den Menschen der Umgebung als willkommenes Baumaterial verwendet wurden – hier also ein Teil der tausend Jahre alten Burg verbaut! Das Maria-Schnee-Patrozinium soll an die römische Kirche Sta. Maria Maggiore erinnern, die angeblich auf dem Ort errichtet wurde, auf dem mitten im August, im römischen Hochsommer, Schnee gefallen war – ein göttliches Zeichen.

Hier in Bischofsried gibt es zwei Versionen der Schnee-Legende: Die Bauern gelobten in einem strengen Winter, dort eine Kapelle zu errichten, wo der erste grüne Fleck gesichtet würde. Oder: Im Dreißigjährigen Krieg waren die Schweden schon bis ins nahe Wengen vorgerückt, als wunderbarerweise plötzlich dichter Nebel den Weiler Bischofsried verhüllte, sodass die Feinde den Ort nicht sehen konnten. Die Bischofsrieder hatten für diese Verschonung eine Kapelle zu bauen versprochen, wussten dann aber nicht, wohin sie sie bauen sollten. Da fiel auf eine Wiese roter Schnee – das nahm man als Zeichen, hier die Kapelle zu errichten.

Von diesem schönen Flecken aus dauert es etwa noch eine halbe Stunde, bis wir auf einer sonnigen kleinen Straße, die lange neben dem gluckernden, mäandernden Bischofsrieder Bach mit dem Wunderwasser der drei Jungfrauen verläuft, im Ortsteil St. Georgen angekommen und vorn dort aus zu unserem Ausgangspunkt am Marienmünster gelangt sind.

DAS DIESSENER MECHTHILDISFEST

Alljährlich am 31. Mai, dem Todestag
und Namenstag der seligen Mechthildis,
treffen sich die Dießener Gläubigen und
die Geistlichkeit an der Burgkapelle am
alten Burgberg. Von dort zieht man in
einer langen Prozession auf dem nördlichen Weg über Wengen und St. Georgen rosenkranzbetend und singend hinunter zum Marienmünster. Die Frauen
haben schon Tage vorher Kränzchen aus
Frühlingsblumen gebunden, der örtliche
Konditor hat im Auftrag der Kirche kleine

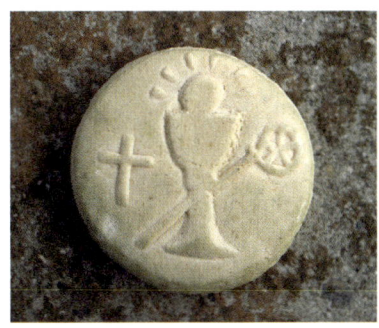

Mechthildisbrot.

Mechthildisbrote gebacken. Die Prozession vom Burgberg wird mit dem Schall aller
Glocken am Münster empfangen und feiert dort eine festliche Mechthildismesse. An
deren Ende werden Kränzchen und Brote vor dem Mechthildisaltar in der Seitenkapelle gesegnet und an die Gläubigen verteilt. Als Weihwasser soll zumindest in der
Vergangenheit Wasser aus dem Mechthildisbrünnlein zum Einsatz gekommen sein.

Schon in früheren Zeiten haben die Bauern Wachs und Blumenkränze auf den
Mechthildisschrein gelegt und nach dem Weihen wieder abgeholt. Zuhause wurden
diese Kränze dann als Segen für Haus und Hof aufbewahrt, auf das Feld steckte man
sie mit der Bitte um reiche Ernte. Auch wer heute in ein Dießener Haus kommt, wird
vielleicht neben dem Palmbuschen und dem Kräuterbund vom Hohen Frauentag am
15. August ein Kränzlein von getrockneten Frühlingsblumen vom Mechthildistag im
Herrgottswinkel finden. In der Mechthildiskapelle liegt auch ein Kranz vom vergangenen Fest auf dem Schrein der Seligen.

Im überlieferten Dießener Mechthildisbrauchtum finden sich viele Spuren vor-
christlicher Kulte. Nicht nur der Kult um die wirkkräftigen Haare der Seligen, auch das
Winden von Frühlingskränzen kennt man in der Form wohl nirgendwo anders in
Oberbayern. So wie die Kräuterbuschen an Mariä Himmelfahrt altes »heidnisches«
Erntedankbrauchtum im großen Marienfesttag weiterführen, so mag das Frühlings-
kränzlein der Mechthildis auf einen Frühlingsfeiertag einer Fruchtbarkeits- oder Erd-
göttin zurückgehen. Bis 1999 fand die Mechthildisprozession samt Blumenfest am
Dreifaltigkeitssonntag statt, dem Sonntag nach Pfingsten. Hier vermischen sich Früh-
lingsbrauchtum, Opferung für eine Fruchtbarkeitsgöttin und vielleicht der Kult um
eine göttliche dreifache Frauengestalt, die uns in den Schatzbergsagen mit den drei
Schwestern und in den Sagen vom Jungfernberg erhalten blieb.

Auf den Heiligen Berg Andechs

Ausgangspunkt: S-Bahnhof Herrsching
Routenverlauf: S-Bahnhof Herrsching–Kientalweg–Kloster Andechs–Hörndlweg
(Hangweg)–S-Bahnhof Herrsching
Anforderungen: Reine Gehzeit etwa 2 Stunden. Durchs Kiental breiter, viel begange-
ner Wanderweg mit leichter Steigung, auch mit Kinderwagen zu begehen.
Das letzte Stück des Weges vom Hangfuß unterhalb des Klosters bis zum Kloster
hinauf ist sehr steil, zum Schluss geht man Treppenstufen.
Alternativen:
– Statt des Hörndl-Hangwegs kann man den auf dem Scheitel des Hügels verlaufen-
den alten Pilgerweg, den Hörndl-Hauptweg, nach Herrsching zurück nehmen.
– Die Wanderung lässt sich gut mit einem Abstecher nach Dießen zum alten Marienmünster mit der seligen Mechthildis und seinen eigenartigen drei Marien verbinden
(Seite 273). Zwischen Dießen und Herrsching verkehren regelmäßig Schiffe, die
den Wanderer übers Wasser ans Ostufer bringen, wie es unzählige Wallfahrer seit
achthundert Jahren machen – zunächst immer mit Blick auf den Heiligen Berg,

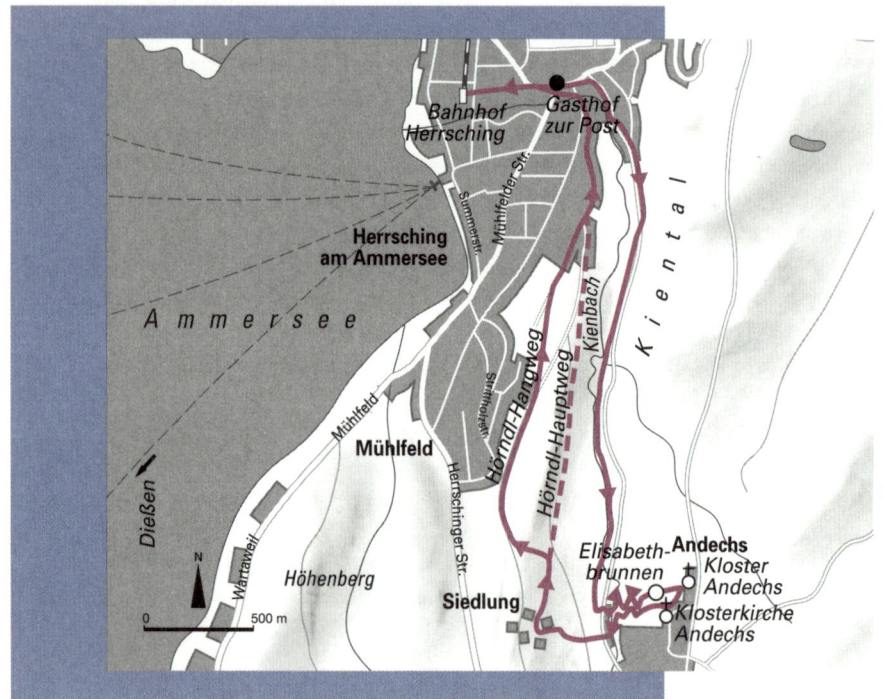

je näher das Ostufer rückt, desto mehr verschwindet der Andechser Turm hinter den Baumwipfeln – man muss ihn sich dann von neuem »ergehen«.

Tipp: Im Bräustüberl auf dem Heiligen Berg bestellt man nur die Getränke und darf seine Speisen mitbringen – man muss aber nicht, es gibt dort auch etwas zu essen.

Vom S-Bahnhof in Herrsching gehen Sie nach Osten, der Herrschinger Kirchturm weist den Weg. Hinter dem Gasthof zur Post, am Fuß des Herrschinger Kirchberges, beginnt der Kiental-Wanderweg. Eine golden leuchtende Patrona Bavariae begrüßt Sie. Folgen Sie dem Weg (Schilder: Kientalweg) am Bachlauf entlang und nicht rechts dem übers Hörndl. Durchs Kiental können Sie dann den Wanderweg entlang des Baches gehen, bis am Ende des Tales deutlich sichtbar eine Abzweigung links nach oben zur Wallfahrtskirche von Andechs führt, die zudem gut ausgeschildert ist. Zurück nach Herrsching geht es nun übers Hörndl. Deshalb steigen Sie auf dem Hinweg wieder ins Kiental ab, wenden sich aber nun nicht nach rechts, sondern gehen noch ein paar Meter nach links und überqueren dann den Kienbach auf einer Brücke. Geradeaus den Hang hoch, zwischen ein paar Häusern hindurch und dann nach rechts (Schild) geht es auf den Hörndl-Hauptweg. Von ihm zweigt nach wenigen Metern der Hörndl-Hangweg links über eine Wiese ab. Er ist schattiger und zeigt viele auffällige Bäume.

Achten Sie darauf, den oberen Pfad zu nehmen, wenn sich der Waldweg nach etwa 15 Minuten gabelt und der breitere Weg weiter nach unten geht. Der untere Weg führt nach kurzer Zeit in die Strittholzstraße im Herrschinger Wohngebiet und Sie müssten 20 Minuten auf der Teerstraße durch den Ort marschieren, bis Sie wieder am Ausgangspunkt angelangt sind. Der obere Weg hingegen bleibt auf einer Höhe am Hang und mündet schließlich in den Hauptwanderweg.

ANDECHSER DRUMLIN

Das Kloster Andechs östlich des Ammersees steht auf einem Drumlin. Das hört sich geheimnisvoll an, es klingt nach Dolmen, Donegal und Dubliners – gälisch, keltisch –, und tatsächlich kommt der Ausdruck aus dem Irischen und bedeutet Höhenrücken. Drumlins sind stromlinienförmige Hügel, es handelt sich um Moränenablagerungen früherer Gletscherschmelzen, die von den Eismassen der Gletscher regelrecht überfahren und dadurch zu einem schön glatten, länglichen, walförmigen Buckel geformt wurden. Diese Hügel fallen an einer der kurzen Seiten steil ab – dort trafen die Eismassen auf – und laufen an der anderen kurzen Seite flach aus. Beim Andechser Drumlin liegt der Steilabfall im Norden. Gegen Süden, in Erling, einem »der schönsten oberbayerischen Dörfer«, wie es Joseph Othmar Zöller im Buch *Andechs* bezeich-

Andechs von Südosten gesehen.

net, läuft der längliche Hügel flach aus. Die Straße aus dem Süden von Fischen nach Erling verläuft auf einer alten Römerstraße. Gleich unterhalb von Andechs führt sie bis heute über Wörthsee nach Norden. Die Römer werden sich seinerzeit auf dem exponierten Drumlin wohl auch eingerichtet haben.

Wer sich Andechs heute mit dem Auto nähert, sieht Kirche und Kloster schon von weitem auf dem höchsten Punkt thronen, der Hügel ist als Drumlin nicht mehr erkennbar, weil er bis zum Kloster mit Wald bewachsen ist. Am östlichen Fuß des Andechser Berges kann man auf einem riesigen Parkplatz sein Auto abstellen und nur die letzten hundertfünfzig Höhenmeter hinaufgehen. Das machen die meisten Andechsbesucher und erholen sich von dieser Anstrengung im Bräustüberl oder in der Klosterwirtschaft. Wir aber wollen uns dem Heiligen Berg so nähern, wie es unzählige Wallfahrer seit über tausend Jahren tun: zu Fuß.

DIE WALLFAHRT NACH ANDECHS

Die Kientalschlucht ist ebenfalls ein Relikt der Eiszeit: Tief eingeschnitten in den bröseligen Sandstein hat sich der Kienbach, eine wunderbare Schlucht ist dabei entstanden, mit Höhlen, Efeuvorhängen und einer Vegetation, die seltenen Tieren Zuflucht bietet. Allein diesen Weg zu gehen ist schon eine Freude, immer begleitet von fließendem Wasser – auch wenn es in Trockenzeiten manchmal müffelt – stets begleitet von Vogelgezwitscher. Manche

Baumwunder gibt es am Weg, Wurzelverschlingungen, Rindenkunstwerke, die uns immer wieder zum Stehenbleiben anregen. Meistens begegnen uns hier auch andere Wanderer und Pilger – dieser Pilgerweg ist nur selten ein einsamer.

Die Wallfahrt nach Andechs besteht nachweislich seit über achthundert Jahren. Bereits in der ersten Hälfte des 12. Jahrhunderts befahl Graf Berthold II. von Andechs seinen Untertanen, zu den Reliquien in die Nikolauskapelle auf der Burg auf dem Andechser Berg zu pilgern. Die Ursprünge der Wallfahrt sind jedoch mit Sicherheit älter: Die Nikolauskapelle auf der Burg bestand damals ja schon, und es ist sehr wahrscheinlich, dass auf einem so auffällig geformten Hügel hoch über dem nahen Seeufer schon zuvor ein Heiligtum stand. Vielleicht ein keltisches – auf anderen Erhebungen in ähnlich exponierter Lage sind Keltenkulte nachweisbar.

Einen Teil der hier verehrten Reliquien hat Rasso aus dem Geschlecht der Andechser Grafen von seiner Pilgerfahrt nach Jerusalem 949 mitgebracht. Rasso soll ein Ritter von riesiger Gestalt gewesen sein, so wird er auch auf dem vorderen rechten Seitenaltar in der Andechser Klosterkirche dargestellt – in leicht gebückter Haltung wegen seiner hünenhaften Erscheinung –, hier geleiten ihn Engel beim Aufstieg in den Himmel. Seine Nachkommen erwarben große Besitzungen, sie zogen als Kreuzfahrer ins Heilige Land, kamen mit weiteren Reliquien zurück und dehnten ihren Herrschaftsbereich immer weiter aus. Ein Andechser Grafensohn wurde schließlich Bischof von Bamberg, und durch ihn sollen die drei heiligen Hostien, darunter zwei von dem legendären Papst Gregor dem Großen geweihte, auf den Heiligen Berg gekommen sein. Auf einer der Hostien soll sich der Name Jesu gezeigt haben.

Diese Hostien bilden heute das Herzstück des Andechser Heiltumsschatzes. Er wird in der Heiligen Kapelle aufbewahrt, die nur zu besonderen Gelegenheiten zugänglich ist. Wer die Möglichkeit hat, sollte sie besuchen: Von den seit über tausend Jahren verehrten Reliquien an diesem ältesten bayerischen Wallfahrtsort geht eine eigenartige Wirkung aus. Die Dreihostienmonstranz prangt inmitten der anderen Heil-

Auf dem Weg durchs Kiental.

tümer. Auch ein Partikel von der Dornenkrone Christi, ein Stück vom Schleier Marias, Brautkleid und Brustkreuz der heiligen Elisabeth ebenso wie eine Kopfreliquie der heiligen Hedwig und ein Stück des Gewandes vom heiligen Nikolaus gehören zu den verehrten Reliquien.

Früher gab es noch eine Reliquienweisung für die Pilgergruppen: Vom Erker außen an der Kirchenfassade wurden die Reliquien gezeigt und die Pilger damit gesegnet. Schon der Anblick der Heiltümer versprach Heilung von Krankheit und Hilfe bei den Anliegen, die die Wallfahrer auf den Berg geführt hatten. Die Reliquien sind ja – ganz profan gesagt – Teile der Heiligen, die jetzt bei Gott im Himmel sind, oder Berührungsreliquien, also Dinge, die diese Heiligen angefasst oder am Körper getragen haben. Die »Heiligkeit« geht nach altem Glauben also auf diese Dinge über. Und allein deren Anblick oder gar ein Berühren dieser Dinge, wie es mit Reliquiaren, Kreuzen oder Porträtbildern und -büsten heute noch geschieht, verbindet den betenden, meditierenden Menschen dinglich mit dem Heiligen. »Die Sammlung von Heiliglandreliquien auf dem Berg Andechs«, schrieb der langjährige Altabt Odilo Lechner, »konnte so aus diesem Hügel auch einen Heiligen Berg machen.« Heute gibt es keine Reliquienweisung mehr. Beim Andechser Dreihostienfest allerdings, das jährlich am vierten Sonntag nach Pfingsten stattfindet, wird die Dreihostienmonstranz in einer Prozession um die Wallfahrtskirche getragen – ein besonders feierlicher Vorgang.

Das Andechser Grafengeschlecht starb 1248 aus, die Burg wurde geschleift. Nur die Nikolauskapelle blieb bestehen. Und die Erinnerung und Verehrung der Heiligen aus dem Geschlecht der Andechser Grafen: der selige Rasso, die heilige Elisabeth von Thüringen, die heilige Hedwig und die selige Mechthildis, die im nahen Dießen besonders verehrt wird. Die Reliquien aber waren verschwunden. Doch kurz darauf geschah das erste Wunder.

DIE BLINDE FRAU UND DER WACHOLDERSTRAUCH – UND EINE MAUS

Die Legende erzählt von einem Wunder, das sich kurz nach der Zerstörung der Burg zugetragen haben soll: Da hat eine blinde Frau aus dem nahen Widdersberg – hier gibt es heute noch einen Burgstall auf einem Hügel zu bestaunen, leider ist er nicht zugänglich, da in Privatbesitz – einen Traum gehabt, der sie anwies, in das Andechser Burgkirchlein zu gehen. Dort werde sie zur Linken des Altars einen grünen Wacholderstrauch finden, dessen Wurzel sie gesunden lassen würde. Sie tat wie ihr geheißen, und kaum hatte sie mit der Wurzel ihre Augen bestrichen, konnte sie wieder sehen. Womöglich hat dieses Wunder die Wallfahrt am Leben erhalten.

Jedenfalls so lange, bis sich ein weiteres Andechser Wunder ereignete: Am 26. Mai 1388, in der alten Nikolauskapelle wurde gerade eine Messe gefeiert, lief der Legende nach eine Maus durch den Altarraum, die ein Stück Pergament im Schnäuzchen hielt. Man verfolgte die Maus bis zu ihrem Mauseloch und fand den vergrabenen Heiltumsschatz: Ordentlich beschriftet waren die Reliquien offenbar vor dem Schleifen der alten Burg vergraben worden und konnten unversehrt geborgen werden. Zunächst wurden die Reliquien in die Münchner Residenz gebracht, wo der Pilgerstrom zu den Heiltümern bald enorm anschwoll.

DIE HERZOGSGRUFT IN DER KRYPTA UND DER AUFERSTANDENE CHRISTUS

So errichtete Herzog Albrecht von Baiern 1455 das Benediktinerkloster auf dem von ihm so genannten Heiligen Berg. Eine Sühneleistung, vermutet nicht nur der ehemalige Cellerar des Klosters, Anselm Bilgri. Albrecht hatte bekanntlich hinnehmen müssen, dass seine nicht standesgemäße erste Frau, die Augsburger Badertochter Agnes Bernauer, auf Anweisung seines Vaters in der Donau bei Straubing ertränkt wurde. In der Krypta der Andechser Klosterkirche stehen die Sarkophage Albrechts und seiner zweiten Gattin. Angeblich befand sich daneben noch ein weiterer Frauensarg – der seiner ersten Frau? Die Grabdenkmäler der Bernauerin in Straubing, berichtet Bilgri, waren bei der Öffnung jedenfalls leer. Bis heute weist das zentrale Fresko in der Klosterkirche auch auf das Geheimnis um die Freveltat hin: Eine gedachte

Muttergottes und eingenicktes Jesuskind – das Gnadenbild von Andechs.

Opferstock in Andechs mit Symbol der drei heiligen Hostien.

Linie vom Haupt des auferstandenen Christus lotrecht herab auf den Kirchenboden endet auf einer Steinplatte mit einem kleinen Kreuz – und direkt darunter liegt die Krypta: ein symbolhafter Bezug des verschiedenen Herzogs zum himmlischen Reich Christi.

Doch – feierliche Andacht ergreift zumindest mich nicht, wenn ich die Andechser Klosterkirche betrete. Das fröhlich-beschwingte Rokoko überwiegt, auch angesichts des Andechser Gnadenbilds, der gotischen Maria mit Kind auf dem Hochaltar, die beide später mit übergroßen Kronen versehen wurden. Das Köpfchen des kleinen Jesus ist nach vorn gesunken, das göttliche Kind scheint entweder eingeschlafen zu sein oder es versucht, die viel zu schwere Krone abzuwerfen – eine Szenerie zum Schmunzeln.

DER GUTE BETPLATZ

Eingeweihte gehen zum Beten und Meditieren an einen anderen Ort auf dem Heiligen Berg: in die Anna-Selbdritt-Kapelle, die nur die wenigsten Andechs-Touristen finden. Gehen Sie links vom Klosterladen durch den Torbogen und dann gleich links durch eine unscheinbare Glastür in die Kapelle. Unter einem niedrigen Gewölbe, das schwarz ist vom Ruß der zahllosen Kerzen, erblickt man eine ergreifende Darstellung der Anna Selbdritt – ruhig sitzt die Mutter Anna da, ganz in sich selbst versunken. Sie strahlt Ruhe und Kraft aus. Die Eintretenden werden sofort still, ganz anders als in der Klosterkirche, in der geredet und gelacht wird. Diese Mutter Anna, die weise alte Frau mit der Haube als Zeichen der verheirateten Frau, sie steht im Mittelpunkt dieses »guten Betplatzes«. Eine Einheimische, die oft hierherkommt, hat mir den Ort mit diesen Worten gewiesen.

Geheimnisvolles Dunkel herrscht in der rußgeschwärzten Anna-Kapelle.

Die junge Maria mit dem wallenden Haar ohne Haube, also offenbar eine Jung-Frau und nicht verheiratet, hat das Jesuskind auf dem Arm und sitzt in Miniatur auf Annas rechter Seite zu ihren Füßen. Die Hauptfigur ist jedoch die Mutter Anna, die christliche Personifikation der Urmutter, wie sie alle Religionen kennen. Es ist dies ein Betplatz für Frauen, ein sehr weiblicher Platz. An der linken Innenwand finden sich die verehrten weiblichen Heiligen und Seligen aus dem Andechser Geschlecht: Hedwig, Mechthildis und Elisabeth.

Wie in einer dunklen, düsteren Höhle fühlt man sich in der Kapelle, doch nichts Bedrohliches empfindet man darin. Man fühlt sich geborgen, wie im Schoß der Mutter, möchte man hinzusetzen. Es ist warm, gar heiß, wenn viele Kerzen brennen. Die Luft ist stickig vom Rauch, und doch mag man die schützende Höhle gar nicht wieder verlassen. Manch einem scheint es hingegen anders zu gehen: Die Tür geht auf, jemand tritt ein, und angesichts der Düsternis, der Wärme und der rauchigen Luft verlässt der Besucher fluchtartig den Raum. Probieren Sie es aus, wie Sie die Stimmung empfinden.

EIN BERG DER MACHT

Nicht nur die auffällige Form und Lage, sondern auch die besonderen Energien, die der Hügel aussendet, haben wohl schon immer die Menschen angezogen. Oder eben abgestoßen. Andechs ist zweifellos auch ein Berg der Macht. Wer da oben sitzt, ist der Mächtige – seit mindestens tausend Jahren. Augenfällig werden diese Erdenergien auf unserem Abstiegsweg, dort sind sie sogar sichtbar, nicht nur spürbar.

Auf dem Heimweg statten wir zunächst der Elisabethquelle einen Besuch ab. Wer von der Klosterkirche aus abwärts geht, nimmt an der Weggabelung den rechten der drei Wege. Man stößt dann auf die Mauer des alten Wittelsbacher Friedhofs und geht an dieser entlang bis zur Elisabethquelle. Ist es tatsächlich Quellwasser, das hier austritt? Manche behaupten, es sei schnödes Leitungswasser, das zu Füßen der heiligen Elisabeth gluckert. Andere sehen die Quelle als halb vergessene Andechser Heilquelle an. Von der Quelle gehen wir wieder zurück und nehmen nun den Weg nach unten ins Kiental.

AUFFÄLLIGE BÄUME

Zurück nach Herrsching gehen wir diesmal übers Hörndl, und zwar auf dem Hörndl-Hangweg wegen seiner auffälligen Bäume. Ein andermal sollten

Baum mit Sonnenloch auf dem Hörndl-Hangweg.

Sie aber den Hauptweg gehen – er verläuft direkt auf dem Scheitel des Drumlins, anfangs durch freies Feld. Der Hang aber, den wir heute entlanglaufen, aber ist bestanden von lichtem Laubwald. Hauptsächlich sind es Buchen, ein angenehmer Waldweg. Wer wachsamen Auges durch den Wald geht, wird unglaublich viele seltsame Baumverwachsungen entdecken. Vielstämmige Buchen, sich kreuzende und wieder auseinanderstrebende, Sonnenlöcher bildende Stämme. Es gibt Stellen, an denen die Bäume sich wie verzweifelt in alle Richtungen wegzuwenden versuchen, als ob sie die Stelle fliehen wollten, wenn sie könnten. So nehmen wir Abschied vom Heiligen Berg, der nicht nur von seinem geologischen Namen Drumlin, sondern auch von seiner Geschichte und seiner magischen Wirkung her bis heute Kennern seine keltischen Ursprünge offenbart.

MÜNCHEN

Der Lindwurm, der die Pest brachte – am Wurmeck in München.

Ins magische München – ein Spaziergang durch die Innenstadt

Ausgangspunkt: Kirche St. Peter auf dem Petersbergl, Eingang vom Rindermarkt
Routenverlauf: St. Peter–Marienplatz–Weinstraße mit Wurmeck–Frauenkirche–
St. Michael–Bürgersaalkirche–Marienhof–Residenzstraße–Hofgarten
Anforderungen: Die reine Gehzeit für diese Tour beträgt etwa 45 bis 60 Minuten.

Sie starten an der Kirche St. Peter, gehen dann über den Marienplatz mit seiner
Mariensäule, über Wurmeck, Fischbrunnen und Onophrius-Haus. Danach gehen Sie
die Weinstraße entlang und durch die Sporerstraße zur Frauenkirche, später
die Kaufinger Straße bis St. Michael. Weiter geht es bis zur Neuhauser Straße 14,
der Bürgersaalkirche, und über die Maxburgstraße, die Löwengrube und die
Schäfflerstraße zum Marienhof und zur Dienerstraße. Abschließend gehen Sie über
die Residenzstraße zum Hofgarten, in dem Sie noch ein wenig entspannen und
sich im Café stärken können.

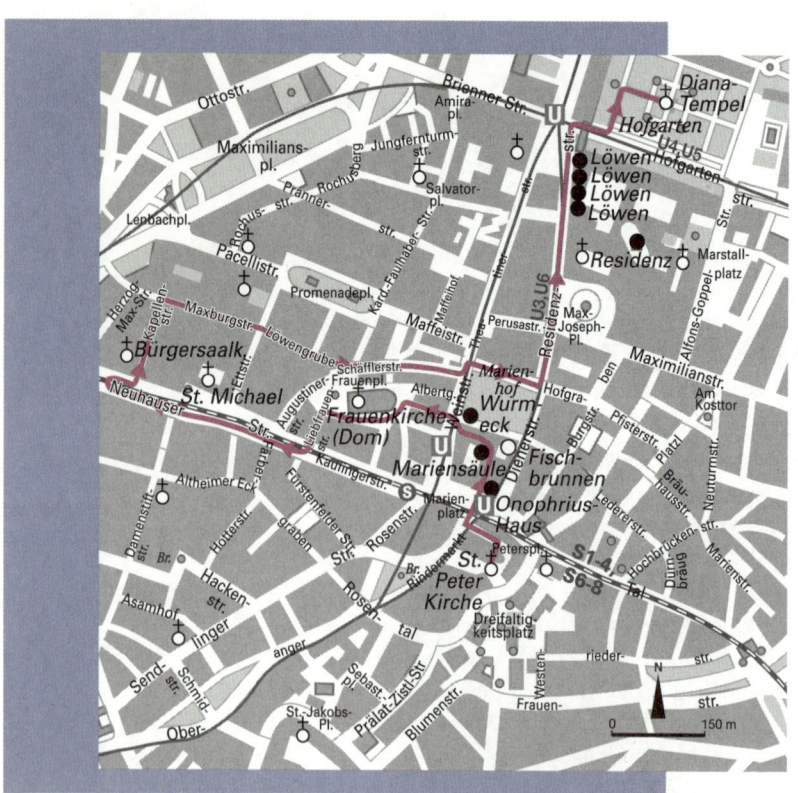

DIE PETERSKIRCHE

Unser magischer Spaziergang durch die Innenstadt führt uns nicht zu heimlichen, verborgenen Orten, sondern zu bekannten und weniger bekannten Sehenswürdigkeiten, die wir einmal mit ganz anderen Augen sehen wollen. Am Alten Peter beginnen wir – ist hier doch die kultische Keimzelle Münchens zu suchen. Die Peterskirche ist die älteste Kirche Münchens, wahrscheinlich reicht ihr Anfang als Kultort sogar viel weiter zurück als nur bis zur Stadtgründung 1158.

Sie steht auf einem Berg, dem Petersbergl, ein Mini-Bergerl ist es eigentlich, aber immerhin die höchste Erhebung des alten München. Und damit reiht sie sich in die Zahl der anderen Peterskirchen in Bayern ein, die ebenfalls auf auffälligen Erhebungen liegen – etwa der Petersberg bei Flintsbach, gegenüber Maria Kirchwald (Seite 214), der Petersberg bei Dachau oder die Peterskirche auf dem Westerbuchberg (Seite 177). Auf Bergen oder gar markanten Felsvorsprüngen wie bei Flintsbach lagen bevorzugt aber auch keltische Heiligtümer und römische Jupitertempel. Die Verbindung zum römischen Hauptgott Jupiter ist etwa in Salzburg

Der »Alte Peter« – die Peterskirche.

sehr deutlich, wo im uralten Kloster St. Peter, dem Ursprung des christlichen Salzburg, ein überbauter römischer Sarkophag geborgen wurde. Salzburg hieß bei den Römern ja auch Juvavum – Stadt des Jupiter. Und den Kult um den Göttervater Jupiter konnte die christliche Kirche eben nicht durch einen Kult um den christlichen Gottvater ersetzen, weil diesem im Christentum keine Kirchen geweiht werden. Sein erster Stellvertreter auf Erden war der Apostel Petrus – was bezeichnenderweise »der Fels« heißt – und so hat man diesem die ehemaligen Jupiter- bzw. Teutates-Kultorte, dem Stammes- und Kriegsgott der Kelten zugeordnet, geweiht. Die christliche Überlieferung berichtet, dass der heilige Bonifatius, der Deutschland missioniert haben soll, im Jahr 723 in Geismar die dem Germanengott Donar geweihte Donareiche gefällt haben soll. Aus dem Holz dieses von den »Heiden« so verehrten Baumes errichtete er an ihrer Stelle eine Peterskapelle. Heute steht dort der Dom St. Peter von Fritzlar.

DER PETERSTURM UND DIE BLITZE

Die Münchner Peterskirche hatte ursprünglich zwei Türme. Doch schon immer scheint sie Blitze geradezu magisch angezogen zu haben – jedenfalls kam es 1607 zu einem verheerenden Brand, bei dem die gotischen Turmspitzen völlig zerstört wurden. Man baute die Türme daraufhin nicht mehr auf, sondern deckte die beiden Stümpfe ein und errichtete einen einzigen Turm über dem Mittelteil der Fassade, den heutigen einundneunzig Meter hohen Petersturm. Ein paar Jahre später, 1619, der neue Turm war noch nicht einmal fertig, fuhr wieder ein gewaltiger Blitz in die Kirche und zerstörte diesmal die neue Orgel. Die Höhe des Turms kann damals nicht die Ursache gewesen sein – was aber ist es, das in oder unter der Peterskirche die Energien aus dem Himmel so stark anzieht?

Einer alten Sage nach waren es die Teufel, die den Wind und die Blitze sandten. Der Türmer sah sie angeblich, wie sie um Mitternacht am Kreuz auf der Turmspitze hingen und zogen und zerrten, um das verhasste christliche Symbol zu zerstören. Der mutige Mann holte daraufhin ein Kruzifix und schlug die Langschwänzigen in die Flucht. Seine Geschichte glaubte ihm zuerst niemand, bis am nächsten Tag die Sonne aufging und alle feststellen mussten, dass die Turmspitze mit dem Kreuz ein bisschen schief stand.

1752 schlug ein Blitz »alle Wetterläutenden zu Boden«, ein zweiter »fuhr in das Langhaus herein, kam in die Sakristei, zersprengte dort das steinerne Lavoir und fuhr durch eine Fensterscheibe wieder hinaus«, wie Robert Kindlbacher aus dem Archiv von St. Peter berichtet. Sogar modernste Blitzableiter können das Einschlagen nicht verhindern, wohl aber größere Schäden: Zuletzt 1995 hat der Alte Peter wieder einmal einen Riesenblitz angezogen, der immerhin die gesamte Elektrik lahmlegte, die Turmuhren zum Stillstand und die Glocken tagelang zum Schweigen brachte. Der Alte Peter zieht immer noch Energien »von oben« an.

DIE HEILIGE MUNDITIA

In der Peterskirche ist mein liebster Platz bei der heiligen Munditia in einer der nördlichen Seitenkapellen. Die Munditia ist eine sogenannte Katakombenheilige – eine kostbar gefasste Reliquie, das vollständig erhaltenes Skelett einer Christin, die vielleicht zu den ersten Märtyrern im frühchristlichen Rom gehörte. Sie wurde in den unterirdischen Gängen, den Katakomben von Rom gefunden, eine Steinplatte verschloss ihr Grab. Auf dieser siebzehnhundert Jahre alten römischen Platte mit einer lateinischen Inschrift ruht heute

ihr Haupt im Schrein der Peterskirche. Alles, was man über die Heilige weiß, hat man dieser Steinplatte entnommen: »Zum frommen Gedenken an Munditia Protogenia, die Wohlverdiente. Sie lebte sechzig Jahre und ging ein in den Frieden am 15. Tag vor den Kalenden des Dezember – APC.« Die Datumsangabe meint den 17. November. Die Buchstaben APC könnten *ascia plexa capita* heißen: »mit dem Beil enthauptet«, dann wäre sie eine echte Märtyrerin. Tatsächlich stellte man fest, dass der Kopf gewaltsam vom Rumpf getrennt worden war. Forscher halten aber auch die Deutung als *Andronico Probo consulibus* für möglich: »als Andronicus und Probus Konsuln waren«. Das würde das Jahr 310 als Sterbedatum wahrscheinlich machen.

1675 wurden in Rom einem Münchner Ratsherrn und Kaufmann die Gebeine der Munditia und die Grabplatte als Geschenk für die Peterskirche übergeben. Säkularisation und Kriegswirren hat Munditia in München überstanden und erfreut sich in den letzten Jahren zunehmender Beliebtheit bei den Münchnern. Sie gilt als Patronin der alleinstehenden Frauen und wird alljährlich am 17. November, ihrem vermutlichen Todestag, mit dem Munditiafest und einer abendlichen Lichterprozession geehrt.

MARIENPLATZ UND MARIENSÄULE

Ein paar Schritte sind es nur vom Alten Peter bis zum Marienplatz, dem Herz Münchens. Und im Zentrum dieses Zentrums erhebt sich die Mariensäule – sie ist wirklich der Mittelpunkt der Landeshauptstadt. Von ihr aus werden die offiziellen Kilometerangaben der Entfernung eines Punktes von München gemessen. Münchens Innerstes, Münchens Herz ist eine Patrona Bavariae,

Putto an der Mariensäule.

eine Maria Königin, die Marienverehrung: Das ist barockes Bayern. Kurfürst Maximilian I. gelobte die Stiftung der Mariensäule zum Dank für die Bewahrung Münchens vor der Brandschatzung durch die Schweden. Durch die Balustrade rund um die Säule wird ein heiliger Bezirk abgegrenzt – auch wenn heute niemand mehr ehrfürchtig vor der Mariensäule betet, wie es noch auf alten Stichen zu sehen ist. Die Säule mit der siegreichen Maria konzentriert die Energie des Platzes. Hoch aufgerichtet, die Sonne goldglänzend reflektierend, symbolisiert sie die Macht des Kurfürsten, den Sieg über die Bedrohung, die Verbindung des Herrscherhauses zum Himmel. Diese Darstellung der Maria geht auf eine Bibelstelle zurück, in der Maria erscheint »mit der Sonne bekleidet, zwölf Sterne um ihr Haupt und der Mond zu ihren Füßen« – Maria als Königin des Himmels aus der Offenbarung des Johannes (12,1).

Zu ihren Füßen kämpfen ihre Helfer, kriegerisch gewandte Putti, gegen die vier Übel der Zeit: Hunger (Drache), Krieg (Löwe), Pest (Basilisk) und Ketzerei (Natter). Ein Basilisk ist ein seit der Antike durch Kunst und Literatur geisterndes Fabeltier – ein Mischwesen aus Hahn und Schlange, dessen Blick versteinert und dessen Atem tödlich giftig ist. Deshalb symbolisiert er hier die Pest. Sie forderte vier Jahre vor dem Aufstellen der Mariensäule – 1634 – über siebentausend Todesopfer in München. Sicher auch ein Grund für die Votivsäule an dieser zentralen Stelle.

DAS WURMECK

Einen weiteren Pestdrachen finden wir am Wurmeck, an der Ecke des Hauses Marienplatz/Weinstraße, in dem sich ein Sportgeschäft befindet. Ein grässlicher geflügelter Lindwurm klettert an der Fassade empor – er erinnert, heißt es, an die in München wütende Pest. Das über die Stadt fliegende Drachentier soll mit seinem Pesthauch die Seuche nämlich verbreitet haben. Als der Lindwurm sich dann auf dem Schrannenplatz, dem heutigen Marienplatz, niederließ, sollen ihn mutige Münchner Wachleute am Wurmeck gestellt und mit einer Kanone getötet haben. Daraufhin sei die Pest aus München gewichen. Früher soll sich an der Stelle ein Fresko befunden haben, das St. Georg mit dem Drachen zeigte. Der Drachentöter, dieser frühe christliche Schutzpatron, wurde dann in neuerer Zeit von dem riesigen Lindwurm ersetzt, den wir heute sehen.

DER FISCHBRUNNEN

Am entgegengesetzten Ende des Marienplatzes, vor dem Beginn der Dienerstraße, steht der Fischbrunnen – Münchens Antwort auf die Fontana di Trevi, zumindest was das Glückbringen betrifft: Wer hier am Aschermittwoch seinen Geldbeutel auswäscht, wird ihn immer mit reichlich Geld gefüllt vorfinden. Und wer hier zum Abschied eine Münze hineinwirft, den wird das Glück nicht verlassen und der wird wiederkehren. So profan dieser Brauch auch wirken mag, er hat uralte Wurzeln: Wasser, vor allem fließendes Wasser im Fluss oder an der Quelle, galt schon seit jeher als heilendes Mittel, das Unsauberkeit,

Fischbrunnen am Marienplatz.

Krankheit und negative Eigenschaften zu beseitigen vermochte. Die Strömung nahm den Krankheitsdämon einfach mit. Und da Geld ja leicht behext oder vom Teufel ausgesät werden kann, sollte man seinen Geldbeutel regelmäßig durch das heilige Wasser reinigen – mangels Fließgewässer in der Stadt eben in magischem Brunnenwasser.

Gleichzeitig haben die Menschen früher Quellopfer geleistet, indem sie Münzen in Gewässer und Brunnen warfen. Aber nicht nur Münzen: Lebensmittel, Kleidungsstücke, Tieropfer für die Wassergeister sind bezeugt, ebenso wie goldene Becher und goldene Ringe, die man zur Besänftigung der leicht zu erzürnenden Wassergötter zum Beispiel in die Fluten von Ammersee, Blautopf und Walchensee warf. Das tun wir heute nicht mehr – das Relikt sind die Münzen, die wir in manche Brunnen werfen, weil das Glück bringen soll.

DAS ONOPHRIUS-HAUS

Wenn wir uns umdrehen, schauen wir auf die Fassade des Hauses Marienplatz 17 – ein Nachkriegsgebäude, das als Fassadenschmuck ein riesiges Mosaik trägt: die Figur des heiligen Onophrius. Dieser legendäre Heilige soll im 4. Jahrhundert als Einsiedler in der Thebaischen Wüste gelebt haben. Angeblich war er als hochgestellter Fürstensohn geboren worden, hatte sein Erbe aber ausgeschlagen, um für Christus zu leben. Seine Darstellung ähnelt der des heiligen Christophorus, den wir in Oberbayern häufiger finden: Er wird ebenso überlebensgroß abgebildet und hat einen Pilgerstock in der Hand. Allerdings ist Onophrius nur mit einem Lendenschurz aus Blättern bekleidet und hat die für einen Einsiedler typischen langen Wallehaare. Ein Blick auf sein Bild soll für einen glücklichen Tag sorgen. Auch deshalb wurde er öfter mit Christophorus verwechselt, dessen Anblick einen ganzen Tag lang vor einem plötzlichen Tod schützen soll.

Nach München kam der Onophrius-Kult aus dem Heiligen Land mit den Kreuzrittern. Angeblich hat Heinrich der Löwe 1171 ein Bild des heiligen Einsiedlers und eine Kopfreliquie nach München gebracht und ihn zu seinem Schutzpatron erwählt. In der frühen Neuzeit brachte man riesige Onophrius-Darstellungen an öffentlichen Gebäuden an, damit jeder jeden Tag die Gelegenheit hatte, ein solches Bild zu erblicken. In München befand sich ein solches fünf Meter hohes Bild an einem Haus neben dem Alten Rathaus am Eiermarkt – in unmittelbarer Nähe zum heutigen Onophrius-Haus. Die Münchner nannten den Heiligen deshalb »Christoffel am Eiermarkt«. Im Zweiten Weltkrieg wurde dieses Haus zerstört, ein neues magisches Bild des Heiligen hat man deshalb beim Wiederaufbau am neu gebauten Onophrius-Haus angebracht.

DIE FRAUENKIRCHE UND DER TEUFEL

Die magische Spur führt uns zurück zum Wurmeck, weiter die Weinstraße entlang und dann gleich links in die Sporerstraße bis zur Frauenkirche, dem Münchner Dom, der Kirche zu unserer lieben Frau. Ein garstiger Wind weht ständig um den Dom – selbst an föhnig-heißen Sommertagen empfinden wir ihn kühl und unangenehm. Das ist der Teufel in Gestalt eines Winddämons. Und er muss hier ewig um die Kirche kreisen – warum, das erzählen uns die Sagen um den Teufel und die Frauenkirche. Der Erbauer des Doms, Meister Jörg von Halspach, ging nämlich einen Pakt mit dem Teufel ein. Dieser sollte ihm helfen, die Kirche zu errichten, und der Teufel schlug ein: unter der

Fassade der Frauenkirche, des
Münchner Doms.

Teufelstritt unter der Empore in der
Frauenkirche.

Bedingung, dass die Kirche keine
Fenster haben dürfe. In eine stock-
dunkle Kirche würden auch keine
Gläubigen gehen, dachte sich der
Herr der Unterwelt.

Prächtig stand sie da, die fertige
Kirche, und der kluge Baumeister
führte den Teufel zum Eingang hin-
ein und an die Stelle mitten unter der Orgelempore – und tatsächlich: Er sah
kein Fenster. Lichtdurchflutet war der Innenraum aber trotzdem, denn die
Fenster waren da, aber durch die geschickt angeordneten Säulen nicht sichtbar. Als der Teufel merkte, dass er getäuscht worden war, stampfte er voller
Zorn auf, so fest, dass sich sein Fußabdruck tief in den weichen Marmor ein-
grub. Da sieht man ihn noch heute – den Teufelstritt. Der Teufel selbst aber
flog zur Kirche hinaus und heult seitdem als schneidender Wind um den Dom.

DIE KÖNIGSGRUFT IN DER MICHAELSKIRCHE

In der Kaufingerstraße, dem östlichen Teil der belebten Fußgängerzone Münchens, liegt der Eingang
zur Michaelskirche. Wenn man hin-
ein- und links neben dem rechten
Seitenaltar die Treppe hinuntergeht,
landet man in einer der Münchner
Fürstengrüfte, der beliebtesten, sofern man das von solchen Einrichtun-
gen sagen kann. Düster und beklem-

Sarkophag Ludwigs II.

mend ist die Stimmung hier unten. Am faszinierendsten aber ist der Sarg, der sofort als der prächtigste ins Auge fällt und am meisten geschmückt ist, direkt gegenüber dem Altar: der Sarg König Ludwigs II. von Bayern. Er sei leer, behaupten die Königsfreunde, der Leichnam des angeblich ermordeten Märchenkönigs sei beiseite geschafft und an geheimer Stelle bestattet worden.

Jenseits von allen Spekulationen um den Königstod: Ein Memento mori, eine Erinnerung an die eigene Sterblichkeit, ist eine solche Gruft in jedem Fall. Nach dieser düsteren Erkenntnis ist man froh, über die Treppe wieder hinaufzugelangen und hinaus ins pralle Leben treten zu können. Das Treiben in der Fußgängerzone, der Lärm, die Bilder umfluten den Spaziergänger. Bis er ein paar Häuser weiter, in der Neuhauser Straße Nummer 14, die Bürgersaalkirche erreicht.

PATER RUPERT MAYER IN DER BÜRGERSAALKIRCHE

Bronzebüste des Pater Rupert Mayer.

Wenn man die Tür zu dieser Kirche hinter sich schließt, ist man in einer komplett anderen Welt angekommen. Eine Welt der Kontemplation, der inbrünstigen Verehrung eines erst im 20. Jahrhundert verstorbenen Seligen: Pater Rupert Mayer. Er ist hier in der sogenannten Unterkirche, die man ebenerdig betritt, begraben, direkt vor dem Altar bezeichnet eine Platte den Ort seiner letzten Ruhestätte. Eine gespannte, unglaublich aufgeladene Atmosphäre herrscht in dem niedrigen Raum. Immer sitzen tief versunken Betende auf den Bänken, immer machen einige Gläubige die Runde, um ihr Anliegen rechts an der metallenen Porträtbüste des Verehrten loszuwerden. Rupert Mayer wurde von den Nazis mit einem Predigtverbot belegt, das er jedoch nicht beachtete. Er verbrachte Jahre im KZ, nach der Entlassung steckte ihn sein eigener Kardinal in Klosterhaft. 1945 starb er während der Predigt. Und 1987 beeilte sich die gleiche katholische Kirche, die ihm das Leben schwergemacht hatte, ihn selig zu sprechen.

Es ist wirklich ein Abladen der Lasten, das man als stiller Beobachter sieht und spürt, wenn jemand inniglich das kalte Metall der Büste berührt und dabei lautlos ein Gebet spricht. Aus dieser leisen, aber umso stärker energie-geladenen Atmosphäre taucht man staunend, vom Lärm überrascht, wieder in das Draußen auf der Straße ein.

DIE LÖWEN VOR DER RESIDENZ

Über Maxburgstraße, Löwengrube und Schäfflerstraße gelangen wir ohne den Trubel der Fußgängerzone durch das alte München zum Marienhof und zur Dienerstraße. Hier gehen wir links weiter, bis wir die Residenzstraße erreichen und die vier Löwen, die die Eingänge bewachen. Sie halten jeweils Schilde in den Pfoten, an deren unterem Ende kleine Löwenköpfe hervorste-chen – blitzblank poliert, das Streicheln der Löwennasen bringt nämlich Glück.

Es gibt sogar eine Geschichte, die diesem Brauch zugrunde liegt. Ich aller-dings glaube diese Herleitung nicht, die mit dem einundsechzigjährigen König Ludwig I. und seiner Geliebten Lola Montez zusammenhängen soll. Die Affäre mit der wesentlich jüngeren spanischen Tänzerin war in der Öffentlichkeit nicht gern gesehen. Eines Tages hing ein Schriftstück an der Residenzfassade, das den König übel beschimpfte. Zur Erfassung der Täter setzte der König eine hohe Geldsumme aus. Wenig später stellte sich ein Stu-dent. Der König war von der Ehrlichkeit des Mannes so angetan, dass er ihm das Kopfgeld schenkte. Der Student verließ überglücklich den Palast und streichelte zum Dank die Löwen. Naja.

Viel wahrscheinlicher ist, dass es sich zum einen um den uralten Glücks-bringer des Eisenberührens handelt. Und wo kein Eisen ist, wird diese Eigen-schaft gern auf andere Metalle übertragen. *Tocca ferro*, »Berühr Eisen«, heißt es heute noch in Italien, wenn man sich vor dem bösen Blick oder einer

Einer der vier schildtragenden Löwen vor der Residenz, gegenüber der Theatinerkirche. Am unteren Ende des Schildes die wunderwirksame Löwennase.

Polierte magische Löwennase.

Gefahr schützen will. So wie wir auf Holz klopfen, fasst man dort schnell an den Schlüsselbund in der Hosentasche, um das Glück herbeizuzwingen. Eisen galt seit der Frühzeit als zauberkräftig: Es kommt wie alles Teuflische aus der Erde, tief aus dem Berg, es lässt sich im höllisch heißen Feuer schmelzen und wird dann hart wie Stahl. Man kann daraus tödliche Waffen und scharfe Messer fertigen. Nicht umsonst soll man stets einen Gegenstand aus Eisen mit sich führen, um zuverlässig vor Verhexung geschützt zu sein.

Der zweite uralte Aberglaube, der sich beim Streicheln der Löwennasen zeigt, ist die Hoffnung, die Kraft und Vitalität von etwas Starkem und Fruchtbarem durch die Berührung auf sich zu übertragen. So wie es chinesischem Volksglauben nach Glück bringen soll, den Bauch von Buddhastatuen zu reiben, so wurden bei uns Löwe und Adler als Herrschaftssymbole gewählt und eben auch gestreichelt. In Budapest reibt man im Vorbeigehen an den Hoden eines Pferdes von einem Reiterstandbild, wenn man vor einer Prüfung steht. Im römischen Petersdom berühren die Gläubigen den rechten Fuß einer bronzenen Petersstatue, und in Verona streichelt man die rechte Brust der bronzenen Julia unter dem berühmten Balkon der Romeo-und-Julia-Geschichte. Das Berühren dieser metallenen Figuren stellt eine magische Beziehung zwischen dem Abgebildeten und dem Menschen her.

DER HOFGARTEN

Um nach so viel Magie zur Ruhe zu kommen, kann man zum Abschluss den Hofgarten aufsuchen. Am nördlichen Ende der Residenzstraße findet sich der Eingang unter einem Torbogen. Dieser alte Renaissancegarten ist eine Oase mitten in der Stadt, der Diana-Tempel im Zentrum des Hofgartens ein schöner, ruhiger Platz mit plätscherndem Wasser. In manchen Freitagnächten wird in diesem Tempelchen Tango getanzt. Tagsüber setzt man sich ins Hofgarten-Café und lässt zum Ausklang die Stille und Ausgewogenheit dieses streng geometrischen alten Gartens auf sich wirken.

Auf den Spuren der Frühzeit in die Aubinger Lohe

Ausgangspunkt: Parkplatz am Südrand der Aubinger Lohe: Vom Ortszentrum Aubing fahren Sie die Eichenauer Straße gerade nach Westen, am Südrand des Waldgebiets der Aubinger Lohe macht die Straße eine Rechtskurve, in der Sie auf der linken Seite den Parkplatz sehen.

Routenverlauf: Parkplatz–Keltenschanzen–Teufelsberg und auf dem gleichen Weg zurück

Anforderungen: Reine Gehzeit etwa 2 Stunden. Sie wandern auf Forstwegen ohne nennenswerte Steigung, das letzte Stück in den Wald zur Keltenschanze und der Pfad zum Teufelsberg sind unwegsam.

Alternative: Anfahrt mit der S-Bahn bis Bahnhof Aubing. Dann etwa 30 Minuten Fußmarsch die Eichenauer Straße entlang bis zur Aubinger Lohe. Zurück können Sie vom S-Bahnhof Lochhausen fahren: Dafür gehen Sie den Aubinger Lohweg nach Norden bis zu einer Y-förmigen Weggabelung, dort nehmen Sie den rechten

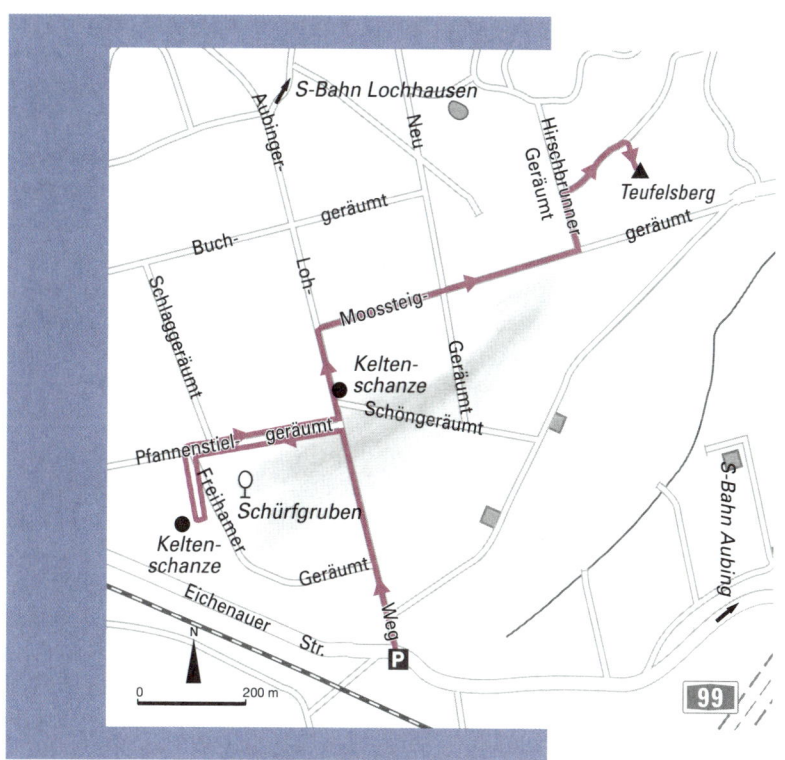

Weg (Bienenheimstraße), der dann in die Federseestraße übergeht. Auf dieser bis zur S-Bahn Lochhausen.

Tipp:

Außerhalb von Aubing bzw. Lochhausen gibt es keine Einkehrmöglichkeit.

Vom Parkplatz aus betritt man auf dem Hauptweg die Aubinger Lohe. Nach 10 Minuten auf diesem Aubinger Lohweg biegen Sie links in einen Weg ein, von dem nach etwa 150 Metern links ein deutlich sichtbarer Fußpfad abzweigt. Am Ende dieses Pfades nach etwa 100 Metern liegt die erste der beiden Keltenschanzen, die sehr gut erhalten ist. Weiter geht es dann wieder auf dem Hauptweg, der direkt über die zweite, nicht mehr so gut auszumachende Schanze führt.

Weiter dem Aubinger Lohweg folgend, sehen Sie schon bald nach der zweiten Keltenschanze einen Weg nach rechts abbiegen. Ihm folgen Sie bis zum zweiten links abbiegenden Weg, der sich bald gabelt: hier den rechten Weg nehmen. Nach ungefähr 100 Metern zweigt rechts ein Pfad in den Wald ab, und nach weiteren ungefähr 100 Metern stehen Sie vor dem Teufelsberg. Wenn Sie ihn in seiner etwas unheimlichen Anmutung erkundet haben, gehen Sie auf dem gleichen Weg zurück.

ALTER WALD AM STADTRAND

Hier in der Aubinger Lohe, wo heute wilder Wald am Westrand der Großstadt wächst, haben schon runde zwei Jahrtausende vor der Gründung Münchens Menschen gesiedelt. Und sie haben so deutliche Spuren hinterlassen, dass wir sie heute noch finden können. Die Römerstraße von Abodiacum, dem heutigen schwäbischen Epfach, führte hier vorbei. Schon die Kelten scheinen hier Erz verhüttet zu haben. Auch zwei Keltenschanzen – geheimnisvolle Kultorte – liegen in der Lohe, und sogar bronzezeitliche Siedlungsspuren wurden gefunden. Bajuwarische Hochäcker, Reihengräber und der Burgstall einer frühmittelalterlichen Turmburg im nordöstlichen Teil der Aubinger Lohe lassen darauf schließen, dass seit dreitausend Jahren hier ohne Unterbrechung Menschen gelebt, gearbeitet und ihre Toten bestattet haben.

Eine Lohe ist eigentlich ein moriges Auwaldgebiet, die Aubinger Lohe war nach der früheren Fichtenaufforstung stellenweise ein Nadelwald geworden. Jetzt werden die Fichten wieder geschlagen und machen einem Mischwald Platz – die Lohe hat in großen Teilen wieder den Charakter eines Lohwaldes.

In der natürlichen Lohe gab es lichte Weideflächen für das Vieh, Wasserflächen als Viehtränke und die nahe Würm diente den Menschen als Wasserspender und Mühlenantrieb. Zudem findet man hier überall tiefe Löcher mitten im Wald, sogenannte Schürfgrubenfelder, in denen in keltisch-römischer Zeit vermutlich schon Erz gewonnen wurde. Außerdem lassen sich auch noch Hochäcker aus bajuwarischer Zeit ausmachen, wie sie uns auch nahe des römischen Bedaium am Chiemsee begegnen (siehe Seite 147). Die Aubinger Lohe, auf den ersten Blick ein Waldgebiet wie jedes andere, birgt also bei genauem Hinsehen so viele Überraschungen und geheimnisvolle Plätze, dass man mit einem einzigen Erkundungsgang gar nicht alle entdecken kann.

KELTENSCHANZEN UND SCHÜRFGRUBEN

Einen ganz besonderen Ort gibt es in dieser ersten Keltenschanze, auf die Sie treffen: wenige Quadratmeter groß, nur mit Buchen bestanden, inmitten dieses Fichtenwaldes. Feine Waldgräser, überzogen von winzigen Tauperlchen, bedecken den Boden, dazwischen spitzen Pilze aus dem Boden – eine kleine zauberhafte Oase inmitten der Keltenschanze. Wenn man weiß, dass diese viereckigen, durch Wälle umfriedeten »Schanzen« den Kelten wahrscheinlich als kultische Bezirke und als Gerichtsorte dienten, und dass es einen Platz in einer Ecke der Schanze gab, an dem der heilige Ort war oder das Heiligtum stand, dann könnte man glauben, dass das unsere Buchenoase ist.

Links und rechts im Wald stößt man auf tiefe Löcher, das sind sogenannte Schürfgruben, aus denen in keltischer Zeit vermutlich Brauneisen, eisenhaltiges Gestein, zutage gefördert und verhüttet wurde. Aufgefundene Schlackenreste bestätigen die Theorie.

Wieder zurück auf dem Hauptweg, treffen wir schon auf die zweite Keltenschanze: Der Aubinger Lohweg überquert in seiner Fortsetzung diese Schanze, deren Wälle aber durch den Weg so stark eingeebnet sind, dass

Reste der Keltenschanze in der Aubinger Lohe.

schon viel Fantasie dazugehört, sie noch auszumachen. Wer allerdings links und rechts des Weges aufmerksam ins Unterholz schaut, kann dort den Verlauf der Wälle noch ausmachen.

DER TEUFELSBERG

Deutlich hebt sich ein Hügel mit einem flachen Plateau aus dem Wald, oben bekränzt von einem eindrucksvollen Kreis von Bäumen, am Fuß des Hügels ist immer noch ein tiefer Ringgraben erhalten. Erklettert man den Hügel und denkt sich den Baumbestand rundherum weg, dann könnte man auf diesem höchsten Punkt der Aubinger Lohe, dieser ohnehin schon erhöhten Lößanschwemmung in der Münchner Schotterebene, bis in die Stadt und im Süden bis in die Alpen schauen.

Das veranlasste den unbekannten Erbauer der kleinen Turmburg wohl auch, genau an diesem Platz seinen Turmhügel aufzuschütten. Um 1100, kurz vor der Gründung Münchens und damit vor der gewaltsamen Verlegung der schon bestehenden Isarbrücke weiter im Osten, war das hier, an der alten Handelsstraße nach Augsburg, unweit der strategisch wichtigen Würm- und Isarübergänge, ein guter Platz, von dem man alles überblicken und seine erhöhte Machtposition eindrucksvoll demonstrieren konnte. Kleinadlige waren die Erbauer, die Herren von Aubing, das seinen Namen von der Gründung eines Ubo ableitet. Spätestens 1422 jedoch wurde die Burg schon wieder zerstört.

Angenehm ist es nicht, sich hier allein auf dem einsamen Burghügel aufzuhalten. Ich empfinde den Teufelsberg als gruslingen, beunruhigenden Platz – nicht umsonst hat er wohl diesen Namen bekommen. Und nicht von ungefähr

Der unheimliche Teufelsberg mitten in der Aubinger Lohe.

ranken sich schaurige Sagen um diesen Hügel. Einst soll hier ein Schloss gestanden haben, erzählten sich die Leute früher, das aber versunken ist. In ihm allerdings liegt ein Schatz verborgen. Drei Fräulein hätten hier gewohnt und sich die Kostbarkeiten mit dem Teufel geteilt. Damit nicht genug: Nachts geisterte in der Nähe des Teufelsberges eine große schwarze Frau.

Eine andere Sage, aufgeschrieben von Friedrich Panzer, erzählt die Geschichte einer Gräfin, die einst auf diesem im Moos gelegenen Burghügel gewohnt haben soll. »Der Graf wurde auf der Jagd von Räubern ermordet. Der Hund brachte die abgehauene Hand des Grafen, welche die Gräfin an dem Fingerring für die des ermordeten Gatten erkannte; sie verfluchte den Wald und sprach: ›So will ich, dass der Wald zu Moos wird!‹ So geschah es auch. Das Moos, berichtet der Erzähler, sei einst Wald gewesen, denn er habe bei dem Graben des Torfes in einer Tiefe von $3\frac{1}{2}$ Fuß die Stöcke abgehauener Bäume gefunden, an welchen deutlich die Hiebe der Axt zu erkennen waren.«

LITERATURVERZEICHNIS

Andechs. Die Geheimnisse des Heiligen Berges. Texte: Anselm Bilgri, Odilo Lechner, Josef Othmar Zöller, Fotos: Florian Werner, Stürtz Verlag, Stuttgart 1989

Bauer, Robert: Bayerische Wallfahrt Altötting. Geschichte – Kunst – Volksbrauch. Verlag Schnell & Steiner, München 1985

Biermaier, Leonhard: Die Kirche und der Bauernhof auf dem Hampersberg, in: Das Mühlrad, Beiträge zur Geschichte des Landes an Isen, Rott und Inn, Bd. 50, Jg. 2008, S. 209–238

Biller, Josef H. und Rasp, Hans-Peter: München Kunst & Kultur, Südwest Verlag, München 2001

Blümelhuber, Franz Paul: Die Wallfahrtskirche Heiligenstatt bei Tüßling, neu bearbeitet von Johann Urzinger, Verlag D. Geiger, Mühldorf 1930

Böckl, Manfred: Von Alraunhöhlen und Seelenvögeln. Keltische Sagen aus Altbayern. Verlagsanstalt Bayerland, Dachau 2007

Böhnisch, Hagen: Die Quelle am Berg des Lichtes, in: Berchtesgadener Heimatkalender 2007, S. 103–108, Verlag Berchtesgadener Anzeiger 2006

ders.: Die Botschaft vom Untersberg, die Botschaft vom Licht im Menschen, in: Berchtesgadener Heimatkalender 2009, S. 144–146, Verlag Berchtesgadener Anzeiger 2008

Brugger, Walter/Dopsch, Heinz und Wild, Joachim (Hg.): Höglwörth. Das Augustiner-Chorherrenstift mit den Pfarreien Anger und Piding. Salzburg Studien. Forschungen zu Geschichte, Kunst und Kultur. Band 9, Verlag des Vereins Freunde der Salzburger Geschichte, Salzburg 2008

Brugger, Walter und Weitlauff, Manfred (Hg.): Kloster Frauenchiemsee 782–2003. Geschichte, Kunst, Wirtschaft und Kultur einer altbayerischen Benediktinerinnenabtei. Anton H. Konrad Verlag, Weißenhorn 2003

Devereux, Paul: Der heilige Ort. Vom Naturtempel zum Sakralbau: Wie die Menschen das Heilige in der Natur entdeckten. AT Verlag, Baden und München 2006

Dieck, Alfred, siehe unter Sagen, Märchen und Geschichten um Karlstein im Landkreis Berchtesgadener Land

Edigna zu Puch. Festschrift aus Anlass der 6. Edigna-Spiele im März 2009. Fürstenfeldbruck 2009

Führer zu vor- und frühgeschichtlichen Denkmälern. Band 18: Miesbach – Tegernsee – Bad Tölz – Wolfratshausen – Bad Aibling. Verlag Philipp von Zabern, Mainz 1971

Führer zu vor- und frühgeschichtlichen Denkmälern. Band 19: Rosenheim – Chiemsee – Traunstein – Bad Reichenhall – Berchtesgaden. Verlag Philipp von Zabern, Mainz 1971

Fünftes Jahrbuch des Heimat- und Geschichtsvereins Bedaium in Seebruck e.V., Seebruck 2009

Gribl, Albrecht A. und Vogel, Dieter (Hg.): Das Isental. Verlag Kiebitz Buch, Vilsbiburg 2008

Haid, Hans: Mythos und Kult in den Alpen. Rosenheimer Verlag, Rosenheim 1990

Haidn, Johannes Alexander und Jung, Herbert (Hg.): München – St. Peter. Stadt- und Kirchengeschichte(n) von den Anfängen bis in die Gegenwart: Historische Facetten aus neun Jahrhunderten. Aus dem Pfarrarchiv von St. Peter in München, Heft 12, München 2008

Handwörterbuch des deutschen Aberglaubens, Herausgegeben von Hanns Bächtold-Stäubli unter Mitwirkung von Eduard Hoffmann-Krayer mit einem Vorwort von Christoph Daxelmüller, unveränderter Nachdruck der Ausgabe 1927–42, Walter de Gruyter, Berlin 1986

Hänni, Pier: Wege zu Orten der Kraft. Plätze der Erholung, Inspiration und Heilung selbst finden. AT Verlag, Baden und München 2006

Haschler-Böckle, Angelika: Magie des Eibenwaldes, Verlag Neue Erde, Saarbrücken 2005

Hörmann, Ludwig: Die Biberschwell und ihre Beziehungen zur Burg Tengling, in: Das Salzfass. Vereinsblatt der Heimatfreunde des Rupertiwinkels, Laufen, 1924–1926

Inntaler Sagen. Gesammelt, nacherzählt und mit geschichtlichen und geographischen Hinweisen versehen von Max Einmayr. Verlag Meißner-Druck, Oberaudorf 1988

Janscheck, Thomas: Radtouren und Baumgeschichten von Baum zu Baum zwischen Lech und Ammersee. Kartographischer Verlag Huber, Kiefersfelden o. J.

ders.: Radtouren und Baumgeschichten von Baum zu Baum im Rosenheimer Land und im Chiemgau. Kartographischer Verlag Huber, Kiefersfelden o.J.

Kindlbacher, Robert: St. Peter. Geschichte – Tradition – Zeitgeist. Aus dem Pfarrarchiv von St. Peter in München, Heft 9, München 2000

König, Stefan: Altötting. Stadtführer. Verlag St. Antonius Buchhandlung, Altötting 2008

Kroher, Anna: Im Bannkreis der großen Ache vom Chiemsee bis zur bayerischen Grenze. Neuauflage des 1917 und 1921 erschienenen Werkes. Verlag Buchdruckerei Th. Breit, Marquartstein 1971

Kufner, Lore: Getaufte Götter. Verlag J. Pfeiffer, München 1992

Kutter, Erni: Der Kult der drei Jungfrauen. Eine Kraftquelle weiblicher Spiritualität neu entdeckt. Kösel Verlag, München 1997

Lang, Johannes: Geschichte von Bad Reichenhall. Verlag Philipp Schmidt, 2009

Lechner, Odilo und Kaufmann, Hans-Günther: Sehnsucht nach dem Geheimnis. Der heilige Schatz von Andechs. Rosenheimer Verlagshaus, Rosenheim 1992

Marzell, Heinrich: Neues illustriertes Kräuterbuch. Ensslin&Laiblins Verlagsbuchhandlung, Reutlingen 1922

Merz, Blanche: Orte der Kraft. Stätten höchster kosmo-terrestrischer Energie. AT Verlag, Aarau 1999

Obermayr, August: Römersteine zwischen Inn und Salzach. Pannonia Verlag, Freilassing 1974

Panzer, Friedrich: Bayerische Sagen und Bräuche. Beiträge zur deutschen Mythologie. Band 1 1848, Band 2 1855. Verlag Christian Kaiser, München 1848 und 1855

Pörnbacher, Hans: Mechthild von Dießen und Andechs Äbtissin von Edelstetten. Anton H. Konrad Verlag, Weißenhorn 1992

Purner, Jörg: Radiästhesie – Ein Weg zum Licht? Mit der Wünschelrute auf der Suche nach dem Geheimnis der Kultstätten. Edition Astrodata, Wettswil 1993

Raff, Thomas: Spaziergänge durch Dießen. Eigenverlag, Dießen 1982

Rall, Hans: Wittelsbacher Lebensbilder von Kaiser Ludwig bis zur Gegenwart. Führer durch die Münchner Fürstengrüfte mit Verzeichnis aller Wittelsbacher Grablegen und Grabstätten. München o. J. (1979)

Reiser, Rudolf: Die Kelten in Bayern. Rosenheimer Verlagshaus, Rosenheim 1984

Roth, Hans: St. Koloman bei Tengling, in: Heimatbuch des Landkreises Traunstein, Bd. V: Der nördliche Rupertiwinkel, Erbe des Landkreises Laufen, Trostberg 1990, S. 308 ff.

Sagen, Märchen und Geschichten um Karlstein im Landkreis Berchtesgadener Land. Gesammelt von Dr. Alfred Dieck. Verlag Anton Plenk, Berchtesgaden o. J.

Scherf, Gertrud: Zauberpflanzen – Hexenkräuter. Mythos und Magie heimischer Wild- und Kulturpflanzen. BLV Verlagsgesellschaft, München 2002

Schinzel-Penth, Gisela: Hexeneiche, Schwedenlärchen und Tassilolinde. Sagen, Geschichten und Legenden um berühmte Bäume in Altbayern. Ambro Lacus Buch- und Bildverlag, Frieding 1999

dies.: Sagen und Legenden um Chiemgau und Rupertiwinkel. Ambro-Lacus Buch- und Bildverlag, Andechs-Frieding 1995

dies.: Sagen und Legenden um das Berchtesgadner Land. Ambro-Lacus Buch- und Bildverlag, Andechs-Frieding 1982

Schnurer, M. Aquinata: Heimatbuch des Marktes Dießen am Ammersee. Dießen 1976

Schöppner, Alexander: Bayrische Sagen. 3 Bände, Augsburg 1990

Stockner, Alois: Die Engfurter Klausen und ihr bekanntester Eremit Johannes Aloysius Ströhl, in: Das Mühlrad, Beiträge zur Geschichte des Landes an Isen, Rott und Inn, Bd. 22, Jg. 1980, S. 101 ff.

Strauss, Heidemarie und Strauss, Peter F.: Heilige Quellen zwischen Donau, Lech und Salzach. Heinrich Hugendubel Verlag, München 1987

Strobl, Lorenz: Aus dem Sagenschatz der Heimat, in: Das Mühlrad, Beiträge zur Geschichte des Landes an Isen, Rott und Inn, Bd. 1, Jg. 1951, S. 32 f.

Uhlir, Christian F. (Hg.): Im Schattenreich des Untersbergs. Von Kaisern, Zwergen, Riesen und Wildfrauen. Books on Demand, 2004

Walker, Barbara G.: Das geheime Wissen der Frauen. Deutscher Taschenbuch Verlag, München 1995

DANKSAGUNG

Dieses Buch hätte nicht entstehen können ohne die Unterstützung durch viele kundige und hilfsbereite Menschen, bei denen ich mich herzlich bedanken möchte:

- bei Stefanie Zweckl, Bischofswiesen, meiner inspirierenden, immer gelassenen und heiteren Wanderbegleiterin in Berchtesgaden, die mir die schönsten Wege ihrer Heimat gezeigt und mich an ihrem umfassenden Wissen hat teilhaben lassen
- bei Ursula Welsch, Taching am See, die mich auf der einen und anderen Wanderung im Rupertiwinkel begleitet und immer den richtigen Weg gefunden hat
- bei Dr. Ute Künkele, Burg bei Tengling, für ihre Erklärungen zur Biberschwell
- bei Dr. Rudolf Roßgotterer, Tüßling, der mir umfangreiche Unterlagen und Informationen über die Wallfahrt Heiligenstatt zur Verfügung gestellt hat
- bei Leonhard Biermaier, Mühldorf, und Herbert Matejka, Erharting, die mich sicher durch die Wildnis von Dornberg und Isental geführt haben
- bei Martina Glatt, Aschau, deren Führungen in Aschau und Umgebung allein schon eine Quelle der Kraft sind
- bei Claus-Dieter Hotz, Grassau, der mir geheime Plätze im Rottauer Moor verraten und wertvolle Hinweise zur Historie, zu Flora und Fauna in der Umgebung »seines« Torfbahnhofs gegeben hat
- bei Dr. Alfons Regenauer, Seebruck, der mich mit Fotos und Auskünften über die Römer in Seebruck unterstützt hat.
- bei Angelika Haschler-Böckle, Wessobrunn, der Eibenspezialistin, für die Beantwortung meiner Fragen zum Paterzeller Eibenwald
- bei Edigna Kellermann, Puch, der Bewahrerin des Andenkens ihrer seligen Namenspatronin, die sich viel Zeit genommen hat, mir Puch zu zeigen
- bei Dr. Eva Kessler, Pocking, für ihre Hinweise auf schöne Plätze in Andechs
- bei Heinz Sattler und dem Ehepaar Maginot, Dießen, für die freundliche Aufnahme in Dießen und wertvolle Auskünfte zur Dießener Kulturgeschichte
- und bei den vielen anderen freundlichen Menschen, die ich im Laufe meiner Wanderungen getroffen habe, die mich begleitet haben und die die Arbeit an diesem Buch zu einer erfreulichen Erfahrung haben werden lassen.

Schreiben Sie mir!
Ich freue mich über Anmerkungen und Kritik zu diesem Buch, und ebenso über Hinweise auf Ihre persönlichen Kraftorte in Oberbayern und anderswo. Schreiben Sie mir eine E-Mail an die folgende Adresse: magisches.oberbayern@gmx.de. Oder schicken Sie mir einen Brief an die Adresse des Verlags: AT Verlag, z. Hd. Dorothea Steinbacher, Gotzinger Str. 52a, D-81371 München.

VERZEICHNIS NACH TYPEN VON KRAFTORTEN

Bäche, Flüsse, Seen
Bärnsee, Aschau i. Chiemgau 192
Chiemsee 155
Hintersee, Ramsau 74
Höglwörther See 90
Königssee 59
Listsee, Bad Reichenhall 87
Nixenweiher, Bischofsried 285
Obersee 66
Tenglinger Bach, Burg 99

Bäume und Wälder
Edignalinde, Puch 254
Eibenwald Paterzell 231
Hexenföhre, Erharting 119
Hindenburglinde, Ramsau 76
Königslinde, Rimsting 161
Lindenhain Fraueninsel 167
Linde Höhenberg 194
Linde Maria Ettenberg 27
Linde Wilparting 226
Lindenplatz Wessobrunn 244
Tassilolinde, Wessobrunn 243
Zauberwald, Ramsau 73

Berge, Hügel, Felsen
Karlstein und Pankrazfelsen,
    Bad Reichenhall 83
Schatzberg, Dießen 283
Schlafende Hexe, Bad Reichenhall 49
Steinerne Agnes, Bad Reichenhall 53
Untersberg, Berchtesgaden 38

Burgen, Ruinen und Burgställe
Burgstall Karlsberg, Mühlthal/
    Leutstetten 271
Burgstall Sconeburg, Dießen 282
Burgstall Dornberg, Erharting 121
Burgstall Teufelsberg, Aubing 312
Fliehburg, Truchtlaching 151
Ringwallanlage, Herreninsel 158
Ruine Karlstein, Bad Reichenhall 85

Felsbilder
Obersee/Fischunkelalm 69
Parkplatzstein, Königssee 60

Höhlen und Grotten
Schellenberger Eishöhle, Markt-
    schellenberg 43
Engelstein, Bergen i. Chiemgau 197
Michaelsgrotte, Ruhpolding 208
Eiskapelle, St. Bartholomä/
    Königssee 63

Klammen, Wasserfälle
Almbachklamm, Marktschellenberg 30
Entenlochklamm, Klobenstein/
    Schleching 204
Marxenklamm, Ramsau 72
Schoßrinn-Wasserfall, Aschau i.
    Chiemgau 186
Röthbachfall, Obersee 70
Malerwinkel-Wasserfall, Königssee 61

Kult- und Festplätze
Bajuwarengrab, Ischl 149
Brandopferplatz Langacker,
    Bad Reichenhall 81
Hügelgräber, Mühlthal 269
Hügelgräber Steinrab, Seeon-
    Seebruck 150
Keltenschanze Truchtlaching 152
Keltenschanzen Aubinger Lohe 311
Kirchweihplatz in der Biberschwell 100

Kultsteine
Aniansstein, Wilparting 226
Elfenstein, Höglwörth 92
Engelstein, Bergen i. Chiemgau 197
Hinrichtungsstein, Kreuzbergkapelle
    Wessobrunn 246
Klobenstein 205
Mechthildisstein, Marienmünster
    Dießen 276
Schlupfstein und Spurstein,
    St. Wolfgang 138
Steinerne Agnes, Bad Reichenhall 53

Moore
Rottauer Filzen 169
Murnauer Moos 246

Quellen und Heilige Brünnl
Aniansbrünnl, Alb/Wilparting 225
Bethenquelle, Leutstetten 272
Biberschwell, Burg/Tengling 99
Bruder-Konrad-Brunnen,
  Altötting 135
Elisabethquelle, Andechs 295
Fieberbrünnl, St. Bartholomä/
  Königssee 63
Heilbrunnen Klobenstein,
  Schleching 207
Heilbrunnen Maria Kirchwald,
  Nußdorf am Inn 216
Heilbrunnen Maria Ponlach,
  Tittmoning 111
Heilige Quelle, Bucha, Aschau i.
  Chiemgau 191
Irlmaier-Quelle, Berchtesgaden 25
Mechthildisbrünnl, Dießen 281
Quellenhaus, Wessobrunn 240
Petersbrunn, Leutstetten 269
Ulrichsbrünnl, Eresing 262
Ulrichsbrunnen, Paterzell 237

Schlupfsteine und Spaltfelsen
St. Wolfgang, Altenmarkt
  a.d. Alz 138
Klobenstein bei Schleching 206

Sühnekreuze
Burg bei Tengling 102
Kayberg, Tittmoning 111
Burghof, Tittmoning 110

Wallfahrtskirchen
Abendmahlkapelle Bucha, Aschau
  i. Chiemgau 190
Andechs, Kloster- und Wallfahrtskirche
  St. Nikolaus, Elisabeth
  und Maria 290
Anianskapelle, Alb/Wilparting 225

Bürgersaalkirche mit Pater-Rupert-
  Mayer-Grab, München 306
Christus in der Rast/Klause Engfurt,
  Erharting 123
Edigna-Altar/St. Sebastian, Puch 252
Frauenkirche, München 304
Gnadenkapelle Altötting 130
Hampersberg, St.-Ulrichs-Kapelle 118
Heiligenstatt, Wallfahrtskirche
  Unschuldige Kindlein 128
Irmengardkapelle, Frauenchiemsee,
  Münster 164
Kettenkapelle, Aschau i. Chiemgau
  185
Maria Burg, Tengling 98
Maria Ettenberg, Marktschellen-
  berg 26
Maria Gern, Berchtesgaden 19
Maria Kirchwald, Nußdorf am Inn 218
Maria Klobenstein 205
Maria Ponlach, Tittmoning 111
Maria Schnee, Bischofsried 285
Mechthildiskapelle/Marienmünster,
  Dießen, 274
Ottilienkapelle, St. Ottilien 261
St. Bartholomä, Königssee 62
St. Georg, Dießen 280
St. Georg (Ramsachkircherl),
  Murnau 247
St. Jakob, Rabenden 142
St. Koloman, Tengling 104
St. Marinus und Anianus,
  Wilparting 222
St. Peter und Paul, St. Bartholomä/
  Königssee 62
St. Peter und Paul, Westerbuch-
  berg 178
St. Pankraz, Bad Reichenhall 83
St. Wolfgang 137

ADRESSEN

Die wichtigsten Tourismusverbände

Tourismusverband München-Oberbayern
Radolfzeller Straße 15
81243 München
Tel. 089/829218-0
www.oberbayern.de

Ammersee-Lech-Gebiet
Hauptplatz 152
86896 Landsberg a. Lech
Tel. 08191/128-247
www.ammerseelech.de

Chiemgau Tourismus
Leonrodstraße 7
83278 Traunstein
Tel. 0861/9095900
www.chiemgau-tourismus.de

Chiemsee-Alpenland
Felden 10
83233 Bernau am Chiemsee
Tel. 08051/96555-0
www.chiemsee-alpenland.de

Berchtesgadener Land Tourismus
Bahnhofsplatz 4
83471 Berchtesgaden
Tel. 08652/65650-0
www.berchtesgadener-land.com

München
Tel. 089/233-96500 (Call-Center)
www.muenchen.de

Pfaffenwinkel
Bauerngasse 5
86956 Schongau
Tel. 08861/7773
www.pfaffen-winkel.de

Starnberger Fünfseenland
Wittelsbacher Straße 2 c
82319 Starnberg
Tel. 08151/9060-0
www.sta5.de

BILDNACHWEIS

2., vollständige überarbeitete und in Farbe neu gestaltete Neuauflage, 2012
© 2010
AT Verlag, Aarau und München
Lektorat: Diane Zilliges, Wörthsee-Steinebach
Karten: Kartographie Huber, München
Lithos: Vogt-Schild Druck, Derendingen
Druck und Bindearbeiten: AZ Druck und Datentechnik, Kempten
Printed in Germany

ISBN 978-3-03800-736-4

www.at-verlag.ch